와인
뽀
개기

이 솔이를 위하여 ···

와인 뽀개기

이시영 지음

지식공감

와인은 역사와 문화의 흔적이랄 만큼 수천수만 년의 긴 시간 동안 넉넉하고도 유혹적인 향을 자랑하며, 강하고 약한 신경계의 교란을 통해 인간의 일상사에 깊이 스며든 매개물로서, 환희와 관용, 그리고 때로는 관능과 고통의 세계로 이끄는 안내자이다. 그래서 와인이 '인간이 만든 신의 음료'로 불리는 것 같다. 비옥한 땅에서 훌륭한 결실을 맺는 대부분의 과일과는 다르게, 거친 토양에서 비로소 숨겨둔 풍미를 한껏 드러내는 얄궂은 운명을 타고난 포도도 이질적이며 매력적인 과일이다.

지난 48년의 세월 동안 경제학을 배우고 연구하며 교육했던 필자가 뜬금없이 와인에 관한 서적을 집필하게 된 나름의 계기가 있다. 꽤 오래전에 본격적으로 와인을 접한 이래로 와인은 새로운 대상에 대한 호기심을 자극하였고, 그래서 오랫동안 조금씩 모였던 자료가 '책으로 묶어보라'고 필자를 충동질하였다. 여기에 더하여 지난 37년 동안 짊어지고 있던 대학교수의 굴레를 벗은 정년퇴직이 선사한 무한의 해방감도 새로운 지적 세계에 대한 도전을 감행하게 부추겼다.

《와인 뽀개기》는 알고 싶었던 지식들을 모으고 정리하는 과정에서 자연스럽게 생긴 결과물이어서, 서술은 필자의 호기심이 초점을 맞춘 방향과 영역에 한정될 수밖에 없었다. 따라서 이 책이 와인의 세계를 폭넓고 상세히 기술하였기를 바라는 것은 한낱 저자의 부푼 기대에 그칠 수도 있다. 와인이 누군가에게는 가슴 벅찬 신세계이겠지만, 필자는 아직껏 알지도 들어보지도 못한 이야기를 끊임없이 풀어놓는 와인의 세상을 헤매는 방랑자일 뿐이다. 그럼에도 불구하고, 이 책이 와인에 입문하려거나 관심을 가진 분들에게 조금이라도 도움이 되기를 바라는 소박한 바람만은 버릴 수가 없다.

　와인에 관한 서적들은 철저하게 지은이의 경험적 지식에 기초하여야 함에도 불구하고, 경험의 일천함 때문에 이 책의 많은 부분이 문헌적 연구로 매워질 수밖에 없었다. 지난 1년 반 동안 해외여행을 거의 불가능하게 만들었던 팬데믹 상황이 이런 부족함에 대한 약간의 변명거리가 되기는 한다. 그래서 원고의 내용에 다양한 오류가 포함되었을 가능성이 없지 않다. 필자는 드러날 수 있는 잘못이 모두 자신의 모자람에서 기인한 문제라고 여기고 있으며, 독자님들이 주실 날카로운 지적을 숙고하여 기꺼이 수용할 각오를 다지고 있다.

　이 책이 출간되기까지 많은 도움을 주신 분들을 머리말에 새겨둔다. 필자의 대학 선배이며 35년 동안 학과의 동료교수로서 와인의 세계로 이끌어주신 이영기 교수의 고마움을 잊을 수가 없다. 그리고 경주시 외동의 경북의원에서 의술을 펼치는 데 여념이 없는 신현석 원장도 필자를 와인에 발을 들여놓게 만든 분이다. 그리고 필자의 절친으로 책의 원고를 세심하게 읽고 검토해주신 최재환 예비역 대령께도 감사의 말씀을 드린다. 또한 원고를 꼼꼼히 읽고 전문적인 수준의 지적으로 책의 질적 수준을 보다 높여주신 김현신 선생의 노고를 마음에 깊이 새긴다. 김선생은 프랑스 앙제 대학교에서 와인과 미식 관광경영학을 전공하여 석사학위를 취득하였으며, 현재도 프랑스 루아르 와인전문 컨설턴트로 활동하면서 와인관련 개인 사업을 개척하고 있는 재원으로 미래에 우리나라의 와인계를 이끌어갈 동량이 될 분으로 기대된다.

　와인을 다루는 책의 특성상 《와인 뽀개기》는 많은 그림과 사진을 담고 있다. 사진은 필자가 직접 촬영한 것도 있지만, 저작권 없는 무료사진을 제공하는 사이트인 'pixabay'로부터 큰 도움을 받았다. 그리고 동국대학교 경주캠퍼스 미술학과의 김호연 교수는 기꺼이 책에 들어갈 무려 11장의 그림을 그려주셨다. 김 교수는 동양화와

서양화의 벽을 허물어 독창적 화풍의 세계를 구축하였으며 '십장생 화가'로 널리 알려진 분이다. 어떻게 감사에 보답해야 할지 생각하면 머릿속이 하얗다. 그리고 보태니컬 아트의 강사로 활동하고 있는 필자의 아내 서현애와 미국에서 게임 산업에 종사하고 있는 첫째 딸 이혜령도 빡빡한 시간을 쪼개어 포도 그림과 와인 지도를 그리는 수고를 마다하지 않았다. 평생 동안 가족에게 진 빚의 무게가 더욱 불어난 느낌이다.

마지막으로 원고의 출판을 기꺼이 허락해주신 '도서출판지식공감'의 김재홍 사장님, 전재진 부장님과 이근택 팀장님을 비롯하여 책의 완성을 위해 각고정려의 노력을 아끼지 않은 편집부 직원분들께도 진심으로 감사드린다. 《와인 뽀개기》가 출간되어 세상에 태어나는 날에 모두 모시고 함께 와인 한 잔 하고 싶다.

2021년 5월 13일

경주시 현곡면 소현리 누옥에서

이시영 leesy0815@kakao.com

세상 안팎이 팬데믹으로 어려운 상황인 요즘, 한국의 와인 소비에서 지난 10년 대비 가장 수입이 활발해지고 대형 마트 및 편의점의 와인 판매가 최대라는 기사를 자주 접한다. 더불어 '혼술'에 이어 '홈술'이라는 말이 이제는 생소하지 않으며, 현재 한국의 와인 소비문화를 잘 표현 해준다고 생각한다. 와인은 뭔가 럭셔리하고 어려운 음료가 아닌, 이제는 우리 식문화의 일부분으로 자리 잡게 되었음을 알려주는 것이다.

와인의 종주국인 프랑스 보르도, 생떼밀리옹 그리고 루와르 앙주 와인산지인 앙제에서 10년 넘게 체류하면서, 와인은 일부 계층만이 향유하며 과시하는 음료가 아니고 오랜 세월 동안 식문화의 일부분이며 무형문화유산으로서의 와인을 음미하고 그가치를 사회에 경제적으로 기여할 수 있는 방법에 대해 배우고 고민했었다.

와인과 미식여행의 컨텐츠를 준비하던 중에 이시영 작가님의 《와인 뽀개기》 원고를 만나게 되었다. 이 책의 한 페이지 한 페이지에서, 와인 전공자나 비즈니스 하는 분이 아님에도 불구하고, 놀라울 만큼 꼼꼼하면서 친절한 와인 산지마다의 특성과 각기 다른 와인에 대한 설명을 접할 수 있었다. 와인을 둘러싼 흥미진진한 다양한 스토리들을 읽으며, 경제학자인 작가님의 오랜 기간 동안 품어오신 와인에 대한 깊은 애정과 와인 문화를 알리고자 하는 그의 열정을 생생히 느낄 수 있었다.

한 번 읽고 덮어두기에는 방대한 정보라, 두고두고 곁에 두고 아끼면서 봐야 될 듯하다. 홈술하면서 문화의 일부분으로 와인을 알아가며 즐기고자 하는 분들께 외국여행이 어려운 요즘 이 책으로 '세계 와인 여행 떠나기'를 권해본다.

2021년 5월 13일

Wine & Tasty World 대표 겸 프랑스 루아르 와인전문 컨설턴트 김현신

이 책을 읽기 전에 독자분들이 먼저 알아두시면 좋을 몇 가지 사항이 있다.

◇ 외국어 표기에 대하여

와인과 관련된 서적에는 항상 여러 나라의 와인과 생산지역들이 언급되기 때문에, 필연적으로 여러 종류의 외국어들이 등장할 수밖에 없다. 본서에서는 외국어 발음을 최대한 유사하게 한글로 표기하려고 노력하였으나, 학계에서 제시하고 있는 외국어의 표준적 한글 표기법과 우리가 통상적으로 사용하는 관습적 표기방법도 부분적으로 수용하는 절충적 방법을 택하였다. 예를 들어 보통 흔히 발음하는 프랑스 '보르도'와 '부르고뉴'의 원어발음은 '보흐도'와 '부곤느'에 더 가깝다. 그런데 본서에서 외국어의 한글 표기에 잘못이 있다면, 이는 전적으로 필자의 책임에 속한다.

◇ 난이도가 높은 부분의 대처법

이 책의 내용 중에는 이해가 쉽지 않거나 복잡한 부분들이 꽤 많이 포함되어 있다. 이런 것들이 책을 읽어갈 독자분들을 짜증스럽게 만들 수도 있다. 이런 경우에는 '이 부분들을 반드시 이해하여 기억하고 넘어가겠다'는 불굴의 투지를 불태우는 방법보다는 '어려운 부분은 건너뛰거나 대강 읽고 나중에 다시 보자'는 현실과 타협하는 방식이 더 효과적일 것이다. 지식의 폭이 점점 넓어질수록 이해가 어려웠던 부분도 상대적으로 쉽게 접근할 수 있기 때문에, 접근하기 쉬운 부분을 먼저 읽은 후에 이 책을 반복해서 읽기를 권하고 싶다.

◇ '찾아보기'의 활용방법

와인에 관한 서적에 포함된 내용들이나 주제들은 서로 연관이 있어서 뒤쪽의 내용들을 알아야 정확한 이해가 가능한 경우가 많다. 와인에 관한 서적에서는 흔하지 않게, 본서에는 풍부한 분량의 '찾아보기'가 정리되어 있는데, 이것을 만든 것은 연관된 주제들을 종합적으로 정확히 파악하는 데 '찾아보기'를 이용하는 색인 기능이 큰 도움이 되기 때문이다. 그러므로 필자는 독자분들에게 본서를 읽을 때 '찾아보기'를 적절히 활용하기를 강추한다. 그런데 '찾아보기'에서 개별적인 와인 브랜드 명칭은 제외되었는데, 특정한 와인의 명칭은 해당 생산지역에 관한 본문의 내용을 참조하기 바란다.

CONTENTS

제1장

와인의
숨겨진 매력

"와인이 언제 이 세상에 태어났을까?"라는 질문에 어느 고고학자도 명확한 답을 줄 수 없겠지만, 지금으로부터 대략 6,000년 전에 인류가 농경사회에 접어들면서 집단을 이루어 국가들이 태어난 시절에 이미 와인이 보편적인 소비재로 자리를 굳혔던 것만은 확실하다. 먼 옛날로부터 지금에 이르기까지 와인은 국가적 차원의 정치, 경제, 전쟁, 예술, 문학, 종교뿐만 아니라 개인적 차원의 사랑, 우정, 희열, 분노, 성공, 좌절, 만남, 이별, 증오, 짝짓기 같은 인간의 소소한 일상사와도 끊을 수 없는 끈끈한 관계를 유지하고 있다.

흔히들 술이 건강에 해롭다고 말하지만, 술이 오랫동안 인간에게 사랑을 받아온 것은 숨길 수도 없으며 거부하기도 어려운 매력을 가지고 있기 때문이리라. 그러나 적당한 양의 술은 건강에 도움이 된다는 애주가들의 자위적인 주장에도 불구하고, 미국 식품의약국 FDA은 확실한 과학적 근거에 따라 술을 1급 발암물질로 규정하고 있다. 어떤 이는 자신의 종교적 신념에 충실하여 한 방울의 술도 악마의 유혹으로 여긴다. 그리고 일부 건강제일 주의를 신봉하는 사람들은 건강을 해칠 수 있는 일체의 술을 멀리한다. 드물게는 알코올 알레르기가 있어서 체질적으로 술을 마시면 안 되는 사람도 있다.

술을 무지무지 사랑했던 청록青鹿파 시인 조지훈趙芝薰(1920~1968)은 18단계로 나누어진 술의 품계를 만들었는데, 여기에는 술을 마시는 사람을 가장 낮은 급수인 9급부터 가장 높은 단계인 9단까지로 나누고 있다. 이 중에서 두 번째 높은 품계인 8단 '관주關酒'는 술을 보고 즐거워 하지만 이미 마실 수 없게 된 사람을 말하고, 최고의 경지인 9단 '폐주廢酒'는 일명 열반주라고도 하며 이승에서 마신 술이 지겨워 저승의 술 세상으로 떠날 준비를 하고 있는 사람이다.

자의든 타의든 이와 같이 술을 마시지 않거나 마시지 못하는 분들에게 이 책이 무언가를 기여할 가능성은 매우 낮다. 그러나 등산이나 운동으로 땀을 흠뻑 흘린 뒤에 마시는 차가운 맥주의 청량감과 출출한 저녁시간에 삼겹살이 익기도 전에 들이키는 소주 한 잔의 짜릿함을 사랑하며 '와인의 세계'에 대해 약간의 호기심이라도 가지고 있는 사람들에게는 이 책이 꽤 괜찮은 도우미가 될 수 있다고 졸저의 저자는 확신한다.

01

와인과 포도

간단히 말해서, 와인wine은 포도나 포도즙을 발효하
여 만든 술이다. 우리나라는 미국, 러시아, 중국와 함
께 과거에 비해 요즈음 와인을 찾는 사람들의 수가 확
실히 늘었고 또 늘어나고 있는 추세에 있는 몇 안 되
는 국가들에 속한다. 이런 현상은 국민의 소득수준이
상승하고 여러 와인생산국들과의 자유무역협정free trade
agreement(FTA)에 따른 관세의 조정으로 가격이 하락하여
와인에 대한 사람들의 접근성이 대폭 향상되었기 때문
일 것이다. 이와 함께 여타의 술과는 차별화되는 와인
의 몇 가지 특별함도 소비자 취향의 변화에 꽤 큰 영향
을 끼쳤을 것 같다.

중국의 화가 장위칭(江雨晴) 작
"석과유루(碩果纍累)". 작가는
1925년생으로 제5회 국제 서예
및 회화 전시회에서 금상을 수상
한 바 있다.

술의 한 종류로서의 와인

◇ 술과 분위기

대부분의 음식들과 마찬가지로 술도 분위기에 따라 맛이 좌우되지만, 그 정도가
여타의 음식과는 비교할 수 없을 정도로 편차가 크다. 간단히 말해서 술은 분위기를
심하게 탄다는 뜻이다. 그래서 술을 마시는 시각적 또는 심리적 환경과 함께 같이 마

시는 사람에 따라 최적의 술이 있을 법하다. 예를 들어 사람에 따라 지극히 주관적이겠지만, 야외에서 쌓인 함박눈 위에 잔을 두고 들이키는 보드카, 편안함과 나른함이 밀려오는 늦은 저녁에 혼자서 음미하는 오크향이 가득한 싱글몰트 위스키, 잠자리에 들기 전에 사랑하는 사람과 함께 하는 향내 그윽한 한 잔의 브랜디, 비오는 날에 한옥 처마의 낙수를 보며 마시는 잘 빚은 우리의 전통 청주 같은 술들이 필자의 입에 침을 고이게 만든다.

◇ 와인의 매력

상세하거나 정확하지 않더라도 와인은 앞에서 예로 들었던 술들보다 훨씬 다양한 곳에서 여러 형태로 분위기를 연출하는 매력이 있다. 술의 색조 때문이든 늘씬한 모양의 잔과 잔이 부딪칠 때의 긴 맥놀이 때문일 수도 있겠지만, 아무래도 와인의 가장 두드러진 매력은 풍미flavor와 향aroma에 있다고 보아야 하겠다. 이것들의 원천은 포도인데, 실제로 포도보다 향이 풍부하며 다양한 과일은 찾기 힘들며 발효과정에서 알코올로 변하는 당분의 함량도 포도가 과일 중에 거의 으뜸이다. 그렇다면 세상의 여러 유형의 술중에서 와인이 최고라고 말할 수 있을까?

◇ 과음과 숙취, 그리고 두통

자신이 무슨 술을 가장 좋아하는지는 지극히 복잡한 개인적 취향의 문제이지만, 와인을 과하게 마시고 경험하는 숙취는 장난이 아닌 것만은 확실하다. 이러한 현상은 와인에만 국한되는 특별한 문제가 아니고, 증류주에 비해 막걸리와 여러 과일주 등의 모든 발효주에서 상대적으로 정도가 더 심하게 나타나는 공통적 부작용이다. 과음하면 머리가 아프거나 어지럽고 속이 편하지 않는 상태가 다음 날의 늦은 오후까지 이어지기도 한다. 그러면 이런 부작용은 왜 발생할까? 알코올을 정제한 증류주와는 달리 거의 모든 발효주는 발효되었거나 발효 중인 다양한 화학물질이 인체 내의 대사작용이 재빠르게 이루어지는 것을 어렵게 하여 술을 깨는 시간이 상대적으로 길어지기 때문이다. 이와 함께 발효를 멈추고 안정화를 위해 사용되는 극소량의 이산화황so2이 숙취 때 발생하는 두통의 원인이 된다는 견해도 있다. 그러므로 가격의 높고 낮음과 관계없이 어떤 와인도 많은 양을 마시지 않는 경우에만 좋은 술이 될 수 있음을 반드시 기억할 필요가 있다.

포도와 여러 과일의 비교

◇ 알코올 발효alcohol fermentation

산소가 없는 상태에서 미생물이 당류를 알코올과 이산화탄소carbonic acid gas(CO2)로 분해하여 알코올을 생성하는 화학적 과정이 알코올 발효이다. 그러므로 술을 만드는 데 쓰이는 재료들은 당 또는 화학적 분해과정을 거쳐 당으로 변환될 수 있는 탄수화물이 풍부한 과일이나 곡물 등이다. 이들 중에서 과일류는 알코올로 바로 변환될 수 있는 포도당glucose과 과당fructose 등의 단당류monosaccharide를 비롯하여, 단당류로 분해되지 않고는 알코올로 바뀌지 않는 젖당lactose, 맥아당maltose, 설탕의 주성분인 자당sucrose 등의 이당류disaccharide를 많이 함유하고 있다. 곡물류는 단당류가 여러 개 결합된 다당류polysaccharide인 녹말starch이 주성분인데, 다당류도 효소에 의해 단당류로 분해된 뒤에 발효가 가능하다. 쌀과 찹쌀 등의 곡물로 만드는 우리나라의 발효주는 술을 만드는 효소enzyme를 가지고 있는 곰팡이를 곡류에 번식시킨 누룩이 필수적으로 쓰이는데, 이것이 녹말을 단당류로 분해한 후에 알코올 발효가 시작된다.

◇ 과일의 당도

와인을 비롯하여 사과, 바나나, 매실, 체리, 석류, 파인애플, 오렌지 등의 과일로 만드는 술의 종류는 매우 많다. 그러나 양조의 과정을 자세히 들여다보면, 와인은 여타 과일주와는 근본적인 차이가 있다. 다음의 표는 브릭스brix라는 척도로 측정한 여러 가지 과일주스의 평균당도를 보여주고 있는데, 케럽carob과 타마린드tamarind 같은 특별한 열대식물의 열매를 제외하고는 와인용 포도의 당도가 탁월하다. 여타의 여러 요인이 작용하지만, 당도가 높을수록 발효의 결과로 만들어지는 알코올 도수도 높아진다. 그러므로 당도가 낮은 과일은 발효로 얻어지는 알코올 도수도 낮다. 이런 문제 때문에 와인을 제외한 대부분의 과일주를 양조하는 과정에서 당을 첨가하여 알코올 도수를 높이는데, 이를 가당 또는 보당이라 하며 프랑스에서는 샵딸리자시옹Chaptalisation이라 한다. 이 용어는 포도주에 가당하는 방법을 개발한 샵딸Jean-Antoine Chaptal(1756~1832)의 이름에서 유래하였는데, 그는 프랑스의 화학자이자 정치인으로서 파리의 에펠탑Tour Eiffel에 이름이 새겨진 프랑스 과학자 72명 중의 한 명이다. 그런데 와인 양조에서 가당은 이탈리아, 미국의 캘리포니아, 프랑스 남부에서는 법적으로 금지하고 있다. 더욱이 법규에 앞서서, 발포성 와인을 제외한 거의 모든 와인의 양조과정에 가당하는 것은 숨기고 싶은 부끄러운 행위로 여겨진다. 그러나 거의 대부분의 과일주는 태생적으로 과일의 당도가 부족하여, 알코올 도수를 높이기 위해 필연적으로 당분을 첨가할 수밖에 없다.

캐럽(왼쪽)과 타마린드(오른쪽). 캐럽은 지중해 원산이며 키가 10m까지 자라는데, 열매는 검은 깍지 안에 지름 약 3cm의 열매가 5-15개가 들어있다. 타마린드는 북아프리카와 아시아의 열대지방이 원산지이며, 높이가 20m까지 자라는 식물이며, 길이 12-15cm의 갈색 꼬투리에 여러 개의 열매가 들어있다. 두 식물의 열매는 모두 특이하게 높은 당분을 함유하고 있어서, 식용과 약용으로 폭넓게 쓰이고 있다.

과일	brix	과일	brix	과일	brix
딸기	8.0	블루베리	14.1	망고	17.0
레몬	8.9	살구	14.3	석류	18.2
자몽	10.2	파인애플	14.3	무화과	18.2
복숭아	11.8	체리	14.3	와인용 포도	21.5
오렌지	11.8	배	15.4	캐럽	40.0
사과	13.3	식용 포도	16.0	타마린드	55.0

* 자료출처 : https://www.law.cornell.edu/cfr/text/19/151.91-Brix values of unconcentrated natural fruit juices

◇ **잠재적 알코올**potential alcohol(PA)

과일주를 만들 때 가당하는 것은 절대적 당도의 부족뿐만 아니라 당류의 구성과도 깊은 관계가 있다. 과일에 많이 함유되어 있는 당은 주로 포도당과 과당 같은 단당류와 이당류인 자당과 젖당인데, 이 중에서 알코올로 직접 변환되는 것들은 단당류인 포도당과 과당이다. 그런데 이당류와 다당류는 단당류로 변환되는 화학작용 이후에야 알코올로 바뀔 수 있다. 그리고 당의 화학적 구조에 따라 알코올로 바뀌는 변환율이 달라진다. 잠재적 알코올이란 1리터의 과일주스에 포함된 당분으로 만들어질 수 있는 알코올 도수를 뜻한다. 와인에 관한 포괄적 정보를 제공하는 웹사이트인 와인프로그WineFrog에서는 PA=포도당(g/L)+과당(g/L)/16.83과 같은 공식으로 잠재적 알코올을 추정한다. 물론 외부적 환경에 따라 오차가 발생하지만, 이 공식은 포도당이 알코올 발효에 100% 기여하고 과당이 부분적으로 알코올로 변환된다는 것을 의미한다. 그런데 포도를 제외한 대부분의 과일, 특히 열대과일들은 알코올 변환율이 낮은 과당과 잠재적 알코올에 기여하지 못하는 이당류인 자당의 비율이 아주 높다. 그러나 와인용 포도는 포도당의 비율이 압도적으로 높아서, 가당하지 않고도 높은 도수의 알코올을 생성할 수 있는 잠재력을 가진 거의 유일한 과일이다.

◇ 포도의 남다른 특성

　과일마다 나름의 독특한 맛을 갖고 있지만, 포도와 같이 풍미와 향이 풍부한 과일이 없다고 해도 지나친 말이 아니다. 그리고 품종에 따라 맛과 향이 같지 않아서, 이 것들로 만든 와인도 다양한 맛과 향을 가진 여러 가지 스타일로 만들어진다. 더욱이 여타의 과일에서는 드물게 포도는 다양한 산acid과 타닌tannin을 함유하고 있어서, 와인의 보존성은 여타의 과일주와 견줄 바가 아니다. 보존성이 형편없는 와인도 최소 1년 은 문제없으며, 희귀하게 200년 이상 보존이 가능한 와인들도 있다. 또한 포도는 여타의 과일에서는 거의 찾아볼 수 없는 갈락토즈galactose와 맥아당maltose을 함유하고 있 는데, 이들은 와인을 숙성할 때 일어나는 젖산발효의 과정과 복합적 아로마인 부케 bouquet가 형성되는 데 중요한 기능을 한다. 이러한 화학적 변환은 모든 발효주 중에서 와인만의 배타적 특성인데, 젖산발효와 부케에 대해서는 3장과 5장에서 상세히 알아 볼 예정이다.

식용 포도로 와인을 만들 수 있을까?

◇ 품종의 차이

　우리가 과일가게에서 흔히 보는 식용 포도로 와인을 만들 수 있을까? 이 질문에 답하기 전에 식용 포도table grape와 와인용 포도wine grape에 어떤 차이가 있는지 알아볼 필요가 있다. 분명히 말해서, 두 종류의 포도는 아주 많은 차이가 있다. 첫째로 모든 포도가 생물학적으로 비티스 속vitis genus에 포함되지만, 두 종류 포도의 가장 큰 차이 는 생물학적 종species이 다르다는 것이다. 와인용 포도는 일명 유럽포도European grapevine 라고 불리는 비티스 비니페라vitis vinifera 종이지만, 식용 포도는 주로 일명 여우포도fox grapevine라고도 하는 비티스 라브라스카vitis labrusca와 머스캐딘muscadine으로 불리는 비티 스 로툰디폴리아vitis rotundifolia 종 등에 속한다. 식용 포도는 와인을 만드는 데 매우 드 물게 사용되는 경우가 있지만, 거의 대부분은 식용이나 잼을 만드는 데 쓰인다. 그리고 식용포도는 수분이 많아서 맛이 좋지만, 와인용 포도는 높은 산미acid 때문에 그냥 먹기에는 적합하지 않다.

◇ 껍질 두께의 차이

두 종류의 포도는 껍질의 두께가 다르다는 점이 두 번째 차이이다. 식용 포도는 껍질이 상대적으로 얇아서 먹기에 매우 좋지만, 와인용 포도는 껍질이 두꺼워 식용으로는 적당하지 않다. 그러나 와인용 포도의 두꺼운 껍질은 와인의 풍미와 향을 만드는 여러 특별한 화학물질들을 함유하고 있다. 특히 레드와인용 포도 껍질의 색소가 와인의 색깔을 붉게 만들어주며, 또한 다량으로 함유되어 있는 타닌tannin은 레드와인의 독특한 풍미를 형성하며 와인을 장기간 보관하는 것을 가능하게 해준다.

◇ 당도의 차이

두 종류 포도의 또 다른 차이점은 당도에 있다. 와인용 포도를 먹어본 사람들은 식용 포도가 더 달콤하다고 느끼겠지만, 실제로는 와인용 포도의 당도가 훨씬 더 높다. 앞의 표와 같이 대체로 식용 포도의 당도는 16브릭스 전후이지만, 와인용 포도의 평균 당도는 21.5브릭스이다. 더욱이 수확시기를 늦춘 완숙 포도는 대부분 27브릭스를 넘어서며, 때로는 30브릭스에 육박하기도 한다. 그럼에도 불구하고 와인용 포도가 식용포도에 비해 덜 달콤하다고 느껴지는 것은 높은 산미acid가 단맛을 상쇄하기 때문이다. 이와 같이 높은 당도는 적절한 알코올 도수에 도달하게 하는 원천이 된다. 그러나 식용 포도로는 상대적으로 당도가 낮아서 충분히 높은 알코올 도수에 도달할 수 없다.

◇ 알갱이 크기의 차이

두 종류의 포도는 대체로 알갱이의 크기가 다른데, 식용 포도의 알갱이가 와인용 포도에 비해 더 크다. 알갱이가 큰 식용 포도는 수분을 많이 담고 있어서 먹기에 매우 좋지만, 당도가 떨어져서 알코올발효에는 적합하지 못하다. 반면에 와인용 포도는 작은 알갱이에 당과 풍미가 농축되어있어서, 와인을 만드는 데 필요한 최적의 조건을 충족한다.

◇ 수확량의 차이

마지막으로 두 종류 포도의 다름은 수확량에 있다. 식용포도는 보통 한 그루의 수확량이 14kg 전후이지만, 와인용 포도는 대체로 5kg을 넘지 않는다. 더욱이 최상급의 와인을 제조하는 생산자들은 의도적으로 수확량을 더 줄이기도 한다. 그런데 식용 포도와 같이 수확량이 많은 포도로 양조를 한다면 끔찍한 맛의 와인이 만들어질 수밖에 없으나, 이런 포도가 식용으로는 매우 적당하다. 그러므로 앞에서 나열한 여러 이유 때문에, 식용 포도로 와인을 만들려는 시도는 그리 현명하다고 볼 수는 없을 것 같다. 그래서 와인은 양조용 포도의 몫으로 두고, 식용 포도는 저녁 식탁의 훌륭한 후식으로 만족하는 것이 어떨까?

와인 맛의 비일관성

대부분의 와인 레이블에는 연도가 적혀있는데, 이것은 포도를 수확한 해로서 영어로는 빈티지vintage라고 하고 프랑스어로는 밀레짐millesime이라 한다. 그런데 와인이 아닌 여타의 술에 빈티지가 적혀있는 레이블label을 본 적이 있는가? 아마 이 질문에 대한 답은 '아니다'일 것이다. 그러면 다음 질문은 '왜 와인에만 빈티지가 있을까?'와 '와인의 빈티지가 가지는 의미는 무엇일까?'이다. 이제 이 질문들에 대한 답을 알아보기로 하자.

와인의 빈티지

◇ 술맛의 일관성consistency

위스키whisky나 브랜디brandy 등의 증류주와 맥주 같은 발효주의 뒷면 레이블에서 유통기한 또는 제조일자가 적혀있는 경우를 흔히 볼 수 있지만, 이것은 와인의 빈티지와 의미가 전혀 다르다. 어떤 종류의 술을 마실 때 술의 온도 등과 같은 조건과 환경이 동일하다면, 우리는 언제든지 같은 맛을 기대한다. 예를 들어 특정한 브랜드의 에일ale 맥주나 싱글몰트single malt 위스키를 마시는 사람은 언제나 한결같은 맛을 느끼기 원한다. 생산자도 소비자보다 더 심각하게 자신이 생산하는 브랜드의 질과 맛에 대해 일관성을 유지하는 것을 가장 주요한 문제들 중의 하나로 여긴다. 각기 다른 해에 생산된 술의 질과 맛이 미세하게 차이가 날 수도 있겠지만, 이런 차이는 소비자뿐만 아니라 전문적인 감식가도 탐지할 수 없을 정도이다. 그러므로 매년 생산된 제품의 품질과 맛이 거의 동일하여, 빈티지를 표시하는 것이 아무런 의미가 없다. 만약에 명백하게 맛의 차이가 감지될 정도라면, 이것은 특정한 브랜드의 판매에 치명타가 되거나 질이 획기적으로 개선된 경우일 가능성이 높다.

◇ 와인의 빈티지란?

포도를 수확한 연도를 와인의 빈티지라 한다. 그렇다면 여타의 술들과는 달리 레이블에 빈티지를 명시하는 와인은 어떨까? 간단히 말해서, 일반적으로 매년 와인은 맛과 질의 일관성이 유지될 수 없다. 그 이유는 해마다 수확하는 포도의 질이 다르다는 데 있으며, 매년 만들어지는 와인들도 당연히 동질적일 수가 없다. 이와 같이 여타의 알코올음료와 달리 질과 맛의 비일관성inconsistency은 와인만이 가지는 배타적 특징으로서, 소비자와 생산자 모두가 이를 당연한 현상으로 받아들이고 있다. 더욱이 생산자는 특정한 빈티지를 적극적으로 마케팅하고, 소비자도 이를 얻기 위해 높은 가격의 지불을 마다하지 않는다.

와인 맛의 비일관성을 초래하는 원인들

◇ 날씨와 재배 환경

그러면 같은 밭에서 수확하는 포도의 질과 맛이 매년 달라지는 이유는 무엇일까? 대부분의 사람들은 포도밭이 있는 지역의 날씨를 가장 결정적인 요인으로 꼽을 것이다. 일조량과 강우량을 비롯하여 대기 중 습도 등의 기상요소가 그해에 수확하는 포도의 질에 크게 영향을 미친다. 그리고 특정한 시기에 서리가 내리거나 포도나무가 가뭄이나 더위에 시달릴 수도 있고, 폭설과 한파가 닥칠 수도 있다. 그리고 병충해의 정도와 종류도 매년 같지 않다. 더욱이 포도밭 위로 부는 바람과 땅 아래를 흐르는 지하수도 매년 일정하다는 보장이 없다. 이와 같이 포도를 재배하는 환경이 매년 변하기 때문에, 같은 포도밭에서도 생산되는 포도의 질이 해마다 다른 것은 지극히 자연스런 현상이다.

◇ 인간

매년 같은 밭에서 생산되는 포도의 질이 일정하지 않은 것은 여러 자연적 요인이 가장 큰 원인이지만, 이러한 현상에는 포도 재배자와 와인 양조자의 의사결정도 한몫을 한다. 재배농민은 오랫동안 축적된 경험을 바탕으로 밭에 거름과 비료를 주고 가지치기를 하거나 수확량을 결정하며, 자연적 요인의 변화가 발생할 때 이에 대응하기 위한 여러 가지 다양한 조치를 취한다. 양조자도 발효를 위한 효모를 선택하고 와인이 병입될 때까지 여러 프로세스의 시기와 방법을 결정한다. 그러나 재배자와 양조인의 의사결정이 절대적 일관성을 유지하는 것이 아니며, 완벽하게 합리적이지 않을 수도 있다. 그러므로 포도의 재배와 와인의 양조를 주도하는 인간도 매년 포도의 질을 달라지게 할 수 있는 빠뜨릴 수 없는 요인의 하나이다.

03

무엇으로 와인이 만들어질까?
〈와인의 4요소와 떼루아〉

한국인들의 밥상에 거의 빠지지 않는 반찬이 바로 김치이다. 그러면 김치를 만드는 데 주요한 요소들은 무엇일까? 아마 대부분의 사람들은 배추와 무같이 김치의 소재가 되는 채소류와 함께 젓갈과 양념류 등을 꼽을 것이다. 좀 더 세부적으로 따지자면, 배추와 무를 비롯하여 고추, 마늘과 생강 등 양념류의 재배여건과 토양, 강우량과 일조량 등의 기후조건, 젓갈용 생선을 잡은 장소와 시기를 비롯하여 처리방법 같은 것도 김치의 맛에 영향을 주는 요인이 될 수 있다. 여기에 김치를 담그는 사람의 손맛도 빠트릴 수가 없다.

그러면 와인의 경우는 어떨까? 김치와 크게 다를 것도 없이 와인을 만드는 주요 요소들로 포도의 품종, 토양, 기후와 인간을 꼽는데, 이 네 가지를 '와인의 4요소'라고 한다. 포도의 품종은 와인의 특성을 결정하는 골격과 같은 존재이며, 토양과 기후는 와인의 특성을 보완하고 수정하는 요소가 아닐까? 그리고 인간은 이러한 요소들을 최적의 상태로 조합하여 질이 좋은 포도를 생산하고 훌륭한 와인을 빚는 예술가라면 틀린 말일까? 와인의 4요소는 서로 유기적인 연관성을 가지고 있으며, 이 요소들의 총합적인 개념이 바로 떼루아이다.

포도 품종

이 세상에는 대략 6,000~10,000종의 포도가 있다고 한다. 그러나 와인용으로 쓰이는 것은 수백 종류이며, 그중에서 광범위한 지역에서 널리 재배되는 품종variety은 수십 종류에 불과하다. 프랑스에서는 포도품종을 세파주cépage라고 하는데, 특정한 품종으로 만든 와인은 나름대로의 고유한 특성이 있다. 예를 들어 와인 애호가들은 마셔보지 않고도, 까베르네 소비뇽 레드와인은 풀바디이며 타닉할 것으로 기대한다. 그리고 삐노 누아 와인은 옅은 붉은 색의 섬세한 향과 풍미를 떠올리게 하며, 샤르도네는 연한 황금빛을 발하며 매끄러운 질감의 화이트와인을 마음에 그리게 한다. 이와 같이 세파주는 와인에 독특한 특성을 부여하기 때문에, 마셔본 경험이 없는 와인이더라도 품종만으로 향과 풍미를 미루어 짐작할 수 있다. 이처럼 품종에 의해 형성되는 와인의 고유한 특성은 토양, 기후와 인간에 의해 다소 수정되거나 변경되지만, 고유한 품종이 가지고 있는 절대로 바뀔 수 없는 본질적 요소들이 있다. 어떻게 하더라도 삐노 누아로 타닉하고 짙은 색의 레드와인을 만들 수 없으며, 소비뇽 블랑으로 스위트하고 부드러운 질감의 화이트와인을 만들 수는 없지 않은가? 개별적인 세파주가 가지는 고유하며 세부적인 특성은 다음의 3장과 4장에서 자세히 다룰 예정이다.

기후

◇ 날씨weather와 기후climate

날씨는 길지 않은 시간대의 종합적인 기상상태를 뜻한다. 즉 날씨는 기압, 기온, 습도, 바람, 구름의 양과 형태, 강수량, 일조량, 대기의 혼탁한 정도 등의 기상요소를 종합한 대기의 상태이다. 이와는 달리 일정한 지역에서 장기간에 걸쳐 해마다 반복되어 나타나는 대기현상의 평균적인 상태를 기후라고 한다. 따라서 지역의 기후는 오랜 시간을 거치면서 그 지역에 적합한 품종을 선택할 뿐만 아니라, 품종의 고유한 특성을 결정한다고 보아도 틀리지 않다. 즉 포도밭이 있는 지역의 기후적 조건은 포도의 품종을 비롯하여 와인의 평균적 질과 맛을 결정하는 절대적 요인으로, 일조량, 강우량, 강설량, 평균기온, 연중 최고와 최저기온, 습도, 일교차 등의 기후적 요인이 그 지역에서 재배하는 포도의 특성을 결정한다는 것이다. 그런데 '강우량이 포도의 질에 어떤 영향을 주는가?'라는 간단하게 보이는 질문에도 정확히 답하는 것은 결코 간단한 일이 아니다. 가뭄은 물론이고 지나치게 비가 많은 것도 포도의 질을 떨어뜨리거나 특성을 변화시키며, 계절별 강우량도 주요한 영향을 미친다. 습도도 절대적인 수치보다는 시간대별 습도가 더 중요하다. 기온과 일교차를 비롯하여 일조량도 지나침과 모자람이 모두 포도의 질과 특성을 바꾸는 민감한 요인으로 작용한다.

◇ 미기후microclimate

앞에서 나열한 지역의 기후조건이 포도의 풍미와 향을 결정하는 주요한 요인인 것은 분명하다. 그런데 기후가 같은 인근의 밭들에서 수확한 포도로 만든 동일한 빈티지 와인들이 질이나 고유한 특성이 같지 않은 것은 어떻게 설명해야 할까? 아무리 가까이 있는 포도밭이더라도 질이나 특성이 다른 포도가 생산되는 예는 매우 흔하다. 포도밭의 경사도와 경사의 방향에 따라 일조량과

와나카(Wanaka)는 뉴질랜드 남섬 센트럴 오타고의 세부 와인지역이다. 와나카 호수의 남쪽 끝자락에 자리한 이곳은 해양성 기후의 영향을 받는 뉴질랜드의 대부분 지역과는 달리 대륙성기후의 특징이 강하게 나타나는 지역이다. 이는 와나카를 둘러싸고 있는 산과 호수에 의한 미기후의 영향이다.

기온이 다르고, 강수량, 안개, 고도, 온도, 지하수의 흐름, 바람의 흐름, 골짜기와 언덕의 위치 등의 많은 요소들이 기후적 영향을 미치는데, 이와 같은 요인에 의해 발생하는 좁은 지역의 특수한 기후를 미기후라고 한다. 프랑스 보르도의 소테른Sauternes 지역은 세계적으로 명성이 높은 귀부와인의 생산지인데, 이것은 수온이 다른 두 개

의 강이 합쳐지면서 발생하는 이른 아침의 가을안개가 오후의 햇살로 사라지는 현상을 반복하는 특별한 미기후 때문이다.

토양

◇ 토양soil과 포도

앞에서 나열한 기후적 요인이 포도의 질에 영향을 미치는 핵심적 요인인 것은 분명하지만, 지표면을 덮고 있는 흙을 뜻하는 토양도 포도와 와인의 질 뿐만 아니라 풍미와 향에도 엄청난 영향을 미친다. 같은 품종이라도 토양이 달라지면, 매우 다른 특성을 가지는 포도가 되는 예는 예상외로 매우 흔하다. 예를 들어 레드와인용 품종 중의 하나인 까베르네 소비뇽Cabernet Saubignon은 보르도와 캘리포니아에서 서로 현저히 차별적인 와인이 되며, 부르고뉴와 호주에서 자란 삐노 누아Pinot noir의 차이도 분명하다. 이런 현상들이 발생하는 것은 지역별 기후와 함께 토양이 가장 큰 원인을 제공한다. 심하게는 바로 인접한 포도밭 또는 고랑에서 질이 다른 포도가 수확되는 경우도 허다하다. 포도의 뿌리와 토양은 은밀히 대화하며, 뿌리로 흡수한 토양의 광물질은 독특한 풍미와 향의 원천이다.

◇ 포도밭으로 적합한 5가지 토양

토양은 대체로 풍화와 침식작용에 의한 퇴적물의 형태로 구분하며, 퇴적물은 자갈과 광물질 등을 포함한다. 토양에 관한 연구를 토양과학soil science이라고 하는데, 이 분야에는 토양의 형성에 관해 연구하는 토양학pedology과 토양이 식물에 미치는 영향을 연구하는 농림토양학edaphology이 있다. 이러한 토양과학에 기초하여 세계적으로 포도재배에 적합한 토양은 다음의 다섯 가지로 알려져 있다.

- **석회암 토양**limestone soil : 백악질 토양chalky soil이라고도 하며, 질 좋은 포도의 생육에 필수적인 영양소인 칼슘과 마그네슘을 많이 함유하고 있고 보수력이 좋다. 세계적인 와인 생산지 중에서 대표적인 석회질 토양은 프랑스의 상파뉴Champagne, 부르고뉴Bourgogne, 샤블리Chablis와 루아르 계곡Vallée de la Loire 등이다.

- **테라로사**terra rossa : 붉은 토양red soil이라고도 하고 붉은 장밋빛 토양이라는 뜻을 가진 테라로사는 석회암이 풍화하여 형성되며, 매우 붉은 색은 퇴적된 철성분이 산화한 결과이다. 보수력이 약한 편이지만 포도가 훌륭한 풍미와 색깔을 형성하는 데 도움을 주는 토양으로, 이탈리아와 호주 등의 지역에 널리 분포한다.

- **양토**loam soil : 점토clay, 모래와 침적토silt를 비롯하여 부식토humus가 혼합된 황갈색의 토양이다. 세계적으로 널리 분포하고 있으며, 포도를 비롯한 다양한 식물의 재배에 적합하다. 침적토와 점토는 보수력이 좋으며, 뿌리가 너무 커지는 것을 막아준다.

- **화산성토**volcanic soil : 화산 폭발에 의해 형성되며, 화산회토volcanic ash soil라고도 한다. 이 토양은 철, 칼륨potassium, 마그네슘과 칼슘 등의 무기질이 풍부하다. 이탈리아의 에트나Etna 산, 캘리포니아의 나파밸리와 뉴질랜드 북섬의 화산성토에서 질 좋은 화이트와인이 생산되고 있다. 이 토양은 포도나무에 물을 매우 천천히 전달하는 것으로 알려져 있다.

카나리아 제도(Canary Islands) 란사로테(Lanzarote)의 포도밭. 아프리카 북서부 대서양에 있는 스페인령인 이곳은 건조한 화산회토의 토양과 거친 무역풍(trade wind)이 포도의 생육을 방해하지만, 바람을 막아주는 석축의 도움과 새벽에 맺히는 이슬에 의지해서 포도나무가 자란다. 란사로테는 카나리아 제도에서 가장 북동쪽에 있는 섬이다.

- **사력질 토양**gravel soil : 이 토양은 상토에 자갈gravel이 많기 때문에, 포도나무가 영양소를 섭취하기 위해 토양에 뿌리를 깊게 내려야 한다. 보르도의 메독 지역은 탁월한 까베르네 소비뇽을 생산한다고 알려져 있는데, 와인 전문가는 이것이 이 지역 토양의 결과물이라고 말한다. 전반적으로 평평한 지형인 이 지역은 많은 강우량 때문에 문제가 될 것 같지만, 자갈이 배수의 문제를 해결해주고 토양의 온기를 지켜준다.

인간

◇ 인간과 포도나무

포도는 특이하게 척박한 땅에서 자란 것이 훌륭한 와인으로 만들어질 수 있는데, 그것은 토질이 척박해야 뿌리를 더욱 깊고 넓게 뻗어서 다양한 영양분을 섭취하기 때문이다. 그리고 양조용 포도나무는 기온과 강우량이 적당하지 않으면 제대로 자라지 않으며, 품종에 따라서는 특별한 기후와 토양이 필요하기 때문에 일부의 품종은 제한된 지역에서만 자랄 정도로 재배가 까다롭다. 그러므로 포도나무는 인간의 섬세한 배려에 민감하게 반응하며, 재배농민은 포도나무의 생육에 영향을 미치는 자연적 조건의 변화에 대응하여 적절한 처방을 내리는 의사결정을 한다.

◇ 포도원의 4계절

포도 재배농민은 겨울 동안에 가지치기와 밭갈이 등으로 나무가 잘 자랄 수 있는 환경을 조성한다. 3월은 포도나무가 물을 빨아올리기 시작하는 시기로, 부족한 필수 영양분을 보충해주어야 한다. 4월은 포도의 발아기로, 농민은 토양이 숨을 쉬게 하며 빗물이 잘 스며들도록 한다. 5월은 잎이 자라는 시기로 질병이나 병충해에 걸리지 않도록 다양한 조치가 필요하며, 개화기인 6월에는 포도넝쿨을 솎아주고 고정시킨다. 7월에는 가지치기를 하여 포도가 흡수할 영양분을 일부의 포도송이에 집중하게 한다. 8월에는 포도송이 주변의 잎들을 적당히 제거하여 일조량을 늘려서, 포도 껍질의 착색과 포도알의 숙성을 촉진시킨다. 9월은 포도가 익은 상태에 따라 수확이 시작되는 시기이다. 10월은 본격적인 수확의 계절인데, 수확이 끝나면 포도나무의 잎이 변색되어 떨어진다. 11월에는 추위가 오기 전에 나무 그루터기에 흙을 부어줌으로써 겨울의 추위에 대비한다. 12월이 되면, 포도나무는 잎이 모두 떨어지고 휴식기에 들어가게 된다. 이와 같이 재배농민은 포도나무 생육의 조력자로서 사시사철 쉴 틈이 없는 시간을 보낸다.

떼루아

◇ 개념

포도의 생육환경과 관련하여 계량적으로 측정할 수 없고 개념적으로 불명확하여 신비롭게 느껴지기도 하는 프랑스어인 떼루아terroir는 땅이라는 뜻을 가진 '떼르terre'의 파생어이다. 떼루아는 포도밭의 전반적인 생육환경을 의미하며, 기후와 미기후, 토양, 지형, 관개, 배수 등 제반 요소의 상호작용과 포도의 재배와 와인의 생산에 관여하는 인간까지도 포함하여 일컫는 포괄적이며 집합체적 개념이다. 과거 수세기에 걸쳐서 프랑스의 와인제조자들은 다른 지역, 다른 포도밭과 심지어 같은 포도밭의 다른 고랑에서 재배한 포도로 만든 와인이 동일하지 않다는 것을 관찰하여 떼루아의 개념을 정립하였다.

◇ 떼루아의 요소

기후와 떼루아의 상호작용은 일반적으로 넓은 지역의 대기후macroclimate, 그 지역에 속한 좁은 영역의 중기후mesoclimate와 특정한 포도밭이나 밭고랑의 미기후microclimate로 세분된다. 예를 들어 프랑스 보르도의 메독 지역이 넓은 지역이라면, 뽀이약Pauillac은 중기후의 대상지역이며 샤토 라뚜르Château Latour의 포도밭은 미기후의 대상이다. 토양 요소는 비옥함의 정도, 배수, 열의 보존력과 같은 포도밭의 토양 성질과 본질적인 특성들이 모두 관련되어있다. 산, 골짜기와 물의 실체 같은 포도밭의 지형은 지역의 기후와 상호작용하고, 포도밭 위치의 형태와 고도와 같은 요소도 기후적 영향을 준다. 그리고 포도밭에 생존하는 동물군fauna, 식물상flora과 포도밭 토양에 있는 미생물의 종류와 수 같은 유기체의 상태도 포도나무 재배와 관련이 있다고 한다.

◇ 인간이 조정할 수 있는 요소들

떼루아의 의미는 인간에 의해 영향을 받거나 조정될 수 있는 요소들을 포함하는 개념으로 확대되기도 한다. 인간은 재배할 품종을 선택하고, 와인을 숙성할 때 오크통의 사용 여부를 결정한다. 그리고 유기농법 등의 경작방법도 인간이 결정할 수 있는 떼루아의 변수로 볼 수 있다. 이 외에도 포도를 재배하고 와인을 만드는 과정에서 가지치기, 관개, 수확량과 수확시기의 선택에 관한 결정 등에 관한 재배농민과 양조인의 의사결정이 와인에서 떼루아가 발현되는 데 영향을 줄 수 있다.

◇ 떼루아는 원산지보호명칭 제도의 근본이다

떼루아가 중요하다는 것은 포도 품종과 와인 제조기술을 정밀하게 복제하더라도 특정한 지역에서 생산된 와인이 여타 지역에서는 똑같이 만들어질 수 없는 차별성이 있다는 것을 의미한다. 부르고뉴의 와인생산자들은 부르고뉴에서 삐노 누아 와인을 만든다고 생각하지 않고, 삐노 누아로 특별한 부르고뉴 와인을 만든다고 믿는다. 이와 같이 프랑스의 원산지보호명칭appellation d'origin protégée(AOP) 체계와 같은 원산지 제도는 '특정한 지역의 특별한 와인'이라는 개념을 전제로 발전하였다. 떼루아가 와인에 결정적인 영향을 미친다는 믿음은 포도 품종과 생산자보다는 지역과 포도밭을 강조하는 프랑스를 비롯한 유럽의 여러 와인생산국의 와인 레이블에 숨겨진 역사적 배경이다.

사회생활과 와인

사람들의 사회생활에서 술은 소통과 사교의 자리에 필수적 수단이 되는 경우가 많다. 술이 사회 또는 건강에 심각한 폐해를 낳기도 하지만, 적당히 마신다는 것을 전제로 타인에게 친밀감과 기쁨을 전달하고 예절과 존중을 표현하는 효과적인 수단이 되기도 한다. 그리고 알코올의 섭취는 사람들이 긴장을 풀고 스트레스를 해소하는 데 도움을 주며, 음주자에게 짧은 시간에 심리적 효과와 생리적 변화를 초래한다. 그런데 체내에 누적되는 알코올의 효과는 사람에 따라 다르게 나타나는데, 음주의 영향은 개인이 마신 양, 알코올 도수, 마신 시간, 같이 먹은 음식의 종류와 양, 약물의 처방과 복용 여부 등 여러 요인에 의존한다. 혈중알코올농도blood alcohol concentration(BAC)가 0.03~0.12%일 정도로 마시면, 대체로 기분이 전환되고 쾌감을 얻을 수 있으며 자신감과 사교성이 증가한다. 또한 걱정이 줄어드는 심리적 변화와 함께 얼굴이 붉어지며, 판단력과 근육의 움직임이 미세하게 저하되는 신체적 변화도 일어난다.

폭탄주와 음주문화의 변화

◇ 세계의 폭탄주

언제부턴가 우리나라의 술자리에서 거의 필수적으로 등장하는 것이 있으니, 그게 바로 폭탄주이다. 맥주 등의 저도주에 증류주 같은 고도주를 섞어서 마시는 형식의 술은 한국뿐 아니라 여러 나라에서 찾아볼 수 있는데, 영국의 보일러메이커Boilermaker, 독일의 예거봄베Jägerbombe, 아일랜드의 아이리시 카 밤Irish Car Bomb(또는 Irish Slammer, Irish Bomb Shot) 등이 있다.

우리나라의 폭탄주는 맥주에 위스키 또는 희석식 소주를 혼합하는데, 전자를 일명 '양폭'이라 하고 후자는 '소폭'이라 불린다. 폭탄주의 가장 두드러진 특징은 취기가 빨리 온다는 것인데, 이는 맥주에 포함된 이산화탄소가 알코올의 흡수를 촉진하기 때문이라고 알려져 있다.

북한에서도 폭탄주 문화가 확산되고 있다는 2018년 1월 2일 연합뉴스 기사의 사진

◇ 한국의 폭탄주

내성적 성격이 강한 한국인들이 서로 소통하기 위한 방법으로 흔히 사용되었던 폭음의 술 문화와 결합하여, 한때 폭탄주는 외국의 유명 위스키 업체들이 한국을 세계최고의 황금시장으로 여길 만큼 위스키의 매출 증가에 현저히 기여하였다. 그러나 이런 현상은 2007~2008년 글로벌 금융위기Global financial crisis 이후에 급격히 위축되어, 몇 해 전에는 국내 1위의 위스키 브랜드가 매출액의 급감으로 매각되는 사태가 벌어질 정도로 위스키 소비량이 빠르게 감소하고 있다. 2015년에 제정된 일명 '김영란법'으로 불리는 '부정청탁 및 금품 등 수수의 금지에 관한 법률'도 이런 변화에 큰 영향을 미쳤다. 하룻저녁의 향락을 위해 수백만 원을 기꺼이 지불하던 한국인들이 이제 냉정한 합리성에 따라 술을 취하기 위한 도구가 아닌 즐기기 위한 수단의 한 종류로 취급하는 조류가 확산되기 시작했다. 최근에는 값싸게 즐길 수 있는 '소폭'이 대세가 되어, '양폭'은 찾아보기조차 힘들 정도이다.

와인 문화의 확산

◇ 와인은 얘깃거리가 많은 술이다

와인도 술의 한 유형이기 때문에, 음주로 나타나는 효과나 현상은 여타의 술과 거의 동일하다고 보아도 될 듯하다. 여러 사람들이 모이는 파티나 연회의 자리에서 모든 종류의 술은 사람을 취하게 하는 생리적 기능이 있지만, 와인을 제외한 여타의 술들은 그 자체로 얘깃거리가 되지 않거나 되더라도 '술이 참 좋다'든지 '향이 좋고 부드럽다'고 간단하게 말하는 정도일 것이다. 그러나 와인은 술자리에서 사람들이 이야기할 수 있는 수많은 소재를 제공한다. 포도품종으로부터 와인의 다양하고 복잡한 향과 풍미뿐만 아니라 양조방법, 등급체계, 생산지, 어울리는 음식까지도 얘깃거리가 될 수 있다.

◇ 와인의 소비 확산

2018년부터 한국의 일인당 국민소득
이 3만 달러를 넘어선 소득수준에 맞추
어 앞으로 국민들의 소비패턴에 많은 변
화가 일어나고, 최근에 주당 52시간 근
무제의 영향으로 개인과 기업의 음주문
화도 과거와는 색다른 형태로 바뀌어가
고 있다. 앞으로 음주가 '취하는' 데서
'즐기는' 목적으로 변해가는 추세는 계

유능한 와인 웨이터는 와인과 음식의 훌륭한 매칭으
로 이끄는 안내자이다.

속 이어지리라 예상된다. 그리고 요즈음은 고객에게 와인을 전문적으로 서비스하는
레스토랑과 와인바도 흔하게 눈에 띤다. 이런 곳에서는 대부분 소믈리에sommelier 또는
와인 웨이터wine waiter가 고객에게 와인과 음식에 관한 기초적이며 다양한 지식을 제공
한다. 그러나 이들의 조언을 참조하더라도, 와인과 이에 잘 어울리는 음식을 최종적
으로 선택하는 것은 온전히 고객 자신의 몫이다. 그리고 요즈음 집에서 술을 즐기는
'홈술'이나 혼자서 마시는 '혼술'이 점점 증가하고 있는 추세인데, 이 경우에는 더더욱
자신의 경제적 여건을 고려하여 취향과 분위기에 맞는 적절한 와인을 선택할 수 있
는 최소한의 지식이 필요하다.

◇ 글로벌 시대의 와인

지금 세계는 교통수단과 정보통신의 발전으로 역사 이래 여느 때보다 외국기관이나
외국인과의 교류와 접촉이 빈번해지고 있다. 사업이나 개인적 목적으로 이루어지는
국제적 관계를 통해 외국의 음식과 술을 대할 기회가 증가하고 있으므로, 우리 고유
의 문화를 외국에 널리 알리는 것 못지않게 외국의 문화를 폭넓게 이해하고 포용하는
자세가 필요하다. 이러한 글로벌 시대에 와인에 대한 소비와 관심이 증가하는 것은 지
극히 당연한 현상이다. 와인이 생활화된 외국인과의 식사자리에서 와인에 대해 정확
하고 폭넓은 지식을 가지고 있다면, 당신은 비즈니스의 성사에 도움이 되는 강력한 무

기를 보유하게 된다. 와인이라는 게 아주 요상해서 호스트의 해석과 평가에 따라 맛이 가감될 수도 있는데, 와인의 특성, 향과 풍미의 감별, 음식과의 조화 등에 관한 지식을 제공하면 와인을 마시는 사람은 보다 깊고 폭넓게 와인을 느끼고 즐길 수 있다. 좀 더 과장한다면, 훌륭한 와인은 호스트가 만드는 결과물일 수도 있다.

◇ 와인을 대하는 우리의 태도에 관하여

많은 사람들이 와인은 마시기 어려운 술이라는데, 이러한 생각은 와인을 즐기기 위해서는 풍부한 사전지식들이 필요하며 이것들을 이해하고 기억하기가 만만치 않을 거라는 짐작에 근거하고 있다. 전문적으로 들어가면 복잡하지 않은 분야가 없겠지만, 전문적 수준의 와인 세계도 꽤 복잡한 것은 사실이다. 자동차를 예로 들어보자. 운전하는 것과 자동차의 전자와 기계장치를 이해하는 것은 차원이 다른 문제이다. 더욱이 자동차를 정비하거나 부속을 조립하고 분해하는 것은 또 다른 세계의 문제이다. 즉 운전을 잘하는 데 자동차의 작동 메커니즘을 잘 이해하는 것이 꼭 필요하지는 않다. 마찬가지로 와인을 즐기는 데 관련된 주변지식이나 와인이 가지고 있는 향과 풍미를 분석하고 판별할 수 있는 탁월한 능력이 굳이 필요하지는 않다. 사실 와인의 풍미와 향을 정확히 집어내는 것은 전문적인 와인감별인들에게도 결코 쉬운 일이 아니며, 향과 맛의 미묘한 차이를 감지하는 특별한 감별능력을 가진 사람은 만 명에 한 명이 있을까 말까 할 정도라고 한다. 따라서 와인도 술의 한 종류로 아무 부담 없이 마냥 즐기는 것이 무엇보다 중요하며, 감별의 결과를 예리하고 분석적이며 문학적으로 표현하거나 천주교나 개신교에서 행하는 성찬전례聖餐典禮에서와 같이 와인을 고귀하고 특별한 존재로 여길 필요는 없지 않을까? 더욱이 전문적 시음tasting이 와인을 가장 올바르게 즐기는 방법이라는 생각이나 풍조는 명백한 헛발질이며, 와인은 머리보다는 입으로 마시고 느끼며 즐기는 수단의 하나라는 점을 기억할 필요가 있다.

05

와인 뽀개기

'뽀개다'는 '빠개다'의 비표준어로서, '부수다'와 '쪼개다'의 뜻을 가진 단어이다. 그래서 와인을 이해하고 극복한다는 의미로, 이 책의 이름을 '와인 뽀개기'로 정하였다. 개인의 목적이 어디에 있든 소믈리에와 같은 수준의 전문적 지식이 아니더라도, 현대의 글로벌 사회에서 와인을 알고 이해할 여러 필요성이 지속적으로 증가하고 있다.

이 책의 2장에서는 와인의 과거와 현재를 개략적으로 알아본다. 와인의 신인 디오니소스를 통해 복합성과 비일관성으로 특징짓는 와인의 본질적인 문제에 대해 살펴보고, 와인의 어원과 역사를 알아본다. 그리고 유럽 와인과 신세계 와인의 역사를 간략히 살펴보고, 세계 와인의 생산국과 소비국의 현황을 소개한다. 그리고 2019년 12월 이후로 확산세를 지속하고 있는 코비드 19 팬데믹이 와인산업에 미칠 영향에 대해 알아본다. 마지막으로 우리나라 와인산업과 시장의 현주소에 대해서도 약간 살펴볼까 한다.

3장과 4장에서는 와인의 종류와 분류에 대해 알아보고, 레드와인, 화이트와인, 로제, 발포성 와인, 강화와인 등의 탄생과정과 역사, 주조방법과 특징에 대해 살펴본다. 그리고 주로 디저트 와인으로 쓰이는 아이스와인ice wine과 귀부와인noble rot wine에 대해서도 소개한다.

와인의 특징 중의 하나가 보존성인데, 보관기관이 짧게는 몇 개월로부터 수십 년이 필요한 경우도 있다. 그래서 5장에서는 와인을 보관하는 방법과 수단에 대해서도 살펴본다. 그리고 와인을 즐기기 위해서는 여러 가지의 액세서리가 필요한데, 특히 와인의 맛과 멋을 더하는 와인글라스에 대해 세세히 알아보기로 한다. 그리고 와인애호가 사이에서 논쟁거리가 되고 있는 디캔팅의 유용성을 따져보기로 한다. 또한 와인에 대한 제한적이지만 가치 있는 다양한 정보를 주는 와인의 레이블을 보는 방법을 알아보는 것도 이 장의 목적 중 하나이다. 그리고 다양한 크기의 와인병 종류와 명칭을 알아보고, 와인을 마시는 데 무엇보다 필요한 술자리 예절도 소개한다.

6장에서는 어떻게 하면 와인을 잘 마실 수 있을까에 대해 알아본다. 먼저 와인 전문가들에 의한 와인 테이스팅의 세계를 개관하고, 와인을 효과적으로 즐기며 마시는 방법과 와인을 평가하는 향, 색상, 질감, 강도, 구조, 바디, 여운 등의 개념들을 알아본다. 그리고 향, 선명도, 광도, 맛, 점도, 산도, 구조 등 와인을 평가하는 여러 요소에 대해서도 살펴본다. 또한 와인의 향과 풍미가 만들어지는 과정과 간단한 화학적 작용도 알아본다. 이와 더불어 포도품종별 와인의 특색, 와인의 적정한 서빙온도, 와인과 음식의 페어링 원칙, 피해야할 음식, 좋은 와인을 고르는 방법도 소개한다.

세계 각국의 유명 와인산지와 각 나라의 와인등급체계를 이해하고 있으면, 좋은 와인을 고를 때 매우 큰 도움이 된다. 그래서 7장에서는 프랑스, 8장에서는 이탈리아, 스페인, 포르투갈, 독일 등 유럽 국가들, 9장에서는 미국, 캐나다, 아르헨티나, 칠레, 호주, 뉴질랜드, 남아프리카공화국 등 신세계 국가들의 주요 와인산지와 등급체계에 대해 알아본다.

'와인 뽀개기'를 마감하는 10장에서는 프렌치 패러독스French paradox 등을 비롯하여 오랫동안 논쟁거리로 남아있는 와인과 건강의 관계를 알아본다. 그리고 2000년대 초반에 우리나라의 와인소비에 큰 영향을 끼친 《신의 물방울》이라는 일본 만화가 있는데, 이 책의 내용을 알아보는 기회를 가진다. 또한 와인산업과 관련된 여러 사건과 사고들을 소개한다.

세상에는 와인이 수없이 많으며, 변화무상하면서도 견고하게 구축된 넓디넓은 와인의 세계가 있다. 세계의 와인과 와인의 세계에 흥미를 가진 독자님들은 어쩌면 인생에서 하나의 즐거움을 추가할 기회를 가질 수 있다는 것이 필자의 생각이다. 음악이 귀로 듣는 예술이고 미술은 눈으로 보는 예술이라면, 와인은 입과 코로 느끼는 예술이라고도 말한다. 이제 시작할 준비가 되었으면, 와인을 뽀개러 출발!

제2장

와인의
과거와 현재

와인용 포도는 거의 위도 30°와 50° 사이에서 재배되고 있다. 세계에서 가장 남쪽에 위치한 포도밭은 남위 45°의 뉴질랜드 사우스 아일랜드South Island 센트럴 오타고Central Otago의 알렉산드라 베이슨Alexandra Basin에 있으며, 가장 북쪽의 포도밭은 북위 59° 선에 있는 스웨덴 프렌Flen의 블락스타 포도원Blaxsta vingård이다. 포도나무는 진화의 과정에서 열매를 먹고 씨앗을 퍼뜨리는 새를 비롯한 동물이나 수분pollination을 돕는 곤충을 유혹해서 번식하기 위한 도구로 향기롭고 매혹적인 성분들을 발전시켰다. 각각의 포도품종과 관련된 향의 다양한 스펙트럼은 생태학적 조건과 태고로부터 여타 식물과의 경쟁과 조화의 과정에서 포도나무가 적응한 진화의 결과물이다.

이 세상에는 얼마나 많은 와인이 있을까? 이것은 어느 누구도 답할 수 없는 무모한 질문일 뿐이다. 그러나 세계적으로 와인을 만드는 제조업체의 수에 대한 통계는 부분적으로 존재한다. 2014년 현재 북아메리카에 8,391개의 와이너리winery가 있었고, 이 중에서 7,762개가 미국에 있으며 2018년에는 그 수가 8,126개소로 증가하였다. 그리고 2015년 현재 프랑스의 보르도Bordeaux에 7,375개의 샤토chateaux에서 10,000종 이상의 와인을 생산하고 있다. 또한 2011년 기준으로 개략적으로 스페인에는 약 26,000개, 프랑스에는 27,000개, 스페인에 110,000개, 이탈리아에 22,000개, 독일에 28,000개, 그리스에 37,000개의 상업적 와이너리가 있다고 한다. 또한 호주에는 경작면적이 50ha 이상인 와이너리가 3,000개 정도이며, 나머지 지역은 더 이상의 나열이 필요치 않을 듯하다. 더욱이 비상업적인 와이너리가 상업적 와이너리의 약 3배쯤 되고 한 와이너리가 보통 몇 가지 와인을 생산하고 있다니, 이 세상에 얼마나 많은 와인이 있는지는 와인의 신인 디오니소스도 모를 일이다.

그런데 이 많은 종류의 와인이 가진 향과 풍미가 제각각이고 복합적이며, 동일한 브렌드의 와인도 빈티지에 따른 맛과 향의 비일관성이 당연시되고 있다. 이것은 와인의 재료가 되는 포도품종의 다양성과 더불어 이에 영향을 주는 토양, 날씨, 사람 같은 요소들이 해마다 수시로 변하기 때문이다. 이와 더불어 와인의 유구한 역사와 그동안 쌓여온 수많은 시도와 경험적 지식도 와인의 복합성과 비일관성을 보다 심화시키고 당연시하는 원인이다.

01

디오니소스

고대 그리스 신화Greek mythology에서 올림포스 12신twelve Olympians 중의 한 명인 디오니소스Dionȳsos(영어로는 Dionysus 또는 Dionysos)는 포도주와 풍요, 포도나무, 다산, 종교적 광기와 황홀경, 극장의 신이다. 또한 제우스Zeus와 세멜레Semele의 아들이며, 크레타Crete의 왕 미노스Minos의 딸인 아리아드네Ariadne의 남편이다. 향과 풍미의 복합성과 비일관성의 특징을 지닌 와인과 같이 디오니소스도 탄생부터 삶이 유별나고도 복잡하여, 그 자신이 와인의 특이성을 상징하고 있다.

신화의 상징성을 배제한다면, 그리스 신화에 등장하는 신들의 가계도는 한 마디로 막장 수준이다. 제우스는 티탄Titan 신족神族의 우두머리이며 태어나는 족족 자신의 자식들을 먹어치우는 크로노스Kronos의 막내아들로 태어났는데, 어머니 레아Rhea의 재치로 운이 좋게 먹히지 않고 자라서 아버지를 권좌에서 몰아내어 신과 인간의 지배자가 되었다. 크로노스도 자신의 아버지인 우라노스Ouranos의 남근을 잘라 거세시켜서 우주의 지배자가 되었으니, 그야말로 대대로 이어지는 골육상잔骨肉相殘의 막장이라 할 만하다.

귀도 레니(Guido Leni; 1575 ~1642) 작 '디오니소스'. 레니는 바로크 시대(Baroque period)의 이탈리아의 화가이다.

탄생과 성장

◇ 탄생

제우스는 친누나인 헤라Hera를 정실부인으로 맞았다. 그는 시간과 기회가 주어질 때마다 주체할 수 없이 분출하는 바람기로 유명했는데, 이에 못지않게 헤라의 집요한 질투심은 신들의 제왕인 제우스도 얼어붙게 할 정도였다. 그런데 그녀의 강샘은 남편이 아닌 제우스의 연인과 그 자식들에 대한 복수로 실현된다는 특징이 있다. 그런데도 제우스는 아내의 살벌한 감시망을 뚫고 신과 사람을 가리지 않고 씨앗을 뿌려서 셀 수 없을 정도로 수많은 자식들을 생산하는 데 열중하였는데, 그렇게 얻은 자식들 중의 하나가 디오니소스이다. 하지만 질투심에 불타던 헤라가 디오니소스를 임신한 세멜레를 속여서 제우스의 강렬한 광채에 타죽게 만들었다. 이에 제우스는 숨이 멎은 연인의 자궁에서 태아를 끄집어내어, 자신의 허벅지를 찢고 그 안에 넣어 길러서 태어나게 한다. 그래서 디오니소스는 태어난 순간부터 어머니가 둘이며 아버지가 어머니이기도 한 기묘한 운명의 소유자가 되었다.

◇ 암펠로스Ampelos와 포도나무

제우스는 헤라의 촘촘한 감시망을 피하기 위해 디오니소스에게 여자 옷을 입혀 소녀처럼 길렀는데, 그래서인지 디오니소스가 양성애적 취향을 가지게 된지도 모르겠다. 그는 요정의 자식인 암펠로스라는 미소년을 애인으로 삼았다. 그런데 암펠로스가 황소를 타다가 졸지에 바위에 떨어져 죽자, 디오니소스는 시신을 강가에 묻고 그 무덤 위에 포도나무를 심었다. 그 다음날 이 포도나무에서 포도를 수확하여 즙을 짜서, 하루 동안 숙성해서 여러 사람들에게 맛보게 하였다. 이로써 디오니소스는 포도주의 신으로 불리게 되었으며, 이후로 그는 포도나무를 암펠로스라고 부르며 온 세상에 종자를 퍼트렸다.

디오니소스의 사랑과 증오

◇ 프로심노스

디오니소스는 죽은 어머니를 되살리기 위해 죽은 자들의 신인 하데스Hades가 지배하는 지하의 저승세계의 입구를 찾아가는데 프로심노스Prosymnus(또는 Polymnus라고도 함)라는 양치기 노인의 도움을 받는다. 이때 양치기는 디오니소스의 미모에 반하여 대가로 자신과의 잠자리를 요구하였는데, 디오니소스는 어머니를 구한 뒤에 소원을 들어주기로 약속한다. 그런데 디오니소스가 어머니를 지하세계에서 구원한 뒤에 프로심노스를 찾았으나, 그가 이미 죽은 뒤였다. 이에 디오니소스는 약속을 지키기 위해 그의 무덤 위에 올리브 가지로 만든 남근을 세워두고 쪼그려 앉아 애널섹스를 행하여 고인의 영혼을 달래었다.

◇ 디오니소스 사랑의 양면성

그렇다고 디오니소스가 동성애에만 열중한 것은 아니다. 그는 아버지 제우스의 풍성한 여성편력에 못지않게 그의 본처인 아리아드네와 이복누이인 아프로디테Aphrodite를 비롯하여 이름도 알려지지 않은 수많은 여인들을 사랑하였고, 자식도 아주 많이 생산하였다. 그러나 그가 모든 여인을 사랑으로 대한 것만은 아니며, 디오니소스는 자신을 믿지 않는 사람들에게는 상상 이상의 잔혹한 벌을 내렸다. 예를 들어 아르고스Argos인들이 자신을 숭배하지 않자, 그는 여자들을 미치게 하여 자신들의 젖먹이들을 산으로 데려가 먹어치우게 하는 잔인함을 드러내기도 하였다. 이와 같이 혼란스럽고도 예측할 수 없는 디오니소스의 기행이 복합적이며 비일관적인 와인의 세계에 대한 상징적 표현은 아닐까?

와인의
정의와 어원

그리스 신화는 디오니소스가 자신의 애인인 암펠로스의 무덤 위에 심은 포도 나무에서 수확하여 즙을 하루 동안 발효하여 사람들에 맛보인 것이 최초의 와인이라고 기록하고 있다. 이와 같이 와인은 포도를 발효시켜서 만든 알코올음료이다. 유럽연합European Union(EU)의 법규는 와인을 '압착하거나 하지 않은 싱싱한 포도 또는 포도즙의 전부 혹은 부분적 알코올발효에 의해 얻어지는 독점적

와인잔을 들고 있는 디오니소스

제품'이라고 규정하고 있다. 그리고 양조학zimurgy에서는 '포도를 으깨거나 포도 세포의 침출에 의해서 얻은 주스를 효모와 젖산균으로 발효시킨 음료'라고 정의하고 있다. 이스트yeast는 열을 발생시키면서 포도 속의 당분을 에탄올ethanol과 이산화탄소로 변환시키는데, 여러 가지 포도품종과 이스트들이 각각 색다른 유형의 와인을 만들 수 있는 요인이다. 이러한 와인의 다양성은 포도의 생물학적 작용과 발효에 수반되는 화학적 반응을 비롯하여 자연적 조건과 양조과정 사이의 복잡한 상호작용에 의한 결과물이다.

과일와인, 쌀와인, 보리와인

───

와인이라는 명칭의 상업적 이용은 많은 국가들에서 법률적으로 보호받고 있다. 그럼에도 불구하고 포도 이외의 과일을 발효하여 만든 술을 사과와인이나 체리와인 등과 같이 보통 쓰인 과일의 이름에 와인을 붙인 명칭으로 부르며, 통칭하여 과일와인 fruit wine 또는 지역와인country wine이라고도 한다. 그런데 포도가 아닌 대부분의 과일은 자연적으로 발효할 수 있는 당분이 부족하고 상대적으로 산도가 낮으며, 발효를 촉진하고 유지할 이스트의 영양소가 부족하거나 이 세 가지 특성의 조합이 문제될 수도 있다. 이것은 왜 포도와인이 역사적으로 세계에 널리 보편화되었는지, 그리고 왜 특별한 과일와인이 거의 일부 지역에 국한되었는지를 설명할 수 있는 주된 이유일 것이다. 또한 우리나라의 정통청주와 막걸리 같은 쌀와인rice wine이나 보리와인barley wine이라 불리는 음료는 녹말을 기반으로 하는 성분으로 만들어지므로, 원칙적으로 와인보다는 맥주와 더 가깝다. 그러므로 이 경우에 와인이라는 말은 발효 등의 생산과정보다는 알코올 함량의 유사성과 관련이 있다.

캐언 오모어(Cairn O'Mohr)의 과일와인들. 이 와이너리는 스코틀랜드에 있으며, 여러 과일와인과 함께 사이다 등의 음료도 생산하고 있다. 이 과일와인들의 알코올 도수는 모두 13.3%이다. 와인용 포도의 재배가 어려운 자연환경의 지배를 받는 영국은 과일와인의 생산이 활발하다.

와인의 어원과 와인을 뜻하는 각국의 용어

◇ 와인의 어원

와인을 뜻하는 유럽 국가들의 단어는 발음과 철자에서 상당한 유사성이 있다. 이러한 현상은 언어들이 공통의 기원을 갖고 있거나 지리적으로 인접한 지역의 언어들이 서로 어휘들을 수용하였기 때문이다. 그런데 와인의 어원에 대해서는 두 가지의 견해가 있다. 먼저 유럽의 각국에서 와인을 뜻하는 단어들은 게르만 조어Proto-Germanic의 '비남winam'에서 유래했으며, 이를 받아들인 라틴어 '비눔vinum'에서 파생되었다는 설이 있다. 이와 달리 인도-게르만 공통조어Proto-Indo-European의 어간stem인 '비노wino-'에서 와인을 뜻하는 단어들이 유래했다는 견해도 있다. 조어祖語란 여러 언어들이 갈려 나온 것으로 추정되는 언어를 뜻한다. 고대국가에도 이미 와인의 생산과 소비가 보편화되어 있었으므로, 나라마다 와인을 뜻하는 용어가 있었다. 고대 그리스는 와인을 '오이노스oinos(또는 woinos)'라 하였고, 히타이트Hittite에서는 '위야나wiyana', 리키아Lycia에서는 '오이노oino'라고 불렀다.

◇ 와인을 뜻하는 각국의 용어

다음의 표에서 보는 것과 같이, 와인을 뜻하는 유럽 국가들의 단어들은 대부분 발음과 철자에서 유사성이 있다. 참고적으로 여기에 화이트와인과 레드와인을 뜻하는 용어들도 추가하였다. 귀찮겠지만, 레드와 화이트와인의 발음은 독자님들이 인터넷 사전에서 직접 확인하시기 바란다.

와인을 뜻하는 유럽 국가들의 용어				
국가	단어	발음	화이트와인	레드와인
영국	wine	와인	white wine	red wine
프랑스	vin	뱅	vin blanc, blanc	vin rouge, rouge
스페인	vino	비노	vino blanco, blanco	vino tinto, tinto
이탈리아	vino	비노	vino bianco, albana	vino rosso
포르투갈	vinho	비뉴	vinho branco	vinho tinto
독일	Wein	바인	Weißwein	Rotwein, Rote
러시아	вино́	빈노	белое вино́	красное вино́
그리스	κρασί	끄라시	Λευκό κρασί	Κόκκινο κρασί
헝가리	bor	보르	fehérbor	vörösbor
네덜란드	wijn	뱅	de witte wijn	de rode wijn
루마니아	Vin	빈	Vin alb	Vin roşu
스웨덴	Vin	빈	Vitt vin	Rött vin
알바니아	Verë	베러	Verë e bardhë	Verë e kuqe
우크라이나	вино́	빈노	Біле вино́	Червоне вино́
체코	víno	비노	Bílé víno	Červené víno
폴란드	wino	비노	Białe wino	Wino czerwone
핀란드	viini	비니	valkoviini	punaviini

03

와인의 역사

와인이 최초로 언제 어떻게 만들어졌느냐는 질문에 분명한 답을 줄 수 있는 고고학적 증거는 어디에서도 발견된 적이 없다. 그러나 태초에 와인이 탄생한 과정에 대해서는 하나의 가설이 있다. 아주 먼 옛날에 사람들이 나무에 올라 향기를 풍기는 포도를 따서 큰 그릇에 담아두었는데, 며칠이 지나자 포도에서 저절로 흘러나온 즙이 발효하여 알코올 도수가 낮은 와인이 만들어지기 시작했다는 것이다. 이 가설에 의하면 인간의 생활방식이 유목생활에서 정착생활로 바뀌던 신석기시대 말기인 BC 10000~8000년경에 이런 발견이 있었으며, 이로써 농경사회가 시작됨과 동시에 와인의 제조가 본격화되었다는 것이다.

선사시대

◇ 포도 재배와 와인 제조에 관한 고고학적 물증

포도 재배와 와인 제조에 관한 명백한 물증은 와인이 최초로 탄생했을 것으로 추정되는 시기보다 수천 년 이후의 것들이 발견되고 있다. 이에 관한 가장 오래된 고고학적 또는 식물고고학적 증거는 BC 6000년경의 것으로서, 1991년에 소비에트 연방 Soviet Union으로부터 독립한 신생국가인 조지아Georgia에서 발견되었다. 이런 까닭으로 조지아 국민들은 자기 나라가 와인의 발생지라는 긍지를 가지고 있다. 이어서 포도를 발효한 음료와 관련된 또 다른 여러 고고학적 증거들이 발견되었는데, 이란에서는 BC 5000년경의 와인 항아리가 발견되었으며 이탈리아의 시칠리아Sicilia에서는 BC 4000년경의 유물이 발굴되었다. 그리고 2007년과 2010년 사이에 이루어진 아르메니아Armenia의 아레니Areni 마을에 있는 아레니-1 동굴의 발굴에서 BC 4100년경의 와인 생산시설을 찾아낸 고고학적 대발견이 있었다. 세계에서 가장 오래된 이 와이너리에서는 와인 압착기, 발효통, 항아리와 잔 등이 발견되었으며, 와인용 포도종인 비티스 비니페라vitis vinifera의 씨앗과 나뭇가지까지 발굴되었다. 이 유적은 과수원과 포도밭을 관리하는 원예농업의 기원에 대한 새로운 시각을 갖게 하였다.

아르메니아의 아레니-1 동굴은 세계에서 가장 오래된 와이너리이다. 이 곳에서는 와인과 관련된 도구뿐만 아니라 세계에서 가장 오래된 신발도 발굴되었다. ⓒIvan Gabrielyan.

◇ 중국이 최초로 와인을 만들었다?

2003년의 한 고고학 보고서는 BC 7000년경에 중국에서 포도와 쌀을 혼합하여 발효음료를 만들었을 가능성이 있다는 견해를 제시하였다. 허난河南성 지아후賈湖의 신석기 유적지에서 발굴된 토기 항아리의 파편에 보통 와인에서 발견되는 주석산과 기타 유기화합물의 흔적이 남아있다는 것이 이러한 가설의 근거이다. 그러나 이것으로 중국이 세계에서 가장 오래된 포도발효음료의 탄생지라고 주장하는 것은 논리의 비약에 불과할 가능성이 매우 높다. 왜냐하면 이 음료를 발효하는 과정에 포도가 아닌 이 지역의 토착 과일이 사용되었을 가능성을 배제할 수 없기 때문이다. 더욱이 선구적인 쌀와인으로 보이는 이 음료가 다른 과일이 아닌 포도를 혼합하여 만들어졌다면, 6,000년 전에 전래된 와인용 품종인 비티스 비니페라보다 훨씬 더 앞서서 많은 종류의 야생 토착포도들이 중국에 자생하고 있었어야 한다. 그러나 이에 대한 식물 고고학적 근거나 흔적은 어디에서도 찾을 수가 없다.

고대

◇ 수메르Sumer와 이집트Egypt

야생 포도는 예로부터 지금까지 아르메니아, 조지아, 아제르바이잔Azerbaijan, 동부 지중해와 인근 섬 지역, 터키 해안과 남동부를 비롯하여 이란 북부에 자생하고 있다. 포도재배는 BC 3200년경의 초기 청동기시대에 유럽과 인접한 서아시아인 근동Near East 지역에서 널리 퍼져있었으며, BC 3000년경에 수메르와 이집트에서도 와인을 만들었다는 증거는 대단히 풍부하다. 이 당시에 이집트는 지중해 동부로부터 포도재배기술을 도입하여 나일강 삼각주에서 국가적 차원의 산업화가 이루어졌으며, 가나안Canaan 지역과의 무역도 활발하였다. 이집트 고왕조Old Kingdom(BC 2686~2181)의 말기에 나일 삼각주에서 생산된 다섯 종류의 와인이 내세를 위한 표준적인 준비물 세트의 구성요소가 되기도 하였다.

◇ 페니키아Phoenicia와 그리스Greece

동쪽 지역에서 유입된 와인양조기술을 받아들인 페니키아인들은 그들의 광대한 무역조직망을 통하여 지중해 전역에서 와인용 포도의 재배와 와인양조기술의 산파 역할을 하였다. 와인을 운송하기 위해 그들은 '2개의 손잡이'의 뜻을 가진 암포라amphora라는 용기를 사용하였으며, 페니키아인들이 퍼뜨린 포도품종은 이후에 로마와 그리스의 와인산업이 발전하는 데 결정적 역할을 하였다. 그리고 그리스 와인은 유명세를 타고 지중해를 통해 수출이 활발하게 이루어졌다. 그리스인들은 고대 이집트에 와인이 최초로 등장하는 데 기여하였으며, 지금의 이탈리아, 시실리, 남부 프랑스와 스페인 등의 수많은 식민지에 비티스 비니페라 종을 전파하여 와인의 제조가 확산되는 데 기여하였다.

암포라는 모양과 용도가 매우 다양하지만, 대체로 포도주를 담아 운송하는 목적으로 사용되었다. 바닥이 뾰쪽한 것은 모래땅에 박아서 세워두기 위해서였다.

고대 그리스의 와인잔. 왼편의 잔은 지름이 약 22cm이며, 오른편 잔의 가장 윗부분 직경은 약 14cm이다. 이 잔들은 현재의 것보다 훨씬 큰데, 당시에는 와인을 물로 희석하여 마셨다고 한다.

◇ **고대 로마**Ancient Rome

고대 로마에서는 포도의 재배와 양조에서 엄청난 변화가 일어났다. 로마인의 식사에 와인은 필수적인 요소가 되었고, 와인의 양조는 확실한 사업이 되었다. 실질적으로 오늘날 서유럽의 대부분 주요 와인생산지역은 고대 로마시기에 형성되었다. 그런데 BC 1세기에 로마인 사이에서 만취와 알코올 중독이 만연하고, AD 1세기에는 이런 현상이 최고조에 달했다고 한다. AD 92년에 도미티아누스 황제Domitianus Augustus(AD 51~96)는, 이후에 사문화되었지만, 식량의 생산을 늘리기 위해 어떠한 경우에도 새로운 포도밭의 조성을 금지하고 모든 포도밭에서 절반의 포도나무를 뽑아낼 것을 강제하는 법규를 공표하기도 하였다. 로마시대를 거치면서 다양한 포도의 품종과 재배기술이 개발되었으며, 나무통barrel과 유리병이 와인을 보관하고 운반하는 데 도입되었다.

또한 로마인들은 지역적으로 자신들의 와인에 대해 훌륭한 평판을 획득하는 지금의 원산지명칭제도의 선구적 체계를 만들기도 하였다. 질이 높다고 평가된 빈티지는 숙성할수록 가치가 증가하였으며, 각 지역은 드라이하거나 달콤하고 가벼운 스타일 등과 같이 다양한 와인을 양조하였다. 로마시대의 상류계급은 건강에 도움이 된다고 생각하여 식초로 진주를 녹여 와인에 넣어 마셨다. 고대 이집트 최후의 파라오인 클레오파트라 7세Cleopatra Ⅶ(BC 69~30)는 와인으로 목욕을 하고, 안토니우스Marcus Antonius(BC 83~30)를 유혹할 때 매우 진귀하고 값비싼 진주를 녹인 와인을 마셨다고 전한다.

아키텐의 알리에노르와 100년 전쟁

◇ **알리에노르의 탄생과 초혼**

아키텐의 알리에노르Aliénor d'Aquitaine(1122~1204)는 1124년에 현재 프랑스의 서부지역에 위치했던 오키탄 공국의 공작인 기욤 10세Guillém X in Occitan(1099~1137)의 장녀로 태어나서, 1130년에 그녀의 어머니와 남동생이 갑자기 사망하는 바람에 작위를 계승할 추정상속인이 되었다. 15세일 때에는 아버지까지 급사하여 알리에노르는 아키텐과 프랑스 남서부 가스코뉴Gascogne의 공작duchess이자 중서부 푸아티에Poitiers의 백작countess이 되었는데, 그녀는 현대의 와인 지형이 만들어지는 데 지대한 영향을 끼친 인물이다. 당시 그녀의 영지가 현재 프랑스 영토의 1/3 정도여서 그녀는 금수저 중에서도 타의 추종을 불허했으니, 힘깨나 쓰는 권력자들에게 이 상속녀는 무엇보다 군침이 도는 보쌈의 대상이었다. 그녀는 1137년에 프랑스 국왕인 루이 6세의 아들인 루이 7세와 결혼하였는데, 결혼식 직후에 루이 6세가 사망하여 루이 7세Louis VII(1120~1180)가 대관식을 치렀다. 그러나 1152년에 이 부부는 잦은 불화로 결국에는 결혼생활이 파경을 맞게 된다.

2004년에 발행된 프랑스 우표 속의 알리에노르

◇ 재혼

알리에노르는 이혼 직후에 자신과 영지를 보호해줄 강력한 남편이 필요하였다. 그래서 그녀는 이혼한 지 8주일 만에 노르망디Normandy의 공작인 9살 연하의 앙리Henry와 재혼한다. 앙리는 1154년에 잉글랜드의 헨리 2세Henry II(1133~1189) 국왕이 되고, 이 부부 슬하에 다섯 아들과 세 딸을 두었다. 차남인 청년왕 헨리Henry the Young(1155~1183), 3남인 리처드 1세Richard I(1157~1199)와 다섯째인 존John(1166~1216)은 잉글랜드의 왕이 되었다. 알리에노르와 헨리 2세의 결혼 이후부터 세 아들들의 치세 동안 프랑스의 서부지역은 실질적으로 영국의 지배를 받았다.

◇ 보르도 와인의 인기 상승

12세기에 프랑스 와인은 국내에서 폭넓게 대중화되어있었지만, 포도밭의 재배면적과 생산량이 많지 않아서 거의 수출되지는 않았다. 그러나 헨리 2세와 알리에노르의 혼인을 계기로 영국에서 보르도 와인의 인기는 극적으로 상승하였다. 이 결혼으로 아키텐 지역이 영국의 영토가 되었고, 그때부터 보르도 와인의 대부분이 다른 재화와 교환하는 방식으로 수출되었다. 이에 따라 외국의 수요를 수용하기 위해 포도밭이 확대되었다. 헨리 2세와 알리에노르의 막내아들 존 왕은 와인산업을 촉진하고 더 확대하는 데 우호적이었으며, 아키텐 지역에서 영국으로 수출할 때 적용하는 수출세를 폐지하기도 하였다. 그러나 이에 대한 반대급부로 부르고뉴 지역을 비롯한 여타 프랑스 지역의 와인 생산은 상대적으로 위축될 수밖에 없었다.

◇ 백년전쟁Hundred Years' War

13세기와 14세기까지도 보르도 와인은 여타 지역과 달리 영국으로부터 무역상의 차별적 특혜를 제공받았다. 보르도 시민들도 영국 시장과의 관계를 촉진하고 육성하기 위한 노력을 아끼지 않았다. 그러나 13세기 초부터 프랑스 지역에서 귀족들 사이에 영토분쟁이 발생하기 시작하여 1337년에서 1453년 사이에 계속된 백년전쟁으로 확산되었는데, 이는 잉글랜드와 부르고뉴 연합과 프랑스를 위시한 스코틀랜드와 웨일즈 연합 사이의 전쟁이었다. 이 환란은 14세기 중반 유럽 인구의 1/4~1/3을 사망케 한 흑사병The Plague의 창궐과 함께 잉글랜드에 대한 보르도 와인의 수출을 실질적으로 멈추게 하였다.

◇ 강화와인fortified wine의 탄생

백년전쟁은 당시 국제적 와인시장에 중대한 변화를 초래하였다. 잉글랜드는 보르도로부터 와인을 수입하는 것이 어렵게 되자, 스페인과 포르투갈 등으로 와인의 수입선을 변경하게 된다. 그런데 이베리아 반도에서 잉글랜드까지의 항해 동안 더운 날씨 때문에 와인이 변질되는 경우가 많았다. 그래서 장기간의 항행에도 와인이 상하지 않도록 포도 증류주인 브랜디brandy를 첨가한 데서 스페인의 세리와인Sherry wine과 포르투갈의 포트와인Port wine 같은 강화와인이 유래하였다. 이렇게 시작된 강화와인의 강세는 필록세라가 프랑스의 포도밭을 황폐화시킨 19세기까지 이어졌다.

◇ **보르도**Bordeaux **VS 부르고뉴**Bourgognue

프랑스의 보르도와 부르고뉴의 역사적 관계는 매우
복잡하고도 치열하다. 15세기 초반 프랑스의 왕 샤를
6세Charles VI(1368~1422)는 정신병이 심하여 친정이 어려웠
다. 이 때문에 왕의 친동생인 오를레앙의 공작인 루이
1세Louis Ier d'Orléans(1372~1407)와 4촌인 부르고뉴의 장 1세
Jean I de Bourgogne(1371~1419) 사이에 권력다툼이 벌어져서,
결국에는 1407년에 루이 1세가 죽임을 당하고 1419년
에는 장 1세도 암살당하기에 이르렀다. 더욱이 1419년
이후 부르고뉴는 잉글랜드와 연합하여 프랑스와 적대
적 관계로 대립하였다. 그리고 1430년에는 백년 전쟁
에서 프랑스에 불리했던 전세를 뒤집는 데 결정적 역할
을 했던 잔 다르크Jeanne d'Arc(1412~1431)를 부르고뉴의 군
대가 포로로 잡아, 현상금을 받고 잉글랜드로 팔아넘
겼다. 이러한 두 지역 사이의 적대적 관계는 상대 지역

네덜란드(Netherlands)의 화
가 루벤스(Peter Paul Rubens;
1577~1640)의 1620년작. '잔 다
르크'. 오를레앙의 처녀(La Pu-
celle d'Orléans)라 불렸던 잔 다
르크는 1431년에 영국에서 종교
재판을 받고 19세의 나이로 화형
을 당하였다.

와인의 유입을 서로 차단하였을 뿐만 아니라 외국과의 교역을 봉쇄하기도 했다. 따라
서 두 지역의 와인은 상호배타적으로 발전하여, 현재까지도 서로 동질성이라고는 찾
기 어려운 독자적 스타일의 와인세계를 구축하고 있다.

중세의 와인

◇ **중동과 지중해 연안**

지금의 레바논Lebanon 지역은 세계에서 가장 오래된 와인생산지역들 사이에 위치
하였는데, 과거에는 향기로운 와인의 생산지로 명성이 높았다. 7세기와 8세기에는
이 지역 인근의 많은 영토들이 무슬림의 정복으로 이들의 지배를 받게 되었다. 이

당시는 음주가 율법에 의해 금지되었으나, 실제로는 와인을 비롯한 술과 관련된 산업이 꽤 번창했던 것 같다. 여전히 와인은 흔히 시의 소재가 되었고, 이슬람 국가의 통치자인 칼리파khalifa는 사회적 모임이나 사적인 자리에서 알코올음료를 자주 마셨다고 전한다. 동부 지중해의 연안 제국인 레반트Levant와 이라크의 기독교 수도원들은 포도밭을 경작하여, 수도원이 소유한 토지의 선술집에 와인을 공급했다는 기록도 남아있다.

◇ 중세Middle Ages의 유럽

중세에 포도를 재배하였던 남부유럽에서는 모든 사회적 계층에서 와인은 보편적인 음료였다. 그러나 포도가 잘 자라지 않는 북부와 동부에서는 맥주와 에일ale이 평민과 귀족 모두의 통상적인 음료였다. 5세기에 서로마제국이 멸망하면서 유럽은 침략과 혼란의 시대로 진입하였는데, 이 시기 이후로는 로마 가톨릭교회만이 안정적으로 유지되어 포도를 재배하고 와인을 만드는 기술을 온전히 보전할 수 있는 거의 유일한 조직체였다. 그 중에서도 베네딕트 수도원Benedictine Order의 수사monk들은 프랑스와 독일에서 가장 큰 규모의 와인 생산자였는데, 이 수도원은 프랑스의 샹파뉴, 부르고뉴, 보르도와 독일의 라인가우Rheingau와 프랑코니아Franconia 등의 지역에 포도밭을 소유하고 있었다. 수도원들은 세속적 목적으로 유럽 전체에 와인을 수출할 만큼 충분히 생산하였으며, 기술을 산업화하는 데도 크게 기여하였다.

필록세라의 창궐

◇ 필록세라phylloxera의 폐해

19세기 후반에 보잘것없이 보이는 '필록세라'라는 조그만 기생충이 포도나무 뿐만 아니라 와인의 생산과 이에 의존하여 살아가는 사람들까지도 광범위하게 무너뜨리는 대재앙이 발생하였다. 이 해충은 북미대륙에서 유럽으로 전파되어, 1863년부터 프랑스의 지중해 지역에서 시작하여 이후 40년 동안 여러 나라의 포도밭을 무차별적으로 파괴하였다. 길이 1mm 에 불과한 이 벌레는 땅 속에서 활동하면서 그 피해가 충분히 진행되기 전에는 아무도 눈치 채지 못하게 포도나무의 뿌리를 먹어치웠다. 유럽을 비롯하여 미국과 호주의 와인양조인들은 포도

필록세라의 유충은 습기가 충분한 환경에서는 날개가 생기지만, 보통의 경우는 날개가 없다고 한다. 서현애 그림.

나무가 노랗게 변하고 시들어 죽는 것을 바라보고 있어야만 했으며, 살아남은 포도로는 연약하고 질이 낮은 와인 밖에 만들 수 없었다. 조그맣고 노란 진딧물 같은 벌레가 한 산업에 이처럼 엄청난 타격을 줄 수 있다는 것이 좀처럼 믿기지 않을 정도였다. 여러 처방이 시도되었음에도 불구하고, 이 치명적인 벌레의 파괴적 횡포를 멈추게 할 방법이 없는 것 같았다. 일부 지역에서는 와인의 세상이 완전히 끝장난 것처럼 보이기도 하였다.

◇ 처방의 발견

필록세라는 1860년대에 유럽을 강타하고 이후에 아르헨티나, 칠레와 카나리아 제도Canary Islands를 제외한 대부분의 주요 와인생산국에도 상륙하여 파괴를 이어갔다. 그런데 세계의 거의 모든 포도밭이 황폐화된 이후에야 처방이 발견되었다. 와인양조인들은 유럽의 포도와는 유전적으로 다른 비티스 라브루스카Vitis labrusca 등의 미국 토종 포도가 필록세라에 저항력을 가지고 있다는 것을 알게 되었다. 그래서 그들은 미국 토종을 재배하고 여기에 유럽산 포도나무를 정교하게 접목하여, 미국 토종의 뿌리에 유럽산 줄기와 열매가 자라는 포도나무를 만들었다. 이 방법은 지금까지도 필록세라에 의한 폐해를 막기 위해 세계의 거의 모든 포도밭에서 이용되고 있다. 그러나 지금까지도 이 기생충을 박멸할 약품은 존재하지 않는다.

◇ 필록세라가 남긴 흔적들

이 기생충의 출몰로 많은 나라의 포도밭이 초토화되었지만, 세계의 와인산업이 긍정적으로 변신하게 하는 기대치 않은 효과도 발생하였다. 나쁜 포도밭은 기존의 나무가 뽑혀지거나 도태되고 더 좋은 품종으로 바뀌었다. 그리고 오늘날 잘 알려진 주요 와인의 블렌딩 방법도 표준화되었는데, 상파뉴와 보르도 와인의 혼합비율을 의미하는 뀌베cuvée가 오늘날과 같이 최종적으로 확정된 것이 좋은 예이다. 또한 경쟁력이 떨어지는 포도밭은 퇴출되고 세계 전체적으로 기술의 발전과 혁신으로 와인산업의 경쟁력이 전반적으로 향상된 것도 역설적으로 필록세라의 덕분이다. "번영은 위대한 스승이지만, 역경은 더 위대한 스승이다Prosperity is a great teacher; adversity a greater"라는 영국 역사상 가장 위대한 수필가이자 비평가인 해즐릿William Hazlitt(1778~1830)의 명언은 어김이 없다.

아메리카 대륙의 와인 역사

◇ 아메리카 대륙 최초의 포도

유럽의 와인용 포도가 아메리카 대륙에 최초로 상륙한 곳은 미국과 칠레 또는 아르헨티나 등의 전통적인 신세계 와인생산국이 아니라 지금의 멕시코Mexico이다. 스페인 정복자들이 가톨릭 성찬식의 필수품인 와인을 제공하기 위해 포도나무를 도입하여 스페인 선교회에서 재배하였다. 그 이후로 프랑스, 이탈리아와 독일로부터 포도품종들이 지속적으로 유입되어, 16세기가 시작할 때 멕시코는 이미 스페인의 와인산업에 심각한 영향을 끼칠 정도로 영향력 있는 와인생산국이 되었다. 이런 경쟁적인 분위기에서 스페인 국왕은 멕시코에서 포도의 재배와 와인의 생산을 금지하는 행정명령을 내리기까지 하였다.

◇ 미국

　1629년에 지금의 뉴 멕시코New Mexico주의 샌 앤토니오San Antonio 마을에서 최초의 비티스 비니페라 종을 재배하면서 미국의 와인 역사는 시작되었다. 그 이후에 1769년에는 스페인의 가톨릭 선교사들에 의해 캘리포니아에 최초의 포도밭과 와이너리가 만들어졌다.

　최초의 비종교적 포도원은 1831년에 로스앤젤레스에 보르도 출신 이민자인 빈스Jean-Louis Vignes(1780~1862)에 의해 조성되었는데, 1851년에는 프랑스로부터 수입한 40,000그루의 포도나무를 경작하여 연간 12만 리터의 포도주를 생산하였다. 그리고 해러스티Agoston Haraszthy(1812~1869)는 '캘리포니아의 현대적 포도재배의 아버지'로 불리는데, 그는 1857년에 다양한 토양과 상태에 따라 재배경험을 정리하여 포도밭의 경영과 와인의 제조에 관한 매뉴얼을 만들기도 하였다. 1861년에 그는 유럽에서 포도나무를 매입해달라는 캘리포니아 주의회의 요청을 수락하여, 유럽을 여행하면서 약 300종의 10,000그루 포도나무를 수집하여 캘리포니아에 도입하였다. 그리고 일찍이 해러츠티와 함께 일하였던 찰스 크러그 와이너리의 설립자인 크러그Charles Krug(1825~1892)도 나파 밸리Napa Valley에서 와인양조의 대표적 선구자가 되었다.

　나파 밸리의 와인은 1889년 파리 세계박람회에서 다양한 부문에서 금메달 등을 수상하여, 국제무대에서 미국산 와인의 위상을 드높였다. 그러나 그 이후 40년 동안은 심각한 서리, 필록세라 기생충의 창궐, 세계대공황Great Depression, 5천만 병으로 추정되는 와인을 파괴한 1905년 샌프란시스코 대지진과 1920년부터 1933년까지 이어진 금주법Prohibition 등의 시련들이 이어진 위중한 기간이었다.

포도벽돌(grape brick)의 레이블. 금주법 시절에 포도재배자들은 포도주스를 농축한 포도벽돌을 만들어 고난의 시기를 견뎠다. 이 벽돌을 1갤론의 물에 녹이는 방법의 설명서에는 이런 경고가 적혀있었다. "주스 항아리를 21일 동안 서늘한 벽장에 두지 마시오. 그렇지 않으면, 주스가 와인으로 변할 수 있습니다."

◇ 아르헨티나Argentina

아르헨티나의 와인 역사는 16세기 초 스페인의 식민지 개척자들이 최초로 비티스 비니페라 종을 도입한 시기로 거슬러 올라간다. 1551년에는 아르헨티나 최초로 포도나무를 재배하였고, 중부를 시작으로 서부와 북동쪽으로 빠르게 확산되었다. 안데스산맥 지역의 토양과 기후조건에 힘입어, 와인양조산업은 다양한 경험을 축적하여 폭발적인 성장을 이루었다. 19세기 동안 유럽 이민자들은 새로운 포도 재배기술과 품종을 도입하였으며, 안데스산맥의 동쪽 기슭과 리오 꼴로라도 강 계곡Valle del Río Colorado에서 이상적인 재배환경을 발견하였다. 와이너리의 설립과 최첨단 기계와 기술의 도입, 과학적 지식에 기초한 와인 양조의 개발을 위한 우수한 인적 자산의 확산과 함께 제도와 법률의 제정 등 모든 요인이 포도 경작지의 면적과 와인 생산량의 확장에 기여하였다. 1873년경에 아르헨티나에는 이미 5,000에이커acre(1acre≒0.4047ha)의 포도밭이 있었고, 1893년에는 25,000에이커로 5배 증가하였으며, 1900년대 초에 포도밭 면적이 무려 50만 에이커를 넘어섰다.

◇ 칠레Chile

1554년경에 스페인 정복자와 선교사들이 유럽의 비티스 비네페라 품종을 칠레에 최초로 도입하였다. 그런데 스페인의 지배를 받는 당시에 칠레는 스페인으로부터 와인을 구매해야 한다는 협정에 따라 와인의 생산을 제한받았다. 더욱이 1641년에 스페인이 칠레와 페루로부터 와인 수입을 금지함으로써, 식민지의 와인산업은 심각한 피해를 입었다. 그러나 칠레인들의 대부분은 본국의 억압적 조치를 무시하고, 긴 항해 동안 산화되어 신맛이 나는 스페인산 와인보다는 국내에서 생산한 신선한 와인을 즐겼다. 더욱이 그들은 대담하게 이웃인 페루로 와인을 수출하기도 하였다. 이에 대해 스페인 정부는 칠레의 대부분 포도나무를 뿌리째 뽑으라고 명령하였으나, 이 지시도 깡그리 무시되었다. 18세기에 칠레는 스위트 와인으로 잘 알려져 있었는데, 포도즙을 끓여서 높은 당도로 농축하기도 했다.

기타 신세계의 와인 역사

◇ 호주Australia

영국의 죄수 1,000~1,500명을 호송하여 1788년에 호주에 도착한 첫 번째 수인 선단The First Fleet에 남아프리카의 희망봉Cape of Good Hope에서 선적한 포도나무 꺾꽂이 순이 실려 있었다. 그런데 호주 최초의 이 포도나무는 시드니 근교에서 재배되었으나, 불행히도 강한 열과 높은 습도 때문에 모두 썩어버리고 말았다. 그 후 1800년대 초에 호주 양모산업의 개척자로 알려진 메카서John Macarthur(1767~1834)가 시드니에서 남쪽으로 약 50㎞ 떨어진 사유지에 포도나무를 재배하였는데, 그는 호주에서 최초의 상업적 포도원과 와이너리를 운영한 사람이 되었다. 그리고 1833년에 버스비James Busby(1802~1871)는 프랑스와 스페인에서 시라Syrah(Shiraz)의 꺾꽂이 순을 가져왔고, 그 후로 여러 품종들도 호주의 토양에 성공적으로 적응하였다. 와인용 포도가 호주에 도입된 약 1세기 후에 호주의 와인산업은 훌륭한 평판을 쌓아가기 시작했다. 1873년 비엔나Vienna 박람회에서 열린 블라인드 테이스팅에서 호주의 와인은 프랑스 심판의 지극히 편파적인 평가를 경험했으나, 1878년 파리 박람회에서는 빅토리아Victoria의 시라 와인이 '보르도의 샤토 마고Chateau Margaux와 비견되는 완벽함의 삼위일체trinity of perfection'라는 평가를 받았다.

호주 양모산업과 와인산업의 개척자인 맥카서가 화폐인물인 호주의 2달러 지폐. 이 화폐는 1988년에 현재 통용되고 있는 2달러 동전으로 교체되었다.

그리고 한 호주산 와인이 1882년 보르도 국제박람회에서 금메달을 수상하였으며, 또 다른 와인이 1889년 파리 국제박람회에서 금메달을 획득한 사건을 계기로 호주의 와인이 국제와인시장에 본격적으로 등장하게 되었다.

◇ 뉴질랜드New Zealand

뉴질랜드의 포도재배와 와인양조의 역사는 식민지 시절로 되돌아간다. 1833년 호주에 시라 품종을 도입했던 영국 출신 양조인인 버스비는 1836년에 영국 군인들을 위하여 와이탕기Waitangi 근처에서 와인을 생산하였다. 그리고 1851년에 프랑스의 가톨릭 수도원이 뉴질랜드에서 가장 오래된 포도밭을 조성하였다. 19세기 말과 20세기 초반에 아드리아해 연안 지방인 달마티아Dalmatia(현재 크로아티아의 남서부)의 이민자들이 포도 재배와 와인 제조 지식을 가져와서 오클랜드Auckland의 서부와 북부에 포도밭을 조성하였으며, 당시에 그들은 전통적으로 테이블와인과 강화와인을 생산하였다.

◇ 남아프리카 공화국Republic of South Africa

1652년에 네덜란드의 동인도회사East India Company는 남아프리카의 케이프타운Cape Town에 장거리로 항행하는 선박과 선원에게 편의를 제공하기 위한 공급기지를 건설하였는데, 여기에는 포도밭의 조성계획도 포함되어 있었다. 이것은 포도와 와인이 긴 항행에서 선원들이 괴혈병scurvy에 걸리지 않게 하는 효과가 있다는 잘못된 믿음 때문이었는데, 1659년에 뮈스카텔Muscadel 품종으로 만든 남아프리카 최초의 와인이 성공적으로 생산되었다. 1679년에는 케이프타운의 마지막 식민지총독이자 최초의 지배자인 판데어스텔Simon van der Stel(1639~1712)은 750헥타르hectare(1ha=10,000㎡)의 토지를 새로이 개발하여, 이 지역을 콘스탄샤Constantia라고 명명하였다. 그는 프랑스로부터 와인 양조 기술자를 영입하고 유럽에서 여러 포도품종을 도입하여, 이 지역에 대규모의 포도밭을 조성하고 다양한 와인을 생산하였다. 또한 그는 높은 법적 기준을 설정하고 와인의 품질을 엄격히 관리하여, 결과적으로 콘스탄샤 와인은 국제적으로 절찬을 받은 최초의 신세계 와인이 되었다. 그리고 당시에 100년 전쟁을 거치면서 프랑스 영토에 대한 지배권을 상실한 영국이 자국 시장에 와인의 안정적 공급선을 확보하는 것이 절박한 관심사였다는 점도 콘스탄샤 와인이 세계적으로 명성을 얻는 데 크게 이바지 하였다.

이후에 남아프리카 와인산업은 19세기 중반까지 번영의 시기를 구가하였다. 그러나 1865년에 필록세라가 상륙하여 남아프리카의 와인산업이 심각한 충격을 받았으며, 20세기 초반에 양조인들은 과거의 영광에 집착하여 와인의 과잉공급 현상을 고착화시켰다. 더욱이 남아프리카는 '아파르트헤이트Apartheid'라는 인종격리정책으로 국제적 고립을 자초하였고, 그들의 와인도 자연히 세계시장과는 오랫동안 격리된 상태로 머물러있었다. 남아프리카 와인이 긴 어둠의 터널을 벗어나서 국제시장에 본격적으로 재등장한 것은 흑인 인권운동가인 만델라Nelson Mandela(1918~2013)가 대통령으로 선출된 1994년 이후이다.

케이프 타운과 테이블 마운틴(Table Mountain) 전경. 이 산은 남아프리카 케이프 타운시의 랜드마크로서, 해발 1,086m이며 정상이 길이 약 3km의 평원으로 이루어진 특이한 외형을 가지고 있다.

와인의 현주소

국제적으로 와인시장은 꽤 격동적이다. 와인의 전통적 생산국이었던 유럽 국가들은 신세계 국가들의 저돌적인 도전에 직면하고 있으며, 와인의 생산뿐만 아니라 소비도 국가에 따라 등락이 심한 편이다. 최근에 유럽의 대부분 국가들의 와인 소비가 지속적으로 감소하고 있음에도 불구하고, 20세기 후반부터 중국과 러시아가 새롭고도 강력한 와인 소비국으로 등장하여 와인 시장에 대단한 영향을 끼치고 있다. 우리나라도 1990년대 이후로 와인의 소비량이 지속적으로 증가하고 있으며, 와인을 생산하는 와이너리들이 심심찮게 생겨나고 있다. 그리고 최근에는 세계적으로 친환경적인 와인에 관한 관심이 증가하고 있는데, 유기농 와인과 내추럴 와인을 비롯하여 바이오다이내믹 와인 등이 주목을 받고 있다. 또한 2019년 말부터 현재까지 세상을 통째로 지배하고 있는 코비드-19 팬데믹도 와인 시장에 쉬이 지워질 것 같지 않은 흔적을 새기고 있다. 이와 같이 변화가 이어지는 와인 시장의 추세를 살펴보는 것은 와인에 대해 보다 깊게 이해하는 데 도움이 될 것이다.

세계의 와인 생산국과 소비국

◇ 주요 와인 생산국

2018년 현재 세계 전체의 와인 생산량은 잠정적으로 2억 8,200만 헥토리터로 추산되는데, 이 수준의 생산량이 2차 세계대전 이후로 상당히 안정적인 추세로 유지되고 있다. 그러나 와인의 생산지역을 분리해서 보면, 매우 격동적인 변화가 있음을 알수 있다. 즉 유럽 지역의 와인 생산량은 지속적으로 감소하는 추세에 있는 반면에, 신세계는 반대로 증가하는 경향을 보이고 있다.

국가	주요 와인생산국의 2014년-2018년 생산량 추이(단위 : 1,000헥토리터) 연도				
	2014	2015	2016	2017	2018
이탈리아	44,200	50,000	50,900	42,500	48,500
프랑스	46,500	47,000	45,200	36,600	46,400
스페인	39,500	37,700	39,700	32,500	40,900
미국	23,100	21,700	23,700	23,300	23,900
아르헨티나	15,200	13,400	9,400	11,800	14,500
칠레	9,900	12,900	10,100	9,500	12,900
호주	11,900	11,900	13,100	13,700	12,500
중국	11,600	11,500	11,400	10,800	−
독일	9,200	8,800	9,000	7,500	9,800
남아프리카	11,500	11,200	10,500	10,800	9,500
포르투갈	6,200	7,000	6,000	6,700	5,300
루마니아	3,700	3,600	3,300	4,300	5,200
러시아	4,800	5,600	5,200	4,700	−
헝가리	2,400	2,600	2,500	2,500	3,400
뉴질랜드	3,200	2,300	3,100	2,900	3,000
기타 국가	27,100	29,800	29,900	30,900	30,700
세계 전체	270,000	277,000	273,000	251,000	282,000

* 1헥토리터(hectoliter)=100리터
* 2018년 10월 현재 중국과 러시아의 2018년 자료는 집계되지 않았음.
* 2018년 자료는 잠정적 추정치이며, 러시아와 중국의 2017년 자료를 사용하여 세계전체를 계산하였음.
* 자료출처 : OIV(Organisation Internationale de la vigne et du vin)

생산량의 증가가 반드시 질적인 향상을 의미하는 것은 아니지만, 신세계 와인의 질적 향상이 세계의 수요를 이끌어 생산량이 증가했을 것으로 추측된다. 앞의 표는 2014년부터 2018년까지 5년 동안 15개 주요생산국의 와인 생산량의 변화를 보여주고 있다. 여기에서도 아르헨티나, 칠레와 호주 등의 신세계 국가들과 유럽의 루마니아 같은 신흥생산국들의 와인 생산량이 증가하고 있음을 확인할 수 있다.

◇ 주요 와인 소비국

다음 표는 세계 상위 24개국의 2017년 와인 연간소비량 자료를 정리한 것이다. 여기에서 상위 6개국의 와인 소비량 합계가 나머지 18개국의 소비량을 약간 넘어선다. 그리고 이들 24개국의 소비량이 세계 전체의 95% 이상을 차지하며, 미국 한 나라의 소비가 12%에 달한다. 그러므로 와인 소비량이 많은 일부의 국가들이 세계 와인 시장을 웃고 울게 만들 정도로 영향력이 결정적이라고 보아도 조금도 틀리지 않다. 이들 24개국 중에서 많은 나라들이 와인의 주요 생산국에 속하며, 나머지의 대부분도 자국의 와인 생산에 지속적인 관심을 기울이고 있는 나라들이다.

세계 상위 24개국의 2017년 와인 연간소비량(단위 : 100만헥토리터)							
국가	소비량	국가	소비량	국가	소비량	국가	소비량
미국	326	스페인	105	남아프리카	45	스위스	27
프랑스	270	아르헨티나	89	루마니아	41	오스트리아	24
이탈리아	226	러시아	89	일본	35	헝가리	24
독일	201	호주	59	네덜란드	35	스웨덴	24
중국	179	포르투갈	52	브라질	33	그리스	23
영국	127	캐나다	49	벨기에	30	칠레	22

* 자료출처 : OIV

◇ 국가별 일인당 와인 소비량

다음 표는 2008년부터 2017년까지 주요 국가들의 연간 일인당 와인소비량을 정리한 자료이다. 이에 따르면 포르투갈인은 2017년 기준으로 평균적으로 1년에 일인당 47리터의 와인을 마신다는데, 15세 이상의 성인으로만 계산하면 58.8리터에 이른다. 이 양은 750밀리리터 병으로는 78.4병에 해당하니, 성인 한 명이 일주일에 평균 1.5병을 소비한다는 것을 의미한다. 이와 같이 포르투갈인들은 지난 10년 동안 꾸준히 많은 양의 와인을 소비하고 있지만, 유럽의 나머지 국가들은 와인 소비가 예외 없이 감소세를 이어가고 있다. 이와는 달리 아르헨티나를 제외한 신세계 와인생산국들의 와인 소비는 일정한 수준으로 유지되거나 소폭 증가하고 있다. 특히 와인의 총소비량이 세계에서 1위인 미국은 와인 소비가 추세적으로 증가하고 있는 나라에 속한다. 그리고 중국은 와인의 소비량이 급증하고 있는 국가로서, 매년 평균 7%의 놀라운 상승률을 유지하고 있다. 따라서 앞으로도 당분간 미국과 중국이 세계 와인시장의 침체를 막는 강력한 구원투수의 역할을 톡톡히 수행할 것으로 예상되지만, 팬데믹 이후의 상황이 어떻게 전개될지는 두고 볼 일이다.

세계 주요 국가들의 연간 일인당 와인소비량(단위 : 리터)

국가	순위	연도									
		2008	2009	2010	2011	2012	2013	2014	2015	2016	2017
포르투갈	1	47.7	47.6	47.7	46.3	44.6	42.5	42.2	44.0	46.7	47.0
이탈리아	2	46.5	45.2	43.1	42.2	40.5	38.1	36.2	37.3	38.0	38.8
프랑스	3	40.0	39.5	39.3	39.1	38.6	38.2	37.8	37.4	36.7	36.2
슬로베니아	4	39.4	37.3	35.7	35.6	35.2	34.6	34.0	33.6	33.5	33.7
스위스	5	38.7	37.6	37.7	36.6	35.5	35.4	34.2	33.2	32.5	32.0
오스트리아	6	34.4	34.1	33.6	33.3	32.6	32.2	31.1	30.1	29.2	28.4
그리스	7	33.0	32.2	30.4	28.6	26.8	26.8	27.0	26.9	27.0	27.1
덴마크	8	31.1	31.2	31.5	31.8	25.5	27.0	28.0	26.9	26.5	26.2

국가	순위	연도									
		2008	2009	2010	2011	2012	2013	2014	2015	2016	2017
벨기에	9	27.6	27.7	27.7	27.4	27.1	26.9	26.9	26.9	25.5	24.7
독일	10	26.2	26.3	26.3	25.8	25.4	25.4	25.2	24.9	24.5	24.3
호주	11	24.0	24.4	24.6	23.8	23.9	24.1	24.0	23.7	23.9	24.0
아르헨티나	12	27.2	25.8	24.1	24.0	24.5	24.9	23.7	24.6	22.4	23.2
헝가리	13	25.2	24.5	23.4	22.3	21.6	20.9	21.7	21.9	22.3	23.0
뉴질랜드	15	22.7	23.1	23.0	23.3	22.7	22.9	22.3	23.0	22.0	22.3
스페인	17	24.9	23.4	22.3	21.5	20.7	20.1	20.2	20.5	20.8	21.1
영국	19	22.7	22.9	22.5	22.1	21.7	21.4	21.1	20.9	20.7	20.6
칠레	26	14.0	13.8	13.6	12.8	12.3	12.4	12.9	13.6	14.4	15.1
미국	34	8.8	8.7	9.0	9.2	9.4	9.5	9.6	9.7	9.8	9.9
한국	39	5.3	6.0	8.4	9.7	9.5	9.2	8.9	8.1	7.7	7.3
일본	41	7.0	6.9	6.7	7.0	7.1	7.1	7.1	7.0	7.0	7.0
러시아	43	7.4	7.5	8.7	8.8	8.2	7.7	7.2	6.5	6.3	6.1
중국	48	2.1	2.3	2.6	2.9	3.1	3.1	3.0	3.2	3.3	3.5

* 일인당 소비=총소비량/총인구
* 2017년은 잠정추정치임.
* 자료출처 : Euromonitor

유럽 와인과 신세계 와인

◇ 세계 와인산업의 규모

지난 20세기에 세계 와인산업에서 가장 두드러진 변화는 아마 유럽이 지배하고 있던 시장에서 신세계 와인이 확고하게 입지를 굳혔다는 점일 것이다. 다음의 표는 2014년에서 2016년까지 3년간 지역별 와인의 평균적 생산, 소비, 수입과 지출에 관한 자료이다.

지역	총생산량 (백만리터)	총소비량 (백만리터)	총지출액 (백만달러)	수출량 (백만리터)	수출액 (백만달러)	수입량 (백만리터)	수입액 (백만달러)
			와인의 지역별 2014~2016년 평균 생산, 소비, 수입과 수출				
서유럽 순수출국	14,115 (48.9)	5,994 (24.3)	56,453 (19.9)	6,158 (57.3)	19,945 (58.8)	1,035 (9.4)	1,506 (4.0)
서유럽 순수입국	1,519 (5.3)	5,993 (24.3)	69,173 (24.4)	725 (6.8)	3,148 (9.3)	5,191 (47.0)	15,719 (42.1)
중동유럽+ 중앙아시아	2,241 (7.8)	3,241 (13.1)	12,982 (4.6)	567 (5.3)	890 (2.6)	1,265 (11.5)	2,113 (5.7)
오세아니아	1,519 (5.3)	669 (2.7)	8,549 (3.0)	946 (8.8)	2,780 (8.2)	126 (1.1)	701 (1.9)
미국+ 캐나다	3,139 (10.9)	3,888 (15.6)	51,547 (18.2)	639 (6.0)	2,161 (6.4)	1,875 (17.0)	9,445 (25.3)
남미+ 카리브해	2,900 (10.1)	1,895 (7.7)	12,919 (4.6)	1,150 (10.7)	2,718 (8.0)	260 (2.4)	909 (2.4)
아프리카+ 중동	1,298 (4.5)	868 (3.5)	7,772 (2.7)	466 (4.3)	822 (2.4)	260 (2.4)	658 (1.8)
아시아+ 태평양 도서	2,111 (7.3)	2,123 (8.6)	64,118 (22.62)	79 (0.7)	1,453 (4.3)	1,030 (9.3)	6,274 (16.8)
유럽연합 15개국	15,452 (53.6)	11,623 (47.1)	120,234 (42.4)	6,881 (64.1)	22,948 (67.7)	5,978 (54.1)	15,743 (42.2)
신세계 7개국	8,182 (28.4)	6,062 (24.6)	67,270 (23.7)	3,140 (29.2)	8,322 (24.5)	2,009 (18.2)	10,192 (27.3)
세계	28,842	24,671	283,513	10,739	33,917	11,042	37,325

* 괄호 속의 수치는 세계에서 지역이 차지하는 비율(%)임.
* 서유럽 와인 순수출국 : 프랑스, 이탈리아, 스페인, 포르투갈
* 서유럽 와인 순수입국 : 오스트리아, 벨기에, 룩셈부르크, 덴마크, 핀란드, 독일, 그리스, 아일랜드, 네덜란드, 스웨덴, 스위스, 영국
* 유럽연합EU 15개국=서유럽 와인 순수출국+서유럽 와인 순수입국−스위스
* 신세계 7개국 : 미국, 캐나다, 아르헨티나, 칠레, 호주, 뉴질랜드, 남아프리카
* 자료출처 : K. Anderson, S. Nelgen and V. Pinilla, *Global Wine Market, 1860 to 2016 : A Statistical Compendium*, a free ebook from adelaide.edu.au/press, pp. 30~5

　　여기에 따르면, 미국, 캐나다, 아르헨티나, 칠레, 호주, 뉴질랜드와 남아프리카의 신세계 7개국 와인산업은 생산량, 소비량과 수출량에서 유럽연합 15개국의 절반을 조금 넘어서는 규모를 보이고 있다. 두 지역의 수출과 수입의 양과 액수를 비교해보면,

유럽 와인의 국제가격이 신세계 와인보다 다소 높다는 것을 알 수 있다. 유럽은 프랑스, 이탈리아, 스페인과 프랑스 등 4개국만이 세계 와인시장의 순수출국이지만, 미국을 제외한 신세계 국가들은 모두 국내보다는 국제시장을 지향하는 순수출국이다. 상대적으로 짧은 역사에도 불구하고, 이와 같이 현재에 신세계 와인산업은 국제적으로 견고한 입지를 굳히고 힘찬 약진을 이어가고 있다.

◇ 신세계 와인의 도약

16세기 말부터 19세기 중반까지 전통적인 유럽시장에서 질적인 수준을 인정받은 신세계 와인은 남아프리카 콘스탄샤의 와인이 유일하였다. 그러나 필록세라 기생충의 세계적 창궐이 진정된 19세기말 이후부터 신세계 와인들은 자신들의 잠재력을 드러내기 시작한다. 1878년 파리 박람회에서 호주의 빅토리아Victoria에서 생산된 시라 와인이 프랑스 보르도 지역에서 생산되는 최고급 와인 중의 하나인 샤토 마고Chateau Margaux와 비견된다는 호평을 받았다. 그리고 1882년 보르도 세계박람회에서 한 호주산 와인이 금메달을 수상하였으며, 또 다른 와인도 1889년 파리 국제박람회에서 금메달을 획득하였다. 이 박람회에서 캘리포니아의 나파 밸리Napa Valley 와인은 34개 부문 중의 20개 부문에서 메달을 받았고, 4개 부문은 금메달을 수상하였다. 이와 같은 약진에도 불구하고, 20세기의 후반까지도 신세계 와인이 대체로 유럽보다 열등하다는 관행적 평가가 이어졌다. 그러나 1976년 '파리의 심판Judgment of Paris'이라 불리는 파리에서 개최된 블라인드 테이스팅blind tasting에서 캘리포니아 와인이 레드와 화이트 등의 모든 카테고리에서 프랑스 와인을 압도하는 놀라운 결과가 나왔다. 이 사건은 캘리포니아를 비롯한 신세계 와인에 대한 와인업계의 인식변화를 촉발한 혁명적 계기가 되었다.

◇ 신세계 와인의 신세계

신세계의 대부분 와인들은 예로부터 유럽에서 경작되던 품종들로 양조가 이루어지고 있으나, 구세계의 것과는 사뭇 다른 특성을 보인다. 크로아티아와 이탈리아 남부에서 건너간 캘리포니아의 진판델Zinfandel, 프랑스로부터 도입한 아르헨티나의 말벡 Malbec과 칠레의 까르메네르Carménère가 가장 대표적인 예이다. 이들과 함께 까베르네 소비뇽Cabernet Sauvignon, 샤르도네Chardonnay와 삐노 누아Pinor noir 등과 같이 신세계로 도입 된 국제적 품종으로 만든 와인들도 유럽의 와인과는 명백히 다른 신세계 와인의 독 창적 입지를 구축하는 데 크게 기여하였다. 같은 품종으로 만들어진 와인이더라도, 신세계 와인은 분명히 유럽 와인과는 달리 차별적 세계를 구축하고 있다. 유럽 와인 이 전통적이라면, 신세계 와인은 대단히 도전적이다. 와인 애호가의 입장에서는 두 세계의 와인을 모두 즐기며 비교할 수 있으니, 국제적 와인시장에서 이어지는 두 세 계의 치열한 경쟁이 그리 나쁘지는 않은 것 같다.

친환경 와인의 등장

◇ 유기농 와인organic wine이란?

유기농 와인은 화학비료, 농약, 살균제 및 제초제를 사용하지 않는 유기농법의 원 칙에 따라 재배한 포도로 양조한 와인을 뜻한다. 2009년 이후로 2017년까지 비유기 농 와인의 소비가 매년 2% 전후로 증가하였지만, 유기농 와인은 같은 기간 동안 매 년 3.5%의 속도로 빠르게 증가하였다. 2017년 말 현재 세계 전체에 유기농 와이너 리의 수가 1,500~2,000개 사이로 추산되고 있다. 유기농 와인에 대한 법률적 정의 는 나라에 따라 다르지만, 이에 대한 국가들의 근본적 차이는 와인 양조과정에서 보 존제preservative의 사용 여부 또는 사용량이다. 가장 보편적으로 사용하고 있는 보존제 는 아황산이라고도 하는 이산화황sulphur dioxide(SO₂)인데, 이것은 와인의 발효와 숙성의 과정에서 변질을 방지하고 발효를 지연 또는 정지시키는 안정화stabilization를 위해 수천 년 전부터 전통적으로 사용되었던 물질이다. 유럽과 호주는 유기농 와인을 유기농으 로 재배한 포도로 만든 와인으로 규정하고, 대체로 보존제의 사용 여부와 양에 대한 법적인 규제나 기준이 없다. 이와는 달리, 미국에서는 이산화황의 함유량이 리터당

10mg 이하인 경우에만 레이블에 유기농 와인이라고 표시할 수 있다. 그러나 법적인 통제가 없는 국가들의 대부분 유기농 와이너리들도 이산화황을 비롯한 첨가물의 양을 자율적으로 최소화하고 있다.

호주 안고브(Angove)의 유기농 와인들. 안고브는 사우스 오스트레일리아의 맥라렌 계곡(McLaren Vale)에 있는 호주의 유명 와이너리이다. 호주는 유기농 와인의 기준을 다수의 민간기관이 관리하고 있으며, 이산화황의 첨가량은 와이너리들이 자율적으로 최소화하고 있다.

◇ 내추럴 와인natural wine

최근에는 건강에 세심한 신경을 기울이는 소비자들이 유기농 와인을 선호하는 경향이 형성되고 있다. 그래서 최근에는 유기농법으로 포도를 재배하는 것은 물론 양조 과정에서 인위적 요소들을 제거하거나 최소화한 와인이 출시되고 있는데, 이런 와인을 내추럴 와인이라 한다. 이 와인은 인위적으로 이스트를 투입하지 않고 포도 껍질에 있는 자연 상태의 이스트만으로 발효하거나, 발효 후에 발생하는 이스트 찌꺼기를 와인에서 걸러내는 여과filtering의 과정을 거치지 않기도 한다. 그리고 가장 핵심적인 것은 보존제인 이산화황의 사용을 최소화한다는 점이다. 내추럴 와인의 보존제 사용허용량에 대한 명확한 기준은 없지만, 프랑스의 내추럴 와인협회Association des Vins Naturels는 리터당 30mg 이하로 규정하고 있다. 참고적으로 와인의 이산화황 함유량에 대한 규제는 국가와 와인의 잔류당의 양에 따라 리터당 200~500mg 이하로 첨가하는 것을 허용하고 있는데, 이 정도의 양으로는 특이한 이산화황 과민성 천식환자를 제외하고는 건강에 유의미한 영향을 주지 않는다는 의학적 근거에 의한 것이다. 그리고 요즈음은 이산화황을 많이 사용하지 않고도 와인을 장기간 보존할 수 있는 기술이 많이 개발되어, 대부분의 비유기농 와인도 이산화황의 함유량이 리터당 50mg 이하이다.

◇ 내추럴 와인에 대한 대립적 견해들

어떤 이는 내추럴 와인이 순수하고 신선한 맛을 준다고 말하지만, 이 부류의 와인은 보존에 문제가 있어서 식초 맛이 난다거나 향과 맛이 떨어진다고 평가하는 사람들도 매우 많다. 그리고 내추럴 와인의 옹호자들은 이산화황의 사용이 소량일수록 숙취가 줄어든다고 말하지만, 사실은 이 성분이 숙취의 원인이라는 의학적 근거는 전혀 존재하지 않는다. 다만 이산화황이 음주 후에 다소의 두통을 유발한다는 연구결과가 있으나, 이 또한 명확하지 않다. 실제로 숙취는 레드와인에 들어 있는 페놀과 화이트와인의 산성 성분도 원인이 되며, 무엇보다 숙취의 가장 주요하고도 근본적인 원인이 알코올이라는 것은 명백하다. 그래서 내추럴 와인이라는 말이 마케팅을 위한 레토릭rhetoric에 불과하다는 와인전문가들도 있다. '건강을 위하여 내추럴 와인을 선택한다면, 차라리 아예 술을 끊는 것이 보다 현명한 태도가 아닐까?'라는 필자의 견해에 독자님들의 생각은 어떠하신지?

◇ 바이오다이내믹 와인biodynamic wine

1920년에 오스트리아 철학자인 루돌프 슈타이너Rudolf Steiner(1861~1925)가 창안한 농법으로 관리하는 포도밭에서 만들어진 와인을 바이오다이내믹 와인이라 한다. 바이오다이내믹 농법의 기본 개념은 농장을 '스스로 자생이 가능한 하나의 유기체'라고 보고 친환경 비료 및 거름도 외부가 아닌 농장 내에서 만든 것을 사용한다는 것이다. 그렇기 때문에 포도밭에서 포도만 기르는 것이 아니라, 다양한 식물들을 키워 생물다양성을 높여서 농장 전체를 하나의 독립적 생태계로 조성한다는 것이다. 여기에 더하여 바이오다이내믹 농법은 우주론적 철학과 점성술에 의해 달과 별의 움직임에 따라 포도농사를 짓고 와인을 양조하며 병입하는 시점을 지킬 것을 요구한다. 더욱이 거름을 만들고 주는 방법도 특이한데, 염소의 배설물을 소의 뿔에 넣어 땅에 묻고 겨울을 난다거나 다양한 식물을 동물의 뼈나 소의 창자에 넣고 땅에 묻어서 숙성시킨 후에 퇴비로 쓴다는 등이다. 주술적이며 맹신적으로 보이기도 하는 이런 농법에 따라 포도밭을 경작하여 인증을 받은 와이너리가 2013년 기준으로 세계 전체에서 700여 곳에 이른다니, 약간은 놀라운 일이다.

프랑스 쥐라(Jura)의 Domaine du Pélican Arbois Chardonnay 2015. 이 와이너리는 바이오다이내믹 농법으로 와인을 만든다.

코비드-19 팬데믹과 와인산업

◇ 팬데믹pandemic과 경제침체

2019년 12월경에 중국의 우한武汉에서 발원한 코비드COVID(coronavirus disease)-19가 세계 전체에 창궐하여, 2020년 3월에 세계보건기구WHO(World Health Organization)가 세계적으로 전염병이 대유행하는 상태를 의미하는 팬데믹을 선언한 이후에도 이 질병의 파괴적 확산세가 꺾이지 않고 있다. 2021년 1월초 기준으로 세계 전체 감염자의 수는 1억 명을 넘어설 것으로 예상되고 있으며, 사망자의 수도 이미 200만 명에 도달하였다. 이와 함께 뒤이어 몰아닥친 경제침체가 거의 모든 국가의 국민들을 극한의 고통 속으로 몰아넣고 있다. 국제통화기금IMF(International Monetary Fund)은 2020년의 세계경제성장률을 -3%를 예상하고 있으며, 구미의 국가들은 대부분 -5%에도 미치지 못할 것이라는 예측이 우세하다. 특히 유럽의 주요 와인생산국들의 경제상황은 더욱 심각한데, 이탈리아가 -9.1%, 프랑스가 -8.5%, 스페인이 -8%이며 독일은 -7%의 경제성장률을 기록할 것으로 전망되고 있다.

◇ 와인산업에는 얼마나 영향을 끼칠까?

팬데믹의 확산을 막기 위한 사회적 거리두기와 이에 따른 경제의 침체는 와인의 판매량뿐만 아니라 소비패턴에도 심대한 영향을 미치고 있다. 관련 자료들이 집계되어 공개되지 않은 상황임에도 불구하고, 2020년과 향후의 와인과 관련된 다양한 예측과 분석결과가 발표되고 있다. 유럽연합 집행위원회European Commission는 27개 회원국의 2020년 와인소비가 지난 5년 평균치보다 약 8% 줄어들 것이라고 전망하고 있다. 이러한 예측은 와인의 판매가 대규모로 이루어지는 축제 등의 각종 이벤트들이 줄줄이 취소되고 거의 모든 레스토랑들이 정상적인 영업을 할 수 없었다는 데 근거하고 있다. 이와 같이 와인에 대한 수요가 감소하여, 가격도 10~35% 정도 하락할 것으로 전망되고 있다. 와인의 소매점과 온라인 판매가 다소 증가하였으나, 전체적 감소폭을 만회하기에는 역부족이다. 그리고 유럽의 와인수출도 약 14% 감소할 것으로 예상되는데, 이것은 팬데믹뿐만 아니라 미국이 유럽산 와인에 부과한 25%의 초과관세extra tariff와 중국의 경기가 하강한 영향이 더해진 결과이다.

◇ 와인 소비패턴의 변화

2004년에 설립되어 본부를 프랑스 파리에 두고 있는 국제와인기구OIV(Office International de la Vigne et du Vin)는 유럽연합 집행위원회와는 달리 2020년에 유럽에서 와인의 판매량이 2019년에 비해 무려 약 35% 감소하고 판매액수는 무려 50% 정도 위축될 것이라고 예측하고 있다. 이와 같이 판매량보다 판매액의 감소폭이 더 크다는 것은 와인의 가격이 하락하는 것과 더불어 중저가 와인보다 고가 와인의 수요가 더 많이 줄어든다는 것을 의미한다. 이러한 현상은 상대적으로 고가의 와인을 판매하는 레스토랑의 영업이 어려워지면서 가정에서 와인을 즐기는 소비가 증가한 변화에 따른 결과이다. 과거의 많은 연구에서 '와인은 소득보다 증감비율이 더 크게 나타나는 사치재'라는 가설을 증명하고 있다. 그리고 이런 현상은 고가의 와인에서 상대적으로 더 큰 폭으로 일어난다. 따라서 팬데믹의 불경기 속에서 소득수준의 하락보다 와인의 수요가 더 높은 비율로 감소하고 고가의 와인일수록 그 정도가 더 심한 것은 당연한 결과이다.

◇ 팬데믹 이후

2020년 12월에 COVID-19의 여러 백신 보급이 시작되고 조만간 치료제도 등장할 것이 거의 확실하므로, 팬데믹이 머지않아 위세를 꺾을 것으로 전망되고 있다. 그리고 하락한 각국의 경제도 재빠르게 팬데믹 이전의 수준으로 회복되리라 기대된다. 그러면 팬데믹이 완전히 극복된 이후에는 와인의 판매량과 소비패턴이 이전의 자리로 되돌아갈까? 이 문제는 공통된 견해가 형성되지 않은 논쟁거리가 될 가능성이 높지만, 필자는 팬데믹이 와인 판매량은 과거의 수준을 회복하더라도 소비패턴에는 확실한 변화의 흔적이 남을 것으로 예상하고 있다. 먼저 팬데믹 동안 증가추세를 보인 와인의 온라인 판매와 소매점 판매의 비율은 이후에도 과거의 수준으로 완전히 회귀하지는 않을 것으로 추측된다. 그리고 팬데믹에 의한 저소득층의 노동수입 감소는 소득불평등의 심화를 초래하여, 고가와 중저가 와인의 판매비율이 유의미하게 변화하여 고착될 가능성도 있다.

한국의 와인시장

◇ 와인 소비

한국에서 온전한 최초의 와인은 1977년에 동양맥주가 출시한 '마주앙'이다. 그러나 우리나라에서 와인의 소비가 정상적으로 이루어지기 시작한 것은 1988년 서울 올림픽을 전후해서 해외여행의 규제가 풀리고 민간업체의 와인 수입자유화가 이루어진 이후이다. 그리고 2004년에 한국-칠레 자유무역협정free trade agreement(FTA)이 발효됨에 따라 칠레의 중저가 와인이 수입된 것을 계기로, 바야흐로 와인의 대중적 소비가 본격화되기 시작했다. 유로모니터Euromonitor에서 추계한 자료인 앞의 표에 의하면, 우리나라의 2017년 일인당 와인소비는 연간 7.3리터로 세계에서 39위를 기록하고 있다.

그런데 이 표에서 보는 것과 같이 2010년부터 2014년 사이에 소비가 급증한 것은 순전히 《신의 물방울神の雫》이라는 일본 만화책의 유행에 기인하였다는 견해가 정설이다. 이 책은 아기 타다시亜樹直라는 필명의 기바야시 신樹林伸 남매가 스토리를 쓰고 오키모토 슈オキモト・シュウ가 그림을 그린 44권짜리 시리즈이며, 한국에는 2014년 12월에 전권의 번역이 완료되었다. 이 책의 내용에 대해서는 본서의 10장에서 상세히 다루도록 하겠다.

◇ 와인 산업의 현황

우리나라에서 와인산업이 형성된 것은 지금으로부터 채 10년을 넘지 않는다는 것이 지배적 견해이다. 현재 국내에는 약 150곳의 와이너리가 있는 것으로 추산되고 있는데, 이들은 몇 가지 특징이 있다.

- 특징 1 : 이들 중에는 포도가 아닌 사과, 배, 복숭아, 감, 머루, 다래, 베리 등의 과일로 만드는 과일와인이 주요 생산품인 와이너리가 매우 높은 비율을 차지하고 있다.

- 특징 2 : 거의 대부분의 와이너리가 식용과 양조용 과일을 구분하지 않고 재배하고 있으며, 특히 포도의 경우에도 전문적인 양조용 포도보다는 식용 포도로 와인을 양조하고 있다는 점이다. 이것은 국제적으로 양조용으로 재배되는 비티스 비니페라 품종이 강우량이 지나치고 찰흙이 많은 우리의 토양에서는 잘 자라지 못한다는 점과 영세한 와이너리가 양조용 포도만을 재배하는 것으로는 경제적 타산이 맞지 않는 현실적 문제 때문이다.

우리나라 머루와 감 와인

- 특징 3 : 생산된 와인의 상당한 부분이 와이너리를 방문하는 관광객을 상대로 직접 판매된다는 특징이 있다. 그러나 최근에는 유통망을 통해 판매하여 소비자들의 호응을 얻고 있는 와인들이 일부 등장한 점은 매우 고무적이다.

우리나라의 와인산업이 발전하고 활성화되기 위해서는 우리의 토양에 적합한 양조용 포도품종과 재배기술의 개발이 필요하며, 알코올 도수를 높이기 위해 인위적으로 당분을 첨가하는 가당 또는 보당도 줄어들어서 언젠가는 국제적으로 인정받는 우수하며 독창적인 와인이 탄생하기를 희망한다.

◇ 와인 수입의 추세

1988년 서울 올림픽과 2004년 칠레와의 FTA를 계기로 우리나라는 와인의 본격적인 대중소비시대에 접어들어, 2018년 말 현재 수입총량은 약 36.1만헥토리터이며 와인수입액은 237백만 달러에 달한다. 다음의 그래프는 2000년부터 2018년까지 와인의 수입총량과 금액을 보여주고 있다. 2000년에 비해 2018년에 와인의 수입총량과 수입액은 각각 5.34배와 12.92배가량 증가하였으며, 환율과 물가상승을 고려하여 원화로 환산한 실질소득수준으로도 수입금액이 약 8.65배 증가하였다. 이것은 수입총량과 실질수입금액이 18년 동안 각각 연평균 9.75%와 12.73%로 증가하였음을 의미한다.

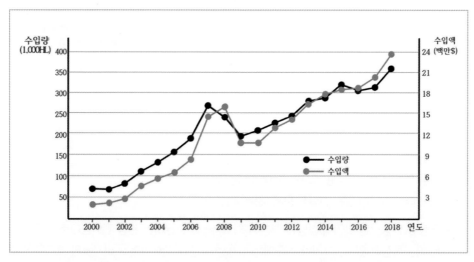

* 자료출처 : 한국무역협회

2007년에 닥친 글로벌 경제위기 당시에 와인의 수입이 일시적으로 감소하였지만, 현재까지도 와인의 수입이 증가하는 추세는 변함이 없다. 그리고 와인의 유형별로는 화이트, 레드와 발포성 와인의 수입량이 각각 3.3배, 5.4배와 20배 증가하였으며, 실질수입액은 각각 5.6배, 8.0배와 36.9배로 증가하였다. 이것은 우리나라 와인의 수입이 양적인 면에서 빠르게 확대되고 있을 뿐만 아니라 질적으로도 점차 고급화되는 추세에 있음을 보여주고 있다.

◇ 와인 수입국 현황

다음의 표는 우리나라가 와인을 수입하는 상위 7개국의 수입량과 수입액을 보여주고 있다. 이 자료에서는 2004년에 FTA를 통해 한국의 와인시장을 선점한 칠레로부터 와인의 수입이 가장 활발하고 이탈리아, 프랑스와 스페인이 뒤를 따르고 있음을 확인할 수 있다. 그러나 수입액으로는 프랑스가 절대적으로 높은 비율을 차지하고 있으며, 칠레, 이탈리아와 미국이 뒤를 잇고 있다. 따라서 여기에서는 수입량에 비해 수입액의 비율이 현저히 낮은 칠레와 스페인으로부터는 주로 중저가 와인을 많이 수입하고 있으며 고가 와인의 수입은 프랑스와 미국이 상대적으로 높은 비율을 차지한다는 것을 보여주고 있다.

2018년 주요국가의 와인 수입량과 수입액						
순위	국가	수입량(1,000HL)	비율(%)	국가	수입액(백만$)	비율(%)
1	칠레	105	29.2	프랑스	79	33.2
2	이탈리아	56	15.5	칠레	46	19.2
3	프랑스	55	15.2	이탈리아	34	14.5
4	스페인	51	14.1	미국	30	12.6
5	미국	32	8.8	스페인	17	7.4
6	호주	23	6.3	호주	12	5.2
7	아르헨티나	10	2.6	아르헨티나	5	2.1

* 자료출처 : 한국무역협회(kita.net)

제3장

레드와 화이트와인,
그리고 로제

와인은 여타의 술과는 달리, 분류하는 기준이 매우 다양하다. 먼저 색깔에 따라 레드와인, 화이트와인과 로제로 구분된다. 레드와인red wine의 붉은 색은 어두운 색을 띠는 레드 품종의 껍질로부터 나오는데, 품종에 따라 와인 색깔의 진하고 연함이 같지 않아서 연한 심홍색pale garnet으로부터 진한 자주색deep purple까지 매우 다양하다. 화이트와인white wine은 대체로 녹색이나 노란색의 껍질을 가진 화이트 품종으로 만들어진다. 그러나 간혹 레드 품종으로 만드는 화이트와인도 있는데. 포도 껍질을 제거한 과육 또는 과즙으로만 술을 빚기 때문이다. 그래서 화이트와인의 색깔은 엷은 짚색pale straw으로부터 짙은 갈색 deep brown까지 스펙트럼이 매우 넓다. 로제rosé는 여러 방법으로 레드 품종 껍질의 진한 색을 부분적으로 추출하는데, 이 스타일의 와인 색깔은 연한 분홍색pale pink으로부터 진한 호박색deep amber까지 폭넓게 분포한다.

와인의 종류는 맛을 결정하는 구성요소에 따라서도 매우 다양하게 구분된다. 이러한 요소들에는 거품의 발생과 증류주의 첨가 여부를 비롯하여 알코올로 발효되지 않고 와인에 남아있는 잔류당, 타닌tannin, 알코올 도수, 와인의 고형분extract 등이 있다. 따를 때 거품이 발생하는 와인을 발포성 와인이라 하고, 도수가 높은 증류주를 첨가한 와인을 강화와인이라 한다.

잔류당의 양으로는 드라이dry, 세미드라이semi-dry, 스위트sweet 와인으로 구분되며, 타닌의 양에 따라서는 하이 타닌high tannin과 라운드round 와인 등으로 나누어진다. 그리고 알코올 도수, 고형분과 품종에 의해 결정되는 와인의 바디에 따라서는 풀 바디full bodied, 미디엄 바디medium bodied와 라이트 바디light bodied 와인이 있다. 그리고 식사 때의 용도에 따라서는 식전주apéritifs, 테이블 와인vin ordinaire, 식후주digestifs로 구분하기도 한다.

그런데 앞에서 나열한 여러 분류에서 기본적이며 핵심적인 5가지의 와인이 있는데, 그것은 바로 레드와인, 화이트와인, 로제, 발포성 와인과 강화와인이다. 이 장에서는 먼저 레드와인과 화이트와인을 비롯하여 로제에 대해 알아보고, 다음의 4장에서 발포성 와인과 강화와인에 대해 살펴보기로 하자. 그리고 세계 각국에서 생산되는 지역별 레드와 화이트 와인에 대한 세부적인 설명은 뒤의 7, 8, 9장으로 미루어둔다.

레드와인

　레드와인은 껍질의 색이 짙은 포도품종으로 만든 와인인데, 실제의 색깔은 전형적으로 어린 와인의 강한 보라색으로부터 숙성한 와인의 붉은 벽돌색과 아주 오래된 와인에서 볼 수 있는 갈색까지 폭넓게 분포한다. 진한 자주색 포도로부터 추출한 주스는 본디 투명한 초록색인데, 식물색소인 안토시아닌anthocyanin이 만드는 붉은 색은 포도의 껍질로부터 나온다. 희귀하게 땅뛰리에Teinturier 같은 품종은 예외적으로 과육 자체가 안토시아닌을 많이 함유하여 주스가 붉은 경우도 있지만, 대부분의 레드와인을 생산하는 데는 포도 껍질로부터 색깔과 향을 만드는 요소들을 추출하는 마세라시옹이라는 독특한 과정이 필요하다.

양조의 과정

◇ **줄기제거**destemming**와 분쇄**crushing

수확 후에 와이너리에 도착한 포도는 보통 각각의 알갱이, 포도송이 전체, 줄기와 잎이 뒤섞여 있다. 발효단계에 줄기와 잎이 포함되면 와인에 쓴맛이 날 수 있으므로, 줄기 제거의 과정을 통하여 이들을 포도 알갱이로부터 분리한다. 이후에 포도를 가볍게 분쇄하여 포도의 과육, 껍질과 씨앗이 혼합된 주스를 만드는데, 이 포도액을 '머스트must'라고 한다. 그리고 포도액은 발효를 위해 큰 통에 옮겨지는데, 이 탱크는 스테인리스stainless, 콘크리트 또는 오크oak로 만든다. 최근의 현대적 와인양조장비 중에서 줄기제거기destemmer와 분쇄기crusher는 보통 스테인리스로 만들어진다.

◇ **보존제**preservative**와 이스트**yeast**의 첨가**

보존제인 이산화황sulfur dioxide은 대체로 포도가 와이너리에 도착할 때부터 쓰인다. 이때 포도의 부패를 막기 위해 첨가하는 양은 포도의 청결함과 신선함의 정도에 따라 0으로부터 한계량인 리터당 70mg 사이이며, 주된 목적은 산화를 방지하는 데 있으나 가끔은 발효를 지연시키기 위한 경우도 있다. 머스트가 발효통에 있을 때 환경이 조성되면 포도껍질에 존재하는 효모인 이스트에 의해 자연적으로 알코올 발효를 시작하여, 포도액에 있는 당분이 이산화탄소와 열을 발생시키며 알코올로 바뀐다. 그러나 많은 와인양조업자들은 특별히 엄선한 이스트를 첨가하여 더 세밀하게 발효의 진행을 조절하는 방법을 선호한다. 이러한 와인용 이스트들은 수백 종이 상업적으로 거래되고 있으므로, 많은 와인 양조업자는 품종과 와인 스타일에 따라 특별히 적합하다고 판단되는 이스트를 선택한다.

◇ **마세라시옹**macération

발효통 속에서 머스트가 발효하는 과정에서 고체상과 액체상의 분리가 일어나서, 포도 껍질 등의 덩어리인 '마르marc'가 형성되어 표면 위로 떠오른다. 레드와인의 색깔과 타닌tannin 등의 향과 풍미 요소들을 효과적으로 추출하는 것을 촉진하기 위해서 인위적인 방법으로 덩어리와 액체의 접촉을 집중적으로 극대화하는 과정이 필요한데, 레드와인을 만들기 위한 필수적이며 고유한 이 과정을 마세라시옹이라 한다. 이 것은 여러 방법으로 이루어지는데, 발효통의 바닥에서 액체를 퍼 올려서 떠있는 덩어리 위에 뿌리거나 인력이나 자동기계를 이용하여 덩어리를 반복적으로 아래로 밀어 넣기도 한다. 또는 덩어리를 물리적 힘을 가하여 액체상의 표면 아래에 잠긴 상태로 두거나, 발효통에서 액체를 완전히 배출하여 마르를 다른 통에 옮기고 그 위에 배출 했던 액체를 뿌리는 방법도 사용된다.

◇ **알코올 발효**alcohol fermentation

와인 양조자는 보통 하루에 한두 차례 발효 중인 포도액에서 잔류당과 알코올의 밀도density를 비롯하여 온도를 점검한다. 발효의 과정에서 꽤 높은 열이 발생하는데, 온도를 조절하지 않아서 40℃를 초과하면 와인의 풍미와 향을 해치거나 이스트가 죽기도 한다. 와인 양조자들이 발효의 이상적인 온도에 대해 일치된 견해를 가지고 있지는 않지만, 대체로 상대적으로 낮은 온도인 25~28℃77~82.4℉는 빨리 마시기 위한 과일향이 풍부한 레드와인에 적합하고, 장기숙성이 필요한 타닌이 풍부한 와인은 높은 온도인 28~35℃82.4~95℉가 알맞다고 한다. 그리고 포도액에서 발효가 진행됨에 따라 당분이 알코올로 변환되므로, 당분의 밀도는 매일매일 감소하고 알코올의 밀도는 점차 증가하게 된다.

◇ **와인 주스의 추출**

레드와인을 만들 때는 발효과정의 마지막에 압착pressing이 이루어진다. 포도 알갱이에 있는 약 60~70%의 주스는 자연적으로 흘러나오거나 분쇄의 과정에서 추출되므로 압착이 필요하지 않다. 압착을 통해서 추출되는 나머지 30~40%는 압력과 포도 분쇄의 정도에 따라서 자연적으로 추출되는 주스보다 산도acidity(pH)가 더 높고 페놀류phenolics도 더 많아서, 와인에 떫고 쓴 맛을 더할 수 있다. 그러므로 와인 양조자는 자연추출 주스free-run juice와 압착 주스pressed juice를 분리하여 관리하는데, 보다 완전하고 균형이 잡힌 와인을 만들기 위해 이들을 각각 별도의 와인으로 만들거나 일정한 비율로 블렌딩한다. 실제로 대부분의 와인은 85~90%의 자연추출 주스와 10~15%의 압착 주스를 혼합하여 만들지만, 프리미엄급 와인들은 압착 주스를 아예 사용하지 않고 자연추출 주스로만 만들기도 한다.

◇ **젖산발효**malolactic fermentation(MLF)

당분이 알코올로 변환되는 알코올 발효를 1차 발효라고도 하는데, 이 발효 이후에 와인의 발효조 또는 병 속에서 두 번째 미생물학적 변화가 일어난다. 이것을 젖산발효라고 하는데, 포도 주스에 자연적으로 함유되어 있는 사과산이라고도 하는 말산malic acid이 박테리아의 작용에 의해 유산이라고도 하는 젖산lactic acid으로 전환되는 현상이다. 그러나 엄격히 말해서 이것은 발효가 아닌 화학적 변환이어서, 말산변환malolactic conversion이라고도 한다. 이 현상이 와이너리 안에 있는 말산 박테리아에 의해 자연적으로 발생할 수도 있지만, 상업적으로 거래되는 박테리아를 사용할 수도 있다. MLF가 완료되면 보통 죽은 이스트 세포와 기타 고형물 찌꺼기를 와인에서 분리하고, 보존제인 이산화황을 첨가하여 산화와 박테리아에 의한 오염을 막는다.

◇ **숙성**aging

대부분의 레드와인은 병입에 앞서서 일정한 기간 동안 숙성하는데, 숙성의 기간은 보졸레 누보Beaujolais Nouveau와 같이 며칠에서 보르도의 레드와인과 같이 18개월 또는 그 이상인 경우도 있다. 숙성은 스테인리스와 콘크리트 탱크 또는 크거나 작은 오크통oak barrel에서 진행된다. 이 중에 오크통은 숙성하는 기간과

와인 숙성용 오크통

크기에 따라서 와인에 특유한 향과 풍미를 주는데, 작거나 새로운 통은 크거나 오래된 통보다 이런 효과가 더 크게 나타난다. 최근에는 오크 나무토막이나 티백을 발효조에 넣어서 오크통 숙성의 효과를 얻는 방법도 널리 쓰이고 있다. 그런데 오크통 속의 숙성이 와인의 풍미를 형성하는 데 도움이 되지 않는 경우도 있으므로, 대체로 품종과 기대하는 와인의 스타일에 따라 오크통의 사용 여부를 결정한다.

◇ 여과filtration와 병입bottling

대부분의 와인은 병입의 단계에 앞서서 여과를 하지만, 일부의 양조업자들은 여과하지 않는 것을 마케팅에 활용하기도 한다. 여과는 와인을 완전히 깨끗하게 만들려고 이스트의 세포와 박테리아를 걸러내기 위한 것인데, 이것들이 남아있으면 병 속의 와인이 불안정해질 수도 있다. 레드와인은 보통 외부의 빛을 차단하기 위해 진한 색깔의 유리병에 채운 뒤에 코르크 마개로 막지만, 최근에는 스크류 마개screw cap, 크라운 캡crown cap과 플라스틱 마개도 널리 쓰인다. 더욱이 최근에는 유리병을 대신하여 백인박스bag-in-box, 알루미늄 캔, 테트라팩tetra-pak과 플라스틱 병을 용기로 사용하는 경우가 증가하고 있다.

백인박스 와인은 박스 안에 와인이 가득 든 밀폐된 비닐 백이 들어있으며, 박스 아래에 달린 개폐장치를 열어서 와인을 잔에 따를 수 있다.

레드와인용 품종

◇ 국제적 품종과 지역 품종

포도의 품종varieties을 프랑스에서는 세파주cépage라 하는데, 세파주의 특성을 잘 이해하고 있으면 처음 보는 와인이더라도 맛과 향을 짐작하는 데 큰 도움이 된다. 레드와인용 품종은 세계적으로 수백 가지에 이르는데, 이 중에는 주요 와인생산국들을 비롯하여 세계 각국에서 폭넓게 재배되고 있는 국제적 품종들이 있다. 이러한 품종으로 꼽히는 것들은 까베르네 소비뇽, 메를로, 시라와 삐노 누아 등이다. 이와는 달리 특정한 국가나 일부 지역에서 재배되는 지역 품종들로 만드는 레드와인 중에서도 세계적인 찬사를 받는 경우가 매우 흔하다. 이러한 품종으로는 그르나슈 누아, 까르메네르, 까베르네 프랑, 네비올로, 뗌쁘라니오, 말백, 무르베드르, 산지오베제, 진판델과 토리가 나시오나우 등이 있다. 이들 품종들은 하나같이 나름대로의 독특한 풍미와 향을 보유하고 있으며, 하나 또는 여러 포도의 블렌딩으로 찬란한 레드와인의 세계를 펼친다.

◇ 까베르네 소비뇽Cabernet Sauvignon

프랑스가 원산지이며 세계적으로 가장 널리 재배되고 있는 레드와인용 품종이지만, 따뜻한 기후에서만 재배가 가능하다. 껍질이 두꺼워 타닌이 강하고 산도가 높아서 장기숙성력이 탁월하지만, 프랑스의 보르도에서는 맛이 단조로워서 메를로와 까베르네 프랑 등으로 블렌딩하여 약점을 보완한다. 그러나 일조량이 풍부하고 기후가 따뜻한 미국을 비롯하여 호주와 칠레 등의 신세계에서는 이 품종만으로도 충분히 훌륭한 와인이 만들어진다. 유럽의 것은 삼나무cedar와 까시스cassis(black currant, 까막까치밥나무)의 아로마가 있으나, 신세계 와인은 허브향이 약하고 과일향과 달콤한 향기가 강하며 대체로 진한 루비색을 띤다.

◇ 메를로Merlot

프랑스 원산으로, 껍질이 얇고 산도와 타닌이 낮아서 맛이 여리면서 부드럽고 과일맛과 자두향이 풍부하다. 까베르네 쇼비뇽이 남성적이라면, 메를로는 여성적이라는 평가를 받는다. 그리고 까베르네 소비뇽의 전통적인 블렌딩 파트너로서, 날씨가 서늘한 해에도 수확이 안정적으로 보장되는 품종이다. 미국과 호주 등에서는 단일품종으로 만든 와인이 호평을 받고 있으며, 특히 보르도 도르도뉴Dordogne강 우안의 뽀므롤Pomerol에서 만들어지는 관능적 풍미와 고혹적 질감을 주는 메를로 와인은 세계 최고 수준의 명품이라는 드높은 찬사와 명성을 누리고 있다.

◇ **삐노 누아**Pinot noir

프랑스 원산으로, 체리, 산딸기, 제비꽃, 야생고기game의 향이 있다. 신맛이 강하거나 타닉tannic하지 않으면서도, 복합적 향기가 섬세하며 장기보존력이 뛰어난 와인으로 변신한다. 부르고뉴의 심장부인 꼬뜨 도르Côte d'Or가 최적의 재배지로, 많은 와인 전문가들이 이곳에서 만들어지는 삐노 누아 와인을 세계 최

서늘한 기후를 좋아하는 삐노 누아는 다 자란 잎이 오각형이고, 포도알은 푸른빛이 감도는 검은색을 띤다.

고의 레드로 평가하는 데 주저하지 않는다. 그리고 세계적으로 대표적인 발포성 와인인 샹파뉴Champagne를 블렌딩하는 주요 품종 중의 하나이기도 하다. 그러나 삐노 누아는 기후와 토양 등의 자연적 조건에 극단적으로 민감하여, 재배가 매우 어려운 품종으로 알려져 있다. 날씨가 더운 곳에서 재배하면, 생육이 지나치게 빨라서 얇은 껍질이 풍부하고 섬세한 향을 지키지 못한다. 그래서 기후가 서늘한 미국의 캘리포니아와 오리건을 비롯하여 호주와 뉴질랜드의 일부 지역에서만 재배에 성공하였다.

◇ **시라**Syrah

프랑스의 북부 론Rhône 원산으로, 짙고 선명한 적보라색을 띠며 검은 후추black pepper의 스파이시spicy한 향과 다크 초콜릿의 향이 강하다. '스파이시'는 와인이 검은 후추, 정향clove, 계피cinnamon, 카더멈cardamom 또는 생강ginger 등의 향신료 향을 가지고 있음을 표현하는 용어이다. 타닌이 풍부하여 장기보존이 가능하며, 완숙도가 떨어지더라도 감칠맛을 내는 특징이 있다. 북부 론의 에르미타주Hermitage와 꼬뜨 로띠Côte Rôtie에서 가장 탁월한 시라 와인이 만들어지고 있다. 이 포도는 호주에서 쉬라즈Shiras라는 이름으로 널리 재배되는 대표적 품종이 되었다. 그러나 호주의 쉬라즈 와인은 프랑스의 것과는 달리 과일향이 진하고 풍부하며, 이들 중에는 세계적인 명성을 얻고 있는 빼어난 와인들도 포함되어 있다.

왼쪽의 정향은 인도네시아 원산으로, 키가 8~12m까지 자라는 상록수이다. 개화하기 전의 꽃봉오리를 말리면, 길이 약 1㎝의 달콤하고 상쾌한 향신료가 된다. 오른쪽의 카더멈은 인도와 인도네시아 원산의 생강과 식물로, 강렬하고 독특한 향을 가진 향신료이다. 두 식물은 약용으로도 쓰인다.

◇ 그르나슈 누아Grenache noir

흔히 그르나슈로 불리며 과일향이 풍부하고 알코올 도수가 높은 품종으로, 스페인의 리오하Rioja에서 가르나차Garnacha라는 이름으로 가장 많이 재배되는 품종이다. 프랑스의 론을 비롯하여 캘리포니아와 호주에서도 많이 재배하고 있으며, 여리고 달콤한 향을 가지고 있어서 주로 다른 품종과의 블렌딩용이나 로제용으로 많이 쓰인다.

◇ 까르메네르Carménère

보르도 원산으로 과거에 보르도 와인을 블렌딩할 때 사용되었던 품종이지만, 19세기에 필록세라가 창궐할 때 거의 멸종되어 원산지에서는 찾아보기 어렵다. 그러나 1850년대에 칠레로 건너온 까르메네르는 지금까지도 번성하여, 그곳의 대표품종의 하나가 되었다. 진하고 부드러운 맛이 메를로와 비슷하다는 평가를 받는다. 덜 익었을 때는 풋내가 나서 반드시 완숙한 상태에서 수확해야 하기 때문에, 와인의 색깔이 언제나 매우 짙다.

◇ 까베르네 프랑Cabernet Franc

프랑스 루아르 계곡Vallée de la Loire 원산이며 까베르네 소비뇽의 조상으로, 겨울 추위에 매우 강하며 기후에 대한 적응력이 높은 품종이다. 타닌이 낮고 색이 연하며 맛이 부드럽고 연하며, 보르도 까베르네 소비뇽과 뽀므롤 메를로 와인의 주요 블렌딩용 품종이다. 그러나 프랑스 북서부 루아르 계곡의 시농Chinon, 소뮈르Saumur, 앙주Anjou를 비롯한 몇 곳에서는 이 품종만으로 벨벳처럼 부드럽고 매혹적인 레드와인을 빚고 있다.

◇ 네비올로Nebbiolo

이탈리아 원산으로, 이탈리아 북서부의 피에몬테Piemonte에서 생산되며 이탈리아를 대표하는 와인인 바롤로Barolo와 바르바레스코Barbaresco를 만드는 품종이다. 잠재적 알코올 도수가 높으며 타닌과 산도가 매우 강한 특징이 있지만, 장기간의 숙성을 거치면 조화를 이루어 부드러운 질감의 복합적인 아로마를 가진 와인으로 변모한다. 토양과 기후에 지극히 예민하여 피에몬테를 제외한 이탈리아의 여타 지역 뿐만 아니라다른 나라에도 잘 자라지 못하는 까다로운 품종으로, 미국과 호주의 일부 포도원들이 여러 방법으로 이 품종의 재배를 시도하고 있을 따름이다.

◇ 뗌쁘라니요Tempranillo

원산지인 스페인을 대표하는 품종으로, 특히 리베라 델 두에로Ribera del Duero에서 활기차고 향이 풍부한 짙은 루비색 와인으로 변신한다. 여타 지역에서는 가벼운 스타일로부터 매우 묵직하고 강렬한 느낌의 와인까지 다양하다. 딸기향과 자두향이 있고, 오크통 숙성을 통해 담배향과 가죽향이 형성된다. 껍질이 얇아 잘 변질하는 문제가 있지만, 최근에 이 품종 와인의 국제적 명성이 점차 높아지고 있다. 포르투갈의 포트와인을 만드는 데도 쓰인다.

◇ 말벡Malbec

원산지인 프랑스보다 아르헨티나에서 잠재력을 드러내어 대표품종이 되었다. 보르도를 위시한 프랑스의 남서부 지역에서 주로 블렌딩용으로 재배되었으나, 아르헨티나서부의 내륙 지역인 멘도사Mendoza에서는 부드럽고 농도 짙은 보라빛의 붉은색을 띠며 향신료 향이 넘치는 스파이시한 와인으로 재탄생하였다.

◇ 무르베드르Mourvèdre

스페인 원산으로서 프랑스 남부 프로방스Provence의 질 높은 와인인 방돌Bandol을 만드
는 주된 품종 중의 하나이지만, 프랑스의 여타 지역과 호주에서는 주로 블렌딩용으로
쓰인다. 짐승의 냄새와 블랙베리향이 나며, 알코올과 타닌이 강한 특징이 있다. 스페인
에서는 모나스트렐Monastrel로 불리며, 재배의 목적이 질보다는 양인 경우가 대부분이다.

◇ 산지오베제Sangiovese

원산지인 이탈리아에서 가장 많이 재배되고 있으며, 특히 중부지역의 대표적 품종
이다. 특히 토스카나Toscana 지역의 끼안티Chianti, 끼안티 클라시코Chianti Classico, 부르넬
로 디 몬탈치노Brunello di Montalcino와 비노 노빌레 디 몬테풀차노vino nobile di Montepulciano 와
인을 만드는 품종이다. 부르넬로는 토스카나에서 지역적 차별성을 드러내기 위한 산
지오베제의 별칭이다. 산딸기, 블루베리, 제비꽃, 서양자두European plum의 향이 풍부하
며, 오크통에서 숙성한 경우에는 바닐라, 향나무, 오크, 구운 토스트의 부케가 일반
적 특성이다.

◇ 진판델Zinfandel

오랫동안 미국 원산으로 알려졌으나, 크로아티아 원
산이며 적어도 18세기부터 이탈리아에서 재배된 품종
인 프리미티보Primitivo와 동일한 품종임이 유전학적으로
밝혀졌다. 포도 알갱이의 숙성도가 균일하지 않아서,
한 송이에서 채 익지 않은 포도부터 과숙한 포도까지
다양하게 얻을 수 있다. 미숙한 포도알에서는 상큼한
산미, 완숙하면 과일 맛, 과숙한 것으로부터는 농도 짙
은 향이 만들어진다. 당도가 높아서 알코올 도수가 높
은데, 17도에 달하기도 한다. 이 품종은 화이트 진판델
White Zinfandel이라 하는 로제를 만드는 데도 쓰인다.

캘리포니아의 진판델 와인들. 캘
리포니아 전체 포도밭 중에서
10% 이상이 진판델을 재배하고
있다.

◇ 토리가 나시오나우Touriga Naçional

원산지인 포르투갈의 대표적 품종으로, 강화와인인 포트 와인Port wine을 만들기에 가장 이상적인 포도로 널리 알려져 있다. 그루당 열매의 수확량이 적으나, 타닌과 알코올 도수가 높고 색소의 함량도 매우 풍부하다. 깊고 농후한 향이 있고 타닌이 강하여 국제적 품종으로 도약할 잠재력이 있는 품종이지만, 재배가 까다롭다.

◇ 기타의 레드와인 품종

세계적으로 레드와인용으로 쓰이는 품종은 매우 다양하다. 그 중에서 상업적인 거래가 활발한 와인을 만드는 품종들의 원산지와 특징은 다음과 같다.

- **가메**Gamay : 프랑스의 보졸레Beaujolais가 원산지이다. 신선하고 과일향이 풍부하며, 타닌이 매우 적고 가벼운 바디의 와인이 된다.

- **돌체토**Dolcetto : 원산지가 이탈리아이다. 색이 진하며 부드럽고 과일향이 풍부한 품종이지만, 와인은 장기보관이 안 된다.

- **람브루스코**Lambrusco : 이탈리아 원산으로, 가볍고 과일향이 풍부하며 약간 드라이off-dry하다.

- **바르베라**Barbera : 이탈리아가 원산지이다. 색깔의 진함이 중간 정도이며, 산도가 높다. 단숨에 들이키는 와인이다.

- **쁘띠 시라**Petite Syrah : 프랑스가 원산지이며 시라의 변종으로 추측되고 있다. 프랑스 이름은 뒤리프durif이며, 후추향이 풍부하고 진한 색의 풀바디 와인이 된다.

- **생소**Cinsault : 프랑스가 원산지이며, 더운 날씨에 잘 자란다. 진한 색과 고기향이 특징적이며, 타닌이 낮다.

- **따나**Tannat : 프랑스가 원산지이지만, 우루과이의 대표적 품종이 되었다. 타닌이 낮으며, 프랑스에서는 알마냑Armagnac 브랜디와 풀바디 로제용으로 쓰인다.

- **삐노타지**Pinotage : 1925년에 남아프리카에서 삐노 누아와 생소로 만든 교잡종이다. 강건하며 알코올 도수가 높다.

화이트와인

고대 그리스 시대의 의사인 히포크라테스Hippocrates(BC 460~370)는 환자에게 와인을 처방하는 경우가 많았는데, 그의 처방전에 '포도 화이트와인vinous white wine'과 '쓴맛의 화이트와인bitter white wine' 같은 용어가 등장하는 것은 그 당시에 이미 다양한 종류의 화이트와인이 있었다는 역사적 증거이다.

미국 항공우주국NASA의 견해에 따르면 기온이 비정상적으로 낮은 상태가 장기간 이어진 소빙하기Little Ice Age가 1650년대부터 1850년경까지 지속되어서, 이 시기에 유럽 북부와 영국에서 포도나무가 거의 사라졌다고 한다. 이 당시에 화이트 품종은 완숙되지 않아서 어느 정도 시더라도 와인을 만들 수 있었지만, 레드 품종은 그렇지 못했다. 이와 같이 추운 날씨가 발효를 방해하는 열악한 환경은 샹파뉴champagne의 2차 발효과정의 발견을 이끌었다. 그리고 1650년경에는 헝가리 토카이Tokaji지역에서 귀부병botrytis cinerea에 걸린 포도로 와인을 만드는 방법이 개발되었고, 그 후에 독일의 라인Rhein강과 프랑스 남부의 소테른Sauternes 지역에서도 귀부와인이 만들어지기 시작하였다. 그리고 1830년 초의 혹독하게 추었던 겨울에 독일의 라인헤센Rheinhessen에서는 가축먹이로 쓸 작정이었던 얼어버린 포도에서 경이롭게 감미로운 포도액을 추출하여 아이스와인ice wine(독일어로는 Eiswein)을 빚었다. 이 와인들은 모두 절망 속에서 태어난 비범한 창조물이며, 화이트와인의 지평을 넓힌 기적의 기념비이다. 그러면 이제 귀부와인과 아이스와인을 포함하여 화이트와인의 양조과정과 대표적 품종을 알아보기로 하자. 그러나 넓은 의미에서 화이트와인의 범주에 대부분이 포함되는 발포성 와인은 별도로 나누어 4장의 몫으로 넘긴다.

양조의 과정

◇ 수확

포도의 성숙도는 최종생산물인 와인이 필요로 하는 특성에 의존하는데, 이때 당분은 핵심적 척도이다. 드라이한 화이트와인을 만들기 위해서는 기술적으로 성숙도를 계산하여 보통 완숙에 도달하기 8일 전에 포도를 수확하는데, 이 시점에서 당도와 산도의 균형관계가 최적이 된다고 한다. 그런데 산도가 부족하고 당도가 높으면, 와인은 알코올이 과도하고 활성도가 부족하여 불균형하게 되며, 향도 충분히 신선하지 않고 왕성하지도 못하다.

◇ 꽃자루stalk와 씨앗의 제거

꽃자루는 포도열매가 달려있는 초록색 가지인데, 여기에는 수분과 주로 쓴 맛과 떫은 느낌을 주는 타닌이 주된 성분인 폴리페놀polyphenol이 포함되어있다. 그래서 이 부분은 화이트와인에 전혀 도움이 되지 않으므로, 포도를 수확한 후에 흔들거나 압착을 통해 꽃자루에서 알갱이를 신속히 분리한다. 포도열매는 껍질, 과육과 씨앗으로 구성되어 있다. 열매 무게의 2~5%를 차지하는 씨앗은 수분, 탄수화물, 지방질, 타닌, 단백질, 무기질과 지방산을 함유하고 있는데, 화이트와인에 전혀 기여하지 못하는 이런 성분 중의 어떤 것도 추출되지 않도록 적당히 압착한 후에 제거된다.

◇ 압착pressing

포도 무게의 6~12%를 차지하는 껍질의 표면은 발효에 필요한 이스트를 포함하고 있는 천연 왁스로 코팅되어있는데, 이 막 아래에 휘발성 성분들을 함유하고 있다. 이들은 포도에 포함되어 있는 아로마의 구성물질과 발효과정에서 부케로 변하는 분자들로서, 아로마 선구물질aroma precursors이라 한다. 그리고 적포도로 화이트와인을 만들 때는 껍질의 색소가 용해되지 않도록 포도를 너무 세게 압착하는 것을 피해야 한다. 껍질에는 아주 많은 세루로즈cellulose를 비롯하여 다당류의 일종으로 세포를 결합하는 작용을 하는 펙틴pectin, 단백질과 구연산citric acid, 말산malic acid, 주석산tartaric acid 등의 유기산이 포함되어 있다. 전체 무게의 75~85%를 차지하는 포도의 과육flesh은 매우 얇은 막의 다각형 세포로 구성되어 있으므로, 낮은 압력에도 세포로부터 과즙wort이 빠져나온다. 포도의 과육은 수분이 주된 구성요소이며, 발효될 당분을 비롯하여 말산과 주석산이 대부분인 유기산 등의 유기 성분을 함유하고 있다. 과육은 와인이 되는 주된 부분이지만, 액체의 비율이 높고 풍미flavor는 껍질에 미치지 못한다. 그런데 '월트wort'는 맥주나 위스키 등의 주류를 양조하는 과정에서 추출되는 액체를 뜻한다. 그러므로 화이트와인의 월트는 순수한 포도과즙을 뜻하며, 레드와인을 만들기 위해 알맹이를 으깨어서 껍질과 씨앗 등이 섞여있는 '머스트must'와는 다르다.

◇ 두 가지의 포도즙

프랑스에서는 압착에 앞서서 포도 자체의 무게에 의해 열매가 터져서 자연적으로 흘러나오는 주스를 '방울의 즙moût de goutte'이라고 한다. 이와는 달리 포도에 압력을 가하여 흘러나오는 주스를 '압착한 즙moût de presse'이라 하는데, 이것은 포도의 질이나 단점을 두드러지게 한다. 두 주스의 블렌딩 여부는 포도의 신선도, 압착의 방법과 만들려는 와인의 스타일에 달려있는데, 질이 높은 와인을 양조할 때는 압착한 즙을 아예 쓰지 않거나 매우 제한적으로 사용한다.

◇ 화이트와인의 마세라시옹macération?

마세라시옹이 레드와인의 전유물이라고 알고 있는 사람들이 많지만, 화이트와인의 경우에도 포도의 질이 좋으면 양조업자가 화이트 품종의 껍질을 포도액에 담가서 마세라시옹을 하는 경우가 있다. 발효 이전에 이루어지는 이 과정은 품종의 고유한 아로마와 주로 껍질에 포함되어 있는 선구물질을 적출하는 데 목적이 있다. 이를 실행하기 위해서는 포도줄기를 완전히 제거해야 하고, 적절한 압착과 함께 포도즙의 산화를 막기 위한 아황산염의 첨가가 필요하다. 지속하는 시간은 품종, 온도, 포도의 성숙도와 토양의 질에 따라 다른데, 보통은 18℃에서 5~18시간 정도이다.

◇ 침전_{settling}

압착한 후에 탱크 속에 담긴 포도즙이 공기와 차단되어 안정된 상태가 되면, 작은 조각이나 부유물은 탱크의 바닥에 가라앉는다. 침전은 이러한 찌꺼기를 가라앉힌 후에 제거하여 포도즙을 맑게 하는 과정이다. 찌꺼기는 부유물인 콜로이드_{colloid}, 껍질과 과육의 부스러기와 토양 등의 외부에서 유입된 찌꺼기들이다. 침전을 위해서는 포도즙의 냉각이 필요한데, 일단 발효가 시작되면 방출되는 이산화탄소 거품이 파편들을 포도즙에 확산시킬 것이다. 포도즙은 침전 후에 발효탱크로 옮겨진다.

◇ 알코올 발효

침전 후에 포도액을 탱크로 옮겨서 발효를 시작한다. 발효탱크는 여러 형태가 있는데, 오크, 에폭시로 코팅된 시멘트, 스테인리스, 에나멜 처리한 철, 에폭시 수지 등이 소재로 쓰인다. 크기가 큰 탱크에서는 온도의 조절이 필수적인데, 적정한 온도는 전통적으로 18℃ 전후이다. 맑은 주스의 알코올 발효가 진행되는 동안에 이스트에 의해 아세테이트_{acetate}와 에틸 에스테르_{ethyl ester} 같은 대부분의 아로마 성분들이 합성된다. 그리고 당분이 고갈될 때까지 발효가 계속되면, 드라이한 화이트와인이 만들어진다.

◇ 젖산발효_{malolactic fermentation(MLF)}

알코올 발효가 종료된 후에 와인은 말산_{malic acid}이 젖산_{lactic acid}으로 변하는 젖산발효가 시작되는데, 이러한 화학적 변환은 와인에서 산을 제거하는 박테리아에 의해 진행된다. 그런데 화이트와인의 양조에서 날카로운 산미를 줄이는 이 작용이 항상 바람직하거나 세련된 결과를 주는 것은 아닌데, 산미가 와인에 지속적으로 아로마를 상쾌하게 하는 활기를 주기 때문이다. 특히 품종에 따라서는 오크통의 숙성이 품종 고유의 아로마를 감소시키는 경우도 있는데, 예를 들어 리슬링과 소비뇽 블랑이 이러한 경우에 해당한다.

◇ 엘르바주 élevage(maturing)

발효 후의 모든 와인은 소비되기 전에 다양한 관리가 필요한데, 병입하기 전에 진행되는 일련의 과정들을 엘르바주라고 한다. 이 단어의 뜻이 본디 '양육' 또는 '목축'이란 점에서 엘르바주는 와인의 질을 높이는 모든 과정을 의미하며, 모든 와이너리가 동일한 과정으로 진행하는 것도 아니다. 세부적으로 엘르바주는 오크통에 와인이 늘 가득 차도록 채워서 공기와의 접촉을 최소화하는 작업인 우이야주 ouillage, 와인에 포함된 찌꺼기를 제거하기 위해 와인을 다른 오크통이나 발효조로 옮겨 담는 수티라주 soutirage, 달걀흰자나 화산재 혹은 응회암이 풍화하여 형성된 점토인 벤토나이트 bentonite 등의 물질을 넣어서 부유중인 미립자 상태의 불순물을 제거하는 작업인 꼴라주 collage, 마지막으로 불순물을 걸러내어 와인을 맑게 하는 필트라시옹 filtration 등의 과정들을 총칭한다. 그리고 여기에 바또나주 bâtonnage라는 과정이 포함되기도 하는데, 이는 긴 막대기 bâton로 양조통 안의 와인을 휘저어 이스트가 죽어서 바닥에 가라앉은 앙금 lees을 와인 전체에 퍼뜨리는 것이다. 이 과정을 거치면 죽은 이스트가 자기분해 autolysis를 통해 와인에 볼륨감과 바디를 부여하고 과일향을 북돋우는데, 최상급 화이트와인을 숙성하는 과정에서 많이 사용하는 기법이다. 그러나 이것은 이스트의 작용에 의해 오히려 와인의 맛을 떨어뜨릴 가능성도 있다고 한다.

엘르바주는 발효통이나 오크통에서도 진행될 수 있는데, 오크통은 다음과 같은 두 가지 역할을 한다. 첫째로 오크통이 와인에 토스트, 버터와 바닐라 향을 더해주며, 둘째로 나무 외벽을 통해 지속적으로 미량의 산소를 공급하여 이 과정을 도우고 산소는 균형 잡힌 와인을 만드는 성분들이 합성되는 데도 기여한다.

◇ 블렌딩 blending

이 과정은 바람직한 최종적 생산물을 얻기 위해 여러 와인들을 혼합하는 것이다. 이 배합은 보르도와 론의 와인과 같이 여러 품종일 수도 있고, 샹파뉴 champagne와 같이 여러 품종과 함께 다양한 빈티지 vintage일 수도 있다. 블렌딩이 순전히 양적인 문제일 수가 있는데, 원하는 양을 얻기 위해 여러 빈티지들을 섞는 경우도 있다. 또는 블렌딩이 질적인 문제일 수도 있으며, 감식가 또는 와인제조 책임자cellar master, 와인 양조자와 포도원 소유자 등으로 이루어진 감식팀이 최상의 질을 얻기 위해 같이 혼합할 여러 와인의 양과 비율을 결정한다. 그러나 와인의 블렌딩은 항상 경험적으로 이루어지며, 둘 또는 그 이상의 품종과 빈티지를 조합하여 기대하는 작품이 만들어진다고 확신할 수도 없다. 이때 오로지 확실한 것들은 알코올 도수, 잔류당과 산도 등의 분석적인 수치들 뿐이다.

◇ 정제clarification와 안정화stabilization

와인이 되는 물과 알코올이 혼합된 액체에서 용해되지 않는 조각과 부유물을 제거하는 과정을 정제라 하며, 소비될 때까지 병에서의 보존기간 동안 줄곧 와인에서 용해된 성분의 가용성을 유지하는 것을 안정화라 한다. 이 두 과정은 엘르바주의 한 부분이기도 하다. 와인을 구성하는 대부분의 성분들은 와인에 용해되어있지만, 주석산tartaric acid과 같은 특정한 요소들은 와인을 숙성하고 보관하는 동안에도 녹지 않은 형태로 유지된다. 그리고 칼륨potassium을 함유하는 결정체인 중주석산칼륨potassium bitartrate은 소금과 같이 단단한 결정crystal의 형태로 병의 바닥에 가라앉는데, 이것을 와인 다이아몬드wine diamond라고도 부른다. 이런 결정체가 발생하는 것은 자연스러운 현상임에도 불구하고 딜러들이나 소비자들이 대체로 제조상의 실패로 여기기 때문에, 많은 생산자들은 이런 일이 발생하는 것을 가능하면 피하려고 한다.

◇ 이산화황sulphur dioxide의 첨가와 여과filtration

보존제인 이산화황은 수확으로부터 포장까지 와인을 주조하는 여러 과정에 사용된다. 이 물질은 산화현상과 산화효소의 활동을 막고 이스트와 박테리아 등 미생물의 밀도를 조절하여 변질되지 않게 하는 역할도 한다. 이산화황의 최대 허용량은 와인에 포함된 당분의 양에 좌우되는데, 잔류당은 다시 발효를 시작하려는 미생물이 공격하는 대상이기 때문이다. 국가마다 이의 최대허용량을 규정하고 있는데, 대개는 잔류당의 양에 따라 리터당 150mg에서 300mg으로 제한하고 있다. 그리고 소비자에게 판매하기에 앞서 와인은 여과를 거치는데, 이 과정은 와인에 떠다니는 미세한 파편들을 필터로 걸러내는 엘르바주의 마지막 단계이다. 필터의 소재로는 미세토fine earth(kieselguhr), 판지cardboard sheet와 얇은 막membrane 등이 쓰이고 있다.

◇ 포장packaging

포장은 판매하기 위해 와인을 용기에 담는 작업인데, 옛날에는 와인은 나무통이나 탱크에 보관하다가 고객의 주전자나 병에 채워주었다. 그런데 17세기에 대중적으로 유리병이 등장하여 와인의 세계에 혁명적 변화를 일으켰는데, 와인을 옮겨 담을 필요가 없고 공기 중의 산소와 접촉하지 않게 하여 와인의 질적 개선에 크게 기여하였다. 최근에는 테트라팩, 페트병, 음료수 캔과 백인더박스 등의 여타 용기들도 많이 쓰이기 시작하였는데, 이들은 모두 와인의 화학적 안정성을 유지하고 산소를 차단하는 밀폐의 기능성이 뛰어나다.

화이트와인의 품종

◇ 국제적 품종과 지역 품종

레드와인의 경우와 같이 화이트와인의 품종cépage도 주요 와인생산국들을 비롯하여 세계 각국에서 폭넓게 재배되고 있는 국제적 품종과 특정한 국가나 일부 지역에서 재배되는 지역 품종들이 있다. 국제적 화이트 품종으로는 게뷔르츠트라미너, 리슬링, 샤르도네, 세미옹과 소비뇽 블랑 등이 있으며, 지역 품종은 마르산, 뮈스카 블랑, 비오니에, 삐노 그리, 삐노 블랑과 슈냉 블랑이 대표적이다. 이들 품종들은 하나같이 각자의 독특한 개성으로 화이트와인의 멋진 세계를 펼치는 주인공들이다.

◇ 게뷔르츠트라미너Gewürztraminer

원산지 뿐만 아니라 혈통도 명확하지 않지만, 세상에서 가장 감미로운 포도이며

스파이시한 느낌과 리치넛lychee nut의 향과 강한 꽃향기
의 풍미를 뿜어내는 와인을 만드는 품종이다. 게뷔르
츠Gewürz는 독일어로 '양념spice' 또는 '향료'를 뜻한다. 그
런데 과유불급過猶不及이라는 말이 있듯이, 지나친 아로
마는 사람을 질리게 만들거나 싫증을 초래하기도 한다.
그러나 아로마와 산도가 적절하게 균형을 이룬 게뷔르
츠트라미너 와인은 환상적이다. 포도알이 진분홍색이
지만, 대부분의 와인은 중후한 황금빛을 띠며 가끔 연
분홍빛도 있다. 프랑스 북동부의 알자스Alsace에서 탁
월한 와인이 생산되며, 뉴질랜드, 칠레, 미국의 오리건
Oregon에서도 훌륭한 와인이 만들어진다.

알자스 와인인 트림바크(Trimm-
bach) 게뷔르츠트라미너 2016.
이 와인은 산도와 아로마의 균형
상태에 민감한 품종의 특성 때문
에 빈티지의 굴곡이 심한 편이다.

◇ 리슬링Riesling

독일, 알자스와 스위스 지역이 원산지이며, 일정 면적에서 수확량을 제한하고 대
륙성 기후의 지역에서 재배하면 질이 높은 포도를 얻을 수 있는 품종이다. 리슬링은
여타의 화이트 품종에 비해 훨씬 가볍고 특징적으로 풋사과의 아로마가 강렬하며,
풍부한 향과 함께 섬세하면서도 상큼한 느낌을 준다. 여러 해를 숙성시킬 수 있는 잠
재력이 있는 와인이며, 생생한 과일향과 활성적인 신맛이 잘 어울려 있으면 훌륭한
와인이다. 대부분 오크통 숙성을 하지 않음에도 불구하고, 장기간 숙성된 리슬링 와
인의 투명하며 밝은 황금빛은 현란하다. 독일과 오스트리아에서는 귀부와인과 아이
스와인을 만드는 품종이기도 하다.

◇ 샤르도네Chardonnay

프랑스의 부르고뉴가 원산지이며, 재배가 쉬워서 세계적으로 가장 널리 경작되고
있는 화이트 품종이다. 사과, 레몬, 감귤류citrus 등 과일향의 특성을 갖고 있으나, 고
유의 향이 강하지 않아서 오크통 발효와 숙성에 매우 적합하다. 잘 숙성된 샤르도

네 와인은 오크 향과 더불어 바닐라와 버터향이 풍부하며, 매끄러운 질감이 매혹적이다. 부르고뉴의 몽라쉐Montrachet, 샤블리Chablis, 뮈르소Meursault, 마코네Mâconnais와 꼬뜨 샬로네Côte Chalonnaise의 샤르도네는 많은 와인애호가들의 입에 침이 고이게 만든다. 그리고 프랑스의 샹파뉴를 비롯한 여러 발포성 와인을 만드는 데 쓰이는 주된 품종 중의 하나이다.

나파 밸리의 'Far Niente Chardonnay 2017'. '파르 니엔테(Far Niente)'는 이탈리아어로 '아무것도 하지 말라'는 뜻인데, 근심걱정을 말라는 의미이다. 산미를 누그러뜨리는 MLF의 과정을 거치지 않아서 살아있는 높은 산미가 풍부한 아로마와 훌륭하게 균형을 이룬다.

◇ 세미옹Sémillon

보르도가 원산지이며, 포도껍질이 얇고 당도가 높다. 그러므로 기후적 조건만 충족되면 귀부병noble rot에 감염되기 좋은 조건을 갖추고 있다. 보르도의 소테른Sauternes과 바르샥Barsac에서 귀부와인을 생산하기 위해 많이 재배하고 있으며, 호주의 헌터밸리Hunter Valley와 남아프리카에서도 흔히 볼 수 있다. 무화과와 감귤류의 향이 있으며, 보르도에서는 전통적으로 세미옹과 소비뇽 블랑을 4:1로 블렌딩하여 스위트와인을 만든다. 포도가 완숙하기 전에 수확하여 장기 숙성이 가능하면서 미네랄 향이 강하며 드라이한 와인을 만들기도 한다.

◇ 소비뇽 블랑Sauvignon blanc

프랑스 북서부의 루아르Loire 지역이 원산지이며, 뉴질랜드와 남아프리카에서도 널리 재배되고 있다. 풀과 풋과일 향이 예리하여, 매우 신선한 느낌을 준다. 루아르의 와인은 상쾌하고 풀 향기가 나는 우아함이 있고, 뉴질랜드산은 녹색 고추씨와 라임, 그리고 토마토 잎의 향이 자극적이다. 보르도에서는 주로 세미옹과의 블렌딩용으로 재배된다. 써늘한 기후를 좋아하는 품종으로, 더운 날씨에서 재배하면 특유의 날이 선 아로마와 산미가 사라진다.

◇ 마르산Marsanne

프랑스의 북부 론Rhône 지역이 원산지이며, 호주의 빅토리아Victoria, 캘리포니아, 스위스와 스페인 북동부에서도 널리 재배되고 있다. 특히 명성이 높은 북부 론의 에르미타주Hermitage 화이트와인을 만드는 품종인데, 이것으로 진한 황금색을 띠며 알코올 도수가 높고 향이 풍부하며 아몬드 향이 강한 풀바디 와인이 만들어진다. 오크통에서 오래 숙성하면, 색이 더욱 진해지고 복합적인 향과 꿀처럼 매끄러운 질감을 선보인다.

◇ 뮈스카 블랑Muscat blanc

그리스가 원산지이며, 열매가 분홍색 또는 붉은 갈색을 띤다. 200여 품종의 뮈스카 계열Muscat family 중에서 가장 우수한 품종으로 평가받고 있다. 그리고 열매의 크기가 작아서, 프랑스에서는 쁘띠 그랭Petits Grains이라는 별칭으로 불리며, 이탈리아에서는 흔히 모스카토Moscato라고 부른다. 그리스는 사모스Samos 섬에서 집중적으로 재배하고 있다. 생육조건에 따라 매년 열매의 색이 바뀌기도 하는 특이한 품종이며, 덜 익은 포도향이 나고 맛이 비교적 단순하다. 프랑스 남부와 그리스에서 훌륭한 와인이 생산된다.

◇ 비오니에Viognier

원산지가 불명확한데, 크로아티아의 한 지역인 달마티아Dalmatia가 원산지이며 로마인들에 의해 프랑스의 론Rhône 지역으로 유입되었다고 추측할 따름이다. 흰가루병powdery mildew에 잘 걸리고 수확량이 들쑥날쑥하며, 완숙한 후에만 수확해야 하는 등 재배가 어려운 품종이다. 산사나무 꽃과 살구의 향이 있다. 프랑스 남부의 랑그독Languedoc과 북부 론 지역의 꽁드리유Condrieu에서 많이 재배하고 있다. 좋은 와인이 되기 위해서는 산도를 충분히 높이는 것이 핵심인데, 캘리포니아와 호주산은 이런 조건을 충족한다.

◇ 슈냉 블랑Chenin blanc

프랑스의 루아르Loire가 원산지이며, 드라이한 화이트와인으로 만들어진다. 루아르에서는 신선하고 섬세하며 장기숙성이 가능한 와인이 나오지만, 캘리포니아와 남아공의 와인은 평범하다. 루아르의 슈냉 블랑은 프리미엄급 레드와인의 보존력을 훌쩍 뛰어넘으며, 희귀하게 100년을 견디는 와인이 만들어지기도 한다. 꿀향과 젖은 밀짚 냄새가 있으며, 산도가 매우 높다. 아로마와 산도가 균형을 이루면 미묘하고 복합적인 맛의 특별한 와인이 되지만, 그렇지 못하면 끔찍할 수도 있다. 성질이 지극히 까칠한 미인과 같은 품종이다.

◇ 삐노 그리Pinot gris

부르고뉴가 원산지이며, 삐노 누아의 변종으로 껍질이 진한 분홍색을 띤다. 알자스Alsace의 주요품종 중 하나이며, 호주, 독일, 이탈리아와 뉴질랜드를 비롯하여 세계적으로 많은 나라에서 재배하고 있다. 이탈리아에서는 피노트 그리지오Pinot grigio라고 하며, 독일에서는 그라우부르군더Grauburgunder라는 이름으로 불린다. 부드러우면서도 파워풀한 와인이 되지만, 밋밋할 때도 있다. 스모크 향과 농밀한 맛이 있으며, 매력적인 황금빛을 띠는 와인이다.

◇ 삐노 블랑Pinot blanc

삐노 누아의 변종으로 껍질이 더 얇다. 산도가 낮고 향이 약하며 장기숙성이 어려워서, 어릴 때 빨리 마시는 것이 좋다. 알자스에서는 풀바디의 드라이한 와인을 만들며, 독일과 오스트리아에서는 스위트 와인을 만드는 데도 쓰인다. 이탈리아에서는 피노트 비앙코Pinot bianco라고 하며, 독일에서는 바이스부르군더Weißburgunder라고 부른다. 맛이 활기차고 가벼우며, 샤르도네와 비슷하다.

◇ 기타의 화이트와인 품종

세계적으로 화이트와인용으로 쓰이는 품종은 매우 다양하지만, 그 중에서 상업적

거래가 활발한 와인을 만드는 품종들의 원산지와 특징은 다음과 같다.

- **그르나슈 블랑**Grenache blanc : 스페인이 원산지이다. 풀바디의 드라이한 와인이 되는 우수한 품종이지만, 가끔은 산도가 부족할 때도 있다.
- **마까뵈**Maccabeu : 원산지가 스페인이며, 스페인의 발포성 와인인 까바cava를 만드는 품종이다. 드라이하고 과일향이 풍부하며, 강화와인에도 쓰인다.
- **뮈스카**Muscat : 페르시아와 그리스가 원산지이며, 200종 이상 품종의 집합체이다. 이탈리아와 오스트리아에서 많이 재배하는 품종으로, 달콤하고 과일맛이 강하다.
- **뮐러-투르가우**Müller-Thurgau : 스위스 원산이며, 독일에서 많이 재배되고 있다. 과일향이 풍부하지만, 보존력이 좋지 못하다.
- **아이렌**Airén : 원산지가 스페인이며, 세계에서 3번째로 많이 재배되는 품종이다. 드라이하고, 특히 스페인에서 가장 많이 재배되고 있다.
- **위니 블랑**Ugni blanc : 이탈리아 원산이며, 별칭은 트레비아노 비앙코Trebbiano bianco이다. 프랑스 2위의 재배품종이며, 주로 꼬냑Cognac과 알마냑Armagnac 등의 브랜디용으로 쓰인다.
- **카타라토**Catarratto : 이탈리아 원산이며, 스페인과 이탈리아의 시실리에서 많이 재배되는 품종이다. 강화와인인 마르살라와 마데이라를 만드는 데도 쓰인다.

귀부와인

◇ **귀부와인**botrytized wine**이란?**

회색곰팡이grey fungus인 보트리시스 시네리아botrytis cinerea에 감염된 포도로 만드는 특별한 스타일의 화이트와인을 귀부와인이라 한다. 포도가 완숙되었을 때 이 곰팡이에 감염된 후에 열매가 건조한 상태에 노출되면 부분적으로 건포도화 된다. 이러한 감염을 '고귀한 부패noble rot(프랑스어로는 pourriture noble, 독일어로는 Edelfäule)'라고 부르는데, 감염된 기간 동안 특정한 시점에서 수확한 포도로 탁월한 감미로움이 농축된 와인을 만들

수 있다. 이 균류가 포도 열매에 미세한
구멍을 뚫어 수분을 증발시켜서 과육에
서 당도를 농축시키고 방향족 화합물을
증가시켜서, 과일향, 꽃향, 구운 토스트,
송로버섯 등 버섯류와 헛간 등의 복합적
인 향이 나는 귀부와인용 포도가 탄생
한다. 그래서 껍질이 얇은 품종만이 귀

귀부병에 걸린 포도

부병에 감염될 수 있으므로, 상대적으로 껍질이 두꺼운 레드 품종의 귀부와인은 존
재하지 않는다. 귀부와인은 대체로 가격대가 매우 높은데, 이것은 귀부병에 감염된
포도를 사람이 선별하여 손으로 수확하기 때문이다. 귀부와인은 많은 와인애호가에
게 깊이 각인된 '환상의 세계'이다.

◇ 품종과 생산의 조건

포도가 귀부병에 감염되어 와인 양조용으로 완성되기 위해서는 재배지역이 매우
까다로운 기후와 토양의 조건을 충족해야 한다. 수확기인 가을에 밤으로부터 아침까
지는 균류가 번식할 정도로 습기가 풍부하며 기온이 써늘해야 하지만, 균류에 감염
된 포도가 부패하지 않고 잘 마르기 위해서 낮에는 따뜻하고 건조해야 한다. 그리고
포도가 귀부병에 감염되기 위해서는 껍질이 얇아야 하며, 이러한 품종을 재배하기
에 토양의 여건도 맞아야 한다. 그러므로 이런 조건들을 모두 충족하는 귀부와인 생
산지는 세계적으로도 매우 제한적일 수밖에 없다. 1630년에 헝가리의 토카이Tokaj 지
역에서 세계최초로 귀부와인이 만들어졌다고 전해지고 있으며, 독일에서는 1775년
에 라인가우Rheingau 지역에서 토카이와는 별개로 귀부와인이 탄생하였다. 이들 지역
과 함께 세계 3대 귀부와인 지역의 하나인 프랑스 보르도 남부의 소테른Sauternes도 18
세기 말에 국제적으로 이름이 알려지기 시작하였다. 이들 지역 외에 오스트리아, 루
마니아, 프랑스 앙주Anjou의 꼬또 뒤 레이옹Coteaux du Layon과 남서부에 위치한 몽바지악
Monbazillac, 호주와 남아프리카에서도 약간의 귀부와인이 생산되고 있다.

샤토 드 몽바지악(Château de Monbazillac). 몽바지악은 프랑스의 남서쪽 지방인 시드 웨스트(Sud Ouest)의 도르도뉴(Dordogne) 강 좌안에 있는 귀부와인을 생산하는 AOC이며, 소테른과는 달리 뮈스까델(Muscadelle)의 비율이 높다는 특징이 있다. 샤토 드 몽바지악은 이 AOC를 대표하는 와이너리 중의 하나이다.

◇ 헝가리의 아수aszú

토카이Tokaj(또는 Tokaji, Tokay)는 헝가리와 슬로바키아에 걸쳐있는 토카이 지역에서 생산되는 와인의 이름이기도 하다. 이 중에서 토카이에서 생산되는 황옥색의 귀부와인을 아수라고 한다. 토카이의 아수는 17세기 이후로 세계에서 가장 위대한 스위트 와인 가운데 하나로 알려졌는데, 프랑스의 루이 14세Louis XIV(1638~1715)로부터 '왕들의 와인, 와인의 왕Vinum Regum, Rex Vinorum(Wine of Kings, King of Wines)'이라고 칭송받기도 하였다. 그러나 2차 대전 이후 헝가리가 공산화된 이래로, 토카이는 오랫동안 과거의 영광을 추억 속에 깊이 묻어두어야만 했다. 이로부터 수십 년이 흐른 1989년에 이르러 헝가리가 민주공화국이 된 이후에 외국으로부터 대규모의 투자가 몰려들면서, 토카이는 빠른 속도로 옛 모습을

Royal Tokaji Aszu 5 Puttonyos 2013. 헝가리는 1989년에 소비에트 연방의 지배를 벗어나서 자유민주주의가 출범하였으며, 이 시기로부터 외국자본이 유입되어 토카이가 옛 모습을 되찾았다. 로얄 토카이도 1990년에 설립된 와이너리이다.

회복할 수 있었다.

◇ 아수의 종류와 품종

이 와인의 종류는 푸토뇨puttonyo라는 단위로 측정한 당도로 구분하며, 사용되는 품종들은 이름도 생소한 토착종들이다.

- **종류** : 아수는 잔류당이 리터당 60g인 3푸토뇨와 150g인 6푸토뇨 사이인데, 6푸토뇨의 아수는 극도로 달콤한 수준이다. 아수의 알코올 도수는 14% 이상이다. 그런데 당도가 이 범위를 넘어서는 와인을 아수-에센치아aszú-eszencia라고 부른다. 그리고 잔류당이 리터당 500g을 초과하는 매우 특별한 귀부와인을 에센치아eszencia라고 하는데, 헝가리에서 신주神酒, nectar(헝가리어로는 nektár)라고 불리는 이 와인은 헝가리 국가國歌의 3절에도 등장한다. 이 와인은 믿을 수 없을 정도의 높은 당도로 알코올 도수가 5~6%를 넘어서지 못하며, 200년 이상 보관이 가능하다고 알려지고 있다.
- **품종** : 아수를 만드는 가장 주된 품종은 푸르민트furmint와 하르슐레벨리hárslevelű이며, 각각이 토카이 포도밭 전체의 60%와 30% 이상을 차지한다. 특히 푸르민트는 처음에는 껍질이 두껍지만, 완숙에 다가갈수록 껍질이 얇아지는 특이성이 있다. 이 때문에 귀부병에 쉽게 감염될 수 있으며. 포도알갱이 안의 수분이 많이 증발하여 당분은 더 진하게 농축된다.

◇ 독일 귀부와인의 탄생

독일의 귀부와인은 토카이의 아수와는 별개로 탄생하였다고 전한다. 1775년에 라인가우Rheingau 지역의 슐로스 요하니스버그Schloss Johannisberg라는 곳의 리슬링 재배농민들은 수확하기 전에 포도밭의 주인인 대주교의 허락을 받아야 했다. 그런데 전령이 대주교의 지시를 전하는 것을 깜박 잊어버리는 바람에 포도의 수확이 3주일이나 늦어지게 되었고, 그 사이에 포도가 귀부병에 감염되고 말았다. 그래서 가치가 없다고 판단한 대주교는 포도를 농민들에게 줘버렸는데, 이들은 버려진 포도로 놀라울 만큼 훌륭하고 감미로운 와인을 생산할 수 있었다. 독일의 귀부와인은 진정으로 쓰레기 더미 속에서 건져낸 진귀한 보물이다.

◇ 독일 귀부와인의 품종과 종류

독일에서 대표적인 와인생산지역들은 라인Rhein강의 중부지역에 집중되어 있으며, 귀부와인은 이 지역의 라인가우Rheingau에서 많이 생산된다. 독일은 여타 나라와는 달리 포도의 당도를 뜻하는 완숙도ripeness로 등급을 매기는 '크발리태쯔바인슈투펜Qualitätsweinstufen'이라는 독특한 와인등급체계를 가지고 있다. 최상위 등급인 트로켄베렌아우스레제Trockenbeerenauslese(TBA)는 100% 귀부와인이며, 차상위 등급인 베렌아우스레제Beerenauslese(BA)와 세 번째 등급인 아우스레제Auslese도 귀부병 포도가 부분적으로 쓰인다. 독일의 와인등급은 8장에서 상세히 설명할 기회를 갖는다. 포도의 당도는 웩슬레Öchsle(Oe)라는 특별한 단위로 측정되는데, TBA와 BA는 최소기준이 지역과 품종에 따라 조금씩 달라서 각각 150~154°Oe와 110~128°Oe이다. 귀부와인용 포도는 대부분 독일의 대표적 품종인 리슬링Riesling이지만,

2007 Schloss Johannisberg Rosa-Goldlack Beerenauslese Riesling. 슐로스(Schloss)는 '성'이라는 뜻으로, 프랑스의 샤토와 같은 의미이다. 슐로스 요하니스버그는 라인하센의 유서 깊은 포도원으로, 병목의 캡슐에 독수리 심볼이 있는 VDP의 멤버이다. VDP 와인은 8장에서 설명할 기회가 있다. 이 포도원은 라인 강변에 위치하여 포도가 귀부병에 걸리기 쉬운 이상적 여건을 갖추어져 있다.

일부는 쇼이레베Scheurebe, 오르테가Ortega, 벨쉬리슬링Welschriesling, 샤르도네와 게뷔르츠트라미너 등으로 만들어지기도 한다.

◇ 프랑스 소테른Sauternes의 귀부와인

보르도 남부에 위치한 소테른은 토카이를 비롯하여 라인가우와 더불어 세계 3대 귀부와인 생산지이다. 소테른의 귀부와인은 18세기 말에 세계적으로 알려졌으나, 와인 양조인들이 귀부와인의 양조법에 관해 아주 오래전부터 '침묵의 비밀unspoken secret'을 지켜왔다는 근거가 희박한 주장도 있다. 소테른 지역은 가론Garonne강과 상대적으로 수온이 낮은 시론Ciron강이라는 지류가 만나는 곳에 위치하는데, 이러한 지리적 조건에 의해 늦은 저녁부터 오전까지는 짙은 안개가 포도밭을 뒤덮고 낮에는 따가운

햇볕으로 건조하고 따뜻한 날씨가 이어진다. 이 지역의 귀부와인은 세미옹Sémillon, 소비뇽 블랑Sauvignon blanc과 뮈스까델Muscatel 품종으로 만들어진다.

◇ 소테른 귀부와인의 특징

이 와인의 가장 큰 특징은 감미와 산미의 절묘한 균형감이다. 살구, 꿀과 복숭아 향이 있으며, 세미옹 자체의 전형적인 특성인 견과류 향도 있다. 그리고 입 안의 여운이 몇 분 동안 입천장을 자극한다. 소테른의 특별한 빈티지는 100년 이상 보존할 수 있을 정도의 잠재력을 가지고 있으며, 대체로 황금색 또는 노란색으로 시작해서 숙성이 될수록 점점 색이 진해진다. 몇몇의 와인 전문가들은 이 와인의 색이 오래된 구리동전과 같아지면 보다 복합적이며 완숙한 풍미가 만들어지기 시작한다고 말한다. 이 지역의 귀부와인 중에서 최고로 꼽히는 샤토 디캠Château d'Yquem을 푸아그라foie gras와 곁

샤토 리외섹 소테른(Chateau Rieussec Sauternes) 2014. 이 귀부와인은 1855년 보르도의 화이트와인 공식등급체계의 1등급(premier crus)에 속한다.

들여 음미하는 것은, 꽤 많은 지출을 각오해야 함에도 불구하고, 많은 와인애호가들이 한 번쯤 실현하고 싶은 꿈 중의 하나이다.

아이스 와인

◇ 아이스 와인ice wine이란?

독일어로는 아이스바인Eiswein이고 프랑스어로는 뱅 드 글라스vin de glace라는 아이스와인은 자연적으로 결빙된 포도로 만드는 디저트 와인이다. 이런 포도는 당분과 용해된 고형물은 얼지 않고 수분만 얼어있는데, 이 상태에서 포도를 강하게 압착하면 얼음에서 빠져나오는 주스를 얻을 수 있다. 당도와 풍미가 농축된 적은 양의 포도액

으로 매우 감미로운 와인을 만들 수 있는데, 보통의 와인 750㎖를 만드는 데는 대략 4송이의 포도가 필요하고 하프 바틀 아이스 와인 1병을 만들기 위해서는 약 20송이의 포도가 쓰인다고 한다. 그리고 이 와인의 생산을 위해서는 최초로 기온이 −7℃ 이하로 떨어져서 충분히 추운 새벽의 일출 전 몇 시간 안에 동결된 포도송이들을 일거에 수확할 수 있는 충분한 노동력의 확보가 필수적인데, 이러한 문제들은 아이스 와인의 생산량이 상대적으로 적고 가격을 비싸게 만드는 이유이다. 또한 이 와인의 생산은 일정한 패턴으로 추운 날씨에 도달할 것으로 기대할 수 있는 포도재배지역 중의 일부로 제한된다.

왼쪽부터 Schloss Gobelsburg Grüner Veltliner Eiswein 2014, Stift Klosterneuburg Eiswein 2017, Michel Schneider Dornfelder Rose Eiswein Rheinhessen. 첫 번째는 리슬링이 아닌 '그뤼너 펠트리너'라는 품종으로 만든 와인이며, 세 번째는 돈펠더라는 레드품종으로 만든 로제 스타일의 아이스 와인이다. 두 번째는 오스트리아산이며, 나머지는 독일 와인이다.

독일과 캐나다가 세계에서 가장 규모가 큰 생산국이며, 캐나다에서는 약 75%의 아이스 와인이 온타리오Ontario로부터 나온다. 잔류당이 리터당 180g에서 320g 사이로 대단히 높은 수준임에도 불구하고, 아이스와인의 맛이 매우 신선하게 느껴지는 것은 높은 산도가 농축된 당도와 균형을 이루기 때문이다. 그리고 잔류당이 매우 높기 때문에, 아이스 와인은 대체로 보통의 테이블 와인보다 알코올 함량이 낮다.

◇ 최초의 아이스 와인

1794년에 독일의 프랑켄Franken 지역에서 최초의 아이스 와인이 만들어졌다는 견해가 있으나, 1830년 초에 라인헤센Rheinhessen의 드로머샤임Dromersheim이라는 지역에서 아이스와인을 위한 수확이 이루어졌다는 주장이 보다 확실한 근거를 가지고 있다. 그해 겨울은 몹시 추워서 일부 포도 재배자들은 가축의 먹이로 쓸 생각으로 포도를 나무에 달린 채 두기로 작정했다. 그러나 얼음덩어리인 포도에서 매우 감미로운 포도액을 추출할 수 있다는 것을 발견하고, 이것을 압착하여 와인을 만들었다고 전한다.

이렇게 자연적으로 동결된 늦수확 포도로 만들어진 감미로운 아이스바인은 19세기 초에 이미 가장 가치가 높은 독일의 와인 스타일로 자리매김하였다.

◇ 독일의 아이스바인

19세기로부터 1960년대까지는 독일에서 아이스바인용 포도의 수확은 매우 희귀한 일이었다. 19세기에는 슐로스 요하니스버그Schloss Johannisberg에서는 최초로 아이스 와인 이 만들어진 1858년을 포함해서 단지 6개 빈티지만이 기록되어 있다고 전한다. 당시 에는 이 와인을 체계적으로 생산하려는 각별한 노력이 부족했던 것으로 보이며, 또한 변덕스러운 기후 때문에 아이스와인의 생산이 드문드문 이루어졌다. 그러나 압축공 기 프레스의 발명으로 생산의 효율성이 높아져서, 와인의 생산기회와 양이 급격히 증 가하게 되었다. 그리고 해가 떠서 포도가 녹기 전의 어둡고 추운 새벽시간에 수확을 돕는 이동용 발전기가 장착된 조명장치와 원격조정되는 온도경보장치를 비롯하여 완 숙과 첫 동결 사이의 기간 동안 새들로부터 포도송이를 보호하기 위한 플라스틱 필 름 등의 여러 기술적인 발명품도 아이스바인의 생산에 획기적으로 기여하였다. 그러나 2000년대 초반 이후 독일에서 훌륭한 빈티지의 아이스바인이 1980년대와 1990년대보 다 감소하였는데, 그 원인은 최근 지구온난화 등의 급격한 기후변화로 추정된다.

◇ 캐나다의 아이스 와인

캐나다 온타리오Ontario의 나이아가라-온-더-레이크 Niagara-on-the-Lake에 위치한 이니스킬린Inniskillin 와이너리 는 1984년에 캐나다 최초의 상업적 아이스 와인을 생산 하였다. 1991년에 이 와이너리에서 위니 블랑Ugni blanc과 세이벨Seibel의 교잡종인 비달Vidal로 만든 1989년산 아이 스 와인이 와인박람회Vinexpo에서 영예의 대상Grand Prix d' Honneur를 받음으로써, 캐나다의 아이스 와인은 국제적 으로 약진하게 되었다. 그리고 캐나다는 2000년대 초에

Inniskillin Gold Vidal Icewine- Half Bottle 2014. 이니스킬린은 캐나다 와인산업의 개척자일 뿐 만 아니라 탁월한 선두주자이다.

세계 제1의 아이스 와인 생산국이 되었으며, 주로 쓰이는 품종은 비달을 비롯하여 까베르네 프랑이다. 2007년에도 국제대회에서 캐나다 비달 아이스 와인이 금메달을 수상함으로써, 캐나다 아이스와인의 국제적 위상이 더욱 제고되었다.

◇ 아이스 와인과 아이스박스 와인icebox wine

가장 유명하고 값비싼 아이스 와인은 독일산이지만, 오스트리아, 크로아티아, 체코, 덴마크, 조지아, 프랑스, 헝가리, 이탈리아, 리투아니아, 룩셈부르크, 폴란드, 루마니아, 몰도바, 슬로바키아, 슬로베니아, 스페인, 스웨덴과 스위스 등의 유럽 국가들도 약간의 아이스 와인을 생산하고 있다. 오스트리아와 독일 그리고 미국과 캐나다에서는 아이스 와인으로 불리기 위해서는 자연적으로 결빙된 포도로 만들어야 한다고 규정하고 있다. 그런데 몇몇 나라의 일부 와인생산자들은 포도를 냉동실에서 인공적으로 결빙하는데, 이 방법은 자연결빙의 효과를 위장하고 천연적으로 아이스 와인을 만들 때와 달리 포도가 나무에 달린 상태에서 결빙될 때까지 기다릴 필요도 없다. 이런 비전통적 와인은 흔히 '아이스박스 와인'이라 불리는데, 독일의 와인 관련 법률은 레이블에 아이스바인Eiswein이란 명칭을 사용하지 않더라도 수확한 이후에 포도를 인공적으로 결빙하는 방법을 엄격히 금지하고 있다.

◇ 아이스 와인용 품종의 다양화

아이스 와인을 만들 때 쓰이는 전통적 품종은 독일의 리슬링, 캐나다의 비달과 레드 품종인 까베르네 프랑 등이다. 다수의 신세계 와인제조자들은 샤르도네 등과 같은 색다른 품종으로 아이스 와인을 만들려는 실험을 계속하고 있으며, 심지어 다양한 레드와인 품종들도 그 대상이 되고 있다. 온타리오의 한 와이너리는 시라, 세미옹과 산지오베제로 아이스 와인을 만들기도 한다. 일본 홋카이도北海道 중부에 있는 푸라노富良野 시의 푸라노 샤토는 매년 겨울에 아이스 와인을 생산하고 있는데, 이것도 '푸라노 2호'라는 세이벨과 머루Vitis coignetiae의 교잡종으로 만드는 레드와인이다. 그러나 생산량이 적어서 와이너리에서만 직접 판매하고 있다고 전한다.

03

로제

로제rosé는 레드와인용 포도 껍질의 붉은 색을 옅게 물들인 와인이다. 이 스타일을 프랑스에서는 로제라 하고 포르투갈과 스페인에서는 로사도rosado, 이탈리아에서는 로사토rosato라 하는데, 이는 간단하게 포도를 껍질 채 발효하여 만드는 가장 원초적이며 유서 깊은 와인이다. 로제의 색깔은 양파 껍질 같은 옅은 오렌지색으로부터 자주색에 가까운 것까지 매우 다양한데, 이는 포도품종과 양조방법에 의해 결정된다. 로제의 향과 풍미도 기본적으로 와인을 만드는 포도품종에 영향을 받으며, 양조방법도 큰 영향을 끼친다.

가볍고 과일향이 풍부한 대부분 로제와인의 특성은 포도껍질의 선구물질인 휘발성 티올thiol에 의한 것이다. 로제는 스틸still 와인과 세미스파클링semi-sparkling 또는 스파클링sparkling으로도 만들어질 수 있으며, 당도에서도 프로방스 로제Provençal rosé 같이 매우 드라이한 것부터 캘리포니아의 화이트 진판델White Zinfandel과 소노마Sonoma의 옅은 핑크색 와인인 블러시 와인Blush wine 같이 스위트한 것까지 매우 폭넓게 다양하다. 그리고 로제는 전 세계에서 아주 다양한 품종으로 만들어지고 있으며, 맛과 향은 대체로 화이트와인과 비슷하다. 예외적인 몇몇 경우를 제외하고, 로제는 보존력이 떨어져서 병입 후 2년 이내에 마시는 것이 바람직하다.

로제의 기원과 양조 방법

◇ 로제는 언제부터 만들어졌을까?

언제 최초로 로제라는 명칭으로 와인이 생산되었는지 알려져 있지는 않지만, 초기의 대부분 레드와인이 외관상 지금의 보르도 끌레레나 로제와 비슷했을 가능성이 매우 높다. 이러한 추측은 색이 진하고 타닉tannic한 현대의 레드와인을 만드는 집중적인 마세라시옹macération과 압착 등의 양조기술이 예전에는 실용화되지는 않았다는 데 근거를 두고 있다. 고대의 그리스와 로마시대에 와인 양조업자들은 압착을 더 강하게 할수록 그리고 포도껍질과 과즙의 접촉시간이 길어질수록 색이 진하고 활기찬 와인을 얻을 수는 있지만, 와인이 너무 거칠어져서 바람직하지 않을 수도 있다고 생각하였다. 옛날에는 레드와 화이트와인용 포도를 수확 직후에 압착하였는데, 마세라시옹의 시간이 매우 짧고 손이나 발 또는 천으로 만든 자루로 파쇄하고 압착하여 포도즙을 만들었기 때문에, 껍질의 색깔이 와인에 진하게 착색되지 않았다. 더욱이 더 새롭고 보다 효과적인 양조기술이 개발된 이후에도 초기의 대다수 양조업자들은 여전히 색이 연하고 과일향이 풍부한 와인을 선호하는 경향이 있었다.

◇ 양조의 방법

로제의 가장 두드러지고도 고유한 특징은 연붉은 색깔인데, 로제를 만드는 방법은 와인에 색깔을 물들이는 방법이기도 하다.

- **과피접촉법**skin contact method : 로제를 만드는 가장 오래된 방법으로서, 레드와인용 포도를 으깨어서 12시간에서 24시간 동안 껍질과 포도즙must이 접촉한 상태를 유지한다. 그 뒤의 발효가 시작되기 전에 즙을 압착하여 껍질을 제거하는데, 즙과 껍질이 접촉하는 시간이 길어질수록 로제의 색깔은 더 진해진다.

- **적출법**saignée method : 세니에saignée란 적출 또는 사혈瀉血이라는 뜻의 프랑스어이다. 양조자가 레드와인의 색과 타닌을 더 강하게 만들기 위해 껍질째 으깬 포도즙에서 분홍색 주스의 일부를 분리시키는 방법이 있는데, 이와 같이 레드와인을 만들고 그 부산물로 로제를 만드는 것을 적출법이라 한다. 그러면 발효조 안의 레드와인은 마세라시옹을 거쳐 보다 농축된다. 이 과정에서 별도로 분리된 분홍색 포도주스에 화이트와인의 양조과정을 동일하게 적용하여 로제와인을 만든다.

- **탈색법**decolorization : 활성탄소와 같은 흡착제로 레드와인을 탈색하여 로제 와인을 만드는 방법이 있다. 이때 흡착제는 색깔을 나타내는 합성물뿐만 아니라 석탄산phenolic과 콜로이드colloid도 흡착한다. 이 방법은 고급 로제를 만들기 위해 매우 드물게 쓰인다.

- **블렌딩**blending : 간단히 화이트와인에 레드와인을 혼합하여 연붉은색의 로제와인을 만드는 방법이 있는데, 이는 대부분의 와인 생산자들이 회피하는 방법이다. 특히 프랑스에서는 상파뉴Champagne 지역을 제외하고 이 방법이 법적으로 금지되어 있으며, 상파뉴의 명성이 있는 생산자들도 이 방법을 쓰지 않고 적출법으로 로제와인을 생산한다. 그러나 상파뉴의 로제 중에서 약 95%는 이 방법으로 만들어진다.

유럽의 대표적 로제

◇ 프로방스Provence

이 지역 와인의 가장 큰 특징은 레드 품종인 무르베드르Mourvèdre가 주요하게 사용된다는 점이다. 여기서 생산되는 와인 중에서 약 80%가 로제이다. 그르나슈 누아Grenache

noir가 블렌딩에서 60% 정도를 차지하는 가장 주된 품종
이며, 시라, 생소Cinsault, 무르베드르와 티부렌Tibouren 등
이 보조적으로 쓰인다. 이 지역의 지중해 연안에 위치
한 방돌Bandol에서는 지배적 품종인 완숙한 무르베드르
에 그르나슈 누아, 생소, 시라와 스페인 원산인 까리냥
Carignan을 블렌딩하여 명성이 자자한 로제를 만든다. 방
돌 오른 편의 지중해에 접한 니스Nice에서는 브라케Braquet
와 쥐랑송Jurançon(또는 Folle noire)이라는 품종에 그르나슈와
생소를 블렌딩하여 가볍고 상큼한 맛의 로제를 만든다.

프로방스 방돌의 로제 Domaine
Tempier Bandol Rosé 2016.

◇ 론Rhône

남부 론이 레드와인으로 특화된 지역임에도 불구하고, 이 지역에 속한 따벨Tavel
은 남부 프랑스 로제의 실질적인 중심지역이다. 이곳의 로제는 블렌딩에서 그르나슈
품종이 60% 이상을 차지하는데, 최소 15%의 생소가 들어가야 한다고 규정하고 있
다. 따벨 다음으로 로제를 꽤 많이 생산하는 곳은 론의 동쪽에 위치하는 지공다스
Gigondas이다. 이곳의 로제는 그르나슈, 시라와 무르베드르를 80% 이상 사용하며, 보
조적으로 생소와 까리냥을 블렌딩한다. 그리고 따벨의 북동쪽으로 접하고 있으며 드
라이한 로제를 생산하는 리락Lirac이라는 곳이 있다. 이
지역의 로제는 이웃한 따벨에 가려져 있었지만, 딸기향
이 두드러지며 맛이 이웃보다 더 상쾌하고도 신선하다
는 평가를 받고 있다.

◇ 루아르 계곡Vallée de la Loire

'프랑스의 정원Jardin de la France'이라고 불리는 루아르 지
역은 로제의 생산에 긴 역사를 가지고 있는데, 특히 루
아르강 하류에 위치한 앙주Anjou에는 두 종류의 탁월한

앙주의 로제. 2018 Loire Pro-
priétaires Les Terriades
Rosé d'Anjou.

로제가 만들어지고 있다. 하나는 그로슬로Groslot(또는 Grolleau)라는 품종으로 만드는 색이 밝고 약간 달콤한 로제인데, 이것은 연간 생산량이 약 1,800만 병으로 추정되는 세계적으로 가장 사랑받는 로제 중의 하나이다. 또 다른 하나는 까베르네 프랑과 까베르네 소비뇽으로 만든 드라이한 로제인데, 산도가 매우 높아서 10년 또는 그 이상도 숙성할 수 있는 비정상적 수준의 보존력을 가지고 있다. 그리고 앙주, 소뮈르Saumur와 뚜렌느Touraine에서는 가벼운 체리향과 절제된 산미를 가진 로제가 생산되고 있다.

◇ 샹파뉴Champagne

샹파뉴 지역에서는 주로 발포성 로제가 생산되고 있는데, 적당량의 레드와인을 혼합하여 연한 분홍색으로부터 진한 연어살색copper salmon까지 의도적으로 착색한다. 이와는 달리 회백색으로부터 연한 연어살색을 띠는 블랑 드 누아Blanc de noirs가 있는데, 이 색은 전통적으로 삐노 누아와 삐노 뫼니에Pinot Meunier 같은 레드 품종을 껍질과 매우 짧은 시간 동안만 접촉시켜서 만들어진다. 그러나 대부분의 샹파뉴 생산자들은 화이트와인에 레드와인을 혼합하여 로제를 만드는 방법이 와인의 농후한 맛을 증가시키고 보존력도 향상된다고 주장하지만, 프랑스의 모든 여타 지역에서 이 방법은 명백하게 법적으로 금지되어 있다.

◇ 프랑스의 기타 지역들

프랑스 남부의 랑그독-루시옹Languedoc-Roussillon에서는 여러 방법과 다양한 품종으로 가장 대중적인 로제가 만들어지고 있는데, 프랑스에서 로제 생산량이 가장 많다. 프랑스 동부의 쥐라Jura에서는 삐노 누아를 비롯하여 토착품종인 뿔사르Poulsard와 뜨루소Trousseau로 창백한 색깔의 로제를 생산하고 있다. 그리고 보졸레Beaujolais 지역에서는 가메Gamay 품종으로 로제를 만드는데, 이곳의 레드와인과 같이 짧은 기간의 숙성 후에 마실 수 있으며 보존력은 거의 없다. 보르도에서는 지역의 레드 품종으로 로제를 만들며, 산도가 낮고 과일향이 풍부하여 로제와 비슷한 연붉은색의 레드와인인 끌레레clairet도 많이 생산되고 있다.

◇ 이탈리아

아마 이탈리아어는 로제를 뜻하는 단어가 가장 많은 언어일 것이다. 이것은 여러 지역에서 독특한 로제가 다양하게 생산되고 있음을 의미한다.

- **로사토**rosato : 매우 창백한 색을 띠는 로제이다. 중부의 토스카나Toscana에는 전통적으로 '거룩한 와인'의 뜻을 가진 빈산토vin santo라는 스위트한 로사토가 있다. 이 디저트 와인은 산지오베제로 만들며, '매추라기의 눈occhio di pernice'이라는 별칭으로도 불린다.

- **끼아레토**chiaretto : 드라이하며 가볍게 어두운 색의 와인이다. 끼아레토는 이탈리아 북부의 베네토Veneto가 원산지인 코르비나Corvina에 론디넬라Rondinella와 몰리나라Molinara라는 레드 품종을 섞어서 만든다. 이들 모두는 세상에서 향이 가장 풍부한 레드와인 중의 하나인 아마로네Amarone를 만드는 품종들이다.

- **로마토**romato : 베네토 지역의 특산품이며, 분홍색 껍질의 품종인 피노트 그리지오Pinot grigio로 만드는 구리색의 로제이다.

- **체라주올로**cerasuolo : 체리처럼 붉다는 뜻이며, 이탈리아 중부의 아브루쪼Abruzzo 지역에서 진한 색을 가진 몬테풀차노Montepulciano라는 품종으로 만드는 강렬한 색의 로제이다. 그런데 이 포도는 토스카나의 비노 노빌레 몬테풀차노를 만드는 산지오베제와는 전혀 다른 이탈리아 원산의 품종이다. 그리고 시칠리아Sicilia의 비토리아 꼬뮌에서 생산하는 드라이한 레드와인을 체라주올로 디 비토리아Cerasuolo di Vittoria라고 부른다. 또한 중남부의 몰리제Molise에도 체라주올로라는 마을이 있으나, 이곳에서 생산되는 와인을 체라주올로라고 부르지는 않는다.

아브르쪼의 체라주올로, Bella Tore Cerasuolo d'Abruzzo DOC와 Niro Cerasuolo d'Abruzzo DOC.

- **프레메타**Premetta : 피에몬테Piemonte에서 스위스와 프랑스와 국경을 맞대고 있는 발레 다오스타Valle d'Aosta의 토착종인 프레메타는 껍질이 매우 얇고 색이 밝아서, 창백한 색의 로제와인을 만드는 데 쓰인다. 이 로제는 딸기향과 함께 과일향이 풍부하고 향긋한 계피 냄새가 난다고 한다.

◇ 독일, 오스트리아와 스위스

독일에서는 로제를 '로제바인Rosewein(또는 Roseewein)'이라 하는데, 사용한 품종과 생산된 지역에 따라 로제를 뜻하는 다양한 용어들이 사용되고 있다.

- 바이스헤릅스트Weißherbst : '하얀 가을'이라는 뜻을 가진 로제인데, 이 와인은 반드시 단일 품종으로 만들어야 하며 그 품종을 레이블에 표시해야 한다.

- 로틀링Rotling : 레드와 화이트 품종을 혼합하여 파쇄해서 만드는 로제이다. 주로 뷔르템베르그Württemberg, 바덴Baden, 프랑켄Franken 및 작센 자유주Freistaat Sachsen에서 많이 만들어진다. 독일의 남서쪽에 위치하는 바덴에서 생산되는 '바덴의 사금'이라는 뜻의 바디쉬 로트골드Badisch Rotgold는 삐노 누아와 삐노 그리로 만드는 특산 로틀링이다.

- 쉴러바인Schillerwein : '색조 와인'이라는 뜻의 로제로서, 독일 남서쪽에 있는 뷔르템베르그Württemberg 근처의 렘슈탈Remstal에서 만들어진다. 레드와 화이트 품종을 같이 압착하여 만드는 로틀링이다. 이 종류의 와인은 반드시 로제가 아니고, 와인의 색깔이 블렌딩하는 품종과 그 비율에 따라 진한 붉은 색으로부터 창백한 분홍색까지 매우 다양하다.

쉴러바인 Württemberger Rosé Schillerwein QbA.

- 쉴처Schilcher : 오스트리아 남서쪽에 위치하는 슈타이어마르크Steiermark 지방에서 생산되는 로제로서, 이 지방 이외에는 거의 자라지 않는 블라우어 빌트바허Blauer Wildbacher라는 토착종으로 만들어진다. 이 품종의 이름은 '푸른 멧돼지'라는 뜻이며, 이 와인은 진한 과일향과 함께 산도가 높은 특징이 있다.

- 쥐스드루크Süssdruck : '달콤한 고통'이라는 뜻을 가진 특이한 스타일의 로제로서, 독일과 오스트리아 국경에 인접한 스위스의 동쪽 지역에서 만들어진다. 이 와인은 오직 삐노 누아에서 자연적으로 흘러나오는 주스만으로 만들어진다.

◇ 스페인

스페인에서는 로제를 로사도rosado라고 하며, 리오하Rioja 북쪽의 나바라Navarra를 비롯하여 나라 전체에서 생산하고 있다. 가장 대표적인 지역인 나바라의 생산량 중에서 절반 이상이 가르나차Garnacha(Grenache) 품종으로 만드는 로사도이며, 스페인의 리오하가 원산지인 레드 품종인 그라치아노Graciano를 비롯하여, 뗌쁘라니오, 까베르네 소비뇽, 메를로와 까리냥이 허용되고 있다. 스페인 남동부의 후미야Jumilla와 지중해 연안도시인 알리깐떼Alicante에서는 양조업자들이 적출법과 거의 반대로 레드와인과 로사도를 만드는데, '도블레 빠스따doble pasta(double paste)'로 알려진 이 방법은 먼저 포도를 압착하여 로제를 얻은 뒤에 남은 포도껍질을 레드와인에 첨가하는 것이다. 이것은 이탈리아의 리파소ripasso라는 와인을 만드는 과정과 비슷한데, 이에 대해서는 8장의 내용을 참조하기 바란다.

◇ 포르투갈

포르투갈에서는 로제를 비뉴 호제vinho rosé라고 부르는데, 대표적인 로제들이 20세기 중반 앞뒤로 탄생하였다는 특징이 있다. 2차 대전이 끝날 즈음에 양조업자인 게데스Fernando van Zeller Guedes(1903~1987)는 마테우스Mateus라는 달콤한 발포성 로제를 출시하여, 북미와 유럽시장에서 놀라운 호평을 받았다. 이 와인의 이름은 빌라 헤알Vila Real시의 도루Douro강 건너에 위치한 마테우스 궁전Casa de Mateus에서 명칭을 따온 것이었다. 그런데 이 와인의 해외 판매량이 지속적으로 증가하여, 1980년대에는 수출량

마테우스 로제는 특이하게 독일 프랑코니아의 복스보이텔(Bocksbeutel) 형태의 병을 채택하고 있다.

이 포르투갈 와인의 총생산량 중에서 40%에 달하기도 하였다. 그러나 그 이후에는 판매량이 추세적으로 감소하여, 지금까지 과거의 영광이 회복되지 못하고 있다. 여담이지만, 마테우스는 이라크의 독재자였던 후세인Saddam Hussein(1937~2006)의 셀라에서 많이 발견되어 일시적으로 유명세를 타기도 하였다. 그리고 포르투갈에서 가장 오랜 남서부의 항구도시 스투발Setúbal의 양조회사인 폰세카José Maria da Fonseca는 1944년에 특이한 모양의 도자기병에 담긴 랜서스Lancers라는 주목받는 발포성 로제와인을 만들었는데, 이 와인은 마테우스와 매우 흡사하게 풍부한 과일 맛과 약간의 단맛이 있다. 마테우스는 대체로 유럽시장에서 판매되고 있으며, 랜서스는 북미시장에서 흔히 찾아볼 수 있다.

미국의 로제

◇ 화이트 진판델White Zinfandel

20세기 후반까지 미국의 양조업자들은 유럽스타일의 로제와인을 만들었다. 그런데 1975년에 캘리포니아의 서터 홈Sutter Home 와이너리의 트린체로Bob Trinchero는 적출법으로 레드 진판델 와인을 만드는 과정에서 추출한 분홍색 포도주스의 발효가 멈추어버려서 우연히 연한 분홍색의 달콤한 와인을 얻게 되는데, 그는 이 와인을 '화이트 진판델'이라 명명하였다. 그가 진판델로 화이트 와인을 만든 최초의 양조업자는 아니지만, 새로운 스타일의 와인을 공격적으로 상업화한 것이 최초라는 점은 분명하다. 그 후에 서터 홈 와이너리의 매출량은 1980년에 25,000상자에서 1986년에 150만 상자로 폭증하였으며, 이 로제에 대한 소비자들의 사랑은 지금도 변함없이 이어져서 매출량이 연평균 450만 상자에 달하고 있다. 참고적으로 와인 1박스는 750㎖ 12병을 뜻한다.

셔터 홈 와이너리의 화이트 진판델. 한식과 와인의 매칭은 풀기 힘든 난제이지만, 타닌과 산도가 매우 낮고 적당한 당도를 가진 화이트 진판델은 이 문제에 대한 약간의 해결책이 될 수 있다.

◇ 블러쉬 와인Blush wine

1970년대에 와인작가 미드Jerry Mead가 소노마 카운티Sonoma County의 밀 크릭 바인야드Mill Creek Vineyards 와이너리를 방문했을 때, 그곳에서 까베르네 소비뇽으로 만든 창백한 핑크색 와인의 견본을 보고 붉다는 뜻의 '블러쉬blush'라고 부르기를 추천하였다고 전해진다. 그 이후 20세기 말까지 스위트한 블러쉬 와인은 1997년에 미국 시장에서 모든 와인 소비량의 22%를 차지할 정도로 폭발적인 대중성을 보였으나, 21세기에 들어서는 그 비율이 떨어지며 소비가 서서히 감소하는 추세에 있다.

◇ 롱 아일랜드Long Island의 로제

1990년대 초반부터 미국 뉴욕주의 롱 아일랜드는 자신만의 차별화된 로제를 생산하기 시작하였는데, 여기에서는 프랑스 남부에서 온 양조업자들에 의해 드라이한 로제가 생산되고 있다. 롱 아일랜드의 동편 끝 지역은 로제와인을 생산하는 60곳 이상의 와이너리가 있는 뉴욕주의 주요 와인생산지가 되었다.

제4장

발포성 와인과
강화와인

잔에 따를 때 거품이 발생하는 와인을 발포성 와인sparkling wine이라 하고, 거품이 없는 보통의 와인을 스틸 와인still wine이라 한다. 발포성 와인의 거품은 이산화탄소로서, 전통적으로는 발효과정에서 인위적인 방법으로 병을 개봉할 때 거품이 일어나게 만든다. 그리고 발효가 완료되거나 진행 중인 와인에 알코올 도수가 높은 증류주 등을 첨가하여 변질을 막고 추가적인 발효를 정지시킨 와인을 강화와인fortified wine이라 하며, 강화의 과정을 거치지 않은 보통의 와인을 이 경우에도 스틸 와인이라고 한다.

두 스타일의 와인은 자연적인 발효에만 의존하지 않고 인간이 개입하여 발효를 조절한다는 공통점이 있다. 다만 그 인위적인 요소가 스파클링 와인의 경우에는 발효를 촉진하는 반면에, 강화와인은 이를 멈추게 한다는 차이가 있다. 그리고 두 와인은 모두 포도의 재배와 와인의 양조 또는 운송의 과정에서 발생하는 문제점을 장점과 특징으로 탈바꿈시켜서 탄생했다는 또 다른 공통점이 있다. 발포성 와인은 추운 날씨 때문에 설익어서 신맛이 나는 포도로 빚은 기적의 창조물이며, 더운 날씨로 와인이 변질되는 문제를 극복하여 얻은 고심의 걸작이 강화와인이다. 그러므로 발포성 와인은 대체로 대륙성 기후의 영향으로 포도의 재배와 와인의 발효가 어려울 정도로 연평균기온이 낮은 지역에서 빼어난 명품들이 만들어지고 있으며, 거의 모든 강화와인은 해양성 기후의 영향을 받아서 높은 기온과 습도가 포도의 정상적 생육과 와인의 양조를 방해하는 해안지역이나 섬에서 생산되고 있음에 주목할 필요가 있다.

발포성 와인

　발포성 와인sparkling wine(프랑스어로는 vin mousseux)은 상당한 양의 이산화탄소를 함유하여, 와인을 개봉하면 거품이 발생한다. 이런 와인을 보통 '샴페인'이라고 부르지만, 유럽 연합은 프랑스의 상파뉴Champagne 지역에서 생산되는 발포성 와인 이외에는 이 명칭의 사용을 법적으로 금지하고 있다. 발포성 와인은 보통 화이트이거나 로제이지만 간혹 레드와인도 있으며, 와인의 당도는 매우 드라이한 브뤼트brut로부터 아주 달콤한 두doux 스타일까지 폭넓게 분포한다. 발포성 와인에서 발생하는 거품은 공기의 압력을 견디도록 설계된 큰 탱크 혹은 병 속에서 이루어지는 발효의 과정에서 자연적으로 형성되는 이산화탄소이다. 그러나 저가의 발포성 와인은 인위적으로 이산화탄소를 주입하기도 한다.

탄생의 역사

◇ 발포성 와인의 탄생

와인에서 거품이 생기는 것은 최초로 고대 그리스와 로마인들에 의해 관찰되었으나, 이 신비로운 현상의 원인은 알지 못하였다. 스틸와인을 생산하던 샹파뉴 지역에서 가벼운 발포성 와인이 생겨난 시기는 중세가 확실하지만, 이 당시에 와인의 거품은 오로지 제조상 실수 정도로 인식되었다. 오빌리에Hautvillers 대수도원의 베네딕트회Benedictine 수도사인 동 뻬리뇽Dom Pérignon(1638~1715)은 와인창고에서 병이 터지는 원인인 거품을 제거하려다가 상관으로부터 고발당하기도 하였는데, 그가 최초로 발포성 와인을 만들었다는 주장은 사실과는 거리가 매우 멀다. 그 당시에는 하나의 병이 터지면 연쇄반응을 일으켜서 불안정한 상태에 있던 창고의 와인 중에서 20~90%가 파괴되는 일이 일상적으로 벌어졌다. 발효과정에서 탄산가스가 생성되는 이해되지 않는 현상은 발포성 와인이 '악마의 와인the devil's wine(프랑스어로는 le vin du diable)'이라 불렸던 이유이다. 그러나 18세기 초반에는 발포성 와인의 의도적 생산이 증가하였으며, 와인 창고의 작업자들은 병이 폭발하여 다치는 것을 방지하기 위해 와인병에 동그란 철판으로 된 덮개를 씌우기도 하였다.

세계에서 규모가 가장 큰 샤토의 하나인 모에 샹동(Moët & Chandon)의 동 뻬리뇽 동상. © victorgrigas.

◇ 거품이 발생하는 원인의 규명

영국은 상업적 와인의 생산이 활발하지 않는 나라임에도 불구하고, 와인산업의 발전에 기여한 역사적 사실들이 대단히 많다. 17세기에 영국은 석탄연료 가마를 사용하여 나무연료 가마를 쓰는 프랑스보다 더 튼튼하고 내구성이 있는 유리병을 만들었다. 또한 영국인들은 한때 로마인들이 사용하였으나 서로마 제국이 멸망한 후

몇 세기 동안 잊혔던 코르크 마개를 재발견하였다. 더욱이 영국에서는 상파뉴에서 수입한 와인의 거품을 바람직한 특성으로 보고 발생의 원인을 알아내려는 최초의 시도가 있었다. 상파뉴 지역은 겨울 동안에 기온이 너무 낮아서 발효과정이 조기에 멈추고, 와인에는 잔류당과 휴면 중인 이스트가 남아있었다. 이 상태에서 와인이 영국으로 운송되어 병에 담겼는데, 이때 날씨가 따뜻하면 발효가 다시 시작되어 병 속에서 이산화탄소가 발생하여 압력이 높아지고 마개를 따면 거품이 일었던 것이다. 1662년에 영국의 과학자인 메렛Christopher Merret(1614~1695)은 '와인의 잔류당이 거품을 만드는 직접적 원인이며, 병입하기 직전에 당분을 첨가하면 어떠한 와인도 거품이 나게 만들 수 있다'는 주장을 담은 논문을 발표하였다. 이것은 발포성 와인의 제조과정을 정확히 이해한 최초의 설명이며, 더욱이 그는 "상파뉴 사람들이 만들기 전에 영국의 상인들이 앞서서 발포성 와인을 만들어라"라고 제안하기도 하였다.

양조의 과정

◇ 포도의 수확과 처리

발포성 와인을 만드는 포도를 재배하고 처리하는 과정과 방법은 스틸와인의 경우와 비슷하지만, 몇 가지 차이가 있다. 가장 큰 차이는 포도밭에서는 포도를 높은 수준의 산도를 유지하고 있는 상태에서 수확한다는 점인데, 발포성 와인을 만드는 양조업자들은 당도가 17~20브릭스일 때 포도를 수확하고자 기대한다. 스틸와인과는 달리 발포성 와인에서는 높은 당도가 오히려 좋지 않으며, 또한 포도 수확량도 많을수록 바람직하다고 한다. 그리고 프리미엄급 발포성 와인 생산자들은 직접 사람의 손으로 포도를 수확하는 방법을 쓰는데, 기계로 포도를 수확하면 알갱이가 손상되어 과즙이 껍질과 접촉하게 되는 부분적인 마세라시옹이 일어날 수도 있기 때문이다. 또한 수확한 포도를 압착할 때 껍질을 과즙으로부터 신속히 분리하기 위해, 압착하는 장소도 대체로 포도밭 가까이에 위치한다. 과즙이 껍질과 접촉하는 것은 발포성 로제를 생산하는 데는 바람직하지만, 대부분의 발포성 화이트와인은 과즙과 껍질의 접촉을 최소화하기 위한 폭넓고 세심한 예비적 조치를 필요로 한다.

◇ 1차 발효primary fermentation

발포성 와인의 1차 발효과정은 대체로 여타의 와인과 비슷하게 시작되지만, 와인 제조자는 거의 특별히 배양한 발포성 와인용 이스트yeast를 사용한다. 과일향이 더 진하고 더 담백한 와인을 만들기를 바라는 생산자들은 젖산발효malolactic fermentation 를 막는 것이 보통이지만, 간혹 이 과정을 거치는 와인도 있다. 발효를 마친 후에 여러 가지 베이스 와인base wine들을 블렌딩한 뀌베cuvée를 만든다. 이와 같이 대부분의 발포성 와인은 여러 품종뿐만 아니라 여러 포도밭과 빈티지를 블렌딩하지만, 수확한 포도의 질이 탁월한 해의 포도로만 만드는 빈티지 와인이나 블랑 드 블랑blanc de blancs과 블랑 드 누아blancs de noirs 같이 하나의 빈티지 또는 단일의 품종으로 만드는 발포성 와인도 있다.

◇ 2차 발효secondary fermentation

발포성 와인에 거품이라는 특성을 부여하는 것이 2차 발효의 과정인데, 이때 마개가 막힌 상태에서 발생하는 이산화탄소는 자연스럽게 와인 속에 용해된다. 이 과정에서 병 속의 압력이 평균 5~6기압 정도까지 상승하므로, 와인을 담는 유리병이 튼튼하게 만들어져야 한다. 그런데 2차 발효를 촉발하는 대표적인 2가지 방법이 있다.

• 샹파뉴 방법méthode Champenoise : 뀌베를 병에 넣으면서 당분과 이스트를 새로이 첨가하는 전통적 방법인데, 띠라주tirage라는 이 과정에 의해 발효가 다시 촉발된다.
• 샤르마 방법méthode Charmat : 이스트와 당분의 혼합물을 큰 탱크 속의 와인에 첨가하여 가압된 환경에서 신속하게 발효를 촉진하며, 그런 후에 이산화탄소를 기계적으로 와인에 직접 주입하는 방법이다. 이런 와인의 거품은 굵은 크기로 발생하여 이산화탄소가 빨리 소진되며, 이 방법은 주로 저가의 와인을 대량으로 만들 때 사용된다.

◇ 르뮈아주_{remuage}

두 차례의 발효과정에서 여과의 과정을 거치지 않기 때문에, 병 속의 와인에는 죽은 이스트 등의 부유물과 고형물들이 많이 포함되어있다. 이것들을 제거하기 위해 와인병의 입구가 아래로 향하도록 비스듬히 두고 주기적으로 병을 돌려서 침전물을 병의 목에 모아서 가라앉히는 작업을 르뮈아주라고 하며, 이것을 영어로는 수수께끼라는 뜻을 가진 단어인 '리들링_{riddling}'이라 부른다. 이 과정은 본디 수작업으로 이루어졌는데, 우수한 작업자는 하루에 약 4만병을 돌린다고 한다. 한차례 돌릴 때마다 1/8−1/4바퀴를 돌리며, 4~6주일 동안 평균적으로 25회 정도 이루어진다. 이 과정이 마무리될 때는 부유물들이 병목에 모이고 와인은 수정같이 맑게 변한다. 최근에는 거의 모든 르뮈아주가 지로빨레트_{gyropalette}라는 자동장치로 이루어진다. 이것은 대량의 병들을 동시에 돌리며 24시간 작동하기 때문에, 와인의 질적 저하가 없으면서도 르뮈아주의 기간을 1개월로 단축할 수 있다.

지로빨레트는 전기모터와 자동제어장치로 작동된다. ⓒG. Garitan

◇ 데고르주망dégorgement과 도자주dosage

르뮈아주의 결과로 병목에 모아진 부유물을 최종적으로 배출하는 작업을 데고르주망이라 하며, 영어로는 디스고지먼트disgorgement이다. 이 과정은 코르크로 밀폐되어 압력이 높은 상태에서 병목에 모여 있는 침전물을 흐트러짐이 없이 와인으로부터 분리해야 하므로, 매우 정교하면서도 놀라운 기교가 필요하다. 병의 목 부분을 −27℃의 냉동용액에 집어넣어서 얼린 뒤에, 병의 마개를 열어서 와인과 압력의 손실을 최소화하면서 병의 입구에 모여 결빙된 부유물을 제거한다. 이 과정은 모두 기계에 의해 이루어지지만, 아주 일부는 수작업으로 진행하는 경우도 있다.

이렇게 얻은 맑은 와인에 약간의 와인과 당분 시럽을 첨가하는데, 도자주라는 이 과정은 침전물의 배출이 이루어진 후에 와인의 당도를 조절하며 손실된 와인을 보충하기 위한 것이다. 띠라주로부터 도사주

상파뉴를 대표하는 스파클링 와인의 하나인 뵈브 끌리꼬 브리트 (Veuve Clicquot Brut). 뵈브 끌리꼬는 21세에 결혼하여 27세에 남편이 갑자기 사망하는 바람에 와인사업의 일선에 서게 되었다. 1876년에 최초로 도입하여 뵈브 클리꼬의 상징이 된 '옐로우 레이블(yellow lable)'의 전통은 지금까지도 이어지고 있다. 1986년에 루이 비똥(Louis Vuitton)이 이 상파뉴 하우스를 인수하여 현재에 이르고 있다.

까지 발포성 와인을 만드는 혁신적인 일련의 과정은 19세기 초에 뵈브 끌리꼬Veuve Clicquot(1777~1866)라는 여성이 발명하였는데, '뵈브'란 미망인을 뜻하는 프랑스어이다. 마지막으로 특별한 모양의 코르크로 뚜껑을 막고 얇은 철판으로 만든 캡을 씌워서 철사로 묶는데, 이것을 부샤주bouchage라고 한다.

발포성 와인에서 몇 가지 궁금한 점

◇ 와인병 속의 압력은 어느 정도일까?

발포성 와인은 2차 발효를 일으키는 띠라주 과정에서 첨가하는 당분의 양이 많아

질수록 이산화탄소가 더 많이 발생하게 되고, 자연히 병 속의 압력도 더 높아지게 된다. 그러면 발포성 와인은 도대체 얼마나 많은 이산화탄소를 함유하고 있을까? 함유량은 와인의 종류에 따라 다른데, 이 부류에서 가장 유명한 상파뉴의 750㎖ 한 병에 9.5g의 이산화탄소가 녹아있다고 한다. 이 중에서 뚜껑을 따고 잔에 따를 때 약 8g이 공기 중으로 방출되는데, 이것은 가스의 양으로는 약 4L로서 와인 양의 5배가 넘는다. 이와 같이 엄청난 양의 이산화탄소가 병 속에서 6기압 이상의 압력을 형성하는데, 이것은 승용차 타이어 압력의 3배에 가까운 수치이다. 그런데 유럽연합은 발포성 와인의 병 속 압력을 3기압 이내로 규제하고 있으며, 세미스파클링 와인semi-sparkling wine은 병 속의 압력을 2.5기압 이내로 한정하고 있다.

◇ 와인의 거품은 어떻게 얼마나 생기는가?

내부압력이 높은 스파클링 와인을 잔에 따르면, 원자 또는 분자가 몇 개로 모인 후에 큰 입자로까지 성장하는 현상인 핵생성nucleation에 의해 거품이 발생한다. 핵생성을 일으키는 것은 잔의 미세한 흠집이나 티끌이라고 한다. 와인을 잔에 따르면, 개봉한 병에서보다 이산화탄소 거품을 더 빨리 소진하게 된다. 와인에서 발생하는 거품의 크기와 생성의 일관성은 와인의 질적 수준과 사용하는 잔에 의해 결정된다. 보통 상파뉴 한 병에서 4,900만 개 이상의 거품이 발생한다거나 와인 한 잔에 약 100만 개의 거품이 생긴다는 주장이 있지만, 이에 대해 아직까지 명확하게 일치된 견해는 없다.

◇ 발포성 와인의 거품과 취기의 관련성은?

발포성 와인의 거품은 알코올 성분이 혈액에 보다 빨리 도달하게 하여 더 빨리 취하게 한다는 연구결과가 있는데, 이에 따르면 술을 마시고 5분 후에 거품이 있는 와인을 마신 그룹의 혈중알코올농도가 거품이 없는 와인을 마신 그룹보다 약 1.4배였다고 한다. 루이 15세의 애첩이었던 뽕빠두르 여후작Marquise de Pompadour(1721~1764)은 "상파뉴는 여성의 아름다움을 높여주는 유일한 와인이다Champagne is the only wine that enhances a woman's beauty"라고 예찬하였다. 그러나 이탈리아가 낳은 걸출한 호색한인 카사노바 Giovanni Giacomo Casanova(1725~1798)가 여성들을 유혹할 때 사용했던 가장 일상적인 무기가 상파뉴였다는 사실로 미루어, 당시의 여인들에게 취기가 빨리 오는 상파뉴는 '위험한 와인'이기도 하였다.

◇ 레드 스파클링 와인red sparkling wine은 없을까?

대부분이 화이트이거나 로제이지만, 호주, 이탈리아와 몰도바Moldova 등에서는 여러 종류의 레드 스파클링 와인이 생산되고 있다. 이탈리아는 이런 발포성 와인의 주조에 오랜 전통을 가지고 있는데, 피에몬테 지방의 브라케토Brachetto와 롬바르디아Lombardia의 세미스파클링 와인인 람브루스코Lambrusco가 이에 해당한다. 호주에서는 시라 품종으로도 발포성 와인을 만들고 있으며, 아제르바이잔Azerbaijan에서는 마드라사Madrasa라는 레드 품종으로 '아제르바이잔의 진주Pearl of Azerbaijan'라는 발포성 와인을 생산하고 있다.

Lambrusco Reggiano Doc Primabolla Puianello. 이 레드와인은 스파클링이지만, 람브루스코로 만든 스틸 와인도 매우 흔하다.

◇ 발포성 와인의 당도는 어떻게 구분하나?

발포성 와인의 당도는 데고르주망 후의 도사주 과정에서 첨가하는 당분의 양에 따라 결정된다. 유럽연합에서 생산되는 와인은 반드시 레이블에 당도의 수준을 표시해야 하지만, 외부의 와인은 이것이 필요하지 않다. 상파뉴의 경우는 다음의 표와 같은 용어로 당도를 표시하고 있다. 브뤼트brut, 드라이dry와 섹sec은 모두 단맛이 없다는 뜻의 프랑스로서, 이들은 당도에 따라 차별적으로 사용되며 두doux는 달콤하다는 뜻이다.

발포성 와인의 당도 구분		
당도 표시 용어	리터당 잔류당(g/L)	150㎖ 한 잔의 설탕량(티 스푼)
브뤼트 나뚜르(brut nature, 또는 brut zero)	0–3 미만	1/6 미만
엑스트라 브뤼트(extra brut)	0–6 미만	1/4 미만
브뤼트(brut)	0–12 미만	1/2 미만
엑스트라 드라이(extra dry)	12–17 미만	1/2–3/4 미만
드라이(dry)	17–32 미만	3/4–1 미만
더미—섹(demi—sec)	32–50 미만	1–2 미만
두(doux)	50 이상	2 이상

* https://winefolly.com/deep-dive/how-much-sugar-in-brut-champagne/ 참조

유럽의 발포성 와인

◇ 상파뉴Champagne

프랑스에서 가장 잘 알려진 발포성 와인은 북부의 상파뉴 지역에서 생산되는 상파뉴이며, 영어식 발음은 샴페인이다. 이 와인은 발포성 와인의 전 세계 생산량에서 약 8%를 차지하고 있다. 그런데 상파뉴 지역은 포도의 생장시기에 오랫동안 흐리고 추운 날씨가 이어지기 때문에, 포도의 완숙을 기대하기 어려우며 재배할 수 있는 품종도 극단적으로 제한받는다. 그런데 백악질 토양에서 설익은 포도로 세상의 어느 곳에서도 모방할 수 없는 특별한 농후함과 균형감이 있는 발포성 와인을 만드는 것은 경이로운 일이다.

이 지역 사람들은 자신들의 지방에서 생산된 와인에만 상파뉴라는 명칭을 사용하는 독점적 권리를 강력히 지키고 있으며, 외부에서 생산된 와인이 '상파뉴 스타일' 또는 '상파뉴 방법méthode Champenoise'으로 만들어졌다고 표시하는 것도 허용하지 않는다. 대체로 샤르도네, 삐노 누아와 삐노 뫼니에Pinot meunier 등의 주된 품종으로 상파뉴를 블렌딩할 베이스 와인을 만든다. 샤르도네는 섬세함finesse과 숙성 능력을 높여주며, 삐

노 누아는 와인의 바디와 과일향을 만들고 삐노 뫼니에는 과일향과 꽃향을 추가하여 실질적으로 아로마를 형성하는 데 기여한다. 대부분의 상파뉴는 수확 연도가 없는 넌 빈티지non-vintage이지만, 포도가 복합성과 농후함을 가지고 있다는 확신이 서는 해에만 생산자는 가장 명예롭고도 값비싼 빈티지 상파뉴vintage Champagne를 생산한다.

◇ 블랑 드 블랑Blanc de blancs과 블랑 드 누아Blanc de noirs

상파뉴는 3가지의 주된 품종에 삐노 그리Pinot gris, 삐노 블랑Pinot blanc, 아르밴Arbane또는 Arbanne과 쁘띠 멜리에 Petit meslier 등의 여러 화이트 품종을 약간씩 블렌딩하여 만들어진다. 그런데 블랑 드 블랑은 이들 중에서 화이트 품종만으로 만든 상파뉴인데, 거의 대부분은 100% 의 샤르도네만으로 만들어진다. 이와는 반대로 블랑 드 누아는 레드 품종인 삐노 누아와 삐노 뫼니에만으로 만든 상파뉴인데, 단일 품종 또는 두 품종의 블렌딩으로 만들어진다. 대체로 블랑 드 블랑은 맛이 가벼우며 드라이하지만, 블랑 드 누아는 상대적으로 강한 바

블랑 드 블랑(Perrier Jouët Blanc de Blancs, 좌)과 블랑 드 누아(Blanc de Noirs Champagne Gremillet, 우)

디와 풍부한 과일향을 선보인다. 그리고 삐노 누아로만 만든 블랑 드 누아는 두 레드 품종을 블렌딩한 것보다 맛과 향이 더 강한 특징이 있다.

◇ 크레망Crémant

프랑스에서 생산되는 이 발포성 와인은 4기압 이하의 낮은 압력으로 입안에서 이산화탄소 거품이 부드러운 크림crème 같은 느낌을 준다고 해서 크레망이라는 이름을 가지게 되었다고 한다. 본디 크레망은 상파뉴 지방에서 풀 스파클링 와인보다는 병 속의 압력이 낮은 와인을 가리키는 용어로 사용되었다. 그런데 1985년에 상파뉴 지역이 여타 지역의 발포성 와인에 '상파뉴 방법'이라는 것을 레이블에 표시할 수 없도록 협상하는 과정에서, 크레망이란 명칭의 사용을 포기함으로써 여타 지역에서의 사

용이 합법화되었다. 크레망은 샹파뉴를 만드는 것과 같은 전통적 방법에 따라 생산되며, 포도는 반드시 손으로 수확하여야 하고 150kg의 포도로부터 100리터 이상의 포도액을 압착할 수 없다는 등과 같이 나름의 엄격한 생산기준을 충족해야 한다. 프랑스에서 크레망을 생산하는 지역은 알자스, 보르도, 북부 론의 디Die, 루시옹Roussillon 지방의 리무Limoux, 부르고뉴, 쥐라Jura와 루아르Loire 등인데, 이 중에서 루아르는 샹파뉴 다음으로 발포성 와인의 생산규모가 큰 곳이다.

루아르의 로제 크레망 Bouvet Ladubay Crémant de Loire Rosé. 부베 라뒤비(Bouvet Ladubay)는 1,000년 이상 쓰였던 백토 석회암 (tuffeau limestone)의 채석장에 조성된 와이너리이다.

◇ 무소Mousseux

프랑스에는 무소라는 발포성 와인을 생산하는 여러 곳들이 있는데, 이 용어는 거품이라는 뜻이다. 이 와인들은 전통적 방법이 아닌 샤르마 방법으로 만들어진다. 크레망은 샹파뉴를 만들 때와 같은 전통적 방법으로 만들어진 와인에만 사용할 수 있는 명칭이다.

◇ 스페인의 까바Cava

까바는 주로 스페인 북동부에 위치한 까딸루냐Cataluña의 뻬네데스Penedès에서 전체의 95%가 생산되는 발포성 화이트와 로제의 이름인데, 동부의 발렌시아Valencia, 북부의 리오하La Rioja, 북동부의 아라곤Aragon, 중서부의 에스뜨레마두라Extremadura 등에서도 이 명칭을 사용한다. 까바라는 말은 고급 테이블와인 또는 굴cave이라는 의미로 와인 셀라를 뜻하는 라틴어이다. 까바는 1872년에 호셉 라벤토스Josep Raventós라는 사람에 의해 탄생하였다고 전한다. 당시에 뻬네데스의 포도밭

까딸루냐의 까바 L'Atzar Cava Reserva.

이 필록세라에 의해 황폐화되었을 때 상파뉴 지역의 성공을 목격한 라벤토스는 드라이한 발포성 와인을 만들었고, 당시의 성공이 지금까지도 이어지고 있다. 까바는 다양한 수준의 당도로 만들어지는데, 가장 드라이한 브루뜨 나뚜라brut natura로부터 브루뜨brut, 세꼬seco, 세미세꼬semiseco, 가장 달콤한 둘세dulce로 구분된다. 그리고 까바는 병 속에서 2차 발효가 이루어지는 전통적 방법으로 양조해야 하며, 샤르도네와 삐노 누아를 비롯하여 마까붸Macabeu, 빠레야다Parellada, 샤렐로Xarel·lo와 수비랏Subirat으로 품종을 제한하고 있다.

◇ **포르투갈의 스푸만트**Espumante

스푸만트는 포르투갈에서 생산하는 발포성 와인이다. 주로 스페인 북부지역에서 생산되는 까바와는 달리, 스푸만트는 비가 많은 북부의 기후뿐만 아니라 극단적 고온과 건조한 기후로 잘 알려져 있는 남부의 알렌테주Alentejo까지 포르투갈의 전 지역에서 생산되고 있다. 규제하는 주체들이 여러 행정구역으로 나뉘어져서 독자적이며 비체계적으로 운영되기 때문에, 질이 좋은 스푸만트는 북서부 해안의 와인지역인 비뉴 베르드Vinho verde의 남쪽에 있는 바이하다Bairrada에서만 생산된다. 이곳에서는 스푸만트의 질을 보증하기 위해 반드시 전통적 방법으로 만들어야 하며, 포도를 수확한 연도를 밝히도록 규정하고 있다.

◇ **이탈리아의 스푸만테**Spumante**와 프리짠테**Frizzante

이탈리아에서 만드는 완전한 발포성 와인을 스푸만테라고 부르며, 알코올 도수가 낮으며 달콤한 저발포성 와인을 프리짠테라고 한다. 세계시장에 폭넓게 보급되고 있는 이탈리아산 발포성 와인들은 프란차코르타, 트렌토, 아스티, 프로세코와 람브루스코 등이다.

• **프란차코르타**Franciacorta**와 트렌토**Trento : 롬바르디아Lombardia의 프란차코르타 지역은 이탈리아에서 생산량이 가장 많은 발포성 와인의 본고장이다. 샤르도네와 피노트 비앙코

Pinot bianco를 주품종으로 하여 만들며, 빈티지와 논빈티지 와인은 포도주의 앙금lees과 함께 각각 30개월과 18개월 동안 숙성해야 한다. 그리고 이탈리아 북부의 트렌토에서도 전통적 방법으로 질이 높은 연노랑색의 발포성 화이트를 생산하고 있다.

- 아스티Asti : 아스티는 피에몬테Piemonte의 아스티 지역에서 생산되는 모스카토 품종으로 만드는 가볍게 달콤한 프리짠테이며, 알코올 도수는 약 8%이고 신선하고 포도향이 있다. 그리고 모스카토 다스티Moscato d'Asti는 아스티에서 만드는 알코올 도수가 5.5%로 낮은 와인이다.

- 프로세코Prosecco : 베네토Veneto의 프로세코는 스푸만 테와 프리짠테로 모두 만들어지는데, 보통은 드라이하 며 가끔 스위트한 것도 있다. 프란차코르타와 트렌토는 전통적 방법으로 만들어지지만, 아스티와 프로세코 등 의 나머지 대부분 발포성 와인은 샤르마 방법을 쓴다.

- 람브루스코Lambrusco : 이탈리아 적포도의 이름이며, 에밀리아-로마냐Emilia-Romagna에서 생산되는 와인의 이름이기도 하다. 또한 이 명칭은 이 지역에서 많이 생 산되는 발포성 와인의 이름으로도 사용되며, 이 와인의 대부분은 샤르마 방법으로 만들어진다.

Santero Moscato d'Asti DOCG는 우리나라에서 가장 흔히 볼 수 있 는 스파클링 와인 중의 하나이다.

◇ 독일의 젝트Sekt

독일과 오스트리아의 발포성 와인을 뜻하는 젝트는 1825년에 베를린에서 만들어진 발포성 와인을 뜻하는 비공식적 신조어였는데, 1890년대에는 대중적으로 사 용하게 되었다고 한다. 약 95%의 젝트는 샤르마 방법 으로 만들어지지만, 일부의 프리미엄급은 전통적 방법 으로 생산된다. 이산화탄소를 주입하여 만드는 값싼 발포성 와인을 샤움바인Schaumwein(거품 와인이라는 뜻)이라고 하며, 저발포성 와인은 페를바인Perlwein(진주 와인이라는 뜻)이 라 불린다. 그러나 프리미엄급 와인은 리슬링 등의 품

빈저젝트 2016 Winzersekt Spätburgunder Blanc de Noir, Brut. 슈패트부르군더(Spätbur-gunder)는 삐노 누아의 독일식 명칭이다.

종으로 만들며, 수출보다는 거의 내수용으로 소비된다. 이러한 와인은 포도를 생산한 마을과 포도밭과 함께 빈티지를 레이블에 기재하는데, 이를 빈저젝트Winzersekt(포도 재배자의 젝트라는 뜻)라고 한다. 이와는 달리, 기업이 포도나 베이스 와인을 매입하여 대량생산한 젝트를 젝트켈러라이엔Sektkellereien(양조장에서 만든 젝트라는 뜻)이라고 부른다.

신세계의 발포성 와인

◇ 미국

미국의 스파클링 와인은 전통적 방법 뿐만 아니라 샤르마 방법으로도 생산된다. 미국 포도재배지역American Viticultural Area(AVA)의 요구사항과 와인 법규는 와인의 당도를 규제하지 않지만, 대부분 생산자들은 당도 1.5% 미만인 '브뤼트brut'에서 5% 이상인 '두doux' 수준으로 구분하는 유럽의 기준에 따르고 있다. 캘리포니아에서는 전통적으로 1~2년간의 빈티지로 약 20개 와인을 블렌딩하여 퀴베cuvée를 만든다. 그리고 논빈티지의 경우에는 와인 앙금lees과 함께 최소한 15개월, 빈티지의 경우에는 최소한 3년을 숙성해야 한다고 자율적으로 규제하고 있다. 미국에는 최소한의 요구사항은 없으나, 숙성기간이 8개월부터 6년까지 매우 다양하다. 캘리포니아는 거의 매년 빈티지급 발포성 와인의 생산을 허락할 정도로 기후가 온화하다. 그리고 뉴욕주 서부의 핑거 레이크즈Finger Lakes의 와이너리들이 전통적 방법으로 발포성 리슬링 와인을 생산한 것이 큰 성공을 거두어서, 생산자의 수가 매년 증가하고 있다.

◇ 캐나다

캐나다 발포성 와인은 서던 온타리오Southern Ontario, 브리티시 콜롬비아British Columbia, 퀘백Quebec과 노바스코샤Nova Scotia에서 생산되고 있다. 특히 온타리오는 상파뉴와 흡사하게 최근에 우수하고 향이 풍부하면서도 완숙하지 않은 포도를 생산하는 데 알맞은 서늘한 기후조건으로 명성을 얻고 있다. 온타리오의 나이아가라 페닌슐라Niagara

Peninsula는 캐나다에서 가장 규모가 크고 성장하는 와인 생산지인데, 이곳의 20여 개 와이너리가 발포성 와인을 생산하고 있다. 연평균 50만 리터의 생산량 중에서 65%는 전통적 방법으로 생산되고 있으며, 미기후micro-climate는 샤르도네, 리슬링, 비달, 삐노 누아와 가메 품종의 재배에 매우 적합하다. 온타리오의 발포성 와인은 비스킷향, 약한 이스트 냄새, 입천장에 청량감을 주는 거품 등을 포함하여 상파뉴에 뒤지지 않는 특성과 아로마를 가지고 있다고 평가받고 있다.

◇ 호주

세계에서 5번째 큰 섬인 태즈매니아Tasmania는 호주에서 발포성 와인 생산의 중심지이며, 최고의 발포성 와인 대부분이 이곳에서 나온다. 거의 모든 발포성 와인이 상파뉴와 같이 샤르도네, 삐노 누아와 삐노 뫼니에로 만들어지지만, 호주에는 쉬라즈Shiraz로 만드는 특별한 발포성 레드와인이 있다. 대부분의 발포성 쉬라즈는 전통적으로 약간 스위트하지만, 드라이하며 풀바디의 타닉한 와인을 만드는 몇몇의 생산자들도 있다. 2012년 이래로 호주의 거의 모든 발포성 와인 생산자들은 코르크로 막고 철사로 묶는 전통적인 마개 대신에 스크류캡을 적용하고 있다.

◇ 칠레

칠레는 연간 약 1,200만 병의 발포성 와인을 생산하고, 이 중에서 약 160만 병만 외국으로 수출하고 있다. 1879년 이래로 발포성 와인을 생산하고 있으며, 최근에는 빠이스País라는 품종을 창의적인 와인을 만들어 호평을 받았다. 수요의 증가와 서늘한 기후에 적합한 품종의 폭넓은 다양성은 매우 드라이extra brut한 것으로부터 약간 달콤한 데미섹demi-sec까지, 그리고 블랑 드 블랑Blanc de blancs과 블랑 드 누아Blanc de noirs로부터 로제까지 다양한 종류의 신선하고 산뜻한 발포성 와인의 생산을 가능하게 하였다. 전체 생산량의 약 20%는 삐노 누아와 샤르도네를 써서 전통적 방법으로 만드는 고급 와인이다.

◇ 남아프리카

전통적 방법으로 발포성 와인을 만드는 남아프리카의 모든 생산자가 자발적으로 고수하는 질적 기준이 있는데, 이것은 레이블에 전통적 방법으로 생산되었다는 것을 표시하기 위해서는 포도주의 앙금과 함께 최소한 9개월 동안 발효해야 한다는 것이다. 대체로 샤르도네와 삐노 누아 같은 전통적인 품종이 쓰이지만, 여타 품종의 사용이 점점 확산되는 경향이 있다. 샤르마 방법으로 만드는 발포성 와인도 있고, 삐노 타지Pinotage로 만드는 발포성 레드도 있다. 전통적 방법으로 만드는 남아프리카의 스파클링 와인은 높은 기온 때문에 과일향이 매우 강한 경향이 있으며, 질적인 수준은 상파뉴에 비견할 만하다고 평가받고 있다.

02

강화와인

강화와인fortified wine은 브랜디 등의 증류주를 첨가하여 알코올 도수를 높인 와인이다. 이 스타일의 와인을 만드는 근원적 이유는 와인을 변질되지 않게 보전하기 위함인데, 첨가하는 높은 도수의 증류주가 천연적인 보존제로 작용하기 때문이다. 그러나 지금은 와인을 보존하기 위한 다양한 수단이 개발되어있음에도 불구하고, 강화와인에 대한 수요가 쉬이 꺾이지 않는 것은 증류주의 첨가 이후의 숙성과정에서 와인에 독특한 풍미가 더해지는 숨은 매력 때문이다.

발효과정이 진행 중인 와인에 증류주를 첨가하면, 이스트가 죽어서 와인에 잔류당이 남게 된다. 이렇게 만들어진 강화와인은 달콤하면서도 알코올 도수가 높은데, 보통 알코올 도수가 20도 전후이다. 그런데 발효가 진행되는 동안에 포도액 속의 효모yeast는 알코올 도수가 16~18%에 도달할 때까지 당분을 알코올로 바꾸기를 계속한다. 이 수준에 도달하면, 알코올이 이스트에게 유독하게 작용하여 오히려 이들을 죽인다. 이와 같이 완전히 발효가 이루어진 와인은 당도가 매우 낮은데, 여기에 증류주를 첨가하면 드라이한 강화와인이 만들어진다. 그리고 와인의 품종을 비롯하여 첨가하는 증류주와 숙성하는 방법과 기간에 따라 달라지는 강화와인의 향과 풍미는 와인의 또 다른 매력적 세계를 창조한다. 세상의 여러 곳에서 다양한 스타일의 강화와인이 생산되고 있지만, 그중에서도 스페인의 세리와인을 비롯하여 포르투갈의 포트와인과 마데이라 와인을 세계 3대 강화와인으로 꼽고 있다.

포트 와인

◇ 포트 와인Port wine이란?

포트 와인은 포르투갈어로는 비뉴 두 포르투Vinho do Porto 또는 간단히 포르투Porto라고 하는데, 스페인으로부터 포르투갈 북부를 동서로 관통하는 도루 강Rio Douro 주변의 지역인 도루 계곡Vale do Douro에서 만든 강화와인이다. 이 와인은 전통적으로 달콤한 레드로서 디저트용이지만, 드라이하거나 세미드라이한 화이트와인도 있다. 포트 스타일의 강화와인은 포르투갈 외부의 국가에서도 생산되지만, 유럽연합의 원산지 보호제도에 따라 원칙적으로 포르투갈산만이 레이블에 '포트Port' 또는 '포르투Porto'라고 표시할 수 있다.

◇ 포도의 재배와 와인의 양조

포트라는 명칭은 17세기 중후반 포르투갈 북부의 도루 강 하구에 위치한 포르투Porto또는 Oporto라는 항구의 이름에서 유래하였다. 1756년에 포트와인을 생산하는 도루 계곡이 원산지보호지역으로 제정되었는데, 이것은 1716년의 이탈리아 끼안티와 1730년의 헝가리 토카이에

도루 강변의 계단식 포도밭 킨타

이어 세계 3번째이다. 포트 와인을 생산하는 포도밭은 대체로 포르투갈 북부의 도루강 계곡의 중턱에 위치하며, 포트는 도루 지역에서 재배하고 처리한 한정된 포도로 만들어진다. 도루강 계곡 근처는 올리브, 아몬드와 특별히 포트와인용 포도의 재배에 최적인 미기후microclimate를 가지고 있는데, 강으로 떨어지는 가파른 경사지에 조성된 아름다운 포도밭을 킨타quinta라고 한다. 발효 중인 와인에 포도증류주를 첨가하여 발효를 멈추면, 와인에 잔류당이 남게 되고 알코올 도수는 올라간다. 이때 첨가하는 강화용 증류주는 알코올 도수 75~77%의 아구아르덴티Aguardente라는 것으로, 상

업적으로 거래되는 브랜디와는 전혀 다르다고 한다. 그런 후에 와인은 병입하기 전에 셀라를 의미하는 로지lodge에 보관하여 숙성의 과정을 거친다.

◇ 와인지역

도루 계곡은 포르투로부터 70㎞ 상류에 위치한 바르카이루Barqueiros 마을에서 시작하여 동쪽으로는 거의 스페인 국경까지 다다른다. 이 지역은 마라옹 산맥Serra do Marão이 대서양 기후의 영향을 막아주며, 다음과 같은 3개의 공식적 지역으로 세분된다.

- 바이슈 코르구Baixo Corgo : 도루 계곡의 가장 서쪽 지역인 이곳은 포트와인 생산지역 중에서 연평균 900㎜의 비가 내리는 가장 습한 지역이며, 세 지역 중에서 평균기온이 가장 낮은 곳이다. 여기서 자라는 포도는 주로 가격이 낮은 루비와 토니 포트의 생산에 쓰인다.
- 시마 코르구Cima Corgo : 이곳은 도루에서 가장 건조하며 더운 지역으로, 바이슈 코르구에 비해 여름철 평균 기온은 조금 높고 평균 강우량은 200㎜ 정도 적다. 이 지역에서 자란 포도는 질이 우수해서 고급 포트를 만드는 데 쓰인다.
- 도루 수페리오르Douro Superior : 이 지역은 스페인 국경 가까이 확장되는 가장 동쪽 지역이다. 이곳의 포도밭은 급류가 흐르는 강에 인접하여 있어서, 수확량이 가장 적다.

◇ 품종

포트와인을 만드는 포도는 일반적으로 열매가 작으며 농축되고 오래 지속되는 풍미를 가지고 있어서 장기 숙성에 적합하다. 포르투갈에서 포트에 쓰이는 포도는 포르투 와인협회Instituto do Vinho do Porto에 의해 엄격히 규제되고 있다. 100종류 이상의 품종이 포트의 생산에 쓰이지만, 폭넓게 재배되고 있는 것은 틴타 바호쿠Tinta Barroca, 틴투 카웅Tinto Cão, 스페인 품종 템쁘라니오Tempranillo인 틴타 호리스Tinta Roriz, 토리가 프란세자Touriga Francesa와 토리가 나시오나우Touriga Nacional의 5개 품종이다. 이 중에서 토리가 나시오나우가 포트와인을 만드는 가장 이상적인 포도로 평가받고 있지만, 재배하기가 까다롭고 수확량이 적다는 점이 토리가 프란세자를 가장 폭넓게 재배하고 있는 이유이다. 화이트 포트는 돈젤리뉴 브랑쿠Donzelinho Branco, 이즈가나카웅Esgana-Cão, 포우가사웅Folgasão, 고바이유Gouveio, 마우바지아 피나Malvasia Fina, 하비가투Rabigato와 비오시뉴Viosinho와 같이 생소한 이름의 화이트 품종으로 만든다. 상업적으로 거래되는 모든 포트와인은 여러 포도를 블렌딩하여 만든다.

◇ 포트와인의 숙성

포트는 여러 가지 스타일로 만들어지는데, 숙성하는 방법은 두 범주로 구분된다. 첫 번째 유형은 밀봉된 유리병에서 숙성한 것이다. 공기에 대한 노출이 없는 유리병 숙성을 환원숙성reductive ageing이라고 하는데, 이 과정은 와인의 연한 붉은색을 매우 천천히 잃게 하며 와인을 더 부드럽고 덜 타닉tannic하게 만든다.

두 번째 유형은 나무통에서 숙성하는 방식이다. 산소에 대한 약간의 노출을 허용하며 나무통에서 숙성하는 것을 산화숙성oxidative aging이라고 한다. 이 방법은 빠른 속도로 와인의 원래 색을 잃게 만들며, 또한 '천사의 몫angel's share'이라고 하는 증발에 의해 와인의 양이 줄면서 가볍게 점성이 더 높아진다. 대체로 포트는 표준적인 루비, 3년 숙성한 토니와 화이트 포트 등의 평범한 포트와 킨타와 빈티지 포트 등의 특별한 범주로 구분된다.

◇ 루비와 토니

루비와 토니 포트는 가장 저렴하면서 가장 많이 생산되는 스타일이다.

- **루비**ruby : 발효 후에 이 와인은 산화숙성을 막고 밝은 적색과 풀바디의 과일향을 보전하기 위해 콘크리트나 스테인리스 탱크에서 숙성되며, 판매하는 브랜드의 스타일에 맞게 와인을 블렌딩한다. 헤제르브reserve와 같은 프리미엄급 루비는 나무통에서 4~6년 동안 숙성한다.
- **로제 포트**rosé port : 매우 최근에 시장에 등장한 변형인데, 기술적으로는 루비포트에 속하며 로제와인과 유사한 방법으로 만들어진다.
- **토니**tawny : 루비와는 달리 토니 포트는 보통 점진적인 산화와 증발이 이루어지는 나무통

에서 숙성하며, 레드 품종으로 만든다. 산화의 결과로 와인은 금빛을 띠는 갈색으로 변해 가며, 점차로 너트nut의 풍미가 생성된다.

◇ **쿠라이타**Colheita**와 개허파이라**Garrafeira

쿠라이타는 최소 7년간 숙성한 단일 빈티지의 토니포트인데, 병에 빈티지 연도를 표시한다. 뒤에서 설명할 빈티지 포트는 수확 후에 나무통에서 18개월만 숙성되며 병에서 숙성을 계속하지만, 쿠라이타는 병입하여 판매되기 전에 나무통에서 20년까지도 숙성된다. 화이트 쿠라이타도 생산되고 있다. 흔하게 볼 수 없는 스타일인 개허파이라는 나무통에서 몇 년 동안의 산화숙성에 이어 용량이 대략 11리터인 봉봉bonbon이라고 불리는 진한 초록색의 유리병에서 이루어지는 환원숙성을 결합하여 만들어진다. 이 포트와인은 나무통 속에서 보통 3~6년을 숙성하고, 병입하기 전에 봉봉에서 최소 8년을 숙성해야 한다.

◇ **화이트 포트**white port

이 와인은 다양한 화이트 품종으로 만들어진다. 잘 숙성된 화이트 포트는 차게 해서 마시면 매우 훌륭하지만, 흔히 여러 칵테일의 탁월한 베이스base로 쓰인다. 달콤한 화이트 포트와 토닉 워터의 칵테일은 포르투 지역에서 일상적으로 마시는 음료수이다. 스타일은 드라이한 것으로부터 매우 달콤한 것까지 다양하다. 화이트 포트를 장시간 나무통에서 숙성하면, 색깔이 점점 진해져서 나중에는 원래의 와인이 레드인지 화이트인지 구별하기 어려운 상태에 도달한다.

◇ **레이트 바틀드 빈티지**late bottled vintage(LBV)

이 와인은 원래 빈티지 포트로 병입될 와인이었으나, 수요의 부족으로 계획한 것보다 더 오래 나무통에서 남아있게 되어 생겨난 유형이다. 수확 이후 4~6년 뒤에 병입하며 두 가지의 차별적인 스타일이 있는데, 병입하기 전에 여과filtering의 과정을 거치는 것과 그렇지 않은 형태가 있다.

- 비여과 LBV : 대체로 코르크 마개를 사용하고 마시기 전에 불순물을 거르기 위해 디캔팅할 필요가 있으며, 디캔팅 후에는 와인을 며칠 내로 마셔야 한다. 비여과 LBV는 보통 병 속에서 더 오래 있을수록 질이 좋아진다. 이것은 빈티지 포트만큼 숙성이 가능하며, 오래된 것은 빈티지 포트와 구분하는 것이 매우 힘들 정도이다.

- 여과 LBV : 디캔팅 없이 바로 마실 수 있다는 장점이 있으며, 대체로 쉽게 개봉할 수 있는 마개의 병에 담겨있다. 그러나 다수의 와인 전문가들은 여과의 과정이 와인 특성의 많은 부분을 없앤다고 믿고 있으며, 실제로 여과 LBV는 빈티지 포트에 비해 바디가 가벼운 경향이 있다. 여과 LBV도 숙성할수록 다소 질이 개선되지만, 그 정도에 한계가 있다.

◇ 크러스티드 포트crusted port

싱글 빈티지의 포도로 만들어지는 빈티지 포트는 달리, 이 포트와인은 보통 몇 가지의 빈티지를 블렌딩한 것이다. 이 포트는 여과를 하지 않고 병입되므로, 마시기 전에 비여과 LBV처럼 디캔팅할 필요가 있다.

◇ 빈티지 포트vintage port

이 포트와인은 공식적으로 빈티지 연도라고 인정된 해에 생산된 포도로만 만들어진다. 이것은 가장 명성이 높은 포트이지만, 생산량과 판매수입의 문제 때문에 전체 포트 생산량 중에서 2%에 불과하다. 싱글 빈티지의 포도로 만드는 빈티지 포트는 병입하기 전에 나무통이나 스테인레스 탱크에서 최대로 2년 반 동안 숙성하여야 하며, 마시기에 완전하게 숙성된 상태에 도달하기 위해서는 병 속에서 일반적으로 10~40년 동안 숙성을 요한다. 이것은 통 속에서 상대적으로 짧은 기간만 머물기 때문에, 어두운 루비색과 신선한 과일향을 유지한다. 특별한 빈티지 포트는 병입된 이후에 수십 년 동안 복합성이 형성되는 과정을 지속한다. 킨타

포트 와인. 왼쪽부터 Graham's 1983 Vintage Port, Graham's 30 Year Old Tawny Port, Quinta do Estanho Porto 10 Anos. 이 중에서 가운데의 토니 포트는 30년을 숙성한 특별한 스타일로, 대부분의 저가 토니와는 달리 세련된 너트와 캐러멜(caramel) 향이 일품이다.

quinta는 농장을 의미하는 단어이며, 특별히 도루 강변의 절벽에 조성된 포도밭을 뜻한다. 여러 포도밭의 포도를 블렌딩하는 대부분의 포트와는 달리, 싱글 킨타 빈티지 포트single quinta vintage port는 단일 포도원의 포도로 만들어진 빈티지 포트이다.

◇ 포트의 보존력

거의 모든 부류의 와인과 같이 포트도 서늘하지만 차지 않고 어두우며 기온이 일정한 곳에 보관하여야 한다. 개봉한 후에 포트는 일반적으로 비강화와인에 비해서는 더 오래 버틸 수 있지만, 단시간 내에 소비하는 것이 바람직하다. 루비, 토니와 LBV는 개봉된 후에도 몇 개월을 견디는데, 이들이 배럴에서 오랫동안 숙성의 과정을 거치면서 이미 어느 정도 산소에 노출되었기 때문이다. 오래된 빈티지 포트는 개봉한 후에 며칠 안에 소비하는 것이 가장 좋지만, 어린 빈티지 포트는 몇 달은 몰라도 몇 주 정도는 견딜 수 있다.

세리 와인

◇ 세리Sherry 와인이란?

세리는 스페인어인 헤레스Jerez(또는 Xeres)의 영어식 표현인데, 이것은 스페인 남부에 있는 안달루시아Andalucía의 헤레스 데 라 프론떼라Jerez de la Frontera시 근처에서 재배되는 주로 빨로미노Palomino라는 화이트 품종으로 만든 강화와인이다. 발효 중에 강화하는 포트와인과는 달리 세리는 발효가 완료된 후에 강화가 이루어지기 때문에, 그 이후에 어떤 당분도 첨가되지 않아서 원래 대부분의 세리는 드라이하다. 세리는 만사니야와 피노 같이 가벼운 스타일의 테이블 와인부터 아몬티아도와 올로로소와 같이 배럴에서 산화숙성하는 진하고 무거운 스타일까지 형태가 다양하다. 또한 뻬드로 시메네스Pedro Ximenez나 모스카텔Moscatel(muscat) 품종으로 만든 달콤한 디저트 와인도 있다. 유럽에서 세리는 원산지 보호지역으로 지정되어 있으며, 스페인의 법에 따라 세리라고 레이블에 표시하는 모든 와인은 반드시 까디스Cádiz 지역의 세리 삼각주Sherry Triangle에서 생산되어야 하는데, 이 지역은 헤레스 데 라 프론떼라, 산루까르 데 바라메다Sanlúcar de Barrameda와 엘 뿌에르또 데 산따 마리아El Puerto de Santa María 사이의 지역이다. 세리는 여러 해에 생산된 와인들을 솔레라solera 시스템에 따라 블렌딩하기 때문에, 병에는 특정한 빈티지가 표시되지 않는다. 많은 와인 전문가들은 세리를 '저평가된 와인' 또는 '세계에서 가장 무시된 와인의 보물The world's most neglected wine treasure'로 평가하고 있다.

◇ 역사

세리의 탄생 시점에 대한 역사적 근거는 명확하지 않지만, 헤레스 지역이 이슬람 세력의 지배에서 벗어난 13세기 초반에 세리의 생산과 유럽으로의 수출이 대폭 증가했다는 것만은 확실하다. 콜럼버스Christopher Columbus(1451~1506)는 대서양을 횡단하여 동양으로 가는 새로운 항로를 개척하기 위한 항해에 세리를 가져갔으며, 마젤란Ferdinand Magellan(1480~1521)이 1519년에 세계일주항해를 준비할 때 무기보다 세리에 대한 지출이 더 많았다고 한다. 영국의 해적이자 제독이었던 드레이크Francis Drake(1545?~1596)가 1587년에 스페인 서남부의 항구인 까디스Cadiz에 집결한 무적함대Invincible Armada를 격파하고 가져간 전리품 가운데 선적을 기다리던 2,900배럴의 세리가 포함되어 있었는데, 이 사건은 영국에서 세리가 유행하는 데 크게 기여하였다. 16세기 말에 이르러서는 세리가 유럽에서 가장 훌륭한 와인이라는 평판을 얻기도 하였다.

◇ 세리의 종류

세리는 다음과 같이 매우 다양한 스타일로 만들어지고 있다.

• 피노fino : 세리 중에서 가장 드라이하며 색이 창백하다. 이 와인은 배럴에서 공기와의 접촉을 막는 플로르flor라는 이스트의 막 아래에서 숙성된다.

• 만사니야manzanilla : 산루까르 데 바라메다Sanlúcar de Barrameda 항구에서 만들어지는 특별히 가벼운 피노 세리이다.

- **만사니야 빠사다**manzanilla pasada : 숙성의 기간을 더 늘리거나 부분적으로 공기와의 접촉을 허용하여 더 리치하며 견과류의 향을 더 진하게 만든 만사니야이다.

- **아몬띠아도**amontillado : 처음에는 플로르 아래에서 숙성하고 난 후에 산소에 노출시키는 스타일인데, 피노보다는 색이 더 진하고 올로로소보다는 밝다.

- **올로로소**oloroso : 스페인어로 '올로로소'는 향기롭다는 뜻이다. 피노 또는 아몬띠아도보다 산소와 접촉하는 상태에서 더 오래 숙성하는 와인으로, 색이 더 진하고 향도 더 풍부하다. 알코올 함량이 18~20%인 올로로소는 도수가 가장 높은 세리이다. 원래 아몬띠아도와 같이 드라이하지만, 올로로소와 디저트용인 뻬드로 시메네스pedro ximénez 등의 여러 세리를 블렌딩하여 크림 세리cream sherry라고 불리는 달콤한 스타일로 판매되기도 한다.

- **빨로 꼬르따도**palo cortado : 원래 아몬띠아도와 같이 전통적으로 3~4년 동안 숙성하지만, 올로로소와 같은 특성이 나타나는 세리이다. 이것은 강화 또는 여과 등의 이유로 플로르를 형성하는 이스트가 죽는 사고가 일어날 때 만들어진다.

- **헤레스 둘세**Jerez dulce(sweet Sherry) : 뻬드로 시메네스 또는 모스카텔 품종을 발효하여 만들거나, 달콤한 와인 또는 포도즙을 블렌딩하여 만든다.

La Cigarrera Oloroso Sherry. 라 시가레라(La Cigarrera)는 까디스의 산루까르 데 바라메다에 위치하는 보데가이다.

◇ 발효

빨로미노 포도는 9월 초에 수확하여 가벼운 압착을 통해 포도즙을 추출한다. 첫 번째 압착에서 얻은 포도즙을 뜻하는 쁘리메라 예마primera yema는 피노와 만자니야를 만드는 데 쓰이고, 두 번째 압착에서 얻은 포도즙인 세군다 예마segunda yema는 올로로소를 만들 때 사용한다. 그리고 추가적인 압착으로 얻은 즙은 질이 낮은 와인 또는 증류주와 식초를 만드는 데 쓰인다. 포도즙을 스테인리스 통에서 11월 말까지 발효하면, 알코올 함량이 11~12%인 드라이한 화이트와인이 만들어진다. 과거에는 발효와 숙성이 나무통에서 이루어졌는데, 지금은 소수의 최고급 와인을 제외하고 거의 대부분은 스테인리스 탱크를 쓴다.

◇ 강화

발효 이후에 즉시 와인을 샘플링하여 잠재력에 따라 첫 번째 분류가 실행된다. 피노와 아몬띠아도를 만들기에 적합한 가장 좋은 향과 풍미를 가진 와인은 이스트의 막인 플로르가 잘 자랄 수 있도록 알코올 도수를 약 15%로 강화한다. 반면에 무거운 풀바디의 와인은 플로르의 생성을 막기 위해 최소 17.5도로 강화하며, 산소와 접촉하도록 숙성하여 올로로소를 만든다. 세리는 보통 스페인 중남부의 라만차La Mancha에서 와인을 증류하여 만든 데스띠아도destilado라는 브랜디를 첨가하여 강화한다. 증류주는 발효가 완성된 세리와 먼저 50대 50으로 블렌딩한 후에 이것을 다시 특정한 비율로 어린 세리와 혼합한다.

◇ 숙성

세리는 솔레라solera라는 독특한 방법에 의해 숙성되는데, 가장 오래된 통은 바닥에 두고 가장 어린 배럴을 꼭대기에 쌓아두는 시스템이다. 여기서는 3개에서 9개의 배럴을 일렬로 쌓아두고 시작 시점에 새로운 와인을 배럴에 넣는다. 주기적으로 배럴 속의 와인 중에서 일부를 아래의 배럴로 내려 보내는데, 와인의 형태와 배열한 배럴의 수에 따라서 각 배럴의 5%에서 30% 사이의 비율로 와인을 아래의 다음 배럴로 이동시킨다. 규제위원회는 와인들이 솔레라 시스템에 따라 이동하는 평균 숙성기간을 정확히 추적하는 시스템을 구축하여왔는데, 솔레라에서의 평균적인 숙성기간은 최소 20년인 것과 30년인 것이 있다. 그런데 대부분의 사람들이 생각하는 것과는 달리, 세리를 만들 때 쓰인 오크통은 위스키 숙성용으로 스코틀랜드로 팔려간다. 다른 증류주나 음료도 세리를 만들 때 사용한 오크통으로 숙성하기도 한다.

띠오 마떼오(Tío Mateo)는 헤레스 데 라 프론떼라에 있는 보데가인 마르케스 델 레알 떼소로(Marqués del Real Tesoro)에서 생산하는 세리이다. 솔레라는 솔레라–끄리아데라(solera–criadera)라고도 하는데, 솔레라는 '대들보'라는 뜻이며 끄리아데라는 '사육장'이라는 의미이다. 띠오 마떼오의 시스템은 와인이 제일 어린 와인이 들어있는 가장 위의 끄리아데라에서 옆으로 이동하고, 끝에 도달하면 아래층의 끄리아데라로 이동하는 방식이다. 최종적으로 제일 오래된 가장 아래의 배럴인 솔레라에 도달한 와인이 수평이동한 후에 끝에 이르면 병입한다.

◇ 세리의 보관과 보존력

세리는 대체로 병입한 이후에는 숙성하더라도 더 이
상 질이 좋아지지 않으므로 즉시 소비하는 것이 바람직
하지만, 산소와 접촉하는 방식으로 숙성한 세리는 주목
할 만한 풍미의 손상이 없이 몇 년간 보관할 수 있다.
그리고 눕혀서 보관하는 여타의 와인과는 다르게 세리
와인 병은 공기와 접촉하는 표면이 최소화되도록 바로
세워서 보관해야 한다는 점에 유의해야 하며, 여타의
와인과 같이 세리도 서늘하고 어두운 곳에 보관해야 한
다. 만사니야 빠사다와 같이 병입하기 전에 보통의 경우

꼬삐따는 높이가 15㎝ 전후로,
표준적인 와인글라스보다 사이즈
가 작다.

보다 더 오래 숙성하는 가장 좋은 세리는 병입 이후에도 몇 년 동안은 질이 개선된다.
그러나 피노와 만사니야는 손상이 가장 빠른 세리이므로, 비강화와인과 같이 대개 개
봉한 이후에 즉시 마시는 것이 좋다. 아몬띠아도와 올로로소는 좀 더 오래 맛이 유지
되고, 크림세리와 같이 달콤한 와인이 개봉 후에도 몇 주 또는 몇 달 동안 맛을 유지
할 수 있는 것은 당분이 보존제로 작용하기 때문이다. 세리는 꼬삐따copita 또는 까따비
노catavino라고 불리는 튜립 모양의 유리잔으로 마시는 관습이 있다.

마데이라 와인

◇ 마데이라Madeira 와인이란?

마데이라 군도Madeira Islands는 포르투갈에서 남서 방향으로 약 1,000㎞의 거리에 있
으며 아프리카 북서부에 있는 모로코Morocco에서 서쪽으로 520㎞ 떨어진 대서양에 있
는 포르투갈의 자치령인데, 이곳에서 가장 큰 섬인 마데이라 섬에서 생산되는 강화
와인을 마데이라라고 부른다. 식전주로 쓰이는 드라이한 와인부터 보통 디저트 와인
으로 사용되는 달콤한 와인까지 스타일이 매우 다양하다.

마데이라 군도에서 와인을 양조한 역사는 이곳이 신세계 또는 동아시아로 향하는 선박들에게 필요한 주요한 항구였던 대략 15세기 말부터 시작된 대항해시대The Age of Exploration로 거슬러 올라간다. 긴 항해 동안 와인이 상하는 것을 방지하기 위해 증류주가 첨가되었으며, 와인은 풍미가 바뀔 정도의 엄청난 열대의 열기와 선박의 격렬한 진동에 노출되었다. 그런데 긴 항해를 마칠 때까지 팔지 못한 와인을 싣고 배가 섬으로 돌아왔을 때, 이 와인들은 과거에는 경험하지 못했던 독특한 스타일로 변신하여 있었다. 그러나 오늘날의 마데이라는 육상에서 와인에 인공적이거나 자연적인 열을 가하여 숙성하는 방법으로 만들어진다. 마데이라 와인은 독특한 양조 과정과 함께 상상을 초월하는 비상식적 보존력으로도 유명하다.

원스턴 처칠(Winston Churchill; 1874~1965)을 기념하는 마데이라의 기념동전. 처칠은 2차 대전이 종전된 뒤에 가끔 마데이라의 중남부 해변마을인 캐마라 드 로부슈(Câmara de Lobos)에 머물며 그림을 그리면서 노년을 보냈다. 그는 '독일로부터 영국을 구한 지도자'인 동시에, 1953년에 노벨 문학상을 수상한 문학가이며 대단한 수준의 아마추어 화가이기도 하였다. 그러나 평소 술을 마시지 않았던 그가 마데이라 와인에는 거의 관심이 없었을 것으로 추측된다. 캐마라 드 로보슈의 오른편에 접하고 있는 마을인 푼샤우(Funchal)는 세계적으로 유명한 현역 축구선수인 호나우두(Cristiano Ronaldo dos Santos Aveiro; 1985~)의 고향이다.

◇ 탄생과 발전

마데이라 와인의 뿌리는 15세기에 이 섬이 동인도로 향하는 선박들에게 꼭 필요한 이상적 정박지였던 시절에서 찾을 수 있는데, 16세기경 마데이라 섬은 긴 시간 동안 항해하는 선박에 와인을 공급하는 산업이 대단히 발전했다는 기록이 남아있다. 비강화 와인이었던 가장 오래된 마데이라는 항행 중에 손상되는 경우가 많았는데, 작은 양의 사탕수수 증류주로 알코올 도수를 높여서 와인을 안정화할 수 있었다. 더욱이 선박 내부의 강렬한 열기가 와인의 특성을 변환시키는 긍정적 효과를 일으켰는데, '여행에서 돌아온 와인vinho da roda'이라고 레이블에 표시한 마데이라가 크게 유행하였다. 셰익스피어William Shakespeare(1564-1616)의 희곡인 '헨리 4세King Henry IV'의 1막 2장에 마데이라 와인이 등장하는데, 이것은 당시에 이 와인이 이미 유럽에서 대중적인 인기를 얻고 있었다는 증거이다.

◇ 18세기의 마데이라

18세기에 들어서 마데이라는 황금시대를 맞았는데, 이 와인의 인기는 아메리카 식민지와 브라질로부터 영국, 러시아와 북아프리카로 확대되었다. 특히 아메리카 식민지는 매년 생산된 와인 중에서 약 95%를 수입하는 열광적인 소비지역이었다. 1775년으로부터 1783년까지 이어졌던 미국 독립혁명American Revolution의 시발점에서 발생한 중요한 사건 중의 하나가 1768년 5월 9일에 영국이 리버티Liberty호라는 범선을 억류한 일이다. 이 배는 보스턴에서 3,150갤런의 마데이라를 하역한 후에 수입세에 관한 분쟁이 발생하여 억류되었는데, 이 사건은 미국 독립혁명의 시발점인 1773년 보스턴 차사건Boston Tea Party의 서막이었다.

◇ 침체기

19세기 중엽에 마데이라의 번영에 비극적 종말이 서서히 다가오고 있었다. 1851년에 처음으로 잎과 줄기에 흰 가루 반점이 나타나는 흰가루병powdery mildew이 번져서 이후 3년 동안 생산량이 심각하게 감소하였고, 그 이후에는 유럽의 와인 생산지역들을 초토화시킨 필록세라 해충이 섬에 상륙하였다. 그래서 19세기 말에 대다수의 포도밭은 포도를 뽑아내고 사탕수수의 생산으로 전환하거나, 과거에 재배하던 비티스 비니페라 품종을 다시 재배하기보다는 식용 또는 잡종 포도를 재경작하는 방법을 선택하였다. 20세기에 들어서 매출이 서서히 정상적인 수준으로 회복되기 시작했으나, 1917년의 러시아 혁명The Russian Revolution과 1920년 초에 시작되어 거의 14년간 이어진 미국의 금주법Prohibition이 다시 마데이라 와인산업의 발목을 잡았다. 더욱이 금주법이 폐지된 이후에도 항해기술이 발전하여 선박들이 더 이상 마데이라 섬에 정박할 필요가 없게 되어서, 마데이라 와인은 '잊힌 섬의 와인the forgotten island wine'이 되었다. 그 이후에도 판매량과 평판에서 끝을 모를 침체가 계속되어, 저질의 요리용 와인이 마데이라 섬의 대표상품이 되는 지경에 이르렀다. 이러한 절망적 상황은 국제적 투자가 이루어져서 마데이라가 재탄생한 20세기 후반까지 지속되었다.

위커 캐스트(Wicker Cast)라는 전통 마데이라 와인병. 위커는 주로 습지대에서 자라는 키버들 또는 고리버들이라는 식물인데, 줄기를 말려서 바구니 같은 공예품을 만든다. 그러나 지금은 마데이라에서도 이 병을 흔히 볼 수가 없다.

◇ 포도 재배의 여건

마데이라 섬은 열대기후와 함께 해양성 기후의 영향을 받는다. 강우량이 연간 1,250㎜ 이상이고 연평균기온이 19.6℃로서, 곰팡이성 포도 질병과 보트리티스균의 위협은 포도재배의 일상적인 장애요인이다. 이러한 기후적 문제를 극복하기 위해 마데이라의 포도는 경사지에 붉은 갈색의 현무암을 쌓아 만든 축대 위에 조성한 푸이아우poial(또는 poio)

마데이라 포르토 모니즈(Porto Moniz) 마을의 계단식 포도밭 푸이아우.

라고 부르는 계단식 밭에서 재배된다. 그러므로 기계를 사용하여 수확하는 것은 거의 불가능하여, 와인용 포도를 생산하는 데 값비싼 대가를 지불하게 만든다. 현재 섬에는 포도나무를 다시 재배하는 경향이 나타나고 있으나, 관광업이 포도재배와 와인양조업보다는 대체로 더 편안하고 수지맞는 사업이다. 대부분의 포도는 병행하여 재배할 수 있는 농산물로부터 부수적 소득을 만들어서 생존하는 약 2,100명의 영세 농민들에 의해 생산되고 있다.

◇ 포도 품종과 와인의 스타일

필록세라 해충이 유행한 이래로 니그라 몰리Negra Mole(Tinta Negra라고도 함)와 콤플레사 Complexa라는 레드 품종이 마데이라를 만드는 주된 품종이 되었다. 특히 마데이라의 약 85%는 니그라 몰리로 만들어지는데, 과거에는 와인의 레이블에 이 품종의 이름을 적지 못하도록 법적으로 규제하였다. 그러나 2015년에 마데이라 와인협회Instituto do Vinho da Madeira는 모든 생산자들이 전면 레이블에 병입한 시기를 반드시 밝혀야 한다는 조건과 함께 니그라 몰리를 공식적으로 표기하도록 공표하였다. 그런데 마데이라를 만드는 데 최고라고 알려진 네 가지 화이트 품종이 있는데, 보통 이들을 '고귀한 품종noble varieties'이라 부른다. 여기에 더하여 최근에는 테란테스라는 품종이 이 범주에 포함되기도 하는데, 이 포도는 섬에서 거의 멸종되었다가 최근에 복원되었다고 한다. 이들로 만든 와인은 레이블에 품종을 표시하며, 품종의 명칭을 그대로 와인의 이름으로 사용한다.

- **세르시알**Sercial : 가장 가볍고 거의 완전히 드라이한 상태까지 발효하여, 잔류당은 리터당 9~27g으로 매우 낮다. 이 와인은 짙은 색깔과 함께 아몬드 향과 높은 산도가 특징적이다.

- **베르젤류**Verdelho : 세르시알보다 조금 빠르게 잔류당이 리터당 27~45g일 때 발효를 멈추게 한다. 이 스타일의 와인은 특별히 스모크 향이 풍부하고 산도가 높다.

- **부알**Bual(Boal이라고도 함) : 리터당 잔류당이 45~63g일 때 발효를 멈추게 한다. 이 스타일의 와인은 색깔이 진하고 중간 정도로 풍부한 질감과 건포도향이 특징적이다.

- **마우바지아**Malvasia(Malvazia 또는 Malmsey라고도 함) : 리터당 잔류당이 63~117g일 때 발효를 멈추게 한다. 이 와인은 색깔이 짙고 농염한 질감과 커피와 캐러멜 향이 두드러지는 특징이 있다. 고귀한 품종으로 만든 기타의 마데이라와 같이 마우바지아도 본디 산도가 매우 높아서, 이것이 높은 수준의 당분과 균형을 이루어 와인의 맛을 질리지 않게 해준다.

- **테란테스**terrantez : 이 스타일은 당도에서 베르젤류와 부알의 중간 정도이며, 세르시알만큼은 드라이하지 않으면서 마우바지아 정도로 달콤하지 않다.

고귀한 품종의 마데이라 와인들. 왼쪽부터 세르시알, 베르젤류, 부알, 마우바지아, 테란테스. 왼쪽에서 두 번째와 같이 병에 직접 인쇄한 특이한 레이블은 마데이라 와인에서 흔히 볼 수 있는 스타일이다.

◇ 스투파젬estufagem

　실제로 긴 바다여행으로 와인을 숙성하는 방법은 매우 많은 비용이 든다. 그러므로 마데이라 와인을 독특하게 만드는 것은 열대기후 속에서 배럴 속의 와인이 숙성되는 긴 항해의 효과를 복재한 스투파estufa라는 특별히 만든 방에서 진행되는 스투파젬이라는 숙성과정이다. 포르투갈어에서 스투파는 온실을 뜻한다. 최종적인 와인의 질과 생산비용에 따라 와인을 열로 숙성하기 위해 사용되는 방법은 세 가지가 있다.

- 쿠바 드 칼로르cuba de calor : 쿠바는 큰 나무통을 뜻하며, 칼로르는 열을 의미하는 단어이다. 이것은 가장 일반적이며 저가 마데이라의 양조에 사용되는 방법인데, 주위에 열선이나 뜨거운 물이 순환하는 파이프를 두른 스테인리스 또는 콘크리트 탱크에서 와인을 숙성한다. 마데이라 와인협회의 규정에 따라 55℃의 온도로 최소 90일 동안 와인에 가열해야 하지만, 이 방법으로 만드는 마데이라의 대부분은 이보다 꽤 낮은 온도로 가열한다고 알려져 있다.

- 애머자엥 드 칼로르armazém de calor : 애머자엥은 창고라는 뜻의 단어인데, 이 방법은 마데이라 생산기업들의 연합체인 마데이라 와인협회Madeira Wine Company에서 사용하고 있다. 사우나와 같은 형식으로 가열하는 탱크 또는 파이프가 장치된 특별히 설계된 방에 큰 나무통에 와인을 넣어 숙성하는 이 방법은 와인을 보다 천천히 열에 노출시키는데, 이 과정은 6개월에서 1년 동안 지속된다.

- 칸타이루canteiro : '꽃밭'이라는 뜻을 가진 단어로서, 최고급의 마데이라에 사용되며 이들 와인은 어떠한 인위적인 열을 사용하지 않고 순수하게 태양열에 의해 숙성되도록 따뜻한 방에 와인을 보관하는 방법이다. 빈티지 마데이라를 만드는 이 과정은 20년으로부터 100년까지 진행되기도 한다.

칸타이루 방법으로 숙성 중인 마데이라.

◇ 숙성기간에 따른 분류

마데이라는 숙성의 기간이 특이하게 긴 와인이며 숙성의 기간이 길어질수록 대체로 질이 향상되는 와인이다. 마데이라의 레이블에는 숙성한 기간과 방법에 따라 와인의 질과 직접적 관련이 있는 다양한 표현들이 사용되고 있다.

- 리저브reserve : 숙성기간이 최소 5년이며, 고귀한 품종의 와인에 표시할 수 있는 최소한의 기간이다.

- 스페셜 리저브special reserve : 숙성기간이 최소 10년이며, 와인은 어떠한 인공적인 열도 가하지 않고 자연적으로 숙성되어야 한다.

- 엑스트라 리저브extra reserve : 숙성기간이 최소 15년인 이 스타일의 와인은 생산자들이 거의 만들지 않는데, 와인을 빈티지 또는 쿠라이타를 만들기 위해 숙성기간을 20년 이상으로 연장하기 때문이다. 이 와인은 스페셜 리저브보다는 향이 더 풍부하다.

- 쿠라이타colheita 또는 아비스트harvest : 이 스타일은 단일 빈티지이지만, 빈티지 마데이라보다는 짧은 기간 동안 숙성한 와인이다. 이 와인은 레이블에 빈티지 연도를 적을 수 있으며, 반드시 쿠라이타라는 단어가 포함되어야 한다. 쿠라이타는 병입하기 전에 최소한 5년 이상 숙성해야 하며, 병입 후에는 기간의 제한이 없다.

- 빈티지vintage 또는 프라스카이라frasqueira : 이 스타일은 통에서 최소한 19년 이상 숙성해야 하며 1년 이상 병에서 숙성해야 하므로, 최소 20년의 숙성기간을 거쳐야 판매가 가능하다. 프라스카이라는 와인 저장고를 뜻하는 포르투갈어인데, 오랜 기간 숙성된 와인에 쓰이는 용어이다. 그러나 빈티지 마데이라 병에 '빈티지vintage'라는 표현을 찾아볼 수 없는데, 이것은 이 용어가 포르투갈에서 포트와인 거래자들에 의해 법적으로 등록된 상표이기 때문이다.

◇ 파이니스트finest와 레인와터rainwater

레이블에 파이니스트라고 표시된 마데이라 와인이 있는데, 이것은 이름처럼 '가장 좋은' 마데이라가 아니라 보통 요리용으로 쓰이는 질이 낮은 와인이다. 그리고 레인워터라고 불리는 스타일은 미국에서 가장 많이 팔리는 마데이라의 하나이다. 이 와인은 가볍고 당도가 베르젤류와 비슷하지만, 거의 니그라 몰리로 만들어지며 대개는 식전주 또는 요리용으로 사용된다. 두 종류 모두 최소 3년의 숙성기간이 필요하다.

왼쪽부터 파이니스트 Henriques & Henriques 5 Year Old Finest Dry Madeira와 레인워터 Broadbent Rainwater Madeira. 브로드벤트(Broadbent)와 엔리키쉬(Henriques)는 모두 마데이라 와이너리 설립자의 가명(family name)이다.

◇ 솔레라 마데이라solera Madeira

솔레라 방식의 블렌딩은 스페인의 세리를 만드는 데 일반적으로 활용되고 있지만, 마데이라도 솔레라 시스템으로 만드는 경우가 있으며 이런 와인은 레이블에 솔레라라고 명시하고 있다. 솔레라 마데이라의 흥미로운 특징은 처음에는 과거에 필록세라 때문에 포도의 수확이 거의 정지되었을 때 빈티지의 양을 늘리기 위해 노력한 결과로 개발되었다는 점이다. 그러나 마데이라의 솔레라에 관한 규정은 세리의 경우와는 많이 다르다. 마데이라의 경우에는 병입한 와인의 대략 50%는 표시된 연도의 것이어야 하며, 10% 이내에서 10회까지만 기타의 빈티지를 추가하는 것이 허용된다.

◇ 마데이라의 보존력

극단적인 온도와 공기에 대한 노출은 마데이라의 경이적인 안정성에 기여하는데, 개봉한 후에도 와인은 한계가 없을 정도로 손상되지 않고 질을 유지한다. 증발과 과일향이 날아가고 먼지가 들어가는 것을 막기 위해 코르크로 병을 막아두면, 빈티지 마데이라는 개봉된 이후에도 수십 년을 손상되지 않고 견딘다고 한다. 완전히 밀봉된 병에서 가장 오랫동안 보존할 수 있는 와인의 하나인 마데이라는 최적의 상태에서 200년 이상 보존할 수 있다고 알려져 있다. 따라서 희귀한 와인을 판매하는 전문 가게에서 150년 정도 묵은 와인을 접하는 것은 그리 어렵지 않다고 한다. 시장에 등장한 가장 오래된 마데이라는 1715년산 테란테스이다. 인위적인 냉장법이 있기 전부터 마데이라는 셀라가 필요치 않는 와인으로 특별히 명성이 높았다. 이는 여타의 와인들과 달리 더운 여름에도 조금도 손상되지 않고 견딜 수 있기 때문이다. 미국에서는 전통적으로 마데이라를 더운 다락방에 보관한다.

◇ 마데이라의 용도

마데이라는 식전주나 식후주로 널리 쓰인다. 마데이라는 매우 높은 산도를 가지고 있기 때문에, 어떤 음식과도 곁들일 수 있으며 감귤류 또는 발사믹 소스도 무방하다. 또한 높은 당도의 마우바지아까지도 드라이한 피니쉬를 주기 때문에, 디저트나 푸딩을 페어링하더라도 와인의 풍미가 죽지 않는다. 대부분의 스위트한 와인이 디저트의 당분에 의해 드라이하게 느껴지지만, 마데이라는 이런 현상이 일어나지 않는다. 그리고 마데이라는 요리할 때 향미제로도 쓰인다. 낮은 질의 요리용 마데이라는 보통의 와인으로 쓰이는 것을 방지하기 위해 소금과 후추를 가미하여 판매된다.

기타의 강화와인

◇ 마르살라Marsala

이탈리아의 시실리Sicily 섬에서 만들어지는 마르살라 와인은 강화 또는 비강화 버전이 있다. 이 와인은 1773년에 영국 상인인 우드하우스John Woodhouse(1748~1826)가 당시에 값이 비쌌던 세리와 포트 와인을 대체하기 위해 처음으로 생산하였는데, 시실리의 항구인 마르살라에서 명칭을 따왔다. 강화 버전은 브랜디를 블렌딩하여 여러 스타일로 만들어지는데, 이 중에서 피네fine는 알코올 도수가 최소 17%이며 최소 4개월 동안 숙성해야 한다. 그리고 수피리오레superióre는 알코올 도수가 최소 18%이며 최소 2년간 숙성해야 하며, 10년 이상 숙성하는 마르살라도 있다. 색깔로는 금색의 오로oro, 발사믹 식초의 원료인 모스토 코토mósto cotto를 첨가한 호박색의 암브라ambra와 레드 품종으로 만드는 루비색인 루비노rubino의 세 가지가 있다. 비강화 마르살라는 나무통에서 5년 또는 그 이상 숙성해야 하며, 증발에 의해 알코올 도수가 18%에 달한다.

◇ 뱅 두 나투렐vin doux naturel(VDN)

이 와인은 프랑스 남부에서 전통적으로 화이트 품종인 뮈스카Muscat나 레드 품종인 그르나슈Grenache로 만드는 가벼운 타입의 강화와인이다. 13세기에 스페인 출신의 의학자이자 신학자인 아르노 드 빌뇌브Arnaud de Villeneuve(1240~1311)가 발효정지mutage의 방법을 개발했는데, 이런 발견에 힘입어 이 와인이 만들어졌다고 전해지고 있다. VDN은 '자연적 당분의 와인'이라는 의미를 가지고 있지만, 딱히 '자연적'이라고 부를 합당한 근거는 없는 것 같다. 지금은 프랑스 남부의 랑그독-루시옹Languedoc-Roussillon 지역에서 매우 대중적이며, 알코올 도수 95%의 포도 증류주를 첨가하여 발효를 멈춘다. 그르나슈 VDN은 산화방식이나 비산화방식으로도 만들어지지만, 뮈스카 와인은 신선한 맛을 유지하기 위해 산화를 막아서 만들어진다.

Vin doux naturel Muscat de Rivesaltes GIL D'ENTRAI-GUES. 리브잘트(Rivesaltes)는 스페인 국경 인근의 지중해 연안에 위치하는 AOC이다. 이 와인의 국제가격은 6,000원 전후이다.

◇ 모스카텔 드 스투발moscatel de Setúbal

이것은 포르투갈의 대서양 연안에 위치한 스투발 반도Península de Setúbal에서 생산되는 강화와인이다. 이 와인은 주로 알렉산드리아의 뮈스카muscat of Alexandria라는 품종으로 만들며, 포트와인을 강화할 때와 동일하게 전통적으로 스페인과 포르투갈산 아구아르덴티aguardente라는 포도증류주를 첨가하여 강화와인을 만든다. 이 와인은 레드와 화이트로 만들어지며, 1797년에 이 와인에 대한 최초의 기록이 있다고 하며,

1834년에 탄생했다는 주장도 있다.

◇ **코만다리아**commandaria(commanderia 또는 coumadarka)

터키 아래에 위치한 섬나라 키프로스Cyprus의 리마솔Limassol이란 곳에서 생산되는 와인으로, 비강화 버전이 일반적이지만 강화 버전도 있다. 고지대에서 자라는 마브로Mavro라는 레드 품종과 지니스트리Xynisteri라는 화이트 품종을 7~10일 동안 햇빛에 말리고 오크통에서 숙성하여 만드는 스트로 와인straw wine이므로, 코만다리아는 매우 달콤하다.

◇ **베르무트**vermut(또는 vermouth)

베르무트는 외부로 공개하지 않는 비밀스러운 방법으로 허브향과 향신료를 첨가하여 만드는 강화와인인데, 18세기 중엽 이탈리아의 토리노Torino에서 처음으로 만들어졌다고 알려지고 있다. 포도나 사탕무 증류주로 강화하며, 생강과의 식물인 카다멈cardamom을 비롯하여 계피cinnamon, 마조람marjoram과 카모마일chamomile 등의 허브와 향신료가 사용된다. 그리고 프랑스의 독특한 술인 압생트absinthe를 증류할 때 쓰이는 허브인 쓴쑥wormwood도 포함되는 것으로 추측하고 있다. 이 와인은 대체로 달콤하지만, 달콤하지 않고 씁쓰레한 맛이 나는 것도 있다. 그런데 허브는 흔히 독특한 향을 가볍게 풍겨서 값싼 와인의 세련되지 않은 맛을 숨기기 위해 사용되었다.

◇ **미스뗄르**Mistelle

혼합mix이라는 뜻의 라틴어인 '믹스텔라mixtella'와 '믹스툼mixtvm'에서 유래한 이 스타일은 신선하거나 가볍게 발효한 포도즙에 알코올을 첨가하여 도수를 16~22%로 만든 음료이다. 그러므로 정상적인 발효과정을 거치지 않기 때문에, 와인이 아니라는 견해가 매우 우세하다. 그러나 발효하지 않은 포도즙에 증류주를 섞는 강화의 과정을 거친 것은 분명하다. 이 부류 중에서 프랑스의 쥐라Jura에서 생산되는 막뱅macvin과 이탈리아 마르케Marche와 아부루쪼Abruzzo 지방의 비노 코토vino cotto가 유명한데, 이들은 식전주나 디저트용으로 쓰인다.

◇ **과하주**過夏酒

이 술은 한국에서 만들어지는 전통적 강화 곡주인데, 여름에도 변질되지 않고 견딘다는 의미를 가지고 있다. 비록 포도로 만들지는 않지만, 생강이 주원료 중의 하나여서 강하주薑荷酒라고도 불리는 이 술은 증류주로 강화하는 방식이 강화와인과 비슷하다. 인삼, 대추, 생강 등과 함께 증류주인 소주를 발효주에 첨가하여 강화 쌀술을 만든다. 이러한 양조방법은 누룩과 곡식을 주원료로 술을 빚는 동양권에서도 우리나라에만 유일하게 전해지고 있다. 어떠한 과하주든 맛이 부드럽고 향기로우며 단맛이 있고 오랜 기간 저장이 가능하며, 더운 여름에도 변하지 않아서 폭넓은 계층에서 즐겨 마셨다고 전해진다. 더욱이 잘 빚은 과하주는 오래 둘수록 맛과 향이 진해진다고 한다.

◇ **저가의 강화와인들**

이 부류의 와인들은 1930년대의 세계대공황 시절에 미국에서는 단지 상대적으로 높은 알코올 함량 때문에 빠르게 대중화되었다. 이 시기에 혼자서 오로지 취하기 위해 이런 와인을 마시는 가난한 술주정뱅이라는 뜻의 '와이노우wino'라는 신조어가 탄생하기까지 하였다. 이 와인들은 항상 노숙자들과 관련이 있었는데, 이는 마케팅 담당자들이 공격적으로 이 알코올음료의 이상적인 소비인 저소득층을 타깃으로 삼았기 때문이다. 지금은 저질 와인의 판매를 금지하거나 제한하는 국가와 지역들이 증가하고 있다. 이러한 폭음과 관련된 어두운 과거의 기억을 피하기 위해서 미국에서는 강화와인을 디저트 와인desert wine이라 하며, 프랑스에서는 뱅 드 리쿠르vin de liqueur라는 이름으로 부른다.

제5장

와인에 관한
주변 지식들

와인에 따라서는 병입된 상태에서 긴 시간에 걸쳐 매우 천천히 일어나는 생화학적 작용에 의해 독특한 향과 풍미가 형성되기도 한다. 그러므로 와인은 구매하고 마시는 시점의 차이 동안 변질을 막거나 또는 숙성의 과정이 충분히 진행되도록 잘 보존되어야 한다.

와인병은 와인의 산화를 막기 위해 다양한 형태의 마개로 밀봉되어 있다. 알루미늄으로 만든 스크류캡이나 마개를 감싸고 있는 철사를 제거하면 병 속의 압력에 의해 코르크 마개가 쉽게 빠지는 발포성 와인 외에는 코르크 마개를 열기 위한 코르크스크류corkskrew가 꼭 필요하다. 이 외에도 부수적으로 와인을 잘 즐기기 위한 다양한 액세서리들이 있다. 디캔터decanter, 아이스 버켓ice bucket, 와인 펌프wine pump 등등….

와인의 특별하게 즐기기 위해서는 와인잔도 나름 중요하다. 와인잔의 종류는 꽤 많을 뿐만 아니라 모양도 매우 다양하다. 그런데 핵심적인 문제는 '어떤 와인을 마시기 위해 어느 잔을 사용할 것인가?' 또는 '특정한 잔을 반드시 써야 하는가?'이다. 그리고 '특별한 형태의 잔이 어떤 와인의 향과 풍미를 살리는 데 필수적인가?', 이것이 필수적이라면 '그 근거는 무엇인가?'도 따져볼 문제이다.

거의 모든 와인병에는 와인의 명칭을 비롯한 여러 내용을 담은 레이블label이 붙어있다. 따라서 레이블에 기록된 내용을 제대로 해석해 정보화할 수 있는 소비자는 자신의 취향에 맞는 가성비 좋은 와인을 효과적으로 선택할 가능성이 높다.

한편 술은 서로 마음의 빗장을 여는 촉매제로서 대화를 풍요롭게 하고 화기애애한 분위기를 만드는 데 기여할 수도 있다. 하지만, 지나쳐서 감정을 격화하거나 쓸데없는 논쟁으로 상대방의 마음을 상하게 만드는 경우도 흔하다. 와인도 술이므로 기분 좋게 즐기기 위해 지켜야 할 와인 음주 예절이 있다. 유럽에서 유래한 술답게 와인예절도 유럽의 관습과 전통에 기초한다. 따라서 이것을 잘 이해하고, 이를 우리의 현실에 맞게 재해석할 필요가 있다.

와인의 보관

와인의 보관은 장기간 숙성해야 하는 경우에는 매우 중요한 문제이다. 대부분의 와인은 구입한 지 24시간 이내에 소비되지만, 고급 와인들은 이상적인 조건에서 긴 기간 동안 숙성을 계속할 필요가 있다. 와인은 시간이 흘러갈수록 풍미와 가치가 향상될 수 있는 몇 안 되는 상품 중의 하나이지만, 부적당한 조건에 노출되면 오히려 질이 급속히 떨어질 수도 있다. 와인에 직접적인 영향을 주는 네 가지 외부적 요소는 빛, 습도, 온도와 진동이다. 역사적으로 과거에는 와인의 보관이 주로 거래하는 상인의 관심사였지만, 20세기 중반 이후로 자신의 집에 와인 셀라나 냉장고를 설치하여 와인을 보관하는 소비자들이 점차 증가하고 있다.

와인의 숙성에 영향을 주는 네 가지 변수

◇ 빛light

직접적인 태양광이나 백열광은 와인 내부의 페놀성 화합물phenolic compound이 거꾸로 반응케 하여 와인의 결점을 만드는 원인이 될 수도 있다. 특히 라이트 바디의 화이트 와인이 빛의 노출에 가장 취약하므로, 이들은 보통 빛을 차단할 수 있는 색깔 있는 병에 담긴다. 이와 함께 맑은 녹색이나 푸른 병으로 포장된 레드와인도 빛에 매우 취약하므로 보관을 위해서는 추가적인 예비조치가 필요한데, 빛에 매우 민감한 와인들은 와인 셀라wine cellar 내부에서도 직사광으로부터 보호하기 위해 상자 안에 보관하는 것이 바람직하다.

◇ 습도humidity

와인병의 코르크 마개를 마르지 않은 상태로 유지하기 위해서 일정한 수준으로 습도를 유지할 필요가 있다. 코르크가 건조되기 시작하면 코르크와 병 사이에 생기는 틈새로 산소가 유입되어 빈 공간을 채우게 되어, 와인이 오염 또는 산화되거나 병 밖으로 새어 나오는 원인이 될 수도 있다. 그리고 지나친 습도도 곰팡이와 오염의 원인이 되고 병에 부착된 레이블을 손상시킬 우려가 있는데, 이것은 와인의 맛과 가치를 떨어뜨릴 수도 있다. 많은 와인 전문가들은 습도가 55~75% 정도의 상태에서 와인을 보관하는 것이 이상적이라고 말한다. 그리고 와인을 일반적인 냉장고에 두는 것은 바람직하지 않은데, 계속 차게 유지하면 습도가 떨어져서 코르크가 빨리 말라버릴 수도 있으며 지나치게 낮은 온도가 와인의 숙성을 방해하기 때문이다. 그러므로 최적의 습도를 유지하기 위해, 와인 셀라 또는 와인냉장고의 바닥에 적당히 자갈을 깔고 여기에 주기적으로 약간의 물을 뿌리는 방법도 고려할 만하다.

◇ 온도temperature

와인은 온도의 변화에 매우 민감하기 때문에, 온도의 조절과 유지는 와인을 잘 보관하는 데 주요한 고려사항이다. 와인은 25℃를 넘어서는 너무 높은 온도에 장기간 노출되면 변질되거나 익어버려서cooked, 건포도나 스튜 등의 이상한 냄새가 생성된다. 와인이 높은 온도에 노출된 상태를 견디는 정도는 유형에 따라 다른데, 더운 곳에 보관하는 마데이라 와인으로부터 온도에 극도로 취약하고 섬세한 화이트와인까지 매우 다양하다. 와인이 지나치게 낮은 온도에 노출되면, 얼어서 부피가 확장되어 코르크가 밀려 올라가거나 더 심하게는 병이 깨질 수도 있다. 그리고 차가운 냉장고에서 더운 방으로 와인을 반복적으로 옮기는 것과 같은 온도의 변동도 반대의 화학적 반응을 일으켜서 결함이 발생할 수 있다. 그러나 상대적으로 서늘한 환경에서 서서히 숙성하면, 질이 좋은 와인은 복합성complexity과 풍미가 있는 부케bouquet가 형성되는 잠재력을 지니고 있다. 평균적으로 온도가 10℃ 상승할 때마다 와인 내의 화학적 반응이 2배로 활발해진다고 알려져 있다. 대부분의 전문가들은 10~15℃ 사이의 일정한 온도에서 와인을 보관할 것을 추천하고 있다. 와인은 21℃ 정도의 온도에서는 장기적으로도 부정적 영향이 발생하지 않고 기존의 상태로 유지될 수 있다고 한다.

◇ 진동vibration

진동이 와인에 부정적 영향을 준다는 입장과 함께 숙성을 가속화하는 데 기여한다는 주장이 공존하고 있지만, 이들을 뒷받침할 데이터와 연구결과는 흔하지 않다. 그런데 2008년에 발표된 한국의 '전남대학교 식품영향과학부 정현정 교수 외 4인의 논문'에서는 다양한 파장의 진동이 와인의 화학작용에 직접적인 영향을 미친다는 것을 실험적으로 밝힌 적이 있다. 이 연구는 '진동이 와인의 숙성을 가속화하는 데 활용될 수도 있지만, 대부분의 경우에 이것은 와인의 질에 부정적 영향을 끼친다. 그러므로 물리화학적 성질을 지키면서 와인을 보관하기 위해서는 진동을 최소화해야 한다'고 결론을 내리고 있다. 모든 와인이 진동에 취약하지만, 특히 스파클링 와인을 일반 냉장고의 모터가 회전하며 발생하는 진동에 지속적으로 노출시키는 것은 최악의 선택이다.

와인의 보관

◇ 와인 셀라wine cellar

와인룸wine room이라고도 하는 와인 셀라는 와인을 보관하고 숙성하기 위해 특별히 디자인된 공간이며, 지상에 설치되기도 하고 지하의 인공적인 공간 또는 자연 동굴에 만들어지기도 한다. 고급 식당이나 일부의 가정집에도 와인셀라가 설치되고 있으며, 이런 셀라의 대

주택의 지하공간에 설치된 와인 셀라

부분은 외부의 빛과 진동을 차단할 뿐만 아니라 온도와 습도를 일정하게 유지시키는 장치인 실내온도조절장치climate-control system를 갖추고 있다. 와인은 변질하기 쉬운 천연 식품이며, 열·빛·진동 또는 온도와 습도의 변동에 노출되면 손상될 수도 있다. 그러나 온전한 상태에서 보관된 와인은 질이 유지되거나 향상될 수 있으며, 숙성을 하면 복합적인 아로마와 풍미가 생성된다.

◇ 와인 냉장고wine refrigerator(cooler)

주택의 지하실은 별도의 장치가 없이도 셀라의 기본적 기능을 수행할 수 있다. 그런데 지하실이 없는 주택이나 아파트에서 와인을 보관할 수 있는 최소한의 시설 또는 장치가 와인 냉장고이다. 와인 셀라의 소규모 대용물인 와인 냉장고는 8병이 들어가는 작은 것으로부터 용량이 400병인 것까지 매우 다양하다. 일반적인 냉장고는 냉동모터가 회전하며 진동이 발생하지만, 와인 냉장고는 진동이 없다는 것이 가장 큰 특징이다. 그리고 외부의 빛을 차단하기 위해 앞면의 문이 짙은 색의 유리로 만들어져 있으며, 숙성에 적절한 온도로 와인을 차게 유지하는 기능이 있다. 또한 대부분의 와인냉장고는 위와 아랫부분의 온도를 다르게 설정하여 특성에 맞추어 와인의 보관 위치를 정할 수도 있다. 그러나

L사의 국산 와인 냉장고. 약 80 병의 와인을 보관할 수 있는 실용적 모델이다.

대부분의 와인 냉장고는 와인의 숙성에 완전히 이상적이지는 못한데, 냉장고의 내부가 최적인 55~75%보다는 낮은 수준으로 습도가 유지되기 때문이다. 낮은 습도는 시간이 흐를수록 코르크를 건조하게 만들어 병에 산소가 들어갈 틈이 생길 수도 있는데, 이런 경우에는 산화에 의해 와인의 질이 떨어지게 된다.

◇ 와인병을 어떤 상태로 보관할까?

대부분의 와인 셀라나 냉장고의 선반은 병에 든 와인을 완전히 수평으로 눕혀두도록 제작되어 있다. 이와 같이 와인을 두는 방법에 숨어있는 생각은 코르크가 와인과 접촉한 상태를 유지하여 마르지 않고 항상 습기를 유지하려는 것이다. 그래서 일부 와이너리들은 와인병을 박스 안에 거꾸로 넣어 포장하기도 한다. 그런데 와인을 두는 이상적인 방향은 완전한 수평보다는 약간 각도를 두고 비스듬히 눕혀두는 것이라는 주장도 있다. 이렇게 두는 것은 코르크와 와인이 부분적인 접촉상태로 두어서 습기가 유지될 뿐만 아니라 병 속에서 생성될 수 있는 높은 압력을 코르크를 통해 배출할 수 있기 때문이라고 한다. 그러나 두 방법 중에서 어느 것이 더 옳은지에 대한 명확한 근거는 없다.

완전히 수평인 와인냉장고의 선반. 가끔은 선반의 각도를 비스듬하게 조정할 수 있는 셀라도 있다.

◇ 보관방법이 특별한 와인들

대부분의 와인은 옆으로 눕혀두는 것이 좋지만, 상파뉴를 비롯한 발포성 와인은 바로 세워두는 것이 더 좋다고 한다. 이것은 와인에 녹아있는 탄산가스로 인한 내부의 압력으로 습도가 충분히 유지되고 산소와의 접촉도 최소화할 수 있기 때문이다. 그리고 스페인의 강화와인인 세리Sherry도 공기와의 접촉에 매우 민감하기 때문에, 와인병 안에서 공기와 접촉하는 표면이 최소화되도록 바로 세워서 보관하는 것이 바람직하다고 한다. 또 비정상적인 보존력을 지닌 포르투갈의 강화와인인 마데이라Madeira는 와인 셀라나 와인 냉장고가 아닌 실온의 상태로 보관하는 것이 더 좋다.

와인 병마개

◇ 코르크cork 마개

코르크는 유럽 남서부와 아프리카 북서부에 자라는 코르크참나무Quercus suber(또는 cork oak)의 껍질조직이다. 코르크가 물이나 공기를 잘 통과시키지 않는 것은 여러 가지 포화지방산과 불포화지방산의 중합체polymer인 수베린suberin이라는 물질 때문이다. 불침투성, 난연성, 부력성과 탄력성이 있는 특별한 세포구조의 특성 때문에, 코르크는 오랫동안 병마개의 소재로 쓰였다. 코르크 마개는 한때 로마인들이 사용하였으나, 서로마 제국이 멸망한 후 오랫동안 잊혔던 것을 17세기에 영국인들이 재발견하였다고 전해진다. 그래서 프랑스에서도 17세기 중반 이후에야 기름을 먹인 수지 대신에 코르크를 와인 병마개로 사용하기 시작했다. 코르크 마개는 통조각으로 만들 수 있으며, 코르크의 작은 알갱이들을 압착하여 만드는 합성 코르크agglomerated cork 마개도 주로 중저가의 와인에 대중적으로 쓰이고 있다.

와인 병마개. 왼쪽부터 합성 코르크, 천연코르크, 합성수지, 발포성 와인의 코르크.

◇ 코르크 오염cork taint

흔하지는 않지만, 마개를 빼서 병을 개봉했을 때 와인에서 불쾌하고 불결한 냄새가 나는 경우가 있다. 이런 현상의 원인은 내부에 구멍이 뚫려있거나 세포조직이 치밀하지 않은 코르크 때문인데, 프랑스에서는 이런 와인 또는 이런 현상을 부쇼네

bouchonné(또는 goût de bouchon)라고 한다. 이 용어는 마개라는 단어인 부숑bouchon의 형용사형으로, 영어의 코르키corky(또는 corked)라는 단어와 같은 의미이다. 전체 와인 중에서 이런 경우는 1,000병에 2~3병 정도라고 하지만, 약한 정도의 오염까지 포함하면 전체의 2~3%를 차지한다는 주장도 있다. 그런데 이 현상을 일으키는 몇 가지의 화학적 성분 중에서 트리클로로아니솔trichloroanisole(TCA)에 의한 오염이 80% 이상을 차지한다고 알려져 있다. TCA에 오염되면, 와인에서 다른 향은 사라지고 곰팡이 또는 젖은 행주의 냄새 같은 특성이 나타난다. 그러나 이러한 부정적 가능성에도 불구하고, '장기적으로 숙성해야 하는 와인은 코르크가 병 내외부의 공기를 미세하게 서로 교류하게 하여 고유의 부케가 생성되도록 작용한다'는 근거가 명확하지 않은 전통적 믿음이 지금까지도 강하게 남아있다.

◇ 부쇼네 와인을 만나면?

혹시 레스토랑이나 와인바에서 주문한 와인이 오염된 것이라면, 그 와인은 아무 문제없이 교환이 된다. 그러나 개인이 오랫동안 보관한 와인이 부쇼네라면, 긴 시간이 흘렀기 때문에 판매자에게 교환을 요구하기도 어렵다. 이런 와인은 아깝다는 마음을 접고 미련 없이 쏟아버리는 것이 옳다. 그런데 부쇼네의 정도가 심하지 않다면, 와인을 디캔터에 부은 후에 20~30분 정도 두어서 와인이 회복되는 것을 기대할 수도 있다. 그러나 이 경우에도 대부분 와인의 향과 맛이 원래의 수준으로 완전히 회복되기는 어렵다.

◇ 코르크 마개의 대용물들

1990년대 중반 이후로 코르크를 대체하는 합성수지, 크라운 캡crown cap, 스크류 캡screw cap과 유리마개 등이 사용되기 시작하였다. 코르크가 아닌 대용마개가 최근에 대중화되어 사용이 증가하고 있음에도 불구하고, 이런 종류의 마개가 와인의 보관과 숙성에 미치는 영향에 관한 연구는 매우 부족하다. 더욱이 코르크 마개에 당위성을 부여하는 것은 병 내부와 외부 공기의 미세한 교류에 의한 부케의 생성 여부이지만,

이를 규명하거나 정당화할 수 있는 어떠한 연구결과도 없다. 따라서 진보적 사고를 가진 다수의 와인생산자들은 코르크의 대용마개가 코르크 오염도 일으키지 않고 생산비용도 절감하는 데 일조한다고 주장한다. 특별히 호주와 뉴질랜드의 생산자들은 발포성 와인을 포함하여 아주 많은 와인의 마개로 스크류 캡을 사용하는 데 긍정적일 뿐만 아니라 매우 적극적이다. 그러나 특히 고급 와인의 생산자들 대부분은 지금도 코르크 마개의 전통을 고수하고 있다.

최근에는 가끔 유리마개를 채택하는 와인을 볼 수 있는데, 이런 와인은 거의 로제이다.

◇ 리코르킹recorking

와인을 저장하는 조건이 완벽하더라도 코르크 마개가 와인을 영원히 보호할 수는 없다. 보통 코르크의 수명은 대체로 30년을 넘기기 어렵다고 한다. 수명을 다한 코르크는 삭아서 더 이상 밀봉의 기능을 지속할 수 없게 되는데, 이와 같이 코르크의 수명이 다할 때까지 보존될 수 있는 와인은 프리미엄급 중에서도 매우 희귀하고 특별한 빈티지의 경우이다. 이런 와인의 보존기간을 연장하기 위해서는 손상된 코르크를 교체해야 하는데, 이 작업을 리코르킹이라 한다. 와인을 손상하지 않고 코르크를 교체하는 데는 특별한 기술과 기교가 요구되므로, 이를 위해서는 와인생산자나 전문가의 서비스를 받아야 한다.

와인은 과연 훌륭한 투자대상인가?

◇ 와인 컬렉션collection과 와인 투자investment

자신이 즐기기 위해 다양한 종류의 와인을 수집하는 것은 와인 애호가이면 누구나 원하거나 현재 진행하고 있는 일상적인 관심사이다. 예산 범위 내에서 자신이 선호하는 와인을 모으는 과정은 와인 애호가에게는 빠뜨릴 수 없는 즐거움의 하나이다. 와인에 관한 지식이 늘어나는 만큼, 자신의 와인 컬렉션도 보다 체계화되고 풍성해지리라. 그런데 와인의 수집이 단순히 즐기기 위한 것이 아니라 투자에 목적을 두고 있다면, 이것은 많은 여건들과 상황을 고려해야 하는 전혀 다른 차원의 문제이다. 경영학적 의미에서 투자란 '미래에 가격이 상승할 것으로 기대하고 수익을 목적으로 특정한 대상물을 매입하는 행위'이다. 탁월한 빈티지의 와인을 낮은 가격에 매입하여 가격이 상승할 때 되팔아 차익을 실현하는 것이 바로 와인 투자이다. 그래서 일부의 와인 애호가들이 투자의 목적으로 와인을 매입하는 경우를 종종 볼 수 있다. 그렇다면, 과연 와인은 훌륭한 투자대상일까?

◇ **투자와인**investment wine

최고의 포도밭에서 나온 탁월한 빈티지는 한 병에 수천 달러 혹은 그 이상의 가격으로 거래되기도 한다. 투자의 대상이 되는 와인을 투자와인이라 하는데, 이들에 해당하는 와인은 프리미엄급 중에서도 극히 일부분에 불과하다. 이 중에서 프랑스 보르도의 프리미엄급 와인이 전체의 90% 정도를 차지하고, 나머지는 부르고뉴, 이탈리아, 스페인의 최고급 와인, 포르투갈의 최고급 포트와인과 주로 미국의 일부 와이너리들이 소량으로 생산하는 컬트와인 등이 대상에 포함된다. 투자와인은 일종의 베블렌재Veblen goods의 특성을 갖고 있는데, 이런 유형의 재화는 가격이 상승하면 수요량이 감소하기보다는 오히려 증가하는 경향이 있다. 특별한 포도밭 또는 와인의 연속적인 빈티지를 모은 버티컬vertical 같은 특별한 컬렉션은 더 높은 가치를 가진다. 가장 대표적인 경우로, 2006년에 1860년부터 2003년까지의 모든 빈티지를 포함하는 샤토 디켐Château d'Yquem의 135년 버티컬이 150만 달러에 거래된 사례가 있다.

◇ **컬트와인**cult wine

'컬트'란 추종과 숭배 또는 광신적 종교집단을 뜻하는 용어여서, 컬트와인이란 열성적인 소수의 집단을 거느린 와인을 뜻한다. 딱히 정해져 있지는 않지만, 이 부류에 속하는 와인들은 프랑스 보르도의 프리미엄급, 생떼밀리옹 그랑 크뤼 끌라세 A 등급, 뽀므롤의 1등급, 캘리포니아의 특급 와인, 펜폴즈 그레인지Penfolds Grange를 비롯한 호주의 프리미엄급과 일부의 포르투갈 빈티지 포트 등이 이 부류에 속한다. 부르고뉴의 그랑 크뤼 와인도 여기에 가끔 포함되기도 하지만, 컬트 와인은 소비보다는 투자의 목적으로 활용되는 경우가 더 흔하여 보존력이 탁월해야 한다는 조건을 충족하여야 한다. 이 와인들의 가격은 병당 미화 5천 달러를 넘어서기도 한다.

◇ 와인의 투자를 위한 부가적 조건

그렇다면 누구든지 투자와인을 매입해두면 투자수익을 기대할 수 있을까? 결론부터 말하자면, 대답은 '아니다'이다. 먼저 와인투자자는 자신이 매도하려는 와인이 오랫동안 잘 보존되었다는 것을 보증할 수 있어야 한다. 이를 위해서는 와인의 매도자가 투자시장에서 인정을 받는 참여자여야 한다. 그리고 와인투자는 상당한 자금이 소요되는 만만치 않은 규모의 비즈니스이며, 약간의 여윳돈으로 뛰어들 수 있는 영역이 아니다. 더욱이 아마추어 투자자는 와인의 투자와 경매에 관여하는 전문가나 브로커에게 이용당할 수도 있다. 그러므로 와인애호가들 중에서 최소한 99.9%는 이 시장에 참여하는 것이 거의 바람직하지 못하다. 따라서 와인투자는 와인을 즐기는 것과는 별개의 영역이므로, 대부분의 와인애호가들은 컬렉션으로 자신만의 와인세계를 구축하는 재미를 느끼는 데 만족해야 할 것 같다. 그러나 자신의 자금을 와인에 오랫동안 묻어둘 수 있는 경제적 여건을 충족한다면, 와인투자에 발을 담그는 것이 높은 수익률을 기대할 수 있는 훌륭한 선택일 수도 있다.

와인 액세서리들

여타의 술과 달리 와인을 즐기기 위해서는 다양한 액세서리들이 필요한데, 이들 중에는 꼭 필요한 것부터 굳이 필요치 않은 도구들도 있다. 구체적으로는 여타의 술보다 와인을 특별하게 만드는 데 기여하는 와인글라스를 비롯하여 와인의 코르크 마개를 제거하는 코르크스크류, 와인에 섞여 있을 수도 있는 찌꺼기를 걸러내기 위해 사용하는 디캔터, 와인의 음용 온도를 낮게 유지할 목적으로 쓰이는 아이스 버켓 등의 여러 가지 액세서리들이 있다. 따라서 와인을 잘 즐기기 위해서는 여러 액세서리를 사용하는 올바른 방법을 알아둘 필요가 있다. 이런 도구들의 종류는 매우 많으며, 특히 와인잔은 모양이 매우 다양하다. 더욱이 와인의 종류에 따라 와인잔도 달라져야 한다는 주장이 와인의 세계에 입문하려는 초보자들을 당혹스럽게 만든다.

코르크스크루

◇ 코르크스크루corkskrew의 용도

와인을 마시기 위해서는 와인의 마개를 빼내는 것이 가장 우선되어야 하는 일이다. 코르크스크루는 와인 병목에 깊고 빡빡하게 박혀있는 코르크 또는 합성수지 마개를 제거하는 데 쓰는 필수적인 도구이다. 모양은 매우 다양하지만, 모든 코르크스크루에는 공통적으로 끝이 뾰족한 금속나선metallic helix이 달려있는데, 이것은 1795년에 영국의 헨쉘Samuel Henshall(1764/5~1807) 목사가 발명하였다고 전해진다.

◇ 코르크스크루corkscrew의 종류와 사용방법

코르크 마개를 제거하기 위해 여러 형태의 코르크스크루가 쓰이고 있는데, 이들의 사용법을 능숙하게 익혀둘 필요가 있다.

- 베이식basic : 금속나선에 나무 또는 금속손잡이가 달려있는 T자형의 가장 간단한 형태인데, 금속나선을 코르크의 가운데에 정확히 깊숙이 돌려박아 넣어서 힘차게 손잡이를 당겨서 박혀있는 마개를 뺀다. 그러나 힘이 약한 사람들은 사용하기가 어렵고, 코르크가 빠지는 순간에 와인이 약간 쏟아질 수도 있는 단점이 있다.

- 날개 코르크스크루wing corkscrew(butterfly corkscrew, owl corkscrew, angel corkscrew) : 금속나선이 코르크에 박힐수록 양 날개가 위로 들리고, 충분히 위로 올라갔을 때 날개를 천천히 아래로 눌러서 원위치로 되돌리면 코르크가 병에서 자연스럽게 빠져나오게 만든 편리한 도구이다.

- 소믈리에 나이프sommelier knife : 대부분 병목을 감싸고 있는 포일을 잘라서 제거하는 작은 칼과 코르크를 제거할 때 병목에 걸치는 2단의 지렛대가 있으며, 간단히 접어서 휴대하기에 편리해서 가장 널리 쓰이는 실용적인 형태이다.

- 레버 코르크스크루lever corkscrew(rabbit corkscrew) : 토끼의 귀를 닮은 한 쌍의 손잡이가 달려있는데, 이것을 손으로 집어서 병목을 잡고 아래로 누르면 금속나선이 자연스럽게 코르크에 박히고 위로 들면 코르크도 위로 올라와서 병목에서 빠지게 만든 편리한 도구이다.

- 양날 코르크 제거기twin prong cork puller(ah-so) : 특이하게 손잡이에 금속나선 대신에 가늘고 긴 한 쌍의 금속 날prong이 달려있는데, 이 날들을 병과 코르크 사이에 깊숙이 찔러 넣고 뒤틀어서 코르크를 제거한다. 이것은 병목의 내부와 눌어붙은 것과 같이 상태가 좋지 않은 코르크를 제거하는 데 효과적이지만, 한 쌍의 날을 병목에 찔러 넣을 때 코르크가 병 속으로 밀려들어갈 수도 있어서 능숙하게 사용하기 위해서는 약간의 숙달이 필요하다.

- 전동 코르크스크루electric wine opener : 전기 모터의 힘으로 코르크 마개를 제거하는 도구인데, 코르크에 금속나선을 밀착시켜 스위치를 켜면 간단히 코르크를 뺄 수 있다.

코르크스크루의 모양은 매우 다양하다. 왼쪽이 날개 코르크스크루이고, 가운데가 소믈리에 나이프와 베이식이다. 오른편은 레버 코르크스크루이다.

이것으로 코르크를 빼는 것을 보고, '그렇구나!'라는 의미로 '아소(ah-so)'라는 별칭을 가지게 되었다고 전한다. '주류관리인의 친구(butler's friend)'라고도 불린다.

○사의 전동 코르크스크루. 이 제품은 아랫부분이 투명한 플라스틱이어서, 금속나선이 코르크에 박히는 것을 눈으로 확인할 수 있다는 장점이 있다.

안나 G. 코르크스크루. 이것은 이탈리아의 유명 디자이너겸 건축가였던 멘디니(Alessandro Mendini; 1931~2019)가 1994년에 자신의 여자친구이자 동료 디자이너인 길리(Anna Gili)를 본떠서 만들었다고 한다.

디캔터

◇ 디캔팅decanting의 목적

병 안의 와인을 다른 용기로 옮기는 것을 디캔팅이라 하고, 이때 사용하는 용기를 디캔터decanter라고 한다. 이것은 보통 750㎖의 와인 한 병을 담기에 충분한 용량으로 모양이 매우 다양하며, 전통적으로 유리 또는 크리스탈로 만든다. 그러면 와인을 디캔팅하는 목적은 무엇일까?

- 먼저 디캔팅은 와인으로부터 침전물을 분리하기 위함인데, 침전물은 오래 보관한 와인에서 서서히 진행되는 화학적 반응의 결과물이거나 양조할 때 정제clarification 또는 여과filtering의 과정을 거치지 않은 와인에 들어있다. 그러나 최근에는 침전물이 있는 와인이 많지 않으므로, 여과를 거치지 않는 특수한 경우를 제외하고는 이 목적으로 와인을 디캔팅할 필요성은 많이 감소하였다.

- 디캔팅의 또 다른 목적은 와인을 공기와 접촉aeration하게 하여 더 많은 아로마 성분을 방출하게 하는 산화의 과정을 촉진하는 것이다. 이것은 잔을 천천히 돌려서 와인과 공기의 접촉면적을 늘리는 것과 같은 원리이다. 이와 더불어 디캔팅은 산소와 접촉하게 하여 타닌이 강한 와인을 빠르게 순화시킨다는 견해도 있다.

디캔터는 뚜껑이 있는 것과 없는 것이 있는데, 특별히 뚜껑이 없는 것을 깨라프(carafe)라고 부른다.

◇ 디캔팅은 꼭 필요한가?

디캔팅의 유용성 여부는 와인의 세계에서 격렬한 논쟁이 벌어지고 있는 이슈 중의 하나이다. 맥닐Karen MacNeil(1954~) 같은 와인 전문가는 "끼안티와 삐노 누아와 같이 섬세한 와인은 디캔팅이 해롭지만, 보르도처럼 매우 타닉한 와인은 디캔팅의 과정을 거치는 것이 바람직하다."라고 말한다. 그러나 와인학자 삐노Émile Peynaud(1912~2004)는 "와인을 일거에 산소와 접촉시키는 것은 실질적으로 아로마 성분을 과도하게 방출하여 발산시켜버린다."라고 주장한다. 그리고 디캔팅한 상태로 와인을 몇 시간 동안 두더라도 타닌을 부드럽게 하는 효과가 발생하지 않는다는 연구도 있다. 그리고 와인비평가인 오키프Kerin O'Keefe는 "디캔팅보다는 마시기 몇 시간 전에 코르크를 제거하여 병 안에서 와인과 공기가 서서히 접촉하게 두는 것이 더 바람직하다."라고 말한다.

그런데 와인작가인 로빈슨Jancis Robinson(1950~)은 디켄터의 세련된 디자인이 주는 미학적 가치를 강조하며, "지극히 예민한 일부의 와인을 제외하고는 디캔팅이 와인에 심각한 손상을 주지 않는다."라는 입장이다. 그리고 여과를 거치지 않아서 앙금이 있는 특별한 와인은 디캔팅이 필수적이다. 그러나 특히 오랜 기간 동안 숙성한 와인은 공기와의 접촉에 민감하게 반응하므로, 와인 전체를 일시에 공기에 노출시키는 디캔팅은 대단히 위험하다.

◇ 와인 다이아몬드wine diamond

오래 숙성한 와인은 병 속에 단단한 결정체가 형성되는 경우가 있는데, 이를 와인 다이아몬드라고 한다. 이것은 타르타르산염 결정체tartrate crystal이며, 화학적으로는 중주석산칼륨potassium bitartrate이다. 이 물질은 레드와 화이트와인에서 모두 생성될 수 있으나, 레드와인에서 더 흔하다. 이 결정체는 완숙한 포도에 많이 포함되어있는 타르타르산tartaric acid과 포도나무가 토양에서 흡수한 무기물mineral이 접촉하여 오랜 시간에 걸쳐서 형성된다고 한다. 그런데 이것은 와인의 질에는 아무 영향을 주지 않으며, 오히려 잘 숙성된 와인의 특징으로 여겨지기도 한다. 이 결정체를 걸러내기 위해서는 디캔팅이 필수적이라는 견해도 있으나, 오래 숙성하여 예민한 와인을 갑자기 공기에 노출시키기 보다는 병 속의 결정체가 잔에 흘러나오지 않도록 조심조심 천천히 따르는 방법이 더 좋지 않을까?

기타의 액세서리들

◇ 아이스 버켓ice bucket

오크통에서 숙성한 풀바디 와인을 제외한 모든 화이트, 로제, 스파클링과 아이스 와인은 서빙온도를 섭씨 6~10℃ 사이로 유지해야만 와인이 가진 향과 풍미를 제대로 느낄 수 있다. 이런 와인들은 마시기 전에 얼음을 채운 아이스 버켓에 병을 담가서 온도를 낮게 유지할 필요가 있다. 이런 용기의 재질은 스테인리스, 플라스틱 또는 유리 등이 있으며, 한 병이 들어가는 것으로부터 여러 병을 담을 수 있는 것까지 크기와 디자인도 다양하다.

구리로 만든 아이스 버켓

◇ 기타의 도구들

유용성은 다소 떨어지더라도, 편리성과 미학적 가치에 초점을 둔 다양한 와인 액세서리들이 판매되고 있다. 이런 것들은 와인을 즐길 때 반드시 필요하지는 않지만, 미학적으로 디자인된 도구들로 자신을 치장하기를 원하는 와인애호가들을 유혹한다.

• 와인펌프wine pump : 마시다 남은 와인을 일시적으로 보관하기 위해 병 속의 공기를 빼내는 장치이다. 그러나 이렇게 보관한 와인은 2~3일을 넘기지 않고 마시는 것이 좋다.

• 포일 커터foil cutter : 와인병의 마개를 싸고 있는 포일을 잘라내는 도구인데, 둥근 틀을 병의 가장 윗부분에 끼워서 좌우로 돌려서 포일을 잘라낸다. 그러나 이 작업은 소믈리에 나이프에 달려 있는 작은 칼로 대신할 수도 있다.

• 와인 스타퍼wine stopper : 개봉한 와인병을 일시적으로 막아두는 마개이다.

• 와인 포어러wine pourer(또는 aerator)와 흘림방지 링anti-drip ring : 잔에 따른 뒤에 와인이 병목에 흘러내리는 것을 방지하기 위한 도구이다.

• 칠 드롭chill drop : 잔에 직접 넣어서 와인의 온도를 떨어뜨리기 위한 손잡이가 달린 금속 덩어리인데, 이것은 사용하기 전에 냉장고에 넣어두어야 하는 것은 당연하다.

• 와인병 재킷wine bottle jacket : 와인을 낮은 온도로 유지하기 위해 두꺼운 천이나 합성수지로 병을 감싸는 도구이다.

• 와인 온도계wine thermometer : 와인의 온도를 측정하기 위한 액세서리로, 병에 두르는 것과 와인에 직접 담그는 형태가 있다.

| 와인 펌프, 마개 | 포일 커터 | 와인스타퍼 | 와인포어러 |
| 흘림방지 링 | 칠 드롭 | 와인 재킷 | 온도계 |

와인글라스

◇ **와인글라스**wine glass**의 모양**

대체로 유리로 만드는 와인잔은 모든 와인 액세서리 중에서 향과 풍미를 지키고 미학적 가치를 높여주는 가장 중요하며 필수적인 도구이다. 여타의 술잔과는 달리, 와인글라스는 둥글고 풍만한 몸체에 날씬하고 길쭉한 자루가 달린 미끈한 모양을 하고 있다. 와인용 잔은 보통 술을 담는 곳인 보울bowl, 손으로 잡는 자루인 스템stem, 잔의 바닥인 베이스base(또는 foot)로 구성되어있으며, 와인을 마실 때 입술이 닿는 보울의 가장 윗부분을 립lip 또는 림rim이라 부른다. 대부분 잔은 아로마를 모으기 위해 립이 보울의 몸통보다 더 좁게 만들어지지만, 원뿔형의 잔도 어렵지 않게 볼 수 있다. 손잡이가 없는 잔인 텀블러tumbler는 스템이 있는 와인잔의 사용으로 얻는 이점을 무시하기 때문에, 전통적인 자리보다는 평상적인 용도로 쓰인다.

와인글라스는 테이블용 뿐만 아니라 파티용으로도 사용하기 때문에, 같은 값이면 가벼운 것이 좋다. 그리고 와인의 색깔을 판단하고 느끼기 위해서 글라스는 무색 투명하며 어떠한 장식도 없는 것이 바람직하다. 또한 물방울 자국을 비롯한 얼룩이 없도록 와인글라스를 청결하게 유지해야 한다. 아무리 훌륭한 것일지라도, 깨끗하지 못한 글라스에 담긴 와인은 더러운 음료에 불과할 수 있다.

표준형 와인글라스의 구조

◇ 레드와인 글라스

레드와인 잔은 와인과 공기의 접촉을 촉진하기 위한 둥글고 넓은 보울이 가장 큰 특징인데, 산소가 와인과 접촉하는 과정에서 화학적 작용에 의해 풍미와 아로마가 미묘하게 변한다. 레드와인 잔은 다음과 같이 나름대로 독특한 모양을 가지고 있다.

- **보르도 글라스** : 잔의 높이가 크고 보울이 넓고 립이 좁아서 와인이 입의 안쪽에 바로 도달할 수 있는데, 까베르네 소비뇽과 시라 같은 풀바디 와인에 적합하도록 디자인되어 있다. 표준적인 보울의 용량이 270㎖이지만, 360㎖와 415㎖인 대형 글라스도 있다.
- **브루고뉴 글라스** : 보르도 잔보다 보울이 넓고 립 부분이 밖으로 벌어져 있어서, 삐노 누아 같은 섬세한 레드와인의 아로마를 집중시키기에 적합하다고 한다. 이런 유형의 잔은 와인을 혀의 넓은 부분에 퍼지게 해준다. 보울의 용량은 415㎖이며 높이는 약 18cm이다.

와인글라스의 모양은 매우 다양하다. 왼쪽으로부터 보르도 글라스의 표준형, 415㎖, 보르도 글라스, 삐노 누아 글라스, 유니버설 글라스(universal glass), 부르고뉴 화이트와인 글라스, 튤립 스파클링 글라스. 유니버설 글라스는 레드와 화이트와인 모두에 쓸 수 있도록 고안된 글라스를 의미한다.

최근에는 사진과 같이 보울의 용량이 700㎖를 넘어서는 대용량 레드와인 글라스들이 출시되고 있다. 이런 부류의 글라스는, 매우 높은 가격에도 불구하고, 유리의 두께가 매우 얇아서 조심조심 취급해야 할 정도로 실용성이 아주 낮다.

◇ 화이트와인 글라스

화이트와인용 잔은 크기와 모양에서 보울이 길고 가느다란 샹파뉴 플루트 Champagne flute로부터 샤르도네를 마실 때 쓰는 보울의 면적은 상대적으로 넓고 길이는 약간 짧은 쉘로 글라스shallow glass까지 매우 다양한데, 여러 모양의 잔들은 다양한 스타일의 와인이 가진 독특한 특성을 두드러지게 한다. 보울의 용량은

화이트와인 글라스 세트. 대체로 화이트와인 글라스는 레드와인용에 비해 용량이 작고 보울 몸통의 지름에 대한 립 직경의 비율이 높은 경향이 있다.

평균적으로 240㎖이지만, 최근에는 360㎖ 글라스도 출시되고 있다. 입구가 넓은 잔은 빠르게 산화를 촉진하여 와인의 향을 변화시키는 레드와인 잔과 비슷한 기능을 한다. 일반적으로 오크통에서 숙성한 샤르도네와 같이 풍미가 매우 풍부한 와인은 가볍게 산화하면 최고의 상태에 도달하는 스타일이다. 이와는 반대로 가볍고 신선한 맛의 화이트와인은 산화가 바람직하지 않은데, 산화가 와인의 섬세한 뉘앙스nuance를 가리기 때문이다. 신선하고 깨끗한 풍미를 지키기 위해서 대부분의 화이트와인 잔은

보울의 크기가 상대적으로 작은데, 이것은 와인의 표면적을 작게 하여 산화를 줄이기 위함이라고 한다.

◇ 발포성 와인글라스

여러 가지 모양의 스파클링 와인 글라스들. 왼쪽에서 첫 번째와 두 번째 글라스의 재질이 크리스탈인데, 이런 글라스는 상대적으로 꽤 무거워서 파티용으로는 불편하다.

이 꾸프는 스템의 중앙이 비어있어서 거품의 부상을 감상할 수 없는 일반적인 꾸프의 단점을 보완한 특이한 형태이다. 이 글라스는 제작 시기가 20세기 초반으로 추정되는 골동품이다.

발포성 와인용 글라스인 튤립tulip과 플루트flûte는 보울이 좁고 길쭉하며 스템이 길다는 특징이 있다. 보울의 용량이 180㎖ 또는 210㎖이며 높이는 약 22㎝이다. 튤립은 아래에서 입구로 갈수록 보울이 조금씩 넓어지는 형태이며 플루트는 아래와 위의 보울 직경이 거의 같은 일자형인데, 이들은 잔에 담겨진 와인의 거품이 지속적으로 잘 발산하여 부상할 수 있도록 보울의 표면적은 좁고 길이는 길다. 이러한 디자인은 와인의 거품이 좁고 긴 보울을 따라 부상하는 시각적이며 미학적 효과에 기여한다. 빈티지 상파뉴vintage Champagne를 즐길 때 가끔 쓰는 글라스인 꾸프coupe는 보울이 벌어지고 깊이가 얕기 때문에, 거품이 떠오를 공간이 충분하지 못하고 아로마가 너무 빨리 달아나서 시각적으로나 미각적으로도 그리 권장할 만하지 않다. 보울의 용량은 260㎖이며, 키는 14㎝로 튤립이나 플루트보다 작다. 전해오는 이야기에 따르면, 이 잔은 프랑스 루이 15세Louis XV(1710~1774)의 애첩인 뽕빠두르 여후작Marquise de Pompadour(1721~1764)의 풍만한 가슴라인을 본떠서 만들었다고 전한다. 사족蛇足이지만,

경제표Tableau économique로 유명한 중농주의physiocracy 경제학자 케네François Quesnay(1694~1774)
는 그녀의 주치의였다.

◇ 기타의 와인글라스

과거로부터 일정한 지역의 와인에
만 관습적으로 사용해온 특별한 형태
의 와인글라스가 있다. 화이트와인용
인 알자스 글라스Alsace glass는 상대적으
로 보울의 크기가 작고 스템은 더 길다.
로제용 글라스는 알자스 글라스와 유
사하지만, 립이 벌어진 형태를 많이 쓴
다. 그리고 독일의 화이트와인을 마실
때 사용하는 뢰머Römer(또는 roemer, 영어로는
rummer)라는 잔이 있는데, 이것은 특이
하게 초록색의 굵은 스템을 달고 있다.
스쿠너schooner(또는 sherry glass)는 보통 세리

뢰머 글라스. 뢰머(Römer)란 '로마 시민(Roman)'이란
뜻으로, 이 잔은 역사적으로 로마 또는 신성로마제국
(Holy Roman Empire)과 관련이 있다고 추측된다. 모
양이 일정하지는 않으나, 모두 스템이 굵은 것은 같다.

와 포트 등의 강화와인과 향기로운 알코올음료를 마실 때 사용하는 잔으로, 보울
이 두꺼우며 둥글고 스템이 짧다. 꼬삐따copita는 튤립형의 셰리용 글라스인데, 향의
보존력을 높이기 위해 보울이 스쿠너보다 더 길쭉하다. 보카리노boccalino는 스위스의
티치노Ticino에서 지역의 와인을 마시는 데 사용하는 사기로 만든 머그잔이며, 용량
은 대략 200㎖이다.

◇ 와인글라스의 선택기준

다양한 모양의 글라스와 여러 스타일의 와인을 적절하게 조합하는 문제는 와인애
호가들에게 혼란함을 주는 것 중의 하나이다. 그러면 특정한 와인에 대해 최적의 와
인글라스를 선택하기 위해 고려하는 기준들은 어떤 것들이 있을까?

- **산화의 유용성 여부** : 공기의 접촉에 따른 산화oxidation에 의해 풍미가 생성되는 레드와인은 보울이 커서 표면적이 넓은 잔이 좋다. 그러나 화이트나 스파클링 같이 여린 와인은 오히려 산화가 풍미를 해치므로, 공기의 접촉을 줄이기 위해 와인의 표면적이 좁은 잔이 좋다.

- **빛깔** : 투명도limpidité(transparency)와 광도luminosité(luminosity)가 높은 와인은 시각적 효과를 높이기 위해 와인글라스의 보울이 넓은 경향이 있다. 투명도와 광도가 뛰어난 부르고뉴 레드와인 글라스가 이에 해당한다고 볼 수 있다.

- **아로마와 부케** : 아로마와 부케가 풍부한 와인일수록 이를 잔 안에 붙잡아두기 위해서 글라스의 보울이 크고 립은 상대적으로 좁다. 삐노 누아 글라스가 좋은 예이다.

- **맛** : 보울의 끝부분인 립의 직경이 작으면, 잔을 입 속에 깊숙이 집어넣기가 어려우므로, 이런 잔은 와인을 혀의 앞부분과 접촉하게 만든다. 반대로 립의 직경이 큰 잔은 상대적으로 혀의 깊숙한 곳까지 잔을 밀어 넣을 수 있다. 그리고 부르고뉴 레드와인 글라스와 같이 립이 벌어진 형태는 혀의 양쪽 끝부분까지 넓은 부위에 와인을 도달하게 한다. 이와 달리 보울의 끝이 모여진 잔은 와인을 혀의 중앙으로 많이 흘러들어가게 한다. 그러나 립의 넓고 좁음과 벌어짐의 여부를 혀의 맛지도와 연결하는 것은 어떠한 과학적 근거도 없으며, 명백히 사실도 아니다.

- **서빙온도** : 적정한 서빙온도가 낮은 와인일수록 보울의 용량이 작고 스템이 긴 잔을 사용한다. 온도에 민감한 알자스 와인을 비롯한 화이트와인, 로제나 발포성 와인의 잔은 용량이 비교적 작으며 스템이 긴 경향이 있다.

- **알코올 도수** : 도수가 높을수록 잔의 크기가 작은 경향이 있다. 예컨대 도수가 높은 강화와인용 글라스는 대체로 보울의 크기가 상대적으로 작다.

◇ **혀의 맛지도**tongue map(taste map)?

글라스 모양이 와인의 향과 풍미에 미치는 효과는 어떠한 과학적 연구에서도 밝혀진 것이 없으며, 지금도 논쟁의 대상이 되고 있다. 그러나 많은 사람들은 지금도 와인잔은 풍미와 아로마 또는 부케를 집중시켜서 품종의 특성을 강조하기 때문에 잔의 형태가 매우 중요하다고 믿고 있다. 풍미가 입이 아니라 후각에 의해 감지됨에도 불구하고, 잔의 모양이 특정한 품종의 와인을 입 안의 가장 적합한 부위에 집중적으로 닿게 해준다는 맹목적 믿음이 보편화되어있다. 다양한 와인글라스를 생산하고 개발하는 기업의 마케팅 전략과 함께, 와인잔의 모양이 중요하다는 생각은 완전히 신뢰할 수 없는 혀의 맛지도와 같이 특정한 맛을 감지하는 맛봉우리taste bud가 집중되어 있는 혀의 부위가 있다는 잘못된 인식에 근거를 두고 있다. 이것은 1875년에 독일의 호프만Arthur Hoffman이라는 사람의 논문을 1901년에 잘못 번역한 해니그Dirk P. Hanig라는 당시 하버드 대학교 심리학자의 논문에서 유래하였다. 1974년에 이 번역이 거짓으로 밝혀졌으나, 해니그의 허위주장이 지금까지도 와인글라스 제조업체의 마케팅에 철저하게 이용되고 있을 뿐만 아니라 아직도 국내의 일부 관련 전공서적에까지 소개되고 있다는 것은 매우 놀라운 일이다.

◇ 이 와인에 이 잔?

와인글라스의 스타일이 특정한 와인의 풍미를 드러내준다는 글라스 제조기업의 판매전략에 기초한 주장이 일부 와인애호가에게는 와인에 대한 섬세한 감각을 표현하는 세속적 도구로 활용되기도 한다. 그러나 2004년에 음식과 와인 전문잡지인 '구오메이Gourmet'는 여러 연구결과에 따라 특정한 와인에 특별한 와인글라스가 필요하다는 주장이 과학적으로 명백한 허구임을 밝히는 글을 실었다. 이와 함께, 로빈슨Jancis Robinson을 비롯한 많은 와인전문가들은 여러 스타일의 와인을 마시기 위해서 발포성 와인글라스와 표준형 글라스의 두 세트를 준비하는 것으로 충분하다는 입장을 밝히고 있다. 더욱이 최근에는 발포성 와인도 향을 잔에 담기 위해 보울이 큰 표준형 글라스를 사용하는 경향이 조금씩 나타나고 있기도 하다. 그러나 글라스의 미학적이며 시각적인 요소를 와인의 본질만큼이나 중요시하며 금전적 지출을 심각하게 고민할 필요가 없는 사람들은 와인글라스를 만드는 전문기업의 친절하고도 섬세하며 유혹적인 권고에 따르는 것도 그리 나쁘지는 않을 듯하다. 그러나 "부르고뉴의 삐노 누아는 부르고뉴 글라스로 마셔야 제맛이야!"와 같이 공허한 멘트가 개인적 미각의 섬세함을 과시하는 데 전혀 도움이 되지 않는다는 것은 분명하다.

◇ INAO 와인글라스

프랑스 국립원산지명칭협회Institut national de l'origine et de la qualité(INAO)는 1970년에 발포성 와인을 제외한 모든 와인을 시음할 때 범용적으로 사용하는 표준적인 와인글라스의 규격을 확정하였다. 이 잔은 달걀 모양의 보울에 스템이 달려있는데, 보울의 길이는 100㎜이고 스템과 베이스의 길이는 55㎜로서 전체 높이는 155±5㎜이다. 그리고 보울의 최장직경은 65㎜, 립의 직경은 46㎜, 스템의 직경은 9㎜, 베이스의 직경은 67㎜, 보울의 유리두께는 0.8±0.1㎜이며 용량은 215±10㎖로서, 긴 보울에 비해 스템이 다소 짧은 형태의 글라스이다. 이 잔은 공식적인 시음용에 그치지 않고 실용성을 중요시하는 와인애호가들에 의해 폭넓게 사용되고 있으며, 편리하고 유용할 뿐만 아니라 값도 매우 저렴하다. 이 표준규격의 잔은 우리나라에서도 2003년에 국가표준으로 제정되었다.

와인애호가의 입장에서 INAO 글라스의 최대 장점은 와인의 본질을 침해하지 않는 실용성이다.

와인에 관한
기타 지식들

와인을 담고 있는 병의 앞과 뒤에는 레이블label이 붙어있는데, 여기에는 와인을 만드는 쪽에서 제공하는 일방적인 것이기는 하지만, 와인에 관한 다양하고 유용한 정보들이 포함되어있다. 그러므로 레이블에 기록된 것의 내용을 정확히 이해하는 것만으로도 와인의 특성과 질을 파악하는 데 큰 도움이 된다. 그리고 와인병의 모양과 크기도 매우 다양하며, 특히 와인병의 모양만으로도 생산지역과 포도품종을 감지할 수 있는 경우도 있다.

와인의 명칭과 레이블

◇ 와인 명칭의 세 가지 형식

와인의 이름이 제각각이며 레이블이 독특하게 디자인되어 있지만, 나름대로의 형식이 있으며 법률적 규제를 받는다. 와인병에 부착된 레이블에는 공통적으로 와인의 이름, 빈티지, 알코올 도수와 와인의 양 등이 적혀있다. 이 중에서 가장 중요한 와인의 명칭은 포도의 재배지역 또는 품종과 연결되어 있는 경우가 많다. 이와는 달리, 생산지역이나 품종과 전혀 관련이 없는 명칭을 쓰는 와인들도 매우 흔하다.

- **떼루아 와인**vin de terroir : 포도를 재배하는 자연환경의 통합적 개념인 떼루아terroir가 와인의 특성을 결정하는 가장 중요한 요소라고 굳게 믿는 생산자들은 명칭에 포도의 재배지역을 포함시키는데, 와인의 생산에 오랜 역사를 가진 유럽의 양조자들이 이러한 부류에 속한다.

- **세파주 와인**vin de cépage : 구세계와 달리 신세계의 와인 생산자들은 포도품종을 명칭에 포함시키는데, 이런 와인을 영어로는 품종와인varietal wine이라고 한다. 이것은 생산자들이 기후를 비롯한 이상적인 자연조건에 의해 품종의 특성이 극대화된다는 신념에 근거를 두고 있다.

- **별도의 명칭을 가진 와인** : 세 번째 형식은 포도의 생산지역이나 품종과 아무런 관련이 없는 별도의 명칭을 가지고 있는 경우이다. 이러한 유형의 와인 레이블은 대체로 디자인이 특이하고 명칭도 독특한 경우가 많은데, 이것은 소비자의 시선을 끌기 위함에 목적이 있다고 보아도 크게 틀리지 않다. 그러나 예를 들어 이탈리아의 토스카나Toscana에서 생산되는 수퍼 투스칸super Tuscan이라 불리는 와인들은 지역이나 품종과 관련이 없는 이름을 사용하는 경우가 많으나, 이들 중에는 많은 와인애호가들이 높은 애정을 갖고 있는 세계적 수준의 명품 와인들이 포함되어있다. 이들에 대해서는 뒤의 8장에서 알아볼 기회가 있다.

사시까이아가 수퍼 투스칸의 대표주자라는 데 많은 사람들은 기꺼이 동의한다. 사시까이아는 '돌밭'을 뜻하는 토스카나 방언이며, 이탈리아 최초의 보르도 스타일 와인이다.

◇ **재배지역과 연관된 와인 명칭**

유럽의 국가들은 전통적으로 포도의 재배지역과 관련된 명칭을 사용하며 다른 지역에서는 그 이름을 쓸 수 없다는 전통에 따르고 있다. 따라서 이런 와인들은 이름만으로도 생산지역과 와인의 특성을 바로 알 수 있는데, 이 경우에 해당하는 대표적 와인들의 명칭과 생산지역은 다음의 표와 같다.

국가	지역	와인 명칭
이탈리아	베네토(Veneto)	바르돌리노(Bardolino), 바르베라(Barbera), 발포리첼라(Valpolicella)
	피에몬테(Piemonte)	모스카토 다스티(Moscato d'Asti), 바롤로(Barolo), 바르바레스코(Barbaresco), 아르네이스(Arneis), 아스티 스푸만테(Asti Spumante)
	토스카나(Toscana)	끼안티(Chianti), 끼안티 클라시코(Chianti Classico), 브루넬로 디 몬탈치노(Brunello di Montalcino), 비노 노빌레 디 몬테풀차노(Vino Nobile di Montepulciano)
	이탈리아 북부	람브루스코(Lambrusco), 트렌토(Trento), 프란차코르타(Franciacorta)
	시실리아(Sicilia)	마르살라(Marsala)
프랑스	프랑스 동부	보졸레(Beaujolais)
	보르도(Bordeaux)	보르도(Bordeaux), 소테른(Sauternes)
	부르고뉴(Bourgogne)	부르고뉴(Bourgogne), 뿌이피쉐(Pouilly-Fuissé), 샤블리(Chablis)
	샹파뉴(Champagne)	샹파뉴(Champagne)
	론(Rhône)	꼬뜨 뒤 론(Côtes du Rhône), 꽁드리유(Condrieu), 따벨(Tavel), 론(Rhône), 샤토네프뒤빠쁘(Châteauneuf-du-Pape)
	루아르 계곡 (Vallée de la Loire)	부브레(Vouvray), 뿌이 퓌메(Pouilly Fumé), 상세르(Sancerre), 쉬농(Chinon)
	프로방스(Provence)	방돌(Bandol)
스페인	리베라 델 두에로 (Ribera del Duero)	리베라 델 두에로(Ribera del Duero)
	리오하(Rioja)	리오하(Rioja)
	헤레스 데 라 프론떼라 (Jerez de la Frontera)	세리(Sherry)
포르투갈	도루(Douro)	포르토(Porto)
	마데이라(Madeira)	마데이라(Madeira)
헝가리	토카이(Tokaj)	토카이(Tokaj)

◇ 떼루아 와인과 세파주 와인의 레이블

다음의 전형적인 두 레이블 형식에서 와인 명칭을 비롯해서 여러 차이를 확인할 수 있다. 왼쪽 레이블은 프랑스 보르도의 프리미엄 와인 중 하나인 샤토 마고Château Margaux의 것이고, 오른편은 와인애호가에게 가격에 비해 거의 예외 없이 기대 이상의 만족을 주는 칠레의 유명 와인인 몬테스 알파Montes Alpha의 레이블이다. 두 레이블의 분명한 차이는 와인의 명칭에 있다. 샤토 마고는 포도원의 이름이며, 마고Margaux는 메독Médoc의 세부 지역으로 포도원이 위치한 마을이다. 이와는 달리 오른쪽 레이블의 와인 명칭인 '몬테스 알파 까베르네 소비뇽Montes Alpha Cabernet Sauvignon'은 품종의 명칭을 포함하고 있는 세파주 와인의 경우이다. 그리고 이어서 설명할 레이블의 각 부분은 와인에 대한 기본적 정보를 다양하게 제공하고 있다.

'샤토 마고'와 '몬테스 알파'의 레이블. 두 레이블의 가장 큰 차이는 각각 포도원이 위치하는 지역과 품종의 이름이 와인의 명칭에 포함되어있다는 점이다.

◇ 와인의 명칭

위의 그림 중에서 와인의 명칭은 두 레이블의 ②이며, 명칭을 통해서 와인의 개략적 특성을 파악할 수도 있다. 특히 세파주 와인의 경우에는 품종에 따라 와인의 맛이나 특징을 어느 정도 짐작할 수 있다. 그러나 세파주 와인도 표시된 품종만으로 양조했다는 것을 의미하지는 않는다. 품종을 레이블에 명기하기 위해서는 표시된 품종의 최소사용비율이 국가와 지역에 따라 다른데, 미국은 75%, 아르헨티나는 80%, 미국의 오레곤Oregon은 특별히 90%이며, 유럽과 신세계의 기타 국가들은 대부분 85%

이다. 그리고 약간의 경험과 지식을 가진 와인애호가라면 레이블에 품종을 밝히지 않는 떼루아 와인도 생산된 지역만으로 품종을 알 수 있다.

◇ 병입한 장소

포도를 재배하고 양조하여 병에 담아 포장한 과정이 한 포도원에서 이루어진 와인은 두 레이블의 ①과 같이 '포도원 병입'으로 표시한다. 이와는 달리 네고시앙négotiant이라 불리는 도매상인이 매집한 여러 곳의 포도로 양조하여 병입한 와인의 레이블에는 이 표시가 없는데, 특별한 몇몇 경우를 제외하면 이런 와인은 대체로 질이 우수하지 않다고 판단하여도 크게 틀리지 않다. 영어로는 보통 '에스테이트 바틀드Estate Bottled'라고 표시하고, 유럽 여러 나라의 표기방법은 다음의 표와 같다.

이탈리아 토스카나에서 생산되는 사시까이아의 레이블. 여기에는 포도원에서 병입하였다는 '임보티리아토 아로리지네'가 적혀있다.

유럽 국가들의 포도원 병입 표기방법	
국가	**표기방법**
프랑스	미젱 부떼 오 샤토(Mis en Bouteille au Château) 미젱 부떼 아 라 쁘로쁘리에트(Mis en Bouteille a la Propriete) 미젱 부떼 오 도맨(Mis en Bouteille au Domaine)
스페인	임뽀떼야 아 라 쁘로삐에따뜨(Embotellat a la Propietat)
이탈리아	임보티리아토 아로리지네(Imbottigliato all'origine)
독일	에르조이거압퓔룽(Erzeugerabfüllung)

◇ 싱글 바인야드single vineyard

'단일 포도원'이라는 의미의 이 용어는 특정한 포도원의 포도만으로 제조된 와인을 지칭하는 것으로서, 와인의 레이블에서 흔히 볼 수 있는 표현으로 '포도원 병입'과 비슷하게 사용되기도 한다. 그러나 '싱글 바인야드'라는 표현이 와인의 질을 절대적으로 보장한다는 근거는 없으며, 포도재배 이외의 와인제조과정이 해당 포도원에서 직접 이루어졌다는 것을 의미하지도 않는다. 다만 단일 포

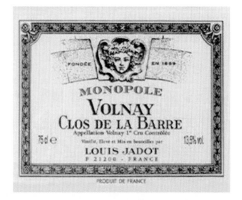

루이 자도 볼네 끌로 드 라 바르 모노뽈(Louis Jadot Volnay Clos de La Barre Monopole)의 레이블. 볼네는 꼬뜨 드 본(Côte de Beaune)의 꼬뮌이며, 이 와인의 등급은 프리미어 크뤼(premier crus)이다.

도원 와인이 떼루아를 효과적으로 표현하여 질이 우수할 수 있다는 가능성은 충분하다. 이와 함께 프랑스 부르고뉴의 와인 레이블에 가끔 이와 비슷한 의미로 '모노뽈monopole'이라고 적혀있는 경우가 있는데, 이것은 포도밭의 소유자가 한 명임을 뜻한다. 대다수 포도밭의 소유자가 다수인 부르고뉴의 재배환경 때문에 모노뽈은 특별한 경우에 해당하여, 이에 해당하는 포도밭은 50곳에도 미치지 못한다. 실제로 부르고뉴에서 모노뽈 와인은 최고의 등급인 그랑 크뤼급이 일부 있으나, 대부분은 프리미에 크뤼이며 마을단위의 와인인 빌라주 아뻴라시옹village appellations도 몇몇 곳이 포함되어 있다. 그리고 흔하지는 않지만, 부르고뉴가 아닌 곳이나 외국산 와인의 레이블에 모노뽈이라고 표시된 경우가 있다.

◇ 빈티지vintage

앞의 두 레이블의 ⑤에 표시된 빈티지 또는 밀레짐millésime은 와인을 만드는 포도를 수확한 연도를 뜻하는 용어로, 여러 연도 또는 품종의 와인을 블렌딩하는 포트와인이나 상파뉴와 같이 빈티지가 표시되지 않는 특별한 경우를 제외한 대부분 와인의 질을 판단하는 주요한 정보이다. 와인전문가들이 빈티지에 따라 와인의 질을 평가하

여 작성한 표를 빈티지 차트vintage chart라고 한다. 그러나 이것은 전문가의 주관적 판단의 결과이므로, 작성자에 따라 평가가 달라질 수도 있다. 그러므로 여러 차트를 비교해서 와인의 질을 판단하는 것이 좋다. 다음과 같은 인터넷 사이트를 비롯한 많은 곳에서 폭넓고도 신뢰도가 높은 빈티지 차트를 비롯하여 다양한 와인관련 정보를 제공하고 있다.

- www.winespectator.com : 와인전문잡지 '와인 스펙테이터Wine Spectator'의 사이트
- www.winemag.com : '와인 인수지애스트 매거진Wine Enthusiast Magazine'의 사이트
- www.robertparker.com : 와인평론가 로버트 파커Robert M. Parker Jr.(1947~)의 사이트

Wine Enthusiast 2019 Vintage Chart

Rating

98-100	Classic
94-97	Superb
90-93	Excellent
87-89	Very Good
83-86	Good
80-82	Acceptable
NV	Not Vintage Year
NR	Not Rated

Maturity

- Hold
- Can drink, not yet at peak
- Ready, at peak maturity
- Can drink, maybe past peak
- In decline, maybe undrinkable
- Not a declared vintage/no data

United States

* 와인 인수지애스트의 2019년 미국 와인의 빈티지 차트. 가장 위의 행에는 연도, 가장 왼쪽의 두 열에는 각각 지역과 품종이 기록되어 있으며, 색깔이 있는 칸의 숫자는 평가점수이다. 각 칸의 색깔은 와인의 숙성상태를 나타내고 있다.

◇ 알코올 도수와 와인의 양

앞의 두 레이블에서 ⑨와 ⑪은 각각 알코올 도수와 병 속 와인의 양을 표시하고 있다. 와인병의 용량은 750㎖를 표준으로 해서 이것의 1/4, 1/2, 2, 4, 8배 등이 있다. 그리고 알코올 도수는 와인의 특성을 보여주는 자료인데, 이것은 와인의 강도 strength 뿐만 아니라 구조structure와 바디body를 결정하는 주요인의 하나이다. 와인에 포함된 알코올 도수를 측정하는 두 가지 기준이 있는데, 하나는 일정한 양의 술에 포함된 알코올 부피alcohol by volume(ABV)의 비율이며 또 다른 하나는 알코올 무게alcohol by weight(ABW)의 비율이다. 대부분의 와인은 알코올 도수를 ABV 기준으로 표시하고 있다. 물과 알코올의 비중이 달라서 두 수치는 서로 다른데, 두 척도는 ABV=1.267× ABW 또는 ABW=ABV÷1.267의 선형관계식에 따라 서로 전환될 수 있다.

◇ 기타의 정보

샤토 마고 레이블에서 ③의 '그랑 뱅grand vin'은 자신의 포도원에서 생산되는 것들 중에서 가장 좋은 와인을 뜻한다. 두 레이블의 ④는 소비자들이 생산자 또는 상품을 쉽게 인식하도록 디자인한 로고logo이다. 프랑스 보르도의 뽀이약Pauillac에서 생산하는 프리미엄급 와인의 하나인 샤토 무똥 로스차일드Chateau Mouton Rothschild는 매년 세계적 명화로 디자인한 새로운 로고를 선보이는 것으로 유명한데, 2013년 빈티지에는 미술 운동인 모노파mono-ha를 주도한 현대미술의 거장인 우리나라의 이우환 화백 1936~의 작품으로 로고를 디자인하기도 하였다. ⑦은 와인의 생산지역으로, 떼루아 와인의 경우에는 매우 가치가 있는 정보일 수 있다. 경험이 풍부한 와인애호가는 와인의 스타일과 생산지역 만으로도 와인에 사용된 품종과 그 특성을 거의 파악할 수 있다. ⑩은 와인을 생산한 포도원으로, 레이블에 필수적으로 포함되는 사항이다. 그리고 ⑥과 ⑧은 각각 와인의 등급과 원산지명칭통제에 관련된 매우 중요한 사항으로서, 뒤의 7장과 8장에서 자세히 알아볼 기회가 있다.

2010년과 2016년 무똥 로스차일드의 레이블. 왼쪽 그림은 이탈리아 폼페이(Pompeii)의 프레스코(fresco)이며, 오른쪽은 남아프리카의 드로잉 애니메이션 미술가 켄트리지(William Kentridge; 1955~)의 '바커스의 승리(Triumps of Bacchus)'이다.

◇ 스공 뱅second vin(영어로는 second wine 또는 second label)

프랑스 보르도의 많은 샤토들이 그랑 뱅과 포도와 주조방법을 달리하며 가격이 비교적 낮은 와인을 만드는 경우가 많은데, 이런 와인을 '스공 뱅' 또는 '세컨드 와인'이라 한다. 그리고 세 번째와 네 번째 와인을 생산하는 샤토도 있다. 프랑스의 여타지역과 다른 나라의 포도원에서도 세컨드 와인을 생산하는 경우를 흔히 볼 수 있다. 이 부류의 와인은 대체로 그랑 뱅보다는 다소 질이 떨어지지만, 값비싼 그랑 뱅과 특성이 비슷한 와인을 경제적으로 즐길 수 있는 기회를 제공한다. 포도의 수확이 좋은 해에는 그랑 뱅의 생산량을 조절하기 위해 여분의 포도로 스공 뱅을 만드는 경우도 있지만, 대부분의 경우에 두 부류의 와인은 별도의 밭에서 수확한 포도로 만들어진다.

Psi 2018, Ribera del Duero. 사이(Psi)는 스페인의 명품와인인 핑구스(Pingus)의 스공 뱅이다. 대부분의 스공 뱅의 명칭이 그랑 뱅과 유사성을 가지지만, 이 와인은 그렇지 않은 소수의 경우에 속한다.

◇ 정보 같은 정보 아닌 정보들

앞에서 설명한 것 이외에 소비자의 시선을 끌기 위해 와인의 레이블에 흔하게 사용되는 용어들이 있다.

- 리저브 와인reserve wine : 원래는 일반적인 것보다 질이 높거나 더 오래 숙성한 와인을 의미한다. 이 단어는 이탈리아어로 리제르바riserva, 프랑스어로 레제르브reserve, 스페인어와 포르투갈어로 레세르바reserva(포르투갈 발음은 헤제르바)이다. 그러나 이 용어는 많은 국가에서 법률적으로 규제하지 않기 때문에 어떤 와인의 레이블에도 제한이 없이 사용할 수 있는데, 이런 경향은 프랑스와 미국 등의 와인에서 매우 흔하게 나타난다. 다만 스페인과 포르투갈에서는 1년 이상의 오크통 숙성을 포함하여 최소 3년을 숙성한 와인의 레이블에만 레세르바라고 표시하도록 법률적으로 규제하고 있다.

- 오래 묵은 포도나무old vine : 이것도 와인 레이블에 자주 등장하는 용어인데, 나이를 먹은 나무는 뿌리가 깊어서 포도의 향이 더 풍부한 경향이 있다. 프랑스는 '비에이유 비뉴Vieilles Vignes', 스페인은 '비냐스 비에하스Viñas Viejas', 포르투갈은 '비냐스 벨라스Vinhas Velhas', 이탈리아는 '베끼오 비네Vecchio Vigne', 독일은 '알테 레벤Alte Reben'이라고 표시한다. 그러나 세계의 어느 나라에도 이 용어의 사용에 대한 법적인 규제가 없으며, 현실적으로도 오래 묵은 포도나무의 나이가 15년에서 150년 가까이까지 분포한다고 알려져 있다.

Les Vieilles Vignes, Famille Gras Domaine Santa Duc 2017의 레이블. 이 와인은 수령 50년의 포도로 만들어지며, 바이오다이나믹 농법으로 만드는 GSM 블렌드이다. GSM 블렌드는 7장을 참조하라.

◇ 뒷면과 병목의 레이블

와인병의 뒷면에도 레이블이 붙어있는데, 여기에는 대체로 생산자에 관한 정보, 알코올 도수와 와인의 용량 등 앞면의 레이블에 표시될 것들이 보조적으로 표시되기도 한다. 그리고 와인이 무슨 음식과 잘 어울리는지 또는 양조과정의 특별함을 강조하는 문장들을 적기도 한다. 그런데 미국은 법적으로 뒷면 레이블에 "임신 중인 여성이 음주를 하면 태아에 선천성 장애birth defect를 초래할 수 있다"라는 것과 "알코올의 섭취는 자동차 운전과 기계의 작동 능력을 저하시키고 건강상 문제의 원인이 될 수 있다"라는 경고의 문구를 적도록 규정하고 있다. 우리나라도 모든 수입산과 국내산 주류의 뒷면에 식품위생법과 주세법에 따라 별도의 레이블을 붙이고, 여기에 제품유형, 원산지, 제품명, 알코올 도수, 용량, 산화방지제 등의 첨가물 등을 명시하도록 법제화하고 있으며, '19세 미만 판매금지'와 함께 "지나친 음주는 간경화나 간암을 일으키며, 운전이나 작업 중 사고발생률을 높입니다"라는 상세하고도 친절한 경고문을 적도록 규정하고 있다. 어떤 와인은 병목에 레이블을 두르고 있는데, 여기에는 주로 와인의 빈티지가 적혀있는 경우가 대부분이다. 이와 함께 와인이 콘테스트나 대회 등에서 받은 시상을 광고하는 내용이 여기에 포함되기도 하는데, 그 수상이 얼마나 권위와 신뢰를 가지는지 판단하는 것은 순전히 소비자의 몫이다.

와인 병목에 부착된 레이블들

◇ 복잡한 와인 명칭

와인에 대한 친숙감을 높이려는 사람들을 곤란하게 만드는 것 중의 하나가 와인의 명칭이 상상 이상으로 복잡하고 발음도 어렵다는 점이다. 예를 들어 '샤토 오바타이예Château Haut Batailley', '샤토 뒤크뤼-보까이유Château Ducru-Beaucaillou', '샤토 오-바쥬-리베랄Château Haut-Bages-Libéral', '에스뚜르넬 생 자크Estournelles St Jacques' 같은 명칭들이 와인 애호가를 당황하게 만든다. 필자가 아는 범위 내에서 가장 긴 이름의 와인은 프랑스 보르도의 오메독에서 생산되는 2등급 그랑 크뤼 와인인 '샤토 삐숑-롱그빌 꽁떼스

드 라랑드, 뽀이약Château Pichon-Longueville Comtesse de Lalande, Pauillac’인데, 이런 와인을 레스토랑에서 자신 있게 주문할 수 있는 사람이 얼마나 될까? 이와 같은 어려움 때문인지는 분명치 않으나, 우리나라에서 보르도 와인인 샤토 ‘마고Château Margaux’와 ‘샤토 딸보Château Talbot’의 인기가 특이하게 높은 이유가 혹시 ‘명칭의 단순함에 있는 것은 아닐까?’라는 생각이 든다. 와인 명칭의 복잡성은 와인애호가가 오랜 시간 동안의 지속적 관심과 노력을 통해 극복될 수 있는 문제이다. 그러나 그 이전에 레스토랑에서 메뉴판을 보고 와인을 주문하는 방법은 예상외로 간단하다. “이걸로 주세요”라고 말하면 모든 것이 해결된다.

와인병의 스타일과 크기

◇ 보르도와 부르고뉴 스타일

와인병은 보통 유리로 만들어지며, 와인을 담는 용도로 쓰인다. 1979년에 미국이 미터법metric system을 수용함으로써, 750㎖ 병이 와인산업에서 표준 사이즈로 통일되었다. 세계적으로 가장 흔하게 쓰이는 와인병은 보르도와 부르고뉴 스타일이다. 신세계의 대부분 와인생산자들은 자신들 와인의 특성에 어울리는 병의 형태를 선택하고 있다. 예를 들어 와인이 부르고뉴 스타일과 비슷하면, 병도 부르고뉴 스타일을 선택하는 식이다.

- **보르도 스타일** : 병목에서 몸통으로 이어지는 어깨가 높으며 표준 사이즈의 높이는 30㎝ 정도인데, 캘리포니아를 비롯한 몇 곳에서는 높이가 약 33㎝에 가까운 병도 있다. 포르토나 마데이라와 같은 강화와인의 병도 보르도 스타일인데, 병목의 아랫부분이 특이하게 굵은 특징이 있다. 효과의 정도를 장담할 수는 없지만, 병목의 불거진 부분이 와인에 포함된 찌꺼기를 걸러준다고 한다.
- **부르고뉴 스타일** : 어깨선이 가파르게 처진 모양이며, 높이는 약 29~30㎝ 정도이다. 샹파뉴를 비롯한 발포성 와인은 대체로 부르고뉴 스타일의 병을 쓰는데, 병 속의 높은 압

력을 견디기 위해 병의 두께가 더 두툼하며 몸통보다 바닥 부분이 약간 좁아지는 조금 변형된 병이 사용되기도 한다. 그리고 프랑스의 론Rhône 지역의 와인도 부르고뉴 스타일을 선택하고 있는데, 특징적으로 유리병에 양각으로 로고가 새겨져 있는 것도 있다.

◇ 기타 와인병의 종류

앞에서 살펴본 두 스타일 이외에도 다음과 같이 독특한 모양의 와인병을 채택하고 있는 지역들이 있다.

- **슐리걸Schlegel** : 독일의 유명한 와인지역인 모젤Mosel과 이곳에 인접한 프랑스의 알자스Alsace에서 널리 쓰이고 있는데, 모양이 부르고뉴 스타일과 비슷하지만 더 날씬하고 길다.

- **라인Rhein** : 모젤 오른편의 와인지역인 미텔라인Mittelrhein 인근에서 사용하는 병인데, 이 것은 슐리걸보다 어깨선이 더 날씬하고 길이가 더 길다. 프랑스에서는 플루트flûte라고 부른다.

- **프로방스Provence 스타일** : 프랑스 남부의 프로방스에서는 코카콜라 병과 같이 몸통의 윗부분은 굵고 아랫부분은 약간 가늘며 바닥은 다시 넓어지는 특이한 와인병을 채택하고 있다.

- **쥐라Jura 스타일** : 부르고뉴의 동쪽에 위치하는 쥐라Jura에서는 부르고뉴 스타일과 비슷하면서도 몸통에 비해 바닥부분의 직경이 약간 줄어드는 특이한 와인병을 쓰고 있다.

- **끌라블랭Clavelin** : 쥐라에서 생산되는 특이한 와인인 뱅 존Vin jaune을 담는 병이며 용량이 620㎖이며 키가 약 25㎝인데, 이 병에 담기는 와인의 맛은 병의 모양보다 더 특이하다.

- **피아스코Fiasco** : 이탈리아 토스 카나에서 생산되는 와인인 끼안티Chianti를 담는 전통적인 병인데, 둥근 바닥의 플라스크flask 병의 아래를 짚으로 만든 바구니를 두른 유리용기이다. 지금은 보르도 스타일로 교체되고 있어서 보기가 점점 어려워지고 있다.

- **복스보이텔Bocksbeutel** : 독일 중부 프랑켄Franken 지역에서 쓰는 완전히 둥글고 납작한 모양의 병이다. 포르투갈의 비뉴 베르데Vinho Verde와 마테우스Mateus도 이 병을 일부 채택하고 있다.

| 보르도 스타일 | 부르고뉴 스타일 | 론 스타일 | 라인 | 슐리걸 | 샹파뉴 스타일 |
| 피아스코 | 강화와인 | 복스보이텔 | 프로방스 스타일 | 쥐라 스타일 | 끌라블랭 |

와인병의 모양

◇ 유별난 와인병

앞에서 등장한 와인병 이외에도 마켓팅을 위하여 특이한 형태의 병을 채택하고 있는 와인업체가 있는데, 소비자의 시선을 끌기 위한 데 그 목적이 있다고 보아도 크게 틀리지 않다. 프랑스 론의 샤토네프뒤빠쁘Châteauneuf-du-Pape에 있는 빼르앙셀므Pere-Anselme은 유리가 반쯤 녹은 듯 뒤틀린 병을 사용한다. 그리고 독일 모젤 중부의 베른카스텔-쿠스Bernkastel-Kues의 모젤란트Moselland는 고양이 모양의 병을 쓰고 있다. 한때 세계적인 주목을 받았던 포르투갈의 로제인 랜서스Lancers도 특이한 모양의 병에 담겨서 판매되고 있다.

특이한 와인병들

◇ 와인병의 크기와 명칭

와인병의 용량은 750㎖ 표준 사이즈의 1/4배인 것부터 40배인 크기까지 매우 다양하다. 용량에 따른 명칭과 별칭을 비롯하여 프랑스에서 사용하고 있는 지역은 다음의 표와 같다. 그런데 와인병의 명칭은 대부분 역사 또는 신화와 성서에 등장하는 인물들의 이름을 사용하고 있다는 점이 특이하다.

- **마리 잔**Marie Jeanne(1596~1670) : '사람이 되신 말씀과 성체의 수녀원Sisters of the Incarnate Word and the Blessed Sacrament'을 창설한 프랑스인 수녀이다.

- **제로보암**Jéroboam(?~BC 910) : 이스라엘의 분열을 주도하여 10지파를 이끌고 북이스라엘의 초대 왕이 되었다. 그는 우상을 숭배하고 악행을 거듭하다가, 유다Judah의 왕 아비야Abijah(?~BC 911)와의 전투에서 패한 후에 최후를 맞았다.

- **레오보암**Réhoboam(BC 972~913) : 아버지인 솔로몬 사후에 지나친 조세와 부역에 반발한 10지파가 제로보암을 주축으로 반란을 일으켜 북이스라엘을 건국하자, 두 지파만 거느리고 남유다의 초대 왕이 되었다. 그는 '지혜가 없고 미련하여 백성을 반역으로 몰아넣은 자'로 평가받고 있다.

- **므두셀라**Methuselah : 구약성서의 인물로 에녹Enoch이 65세에 낳았으며, 노아의 대홍수 Noachian Deluge 전의 8대 태조이다. 187세에 라멕Lamech을 낳고, 969세에 죽었다고 적혀있다. 노아의 방주Noah's Ark를 만든 노아의 할아버지이며, 성서상의 최고령자이다.

- **살마나자**Salmanazar(?~BC 722) : 아시리아Assyria의 살마나자 5세 왕으로, 포로 14,000명의 한쪽 눈을 멀게 만들었다.

- **발타자**Balthazar : 예수가 태어날 때 탄생지를 방문한 동방박사 3인 중의 한 사람이다.

- **벨사살**Belshazzar(?~BC 539) : 바빌론의 마지막 왕 나보니두스Nabonidus의 장남으로서, 페르시아가 바빌론을 정복할 때 살해되었다.

- **네부카드네자**Nebuchadnezzar(BC 634~562) : BC 586년에 예루살렘을 정복한 바빌론의 왕인 네부카드네자 2세이다. 그의 군대는 솔로몬의 성전Solomon's Temple(The First Temple)을 부수고 사람들을 잡아갔다. 그는 유다의 마지막 왕 시드기야Zedekiah(BC 597~586)의 눈을 멀게 하고 그의 아들들을 죽였다. 예루살렘의 유배자들이 바빌론에 억류되어있던 시절을 바빌론 유수Babylonian Captivity(BC 597~538)라고 한다. 1970년대 말에 공전의 히트를 기록한 디스코 그룹 보니 엠Boney M의 댄스곡 '바빌론의 강Rivers of Babylon'은 신나는 멜로디와는 달리 당시 유배자들의 한탄과 후회를 담은 슬프고도 비장한 가사의 노래이다.

- **멜키오르**Melchior : 예수가 태어날 때 탄생지를 방문한 동방박사 3인 중의 한 사람이다.

- **솔로몬**Solomon(BC 990~931) : 기원전 965년, 치열한 왕위 쟁탈전을 벌인 후에 다윗 David(?~BC 961)왕의 계승자가 되었다. 그는 이스라엘 역사에서 부와 지혜, 명예와 번영의 상징이다.

- **골리아트**Goliath : 어린 다윗왕이 물매로 던진 돌에 맞아 죽은 블레셋Philistine의 거인전사이다.

- **멜기세덱**Melchizedek : 성서에 예루살렘의 왕이며 제사장으로 기록되어있지만, 출생에 대해 알려진 것이 거의 없다. 전쟁에서 이기고 돌아온 아브라함Abraham을 환대하고 축복했는데, 이에 아브라함은 전리품 중에서 십분의 일을 그에게 바쳤다고 한다.

- **마이다스**Midas : 그리스 신화에 등장하는 마이다스는 프리기아Phrygia의 왕이다. 와인의 신인 디오니소스는 자신의 손에 닿는 모든 것은 황금으로 변하게 해달라는 그의 탐욕스런 소원을 들어준다. 그러나 손에 닿은 음식마저 황금으로 변해버리자, 마이다스는 디오니소스에게 다시 간청하여 마법을 포기한다.

양(L)	비율	명칭	비고	Ch	Bo	Br
0.1875	0.25	삐꼴로(piccolo)	별칭 : 쿼터 바틀(quarter bottle), 포니(pony), 스나이프(snipe), 스플릿(split)	O		
0.2	0.267	꺄흐(Quart)	1/4이라는 뜻	O		
0.25	0.333	쇼핀(chopine)	프랑스의 전통적 양 측정단위		O	
0.375	0.5	더미(demie)	별칭 : 피예트[fillette(소녀라는 뜻)], 하프 바틀(half bottle)	O	O	O
0.5	0.667	뺑뜨(pinte)	토카이와 소테른의 귀부와인과 세리와인에 사용	O		
0.62	0.83	끌라블랭(clavelin)	뱅 존(vin jaune)의 병			
0.75	1	부떼이(bouteille)	상파뉴에서는 샹빠누와즈(champenoise)로도 불린다.	O	O	O
1.5	2	매그넘(magnum)	본래는 용적이 큰 술 항아리라는 뜻	O	O	O
2.25	3	마리 잔 (Marie Jeanne)	별칭 : 트레그넘(tregnum), 타피 엔(Tappit Hen)		O	
3	4	제로보암(Jéroboam)	별칭 : 더블 매그넘(double magnum)	O	O	O
4.5	6	레오보암(Réhoboam)	보르도에서는 제로보암(Jéroboam)이라 한다.	O	O	O
6	8	므두셀라 (Methuselah)	보르도에서는 앰뻬리알(Imperial)이라 부른다.	O	O	O
9	12	살마나자 (Salmanazar)		O	O	O
12	16	발타자(Balthazar)	별칭 : 벨사살(Belshazzar)	O	O	O
15	20	네부카드네자 (Nebuchadnezzar)		O	O	O
18	24	멜키오르(Melchior)	상파뉴에서는 솔로몬(Solomon)이라고도 한다.	O	O	O
27	36	프리마(primat)	별칭 : 골리아트(Goliath)	O	O	
30	40	멜기세덱 (Melchizedek)	별칭 : 마이다스(Midas)	O		

* Ch : 상파뉴, Bo : 보르도, Br : 부르고뉴

◇ 폰트punt

와인병의 바닥은 보통 움푹 패어있는데, 프랑스에서는 이 부분을 폰트라고 하며 영어로는 킥업kick-up 또는 딤플dimple이라고 한다. 그러면 다른 술병에는 없는 폰트가 와인병에만 있는 이유는 무엇일까? 무언가 특별하고 분명한 이유가 있을 것으로 짐 작하겠지만, 사실은 일치되거나 명백히 밝혀진 것도 없고 여러 가지 가설들만 난무할 따름이다. 이들 중에서 그럴듯하게 들리는 몇 가지 주장을 소개해보지만, 하나같이 근거가 희미하다.

폰트의 깊이가 깊을수록 고급 와 인이라는 주장은 정확도가 높다 고는 보기 어렵다.

• 폰트는 병 바닥의 두꺼운 원형에 앙금의 침전물을 뭉치게 만드는데, 와인을 따를 때 이것들이 잔에 흘러들어가는 것을 부분적으로 막아주는 역할을 한다는 것이다.

• 딤플이 병의 강도를 증가시켜서 발포성 와인의 압력 을 견디게 하며, 병 속의 침전물을 모으기 위해 리들링 riddling(불어로는 remuage)을 할 때 손잡이 역할을 한다.

• 옛날에는 선술집의 카운터에 수직으로 세워진 못이 설 치되어 있었다. 빈병의 바닥을 여기에 찔러서 폰트의 윗 부분에 구멍을 뚫었는데, 병에 가짜 술을 채우지 못하게 하는 방법이었다.

• 폰트는 와인을 채우기 전에 병의 세척을 용이하게 한다. 물줄기가 병 속으로 주입되어 폰트에 부딪칠 때, 물이 병의 바닥에서 여러 부분으로 퍼져서 찌꺼기를 효과적으로 제 거한다.

◇ 병의 색깔과 환경문제

와인 병의 색깔도 지역의 전통이 있다. 보르도 레드와인의 병은 짙은 녹색이며, 드 라이한 화이트와인은 연한 녹색 병을 사용하고 귀부와인은 색이 없는 병에 담는다. 부르고뉴와 론 지역의 와인병은 어두운 녹색이며, 모젤과 알자스 지역은 약간 어두 운 초록색 또는 호박색 병을 사용한다. 그리고 샹파뉴 병은 약간 어두운 초록색이 며, 로제 샹파뉴는 색이 없거나 초록색 병을 쓴다. 색이 있는 병에 와인을 담는 주된 이유는 자연적인 햇빛이 시간이 흐를수록 와인에 함유된 비타민 C와 타닌 같은 항산화제를 파괴할 수 있기 때문인데, 이것들은 와인의 보존성에 영향을 미치고 와인이 조기에 산화하는 원인이 될 수도 있다. 그러므로 단기간에 마실 대부분의 화이트 와인은 색이 없는 투명한 병에 와인을 담아도 아무런 문제가 없다.

유리병은 재활용 시에도 색깔을 유지하는데, 착색된 유리병의 재활용 비율이 높지 않아서 와인병이 환경문제를 야기할 수도 있다. 또한 유리는 상대적으로 무거운 포장재인데, 와인 총중량의 약 40%가 유리의 무게이다. 그러므로 착색된 유리병의 생산을 줄여서 개인 또는 단체가 직간접으로 발생시키는 온실 기체의 총량을 의미하는 탄소발자국carbon footprint을 감소시키고, 착색유리병의 매립량을 줄이는 적극적 방안이 마련될 필요가 있다. 포일 용기에 담아서 판매되는 박스 와인을 비롯하여 플라스틱병이나 사각팩 같은 대용적인 포장재의 개발과 보급의 확대도 이를 위한 한 가지 방안이다.

특이한 와인 용기들. 4개의 플라스틱 잔을 용기로 사용한 레드와인(왼편)과 크라운 캡(중앙)과 알루미늄 캔을 사용한 스파클링 와인(오른편)

보통 녹색이나 무색의 병에 와인을 담지만, 갈색이나 파란색의 특이한 와인병도 있다. 이 중에서 파란색 병은 독일의 화이트와인에 자주 쓰이고 있다.

04

와인예절과
테이블 매너

마시면 긴장이 풀리고 기분이 좋아지는 것은 여타의 음료와 차별화되는 술만의 특징적 장점이다. 그러나 지나치게 많이 마시면 운동신경이 둔화되고 자제력을 잃게 될 뿐만 아니라, 이런 일이 계속되면 건강을 해치고 각종 질병을 일으키는 것이 술의 야누스Janus적인 모습이다. 더욱이 술은 소통과 사교의 수단으로 여러 사람들이 함께 즐기는 경우가 많아서, 술이 사람들 사이의 신뢰와 친밀감을 다지는 수단이 되는가 하면 갈등과 불신을 일으키는 단초가 되기도 한다. 그러므로 상대방을 서로 존중하며 즐겁게 술자리를 가지기 위해서, 모두가 지켜야 할 최소한의 예절이 필요하다. 술자리에서 가장 기본적 예절은 절대로 과음하지 않는 것이다. 더욱이 과음에 의해 자제력을 잃은 말과 행동은 타인에게 심각한 불쾌감을 줄 뿐만 아니라, 자신의 평판에 쉬이 지워지지 않는 생채기를 남긴다는 것을 명심해야 한다.

와인도 술의 한 종류이므로, 여러 사람이 함께 와인을 마시는 자리에서 모두가 지켜야 할 예절이 있다. 이것은 술자리에서 요구되는 기본적인 예절에 와인의 특수성과 함께 서양의 관습과 술자리 예절이 추가된 것으로 이해해도 크게 틀리지 않을 듯하다. 자리를 같이 하는 사람에 따라 와인의 맛이 달라지며, 같은 와인이더라도 훌륭하거나 아니면 최악이 될 수 있다는 게 필자만의 생각일까? 격조가 있는 자리의 와인은 격조가 있게 마련이며, 좋은 사람과 함께 하는 와인은 향기를 더한다.

와인예절

◇ **서양의 와인예절**

서양 사람들이 와인을 마시는 모임에서 지켜야 하는 에티켓은 공식적으로 정해진 것은 없지만, 여러 견해들을 종합하면 대략 다음과 같이 요약이 된다.

① 와인을 마시는 모임에 참석할 때는 진한 향의 향수나 화장품은 피한다.

② 손님을 초대해 와인을 서빙할 때는 집주인이 가장 먼저 시음wine tasting한다.

③ 상대방에게 와인을 따를 때는 그 사람의 오른편에서 서빙한다.

④ 와인을 받을 때는 잔을 들지 않고 손가락만 베이스 위에 살짝 올려놓는다.

⑤ 병을 한 손으로 잡아 와인을 잔에 1/3 정도 따르고, 흐르지 않도록 마지막에 병을 돌려준다. 화이트와인은 잔에 1/2, 발포성 와인은 3/4 정도로 따른다.

⑥ 마실 때는 와인잔의 스템을 잡아야 하며, 특별한 경우를 제외하고는 보울을 잡지 않는다.

⑦ 와인잔을 단숨에 비우지 마라. 건배할 때는 잔을 눈높이로 올려, 보울을 가볍게 부딪치며 상대방의 눈을 응시하라.

⑧ 와인은 어느 정도 잔이 비면 다시 채워가면서 마시는 술이다.

⑨ 그만 마시고 싶을 때는 와인잔의 립lip 위에 손을 얹어서 사양한다.

⑩ 와인은 여성에게 먼저 따르고, 여성은 자신과 남에게 와인을 서빙하지 않는 것이 관례다.

◇ **서양의 와인예절에 대한 평가**

와인의 향은 예민하고도 여린 경우가 대부분이어서 외부의 진한 향기가 후각을 교란할 수 있으므로, ①은 꼭 지켜야 하는 에티켓이다. 옛날에는 유럽에서 식사나 파티에 초대하여 손님을 독살하거나 살해하는 경우가 흔하였다는데, ②는 와인에 독이 없음을 확인하기 위한 조치였으며 ③은 상대방을 서로 칼 등의 무기로 살해하기 어려운 자세를 만들기 위함이었다고 전해진다. 그러나 와인이 정상적인지 확인하는 것은 집주인의 몫이므로, ②는 현대적 의미에서도 지켜질 필요가 있는 예절이다. 와인의 종류에 따라 잔에 따르는 양이 ⑤와 같이 다른 것은 잔의 모양과 크기, 알코올 도수 및 음용 온도와 관련이 있다. 그런데 ⑩은 여성에 관한 사항으로서, 현대적 감각으로는 논란의 여지가 적지 않다. 프랑스는 1946년에 여성참정권을 인정하였으며, 스위스는 1971년에야 이 권리를 합법화하였다. 미국은 1870년에 흑인 남성에게 형식적으로 투표권을 부여하였으나, 백인 여성에게 이 권리가 보장된 것은 1920년이었다. 이런 국가들의 남성들이 단순히 '연약한' 여성을 배려하는 의미에서 술병에 손을 대지 못하게 했을까? 아무리 생각하더라도, 현대에 어울리지 않은 관습이다.

◇ 고다드Joanna Goddard(1979~)의 와인예절

고다드는 유명 잡지의 작가이며, 뉴욕의 파워 블로거로 왕성한 활동을 이어가고 있다. 그녀는 현대적 음주 문화에 어울리는 와인 에티켓을 9가지 항목에 걸쳐 제시했다. 그녀가 제시한 에티켓 중 ⑥과 같은 내용은 깨지기 쉬운 와인잔을 보호하기 위한 소극적 처방으로 짐작된다. 또 ⑨와 같은 내용은 기존의 것과 색다른 특이함이 있다.

① 레드와인은 잔에 1/3을 채우고, 화이트와인은 잔에 1/2, 발포성 와인은 3/4을 채운다.

② 와인을 따를 때 마지막에 병을 천천히 돌려서, 와인 방울이 떨어지지 않도록 한다.

③ 건배를 위해 잔을 부딪칠 때는 상대방과 눈을 맞추어라.

④ 누군가 건배를 청할 때는 먼저 와인을 마시지 말고 웃으면서 상냥한 모습을 보여라.

⑤ 와인잔을 들 때는 스템을 잡아라.

⑥ 테이블에서 당신의 와인잔을 물잔의 오른쪽에 두어라.

⑦ 와인을 마실 때는 시선을 점잖게 잔 안에 둔다.

⑧ 집주인의 의무는 언제나 손님들의 잔을 채우는 것이다.

⑨ 또는 앞의 모든 것을 잊어버리고, 그냥 먹고 마시고 즐겨라.

◇ 와인예절과 격식formality

고다드가 말하는 와인예절은 두 가지를 의미하는 것으로 해석할 수 있다. 첫째는 까다로운 와인예절에 얽매일 필요가 없다는 것이며, 둘째는 예절보다는 와인을 마시면서 느끼는 즐거움이 더 가치가 있는 관심사라는 것이다. 필자도 이와 같은 입장에 전적으로 동의하고 있다. 인간관계에서 필요한 기본적인 에티켓이 지켜진다면, 여러 사람이 같이 어울려서 와인을 즐기는 자리에서 와인예절은 잘 이해하고 지키면 바람직한 일종의 격식이다. 격에 맞는 일정한 방식을 격식이라 하는데, 격식은 지키고 따름으로써 사람들이 더 즐겁고 편안하게 느낄 때만이 그 존재가치가 빛난다. 그러나 편안함과 즐거움을 위축시키거나 사람을 주눅이 들게 만드는 어떠한 격식도 예절이라는 말로 포장될 수는 없다.

테이블 매너

◇ 음주와 시음은 전혀 다른 문제이다

와인은 어떠한 알코올음료보다 풍부한 지식이 필요한 음료이다. 소비자가 수많은 와인 중에서 가성비가 좋은 와인을 고르고 이것에 어울리는 음식을 매칭하기 위해서는 와인을 판단하고 평가하는 나름의 안목이 필요하다.

최근에는 우리나라에도 와인애호가들이 증가하여, 와인을 함께 즐기는 모임이 늘어나고 있다. 이런 모임에서 주된 프로그램의 하나가 와인을 시음wine tasting하고 평가하는 것인데, 이런 과정은 와인에 대한 이해도를 높이는 데 기여하고 동호인들의 지식을 넓혀준다는 긍정적인 측면이 있다. 그러나 정확히 말해서, 시음은 극단적으로 특별한 후각과 미각을 가지고 풍부한 지식을 보유한 와인감별인wine taster들이 와인의 질을 판단하고 평가하는 전문적 분야이다. 따라서 와인의 시음은 원칙적으로 와인을 즐기는 것과는 대단히 다른 문제이므로, 시음이 와인을 즐기는 꽤 전문적인 방법이라는 생각은 옳지 않다. 와인을 마시며 즐기는 모임에서 코를 잔에 깊이 박고 킁킁거리거나 입에 와인을 넣고 소리를 내어 공기를 빨아드리고 잔을 불빛에 뚫어지게 비추어보는 등의 행동은 동석자들에게 불쾌감을 줄 수 있는 지극히 예의에 벗어난 객기일 뿐이다.

◇ 레스토랑에서

요즈음은 와인을 전문적으로 취급하는 레스토랑과 와인바wine bar를 어렵지 않게 볼 수 있다. 이런 곳에는 손님들에게 와인에 관한 정보를 제공하는 사람들이 있다. 와인 지배인wine steward이라고도 하는 소믈리에sommelier는 와인 목록의 개발을 담당하고 직원을 교육시키며 와인을 선택하는 손님들을 돕는 전문가이며, 와인 웨이터wine waiter는 와인에 관한 초·중급 수준의 지식을 제공하는 사람이다. 이들은 자신들이 근무하는 레스토랑의 와인 리스트와 음식에 관한 전문적

이며 경험적인 지식을 가지고 있으므로, 고객은 이들의 조언을 존중하고 귀담아 들을 필요가 있다. 가끔은 자신을 스스로 전문가라 생각하고 이들을 무시하고 고압적으로 행동하는 손님들이 있는데, 이런 경우에 소믈리에는 군말 없이 자칭 전문가의 의견에 따라준다. 그러나 "남에게 대접받고자 하는 대로 너희도 남을 대접하라Do to others as you would have them do to you(「누가복음」 6장 31절)"라는 성서의 한 구절을 새겨볼 필요가 있다.

◇ **코키지 요금**corkage fee

레스토랑이나 와인바에 마실 와인을 직접 가지고 가는 손님들이 흔히 있다. 이때 레스토랑은 손님에게 와인을 즐길 수 있도록 여러 가지 서비스를 제공하고, 레스토랑은 이에 대한 대가로 고객에게 공식적으로 청구하는 금액을 코키지 요금이라 한다. 이 요금은 웨이터의 수고에 대한 보상과 함께 글라스와 공간 또는 시설의 사용료까지 포함한다. 그런데 최근에는 손님들이 와인을 직접 가지고 오는 것을 권장하는 레스토랑도 생겨나고 있는데, 이런 곳을 BYOWbring-your-own-wine 또는 BYOBbring-your-own-bottle 레스토랑이라 한다. 이런 레스토랑은 코키지 요금을 부과하지 않거나 저렴하며, 와인의 재고관리비용을 줄이거나 없앨 수 있는 경영상의 이점이 있다. 어떤 경우든, 와인을 식당에 가져가기를 원하는 사람이 코키지 요금에 대해 알아두어야 할 몇 가지 에티켓이 있다.

- 외부에서 주류의 반입을 허용하지 않는 레스토랑도 있으므로, 사전에 웹사이트나 전화로 확인하여 불필요한 시빗거리를 만들지 말아야 한다.
- 들고 갈 와인병의 수와 인원을 명확하게 밝혀야 한다. 코키지 요금은 와인병 또는 손님의 수에 따라 부과될 수도 있기 때문이다.
- 서비스를 제공하는 와인 웨이터에게 존중과 감사의 표시로 가져간 와인을 한 잔 권하는 여유와 아량을 가지는 것이 어떨까?

제6장

와인,
이제 마셔볼까?

술은 음식의 한 종류이면서도, 본질적으로 배고픔을 해결하는 데 목적을 두지 않는 특별함이 있다. 그리고 사람의 신경계를 교란하는 특수성 때문에, 인류의 탄생부터 현재에 이르기까지 술에 대한 끈질기고도 굴곡진 애증이 끊임없이 이어지고 있다. 더욱이 어떤 술이나 음식보다도 폭넓고 다양한 맛과 풍미를 지닌 와인은 역사와 문화로 새겨지는 인간의 삶에서 따로 떼어낼 수 없는 테마가 되었다. 여하튼 와인은 현대에도 음식의 개념을 뛰어넘어 인간의 일상사 곳곳에 스며들어 모습을 드러내는 대단한 존재임에 틀림이 없다.

와인을 보다 잘 즐기기 위해서는 꽤 폭넓은 지식이 필요하다. 즐거운 여행을 위해서는 '아는 만큼 보인다.'는 통념을 숙지해야 하듯, 와인도 '아는 만큼 즐긴다'는 주장이 폭넓은 지지를 받는 음식이다. 그러나 후각과 미각을 통하여 와인의 향과 풍미를 느끼는 감각의 능력은 후천적으로 획득한 지식에 의해 거의 영향을 받지 않는 독립적인 영역이다. 음악을 감상하는 데 본질적인 요소는 개인의 음감sense of sound이지만, 음악에 대한 관련 지식은 폭넓은 음악적 이해를 돕는다. 마찬가지로 와인도 관련 지식이 풍부할수록 다양한 방법으로 즐길 수 있다.

한편 와인에 대한 풍부한 지식과 각별한 애정이 후각과 미각의 천부적 탁월함을 보장하지는 않지만, 마시는 방법과 절차, 음용 온도 등의 조건에 따라 나름대로 와인의 향과 풍미를 극대화하는 것이 가능하다.

모든 사람은 자신의 방식으로 와인을 평가한다. 예를 들어 '맛이 좋다.' 또는 '향이 아주 풍부하다.' 등과 같이 매우 단순한 평가로부터 '과일향이 풍부하며 훈제한 나무의 부케와 부드러운 질감이 특징적이고 구조가 탄탄한 미디엄 바디의 와인이다.'와 같이 세부적이며 전문적으로 보이는 평가까지 매우 다양하다. 평가하는 요소들을 잘 이해하고 있으면, 와인의 평가를 체계적으로 수행할 수 있다. 체계적 평가는 와인이 주는 즐거움을 배가할 수 있을 뿐만 아니라, 매력적인 와인의 세계로 성큼 발을 들여놓을 수 있는 열쇠가 된다.

와인 즐기기와 와인 테이스팅

와인을 마시고 즐기는 확정된 형식이나 정해진 방법이 있는 것은 아니므로, 어떻게 마시냐는 것은 원칙적으로 개인이 결정할 문제이다. 그러나 와인의 특별함을 잘 드러내어서 향과 맛을 잘 느끼기 위해서는 약간의 사전적 조치와 절차가 필요한 것도 사실이다. 입과 코는 안으로 서로 연결되어 있으며, 후각과 미각은 밀접한 관계가 있다는 것은 잘 알려져 있다. 그러므로 와인의 맛과 향을 효과적으로 느끼기 위해서는 두 감각을 충분히 활용할 필요가 있다. 그런데 와인의 향과 맛을 세심하게 느끼는 방법은 전문적인 와인감별인들에 의해 이루어지는 와인 테이스팅의 체계와 대체로 형식이 비슷하다. 그러므로 전문적인 와인 테이스팅의 세계를 알아보는 것도 와인을 보다 잘 마시고 잘 즐기는 데 큰 보탬이 될 것이다.

와인 마시기

◇ 후각도 맛을 느끼는 감각이다

인간의 오감 중에서 시각과 청각을 비롯하여 촉각이 미각을 자극하며, 특히 후각은 미각과 밀접한 관련이 있다는 것은 잘 알려진 사실이다. 인간의 혀는 단맛, 쓴맛, 짠맛, 신맛, 감칠맛의 5가지 맛을 느낄 수 있으나, 코는 10,000가지에 가까운 냄새를 구분할 수 있다고 한다. 그런데 음식물에서 나는 향이나 입속에서 증발하는 향기 성분이 코의 점막에 녹아서 후각세포를 자극하며, 후각과 혀에 위치하는 맛세포가 감지하는 미각의 조합에 의해 음식의 맛을 느낀다고 한다. 즉 맛은 후각과 미각의 상호 작용에 의한 결과물이다. 그러므로 눈을 감은 채로 냄새를 맡을 수 없도록 코를 완전히 막고 사과주스와 포도주스를 마시면 혀에서는 단맛과 신맛을 느낄 뿐이며, 두 주스를 구별하지는 못한다. 이것은 두 주스의 맛이 단맛과 신맛에 두 과일 각각의 고유한 향이 합쳐져서 만들어진 결과이기 때문이다.

◇ 와인을 음미하는 절차, '7S'

와인의 맛을 충분히 느끼기 위해서는 인간의 오감을 효과적으로 활용할 필요가 있다. 와인을 마실 때 미각을 자극하는 시각을 비롯하여 맛을 생성하는 후각과 미각 기능이 잘 작동하게 하는 방법은 다음과 같은 7S의 과정으로 요약할 수 있다.

① **와인을 본다**see : 와인 마시기의 시작으로 글라스의 와인에서 투명도와 광도를 관찰한다.

② **잔을 돌린다**swirl : 잔을 천천히 돌려 향을 일으키고, 공기와의 접촉으로 향이 생성되는 것을 돕는다. 그러나 발포성 와인은 거품의 빠른 발산을 막기 위해 이 과정이 생략된다.

③ **코로 향을 들이킨다**sniff : 코를 잔에 가까이 하여 향을 맡는다. 심하게 말해서, 와인은 코로 마신다고도 한다.

④ **와인을 입안에 머금는다**sip : 와인을 성급하게 삼키지 말고, 입 속에 잠시 머금어라.

⑤ **입안에서 향을 음미한다**savor : 와인을 입에 머금고 있으면, 입 안의 높은 온도로 풍부하게 발현되는 향과 풍미를 미각과 후각으로 충분히 느낄 수 있다.

⑥ **천천히 삼킨다**swallow : 천천히 삼키며, 와인의 여운length과 마무리finishaftertaste를 느낀다.

⑦ **와인을 평가한다**summarize : 자신의 적절한 언어로 와인이 주는 느낌을 표현한다.

와인의 향에는 휘발성이 강하거나 약한 향이 있으므로, 글라스의 위와 아래에 코를 가까이하여 각각의 향을 맡아보는 것이 좋다.

◇ 디테일은 직접 마시면서 느껴라

와인에 관한 여러 서적들은 어느 나라의 어떤 지역에서 생산되는 무슨 와인이 이런저런 향과 풍미를 가지고 있다는 것을 상세히 설명하는 데 많은 부분을 할애하고 있다. 그러나 이런 설명들은 특히 와인 초보자에게는 거의 유용성이 없는데, 본 적도 없고 마셔보지도 못한 와인을 두고 맛과 향이 이렇고 저렇다는 표현들은 아무 의미가 없는 공허한 외침일 따름이다. 수많은 와인이 주는 섬세한 뉘앙스를 느끼는 능력은 부분적으로 개인의 풍부하며 주관적 경험이 쌓인 결과이다. 백 번 듣는 것이 한 번 보는 것만 못하다는 뜻의 '백문불여일견百聞不如一見'이라는 고사성어가 있다. 여기에 더하여 와인의 경우에는 백 번 보는 것이 한 번 마셔보는 것만 못하다는 뜻인 '백견불여일음百見不如一飮'이 예외 없이 통용되는 진리이다.

◇ 와인의 서빙온도serving temperature와 음용온도drinking temperature

온도는 와인의 맛과 향에 매우 큰 영향을 끼친다. 낮은 온도에서는 산미와 타닌이 두드러지고 향은 약화되며, 반대로 높은 온도는 산도와 타닌을 억누르고 향을 증가시킨다. 특정한 와인을 마실 때 가장 이상적인 온도는 와인 전문가와 소믈리에에게는 하나의 논쟁거리인데, 아래의 표는 제시되고 있는 아주 많은 가이드라인 중의 하나이다. 그러나 이 서빙온도는 절대적이지 않으며, 판단하는 사람이나 기관 또는 개인의 성향에 따라 약간의 편차가 있다. 레드, 화이트, 로제 등 와인의 유형, 알코올 도수와 고형분extract을 비롯하여 품종에 의해 결정되는 바디body가 적정한 서빙온도의 높낮이를 결정하는 요인인데, 바디의 개념은 조금 뒤에 자세히 살펴볼 예정이다. 서빙한 와인을 마실 때는 온도가 금방 몇도 상승하기 때문에, 음용온도는 서빙온도보다는 높다. 예를 들어, 삐노 누아 와인은 16°C인 상태에서 테이블에 올라와서, 18°C에서 부케가 최고조에 이른다. 까베르네 소비뇽, 진판델과 시라 품종은 18°C에서 서빙하여 테이블에서 21°C에 도달했을 때, 가장 많이 아로마를 뿜는다고 한다.

와인의 유형과 서빙온도				
와인의 유형	유형의 예		섭씨 (°C)	화시 (°F)
발포성 와인 (sparkling wine)	샹파뉴(Champagne), 까바(Cava), 프로세코(Prosecco), 젝트(Sekt)		5-7	41-45
	빈티지 샹파뉴(vintage Champagne)		7-10	45-50
라이트 바디 드라이 화이트 (light dry white)	삐노 그리(Pinot grigio), 소비뇽 블랑(Sauvignon blanc), 슈냉 블랑(Chenin blanc), 리슬링(Riesling)		7-9	45-49
로제(rosé)			9-12	48-53
풀 바디 화이트 (full bodied white)	샤르도네(Chardonnay), 알바리뇨(Albariño), 비오니에(Viognier)		10-13	50-55
라이트와 미디엄 바디 레드 (light to medium bodied red)	보졸레(Beaujolais), 끼안티(Chianti), 꼬뜨 디 론(Côtes du Rhône), 삐노누아(Pinot Noir)		12-16	54-60
풀 바디 레드 (full bodied red)	까베르네 소비뇽(Cabernet Sauvignon), 시라(Syrah), 메를로(Merlot), 뗌쁘라니오(Tempranillo), 말벡(Malbec)		16-18	60-65
강화 와인 (fortified wine)	토니 포트(tawny Port), 피노 세리(fino Sherry)		14-16	57-60
	마데이라(Madeira), 빈티지 포트(vintage Port)		19	66

* https://www.winemag.com/2015/03/03/your-cheat-sheet-to-serving-wine/ 참조

스파클링이나 라이트 바디의 화이트와인은 음용온도를 낮게 유지하기 위해 보통 아이스 버켓을 쓴다.

와인 테이스팅의 세계

◇ 와인 테이스팅이란?

와인 시음wine tasting(프랑스어로는 dégustation de vins)은 지각적 검사와 평가sensory examination and evaluation이다. 현대의 소믈리에와 전문적인 감별인들은 와인에서 감지되는 풍미, 아로마와 일반적인 특성의 수준을 표현하는 데 특별한 전문용어를 사용한다. 취미삼아 이루어지는 아마추어들의 시음에서도 비슷한 용어들이 사용되지만, 이런 시음의 결과는 대체로 평범하거나 주관적이며 비분석적인 경향이 있다. 와인의 질에 대한 전체적인 평가는 대상이 되는 와인 자체에 대한 판단이나 기준이 되는 다른 와인과의 비교로 이루어지는데, 이것은 가격범위 내에서 여러 와인의 비교와 여러 지역 또는 빈티지의 비교를 뜻한다. 동일한 지역의 일반적 와인에 비해 얼마나 특이한지, 기타의 주목할 만하거나 색다른 특징이 있는지, 오크통 발효와 젖산 발효 등과 같이 어떤 생산기술을 사용했는지 등이 비교대상이다. 와인은 별개로 시음하는 것이 원칙이지만, 한 장소에서 여러 가지 와인들을 객관적으로 비교하고 질적으로 평가하기 위한 시음을 테이스팅 플라이트tasting flights라고 한다. 그리고 동일한 빈티지의 여러 와인을 시음하는 것을 수평적 시음horizontal tasting이라 하고, 한 와이너리에서 생산된 여러 빈 티지의 비교를 수직적 시음vertical tasting이라 한다.

◇ 블라인드 테이스팅blind tasting

시음은 와인에 대한 편견이 배제된 판단을 보증하기 위하여 감별인이 레이블이나 병의 모양을 보지 못하게 눈을 가리고 진행하는 경우가 있는데, 이것을 블라인드 테이스팅이라 한다. 감별인이 사전적으로 지리적 원산지, 가격, 평판, 색깔 또는 기타의 항목 등과 같은 와인의 세부사항을 알고 있다면, 판단에 편견이 개입할 수도 있다. 블라인드 테이스팅에 관한 가장 유명한 사례는 '파리의 심판Judgment of Paris'으로 알려져 있는 사건인데, 1976년에 프랑스인 심판이 프랑스와 캘리포니아 와인들을 블라인드 테이스팅하는 경연대회가 개최되었다. 그런데 거의 모든 사람들의 예측과는 달리 감

영화 '바틀 샥(Bottle Shock)'의 아이튠(iTunes) 프리뷰 화면. 감독은 밀러(Randall Miller)이다.

식가들은 캘리포니아 와인이 프랑스 와인을 앞지른다고 평가하였는데, 이는 눈을 가리지 않은 감별에서 나온 결과와는 전혀 달랐다. 이 사건은 신세계 와인이 전통적인 유럽의 와인과 대등한 경쟁상대로 인정받는 계기가 되었으며, 2008년에 '바틀 샥Bottle Shock'이라는 영화로 만들어지기도 하였다.

◇ 다양한 바이어스bias들

오랫동안 여러 과학적 연구가 기대 효과에 의한 '연상의 힘the power of suggestion'인 편견의 영향을 밝혀왔다. 어느 쪽으로 기울어지거나 왜곡되는 현상을 편의偏倚, bias라 하는데, 와인의 가격, 색깔과 지리적 원산지 등이 편의를 만든다는 다수의 실증적 연구들이 있다.

- **가격 편의**price bias : 사람들은 비싼 와인이 그렇지 않은 것보다 더 바람직한 특성을 가진다고 기대하는 경향이 있다. 어떤 프랑스인이 동일한 두 병의 중급 보르도 와인 중에서 하나에는 값싼 와인의 레이블을 붙이고 또 다른 하나는 그랑 끄뤼 와인으로 위장하여 감식가의 평가를 받는 실험을 하였는데, 감식가는 고급 레이블이 붙은 와인에는 향이 복합적이고 원숙하며 값싸게 보이는 와인에는 단순하며 가볍고 불완전하다는 평가를 내렸다고 한다.

- **색깔 편의**color bias : 2001년에 프랑스의 보르도 대학교는 여러 학생들에게 화이트와인과 향이 없는 붉은 색소로 물들인 동일한 와인을 테이스팅하게 하였다. 참석자들은 레드로 보이는 와인에는 진하고 으깬 붉은 과일의 맛이 난다고 평가했으며, 이들은 두 잔의 와인이 동일한 병에서 나온 와인이라는 것을 감지하지 못했다고 한다.

- **지리적 원산지 편의**geographic origin bias : 미국 텍사스Texas의 한 대학교에서 사람들을 초대하여 동일한 텍사스산 와인에 원산지를 각각 프랑스, 캘리포니아와 텍사스로 표시한 와인들을 시음하게 하였는데, 거의 모든 사람들이 프랑스산을 최고라고 평가하였다고 한다. 이 실험의 결과는 '그들이 마시는 와인이 어떤 것인지 모른다면, 그들이 마시는 와인이 무엇인지 아는 경우와는 다른 점수를 부여한다'는 것이었다.

◇ 와인 시음의 절차

와인 시음의 절차는 앞의 '와인 마시기'에서 소개한 7S의 과정과 거의 동일한데, 보고see, 잔을 돌리고swirl, 코로 향을 들이키고sniff, 입에 머금고sip, 향과 풍미를 느끼고savor, 삼키고swallow, 평가하는summarise 절차가 그것이다. 그러나 발포성 와인은 잔을 돌리는 과정이 생략되며, 한 자리에서 여러 와인을 감별하는 테이스팅 플라이트에서는 와인의 뱉음expectoration을 통해 여운length과 마무리finish(또는 aftertaste) 같은 평가요소는 어느 정도 필연적으로 희생될 수밖에 없다. 이때 와인을 뱉는 용기를 '타구spittoon'라고 한다. 감별가는 이렇게 파악한 색깔, 외관, 향과 맛에 대한 정보를 종합하여, 와인의 투명도clarity, 품종의 특성varietal character, 통합성integration, 풍부함expressiveness, 복합성complexity과 연결성connectedness을 파악한다. 통합성이란 산미, 타닌과 알코올 같은 와인의 주요 요소들의 어느 것도 다른 요소와의 균형에서 벗어나지 않는 상태를 의미하며, 풍부함은 와인이 아로마와 풍미를 명확하고 분명하게 보여줄 때 부여하는 용어이다. 그리고 와인의 복합성은 주로 풍미의 다양성으로 판단하며, 연결성은 와인과 원산지land of origin 또는 떼루아terroir와의 연관성을 의미한다.

◇ **감별기록**tasting notes

감별가가 아로마, 맛, 산도, 구조, 질감과 와인의 균형감 등에 대해 기록한 결과를 감별기록이라 한다. 이것의 정해진 표준양식은 없으나, 평가항목은 대체로 비슷하다. 여러 세계적 와인관련 사이트에서 자신들의 양식과 감별결과를 제공하고 있다. 먼저 큰 범주는 대체로 모양, 냄새, 맛에 대한 평가와 일반적 사항으로 구성되어 있다.

- **일반적 사항** : 감별기록지의 위 또는 아래에 시음의 시간과 장소, 생산지역, 빈티지, 생산자, 와인의 이름과 등급, 포도품종 등의 일반적 사항들을 적는다.

- **모양**look : 세부적으로 색의 강도intensity, 색깔colorhue, 점도viscosity, 투명도clarity를 등급으로 평가하며, 색깔은 레드, 화이트와 로제를 구분하여 별도로 판단한다.

- **냄새**smell : 와인의 숙성기간을 비롯하여 향을 과일, 허브, 오크, 무기물과 기타로 구분하여 세부적으로 기록하고, 강도의 등급을 체크하도록 되어있다.

- **맛**taste : 세부 항목으로 당도sweetness, 산미acidity, 타닌tannin, 알코올alcohol, 바디body, 앞의 5가지 냄새 항목의 균형, 향의 강도를 등급별로 체크하고, 특이사항은 별도로 기록한다.

Wine Name							
Date				Location			
Producer				Importer			
Country				Region			
Vintage		Alcohol			%	Class	
Varities							
Terrior							
Appearance							

Color Depth	Watery	Pale	Medium	Deep	Dark		
Color Hue							
Red	Pupple	Ruby	Red	Garnet	Brick	Brown	
White	Greenish	Straw	Yellow	Golden	Amber		
Rosé	Red	Pink	Salmon	Copper	Orange		
Clarity	Clear	Semi-Clear	Cloudy	Hazy	Opaque		
viscosity	Watery	Mid-Law	Medium	Mid-High	High		

Aroma										
Intensity	Law	Moderate	Aromatic	Powerful						
Development	Youthful	Some Aged	Aged							
Aromas	Citrus	Tropical	Berry	Herval	Earth	Floral	Spice	Vegetal	Chemical	Microbiological

Sweetness	Bone-Dry	Dry	Off-Dry	Semi-Sweet	Sweet	Very Sweet				
Acidity	Tart	Crisp	Fresh	Smooth	Flabby					
Tannin										
Level	Law	Medium	High							
Type	Very Soft	Soft	Round	Dry	Hard					
Body	Very Light	Light	Medium	Medium-Full	Full-Bodied	Heavy				
Balance	Good	Fair	Unbalanced(excess :	Alcohol	Acid	Tannin	Sugar)			
Flavor										
Intensity	Law	Moderate	Flavorful	Powerful						
Flavors	Citrus	Tropical	Berry	Herval	Earth	Floral	Spice	Vegetal	Chemical	Microbiological
Length	Short(<3 sec.)	Medium(4-5)	Long(5-7)	Very Long(8-10)	Extremely Long(>11 sec.)					

Style	Traditional	In-Between	Modern
Conclusion			

* 이 감별기록지는 네 개의 카테고리로 나누어 와인을 평가하도록 만들어져있다. 첫 번째는 와인의 일반적 사항들을 기록하는 부분이며, 두 번째는 시각적 요소들을 평가하는 부분이다. 세 번째와 네 번째는 각각 후각적 요소들과 미각적 요소들을 판단하는 카테고리이다.

02

와인의 평가와 표현

와인을 맛보고 색깔, 향, 풍미, 질감, 바디, 여운 등과 같은 특성을 평가하고 문장이나 말로 표현하는 것은 매우 난해하고도 복잡한 문제이다. 더욱이 와인에 대한 평가에서 어느 수준 이상의 객관성과 정확성까지 요구하는 경우라면, 특별한 지식과 감각을 가진 와인감별가가 아니면 불가능에 가깝다고 토로할 가능성이 매우 높다. 그러나 이런 문제들이 와인애호가를 혼란스럽게 만들기도 하지만, 와인에 대한 사랑이 반드시 풍부한 지식과 경험을 필요로 하는 것은 아니다. 간단하며 초보적인 평가와 표현도 와인애호가에게 흠이 될 수 없으며, 다른 사람과 같지 않은 주관적 평가도 전혀 부끄러워할 문제가 아니다. 와인을 즐기고 사랑하는 마음만으로도 와인애호가로서의 자격에 전혀 모자람이 없다. 다만 와인에 대한 폭넓고 깊은 식견이 넓디넓은 와인의 세계를 경험하는 데 크게 도움을 주는 것도 사실인데, 이것은 여행자가 여행지에 대한 정보를 많이 가질수록 여행을 보다 더 잘 즐기고 비용도 줄일 수 있는 것과 같다.

와인의 향과 풍미

◇ 와인의 아로마aroma와 부케bouquet

혀의 미각세포가 감지하는 것은 쓴맛, 신맛, 단맛, 짠맛, 감칠맛의 5가지 맛으로 제한된다. 와인을 입에 머금을 때, 와인은 입속에서 더워지고 휘발성 아로마 성분이 증발한다. 이 성분들은 입의 안쪽을 통하여 코 뒤를 통하여 흡입되어 거의 1,500만 개의 후각신경세포들과 접촉한다. 그러므로 와인의 다양한 맛과 향은 미각과 함께 코안의 후각수용체에서 감지하는 신호가 종합된 결과이다. 와인의 향을 표현하는 용어들이 매우 많지만, 와인의 향과 맛을 표현할 때 가장 빈번히 등장하는 용어가 아로마와 부케이다. 일반적으로 느낌이 좋은 냄새를 뜻하는 가장 기본적인 용어가 아로마이며, 이와는 달리 와인의 발효와 숙성의 과정에서 생화학적 작용에 의해 생성되는 아로마를 특별히 부케라고 한다. 다음과 같은 구분으로 아로마와 부케에 대한 개념을 보다 명확히 정의할 수 있다.

- 1차 향primary(varietal) aroma : 포도품종 자체의 고유한 특성에 의한 아로마를 뜻한다.
- 2차 향secondary(vinous) aroma : 수확 이후부터 발효 이전까지를 의미하는 전발효pre-fermentation 단계와 발효의 과정에서 화학적으로 만들어지는 아로마로서, 부케의 한 부분이다.
- 3차 향tertiary aroma : 발효 이후에 와인 배럴 또는 병 속에서 이루어지는 장기간 숙성의 과정에서 화학적으로 형성되는 아로마로, 이것만을 부케로 분류하는 견해도 있다.

◇ 부케의 생성

와인은 병 속에서 과일산fruit acid과 알코올이 산화oxidation하여 알데히드aldehydes와 에스테르esters가 합성되는데, 긴 시간이 소요되는 이 과정에서 부케가 형성된다. 에스테르는 발효하는 동안 이스트의 영향 또는 숙성기간 중의 화학적 반응에 의해서 생성된다. 발효를 위해 첨가하는 이스트 균류와 온도는 생성되는 에스테르의 종류를 결정하는 주요인들이며, 이것은 같은 포도밭이지만 다른 생산자에 의해 만들어진 특정한 품종의 와인에서 서로 다른 아로마 성분이 생성되는 이유를 부분적으로 설명할 수 있게 해준다. 병 속에서 숙성되는 동안에는 높은 산도pH의 와인에서 더 많이 농축되는 수소 이온이 와인에 함유된 산과 알코올로부터 에스테르를 생성하는 촉매로 작용한다. 그러나 이와 동시에 수소 이온이 에스테르를 다시 산과 알코올로 되돌리는 작용도 한다고 알려져 있으며, 효과를 서로 상쇄하는 두 가지 반응으로 와인은 점진적으로 균형 상태로 접근한다. 이것은 기간에 따라서 와인에서 형성되는 아로마가 왜 달라지는지에 대한 부분적인 이유이다.

◇ 와인의 화학

아로마와 풍미flavor의 원인이 되는 화학적 성분에 관한 연구는 지금도 계속되고 있다. 최근에 이 성분들이 점차 규명됨에 따라, 미래에는 화학적으로 향수를 만드는 것과 같이 아로마를 구성하는 화학적 성분을 첨가하여 와인을 만들 수도 있다는 상상이 가능하다. 지금까지 규명된 아로마 성분들은 메소지피라진methoxypyrazine, 모노테르펜류monoterpenes, 노리소프레노이드류norisoprenoids, 티올류thiolsmercaptans 등이 있다. 이런 추세로 아로마의 원인물질이 계속 밝혀진다면, 화학적 향수와 같이 아로마의 화학적 성분으로 만드는 '화학적 와인chemical wine'이 시장에 등장할 날도 그리 멀지 않은 것 같다.

와인의 평가요소

◇ 시각적 평가

색깔은 가장 쉽게 인식할 수 있는 와인의 특성 중 하나이다. 먼저 시각적 관찰을 통해 색의 강도intensity와 투명도clarity를 파악할 수 있을 뿐만 아니라, 완전하지는 않지만, 와인의 바디, 당도, 품종, 숙성의 정도와 오크통 숙성 여부에 관한 부분적인 정보도 얻을 수 있다.

먼저 화이트와 레드와인의 색이 매우 진하면 풀바디 와인이고 색이 연할수록 라이트 바디일 가능성이 높다. 그리고 와인의 당도가 높을수록 잔을 돌릴 때 와인이 흘러내리며 잔의 안쪽에 진하고 끈적이는 줄무늬를 보다 선명히 남기는데, 이것을 레그즈legs 또는 티어즈tears라 한다. 그리고 포도품종에 따라 고유한 와인의 색깔이 있으며, 이 색은 오크통 숙성과 숙성기간에 따라 점차 변하는 특성이 있다. 그리고 레드와인은 숙성이 진행될수록 잔에 따른 와인의 가장자리가 갈색을 띠게 되며, 화이트와인도 숙성기간이 길어질수록 색이 진해져서 갈색으로 변해가는 경향이 있다. 항상 일정하지는 않지만, 품종과 숙성기간, 오크통 숙성 등의 상태에 따른 와인의 색깔은 대체로 다음 표와 같다. 독자님들에게 생소하게 보일 수 있는 와인의 이름이 많이 포함된 이 표는 책을 끝까지 읽은 후에 다시 보기를 권한다.

티어즈는 와인의 당도 뿐만 아니라 알코올 도수가 높을수록 형태가 더 뚜렷하다. 그런데 티어즈가 뚜렷한 것이 고급 와인의 특징이라는 말도 있지만, 전혀 근거가 없는 주장이다.

와인의 종류와 상태에 따른 색깔의 표현					
범주	색깔	와인의 예	색깔	와인의 예
화이트 와인	연한 짚색 (pale straw)	비뉴 베르데(Vinho verde), 뮈스카데(Muscadet), 베르젤류(Verdelho)	연한 노랑 (pale yellow)	알바리뇨(Albariño)
	중간 짚색 (medium straw)	어린 리슬링(young Riesling), 모스카토(Moscato)	중간 노랑 (medium yellow)	소비뇽 블랑(Sauvignon blanc), 세미용(Sémillon)
	진한 짚색 (deep straw)	알바리뇨(Albariño)	진한 노랑 (deep yellow)	소테른(Sauternes), 오래된 리슬링(aged Riesling)
	연한 황금색 (pale gold)	슈냉 블랑(Chenin blanc), 삐노 그리(Pinot gris)	연한 갈색 (pale brown)	오래된 화이트(aged white), 세리(Sherry)
	중간 황금색 (medium gold)	비오니에(Viognier), 베르젤류(Verdelho)	중간 갈색 (medium brown)	세리(Sherry), 화이트 토니포트 (white tawny Port)
	진한 황금색 (deep gold)	샤르도네(Chardonnay), 오래된 리오하 화이트 (aged white Rioja)	진한 갈색 (deep brown)	페드로 히메네즈 (Pedro Ximenez)

범주	색깔	와인의 예	색깔	와인의 예
로제	연한 분홍색 (pale pink)	무르베드르(Mourvèdre)	연한 연어색 (pale salmon)	프로방스 로제 (Provençal rosé), 화이트 진판델 (White Zinfandel)
	중간 분홍색 (medium pink)	그르나슈 로제 (Grenache rosé)	중간 연어색 (medium salmon)	산지오베제 로제 (Sangiovese rosé)
	진한 분홍색 (deep pink)	따벨(Tavel)	진한 연어색 (deep salmon)	시라 로제(Syrah rosé)
	연한 구리색 (pale copper)	삐노 그리(Pinot gris)☆, 프로방스 로제 (Provençal rosé)	연한 호박색 (pale amber)	세리(Sherry)☆, 화이트 포트(white Port)☆
	중간 구리색 (medium copper)	삐노 그리(Pinot gris)☆, 삐노 누아 로제 (Pinot noir rosé)	중간 호박색 (medium amber)	토카이(Tokai)☆, 빈산토(Vin Santo)
	진한 구리색 (deep copper)	티부렌 로제(Tibouren rosé)	진한 호박색 (deep amber)	빈산토(Vin Santo), 오래된 토니포트 (old tawny Port)★
레드 와인	연한 루비색 (pale ruby)	삐노 누아(Pinot noir)	연한 자주색 (pale purple)	발포리첼라(Valpolicella), 보졸레 누보 (Beaujolais nouveau)
	중간 루비색 (medium ruby)	뗌쁘라니오(Tempranillo), GSM 블렌드(GSM blend)	중간 자주색 (medium purple)	말벡(Malbec), 시라(Syrah)
	진한 루비색 (deep ruby)	메를로(Merlot), 까베르네 소비뇽 (Cabernet Sauvignon)	진한 자주색 (deep purple)	삐노타지(Pinotage)
	연한 심홍색 (pale garnet)	네비올로(Nebbiolo)	연한 황갈색 (pale tawny)	토니 포트, 오래된 네비올로 (tawny Port aged Nebbiolo)
	중간 심홍색 (medium garnet)	산지오베제(Sangiovese), 오래된 레드(aged red)	중간 황갈색 (medium tawny)	오래된 산지오베제 (aged Sangiovese), 부알 마데이라(Bual Madeira)
	진한 심홍색 (deep garnet)	오래된 아마로네 (aged Amarone), 바롤로(Barolo)	진한 황갈색 (deep tawny)	오래된 레드(aged red)

* 이름에 ☆가 표시된 것은 화이트와인이며, ★는 레드와인임.
* 자료출처 : Complete Wine Color Chart, Wine Folly

◇ 아로마와 부케

와인의 아로마와 부케는 포도품종에 따라 매우 다양하며 복잡하다. 대부분의 사람들이 향을 복합적이며 전체적으로 느끼는 경향이 있기 때문에, 특출하고 지배적인 것을 빼고는 세부적으로 무슨 향이 있는지 밝혀서 나열하는 것은 결코 쉽지 않다. 그럴 때 섬세한 향을 효과적으로 감지하는 방법이 있는데, 이는 대상이 되는 향을 먼저 정하고 그 향이 있는지 또는 얼마나 강한지 타게팅하여 시음하는 것이다. 사실 전문적인 와인감식인들도 흔히 마음속으로 정한 순서에 따라 향을 차례차례로 탐지하는 방법을 사용하고 있으며, 심지어는 아로마들이 빼곡히 적혀있는 아로마 휠 aroma wheel 같은 시각적 도구를 사용하기도 한다. 또한 와인의 아로마를 표현하는 과일이나 식물 중에서 우리에게 익숙하지 않거나 아예 경험해본 적도 없는 것들이 있는데, 아로마와 부케를 익숙하게 해주는 와인 아로마 키트wine aroma kit를 이용하면 익숙하지 않은 아로마를 경험하는 데 도움이 될 수 있다. 그리고 다음의 표는 널리 재배되고 있는 품종의 대표적인 아로마를 정리한 것이므로, 특정한 아로마를 탐색하는 데 꽤 도움이 될 수 있다. 이 표도 앞의 것과 같이 책을 끝까지 읽은 후에 다시 보기를 권한다.

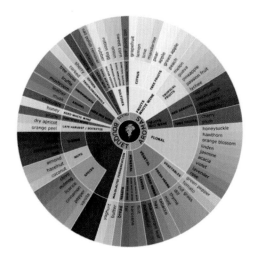

사진의 아로마 휠은 가장 내부의 원에서 부케, 아로마, 좋지 않은 냄새인 폴트(faults)로 구분하고, 바깥의 원으로 갈수록 더 세부적인 향과 냄새를 나열하고 있다. 출처 : https://nicollecroft.wordpress.com/2013/07/14/the-13-different-aroma-families-in-wine/

범주	품종	아로마와 부케
레드 품종	가메(Gamay)	석류(pomegranate), 딸기(strawberry)
	그르나슈(Grenache)	훈제냄새(smoky), 후추(pepper), 나무딸기(raspberry)
	까베르네 소비뇽 (Cabernet Sauvignon)	까치밥나무 열매(black currants), 유칼리(eucalyptus), 초콜렛(chocolate), 담배(tobacco)
	까베르네 프랑 (Cabernet Franc)	담배, 초록피망(green bell pepper), 나무딸기, 금방 벤 잔디(freshly mown grass)
	네비올로(Nebbiolo)	가죽(leather), 타르(tar), 끓인 서양자두(stewed prunes), 초콜렛, 감초사탕(liquorice), 장미(roses), 말린 자두(dried prunes)
	뗌쁘라니오(Tempranillo)	바닐라(vanilla), 딸기, 담배
	말벡(Malbec)	제비꽃, 서양자두(violet plums), 시큼한 빨간 과일(tart red fruit), 땅의 광물질(earthy minerality)
	메를로(Merlot)	블랙체리(black cherry), 서양자두, 토마토(tomato)
	무르베드르(Mourvèdre)	타임(thyme), 정향(clove), 계피(cinnamon), 후추가루(black pepper), 제비꽃, 블랙베리(blackberry)
	삐노 누아(Pinot noir)	나무딸기, 체리, 제비꽃, 농가의 뜰(farmyard), 송로버섯(truffles)
	삐노타지(Pinotage)	검은 딸기나무 열매(bramble fruits), 흙냄새(earthy), 훈제냄새
	산지오베제(Sangiovese)	허브(herbs), 블랙체리, 흙냄새
	시라[Syrah(Shiraz)]	담배, 후추가루, 백후추(white pepper), 블랙베리, 훈제냄새
	진판델(Zinfandel)	블랙체리, 후추, 혼합한 향신료(mixed spices), 민트(mint), 아니스(anise)
화이트 품종	게뷔르츠트라미너 (Gewürztraminer)	장미, 꽃잎(petals), 리치(lychee), 향신료(spice)
	리슬링(Riesling)	감귤류 과일(citrus fruits), 복숭아, 꿀, 석유(petrol)
	마르산(Marsanne)	아몬드, 인동덩굴(honeysuckle), 마지팬(marzipan)
	무스카토(Muscato)	꿀, 포도, 라임
	비오니에(Viognier)	복숭아, 배, 살구, 육두구(nutmeg)
	삐노 그리(Pinot gris)	흰 복숭아(white peach), 배, 살구
	샤르도네(Chardonnay)	버터(butter), 멜론(melon), 사과, 파인애플(pineapple), 바닐라(vanilla)
	세미옹(Sémillon)	꿀, 귤(orange), 라임
	소비뇽 블랑 (Sauvignon blanc)	구즈베리(gooseberry), 피망(bell pepper), 라임, 아스파라거스(asparagus), 자른 풀(cut grass), 자몽(grapefruit), 시계초열매(passionfruit)
	슈냉 블랑(Chenin blanc)	젖은 양털(wet wool), 밀랍(beeswax), 꿀(honey), 사과, 아몬드(almond)
	알바리노(Albariño)	레몬(lemon), 무기물(minerals), 살구(apricot), 복숭아(peach)

* 자료출처 : http://www.winestore.com/grape-varieties.php

유칼립투스는 전세계에 700종 이상이 있는데, 키가 100m에 이르는 나무도 있다. 신선한 잎에서는 독특한 향기가 난다.

아니스는 키가 90cm까지 자라는 미나리과 일년생 초본으로, 씨앗은 감초나 회향(fennel)과 비슷하며 달콤하고 상쾌한 맛이 난다. 열매의 깍지가 별모양인 스타아니스(star anise)는 아니스와 맛이 비슷하지만, 초본이 아닌 상록수이다.

구즈베리는 키가 1m 정도로 자라는 관목인데, 서양까치밥나무라고 부른다. 열매는 붉은색, 노란색 또는 녹색으로 익으며, 달고 신맛이 있어 날로 먹거나 잼을 만드는 데 쓰인다.

분쇄한 아몬드와 설탕을 혼합하여 만든 끈적끈적한 반죽을 마지팬이라고 한다. 이것으로 과일이나 다양한 과자모양을 만들어 먹는다.

육두구는 키가 20m까지 자라는 열대지방의 나무이다. 열매는 호두와 같은 핵과로서, 과육으로 둘러싸진 씨앗을 육두구라 한다. 육두구란 사향 냄새가 나는 너트라는 뜻이 있다.

◇ 질감texture

일반적으로 질감이란 입의 느낌mouth feel 혹은 입천장palate의 촉각tactile sensation을 의미한다. 예를 들어 순두부는 입안의 느낌이 부드럽고 두부는 느낌이 상대적으로 거친 것이 질감의 한 예이다. 질감은 모든 와인에 적용할 수 있지만, 레드와인의 경우에는 더욱 분명하다. 그것은 타닌의 존재가 부드러운smooth 맛부터 걸쭉chewy하거나 톡 쏘며 astringent 거친coarse 맛에 이르기까지 다양한 미각적 특성을 결정하기 때문이다. 화이트 와인은 잔류당과 산도를 비롯하여 오크통 숙성여부가 질감을 결정하는 주요 요인이다. 와인의 질감을 표현하는 용어들은 매우 다양한데, 이러한 용어들은 다음의 표와 같이 제각기 특정한 구체적 상황의 질감을 표현하는 데 사용된다.

질감을 표현하는 대표적 용어들		
용어	유의어	질감의 상태
버터 맛의 (buttery)	oily	발효과정에서 부산물로 발생하여 기름이나 버터의 향을 풍기는 다이아세틸(diacetyl)을 많이 함유하는 와인의 질감을 나타내는 용어인데, 이 성분은 주로 오크통에서 발효하는 과정에서 생성된다.
크림 같은 (creamy)		말산이 젖산으로 변하는 젖산발효MLF에 의해 생성된 젖산에 의한 입의 느낌을 표현하는 데 쓰인다.
상쾌한(crisp)	clean	당도가 낮고 산도가 높으며 바디가 가벼운 화이트와인을 표현한다.
연약한 (lean)	thin	'crisp'은 와인의 긍정적인 특성을 표현하는 용어지만, 'lean'과 'thin'은 부정적 의미로 사용되기도 한다. 이 경우에 lean은 높은 산도와 과일향이 조화를 이루지 못할 때 쓰는 용어이며, thin은 특정한 품종이 고유하게 가지는 바디의 부족함을 표현하는 용어이다.
풍부한 (rich)	opulent	풀바디 와인이 뚜렷한 과일향을 가지는 경우를 표현하는 용어이다. 그러나 시큼한 체리와 딸기향을 가진 와인에는 사용하지 않으며, 자두, 나무딸기(raspberry)와 잼의 향을 가지고 있을 때 리치하다고 표현한다.
부드러운 (smooth)		부드러움은 입의 느낌과 마무리(finish)에서 기대하지 않은 아로마나 두드러진 향미가 느껴지지 않고 거친 마무리가 없이 코로 향을 맡고 목으로 넘길 때까지 무난한 느낌을 주는 와인을 표현하는 용어이다.
철분 맛의 (steely)		와인에 들어있는 무기질의 특성을 나타내는 용어이다. 이런 와인은 주로 스테인리스 통에서 숙성된 경우이며, 오크통과의 접촉이 거의 없는 와인이다.
벨벳같은 (velvety)	silky	벨벳 같은 와인이란 특징적으로 활력이 있고(bold) 풍부하며(rich) 부드러운(smooth) 와인을 뜻한다.

용어	유의어	질감의 상태
끈적끈적한 (viscous)		와인의 끈적거림의 정도는 함유하고 있는 잔류당과 관련이 있는 글리세롤의 양에 의해 결정된다. 끈적거림이 심한 와인은 '시럽 같은 (syrupy)'과 같은 용어로 표현한다.
매끄러운 (waxy)		풀바디의 풍부한(rich) 입의 느낌을 표현하는 용어인데, 이 질감은 특징적으로 젖산발효에 의해 생성된다.

* https://quigleyfinewines.com/2020/06/23/how-to-describe-texture-in-wine/# 참조

◇ **구조**structure

'이 와인은 구조가 탄탄하다'와 같은 말을 쉽게 하거나 흔히 듣지만, 막상 "와인의 구조가 무엇이며, 무엇이 구조를 결정하는가?"라는 질문에 답하기는 매우 까다롭다. 구조란 산acid, 타닌tannin, 알코올alcohol, 글리세린glycerol($C_3H_5(OH)_3$)과 잔류당residual sugars 등의 와인에 함유되어있는 다양한 구성요소들의 관계를 뜻한다. 구조가 와인의 향이나 풍미는 아니지만, 이것은 와인이 어떻게 숙성되고 향이 어떻게 생성되느냐를 결정하는 주요한 관건이다. 즉 훌륭한 구조를 가진 와인은 잘 숙성될 수 있지만, 그렇지 못한 와인은 셀라에 보관하더라도 질이 개선되지 않는다. 즉 구조는 와인을 구성하는 요소들 사이의 균형관계이며, 이것을 결정하는 요인들의 세부적 작용은 다음과 같다.

• **산도**acidity : 와인의 산도는 와인의 모습을 결정한다. 산도가 지나치게 높으면 강하고bold 단단한tight 와인이 되고, 산도가 너무 낮으면 밋밋한 맛의 와인이 된다.

• **타닌**tannin : 레드와인의 질감을 결정한다. 타닌의 양이 많으면 드라이해지고, 반대이면 부드럽거나 순한round 맛을 띠게 된다.

• **알코올 도수**alcohol level : 알코올은 와인의 질감과 바디body를 결정하는 데 기여한다. 대체로 풀바디 와인일수록 알코올 도수가 높은 경향이 있다.

• **당도**sweetness : 와인의 당도는 잔류당의 양에 의해 결정된다. 잔류당은 와인의 바디를 결정하는 주요 요인이다. 그런데 가끔 드라이한 맛의 와인 중에 당도가 높은 것이 있는데, 이는 당분이 산을 비롯하여 타닌과 적정한 균형을 이루어 단맛이 감추어질 수 있기 때문이다.

◇ **강도**strength**와 바디**body

와인의 강도는 간단히 알코올 도수를 뜻한다. 그러므로 강도가 세거나 약하다는 말은 알코올 도수가 높거나 낮다는 말과 의미가 같다. 그리고 와인의 강도는 바디를 결정하는 하나의 요소인데, 바디란 입속에서 와인이 주는 전체적 느낌을 뜻한다. 풀바디full-bodied 와인은 숙성기간이 길고 힘이 좋다powerful. 반대로 라이트 바디light-bodied 와인은 섬세하고delicate 연약하며lean, 미디엄 바디medium-bodied는 그 중간이다. 예를 들어 육개장은 풀바디이고 콩나물국은 라이트 바디의 국이라고 할 수 있다. 그런데 바디의 수준은 와인의 질과 직접적 관련은 없다. 이를테면, 독일 라인가우Rheingau의 리슬링 와인이나 포르투갈의 비뉴 베르드Vinho Verde는 질이 높은 라이트 바디 와인이다. 따라서 와인의 질은 와인을 구성하는 요소들이 얼마나 서로 균형을 이루고 있느냐에 달려있으며, 와인의 바디를 결정하는 요인들은 다음과 같다.

- **알코올 도수와 고형분**extract : 바디의 첫 번째 결정요인인 알코올은 와인의 점도viscosity에 영향을 준다. 그리고 알코올과 수분을 제외한 성분인 고형분도 바디의 결정요인 중 하나인데, 이것은 석탄산phenolics(tannins), 글리세린glycerol, 당분sugar과 산acids 등의 비휘발성 물질이다.
- **포도품종** : 와인의 바디를 결정하는 또 다른 요인은 품종이다. 예를 들어 샤르도네chardonnay 와인은 대체로 소비뇽 블랑sauvignon blanc이나 리슬링Riesling 와인보다 풀바디 와인이며, 카베르네 소비뇽은 풀바디 와인이고 삐노 누아 와인은 미디엄바디 와인이다. 이것은 품종에 따라 고형분의 함유량이 다르다는 것을 뜻한다. 그러나 기후와 토양에 따라서 동일한 품종으로 만든 와인이더라도, 바디가 달라질 수 있다.

◇ **여운**length**과 마무리**finish(aftertaste)

긴 여운과 훌륭한 마무리는 탁월한 와인의 주요 필수조건 중의 하나로서, 와인을 삼킨 뒤에 입과 후각에 남아있는 느낌이다.

- **여운** : 와인을 삼켰을 때 맛이 입 안에 머무는 시간을 나타내는 용어이다. 품종과 숙성기간을 비롯하여 참나무통의 사용여부와는 관련이 없으며, 불용성인 미립자가 분산된 상태로

액체 또는 기체에 섞여 있는 혼합물을 의미하는 콜로이드colloid 상태에 있는 다양한 풍미 화합물flavor compound의 상호작용에서 비롯된다고 한다. 와인에 함유된 펙틴pectins, 페놀릭phenolics과 타닌tannins이 콜로이드의 상태에 있으며, 결과적으로 느리게 방출되는 풍미 화합물이 주는 느낌인 여운을 만든다. 여운의 측정단위는 코달리caudalie인데, 1코달리는 1초를 의미한다. 쉽게 접하는 와인들은 여운이 대체로 2~3코달리이며, 고급 와인은 10 코달리에 달한다. 더욱이 특출한 빈티지는 20코달리에 가까운 값을 보이기도 한다.

• **마무리** : 여운과 비슷한 의미로 사용되기도 하지만, 의미가 완전히 동일하지는 않다. 마무리는 와인을 삼키거나 뱉은 후에 입안에 남아있는 가장 마지막의 맛이나 균형감을 뜻하는 기술적 용어이다. 즉 마무리는 와인에 대한 마지막 인상이다.

◇ **와인에 대한 느낌의 표현**

와인을 평가한 결과를 글이나 말로 표현하는 것은 대단히 기술적인 영역이다. 와인의 요인에 대한 평가를 표현하는 용어는 수준에 따라 적절히 사용되어야 하며 어느 정도의 정확성이 필요하다. 프랑스어는 평가결과를 단계에 따라 표현하는 용어가 대단히 발달되어있는데, 와인의 선명도와 광도, 향과 당도, 점도와 산도, 구조를 나타내는 용어들은 다음과 같다. 이쯤 되면 "와인 마시기 참 어렵다"고 토로하는 독자들이 계시겠지만, 이런 용어들을 모르더라도 와인을 마시고 즐기는 데 전혀 문제가 없다는 것은 너무도 당연하다.

평가요소	표현 용어		
아로마(les arômes)	우아한(racé) 〉 빼어난(distingué) 〉 섬세한(subtil) 〉 평범한(ordinaire) 〉 조잡한(grossier) 〉 불쾌한(délaissant)		
선명도(la limpidité)	반짝이는(scintillant) 〉 광택이 나는(brillant) 〉 빛나는(lumineux) 〉 맑고 선명한(limpide) 〉 투명한(transparent)		
광도(la luminosité)	눈부신(éclatante) 〉 튀는(vive) 〉 선명한(nette) 〉 흐릿한(terne) 〉 희미한(douteuse) 〉 꺼진 (éteinte)		
당도 (teneur en sucre)	아주 달콤한(liquoreux) 〉 달콤한(doux) 〉 드라이한(sec) 〉 아주 드라이한(brut)		
농도(la consistence)	감미로운(moelleux) 〉 부드러운(onctueux) 〉 순한(velouté) 〉 잘 넘어가는(coulant) 〉 거친 (rude) 〉 까칠한(rêche) 〉 메마른(deséché)		
산도(l'acidité)	균형의 정도	청량한(vif) 〉 신선한(frais) 〉 개운한(gouleyant) 〉 유연한(souple)	
	산도의 지나침	센(nerveux) 〉 파리한(vert) 〉 신랄한(acidule) 〉 통렬한(mordant) 〉 떫은(acerbe)	
	산도의 부족함	약한(mou) 〉 밋밋한(plat)	
구조(la structure)	너그러운(généreux) 〉 묵직한(puissant) 〉 풍부한(étoffé) 〉 두툼한(gras) 〉 포동한(rond) 〉 그윽한(plein) 〉 가벼운(léger) 〉 약한(mince) 〉 연약한(maigre) 〉 톡쏘는(astringent) 〉 쓴 (amer)		

* ' 〉 '는 왼쪽이 오른쪽보다 더 강도가 높다는 의미이다.
* 장홍, 『문화로 풀어본 와인 이야기-Wine & Culture』, 학산문화사, 1995, pp. 235-7 참조

와인 백배 즐기기

와인을 잘 즐기기 위해 음식을 곁들일 수도 있고, 음식의 맛을 돋우기 위해 와인을 함께 하는 경우도 있다. 어느 쪽이든 와인은 복합적이며 섬세하고 예민한 아로마를 가진 특별한 음식이며 음료이기 때문에, 음식과 와인의 적절한 조화는 매우 중요하다. 더욱이 다양한 와인들이 가진 특성에 따라 각각에 어울리는 음식이 달라질 수 있다. 물론 어떠한 와인에 어느 음식을 곁들이냐는 문제는 순전히 개인의 취향에 관한 문제이다. 그러나 와인은 어떠한 종류의 술보다도 화학적 성분이 다양하고 복잡하여 매칭하는 음식과 화학적 반응을 일으킬 수도 있기 때문에, 와인은 함께 하는 음식에 민감할 수 밖에 없다. 요즘 전국적인 인기를 누리고 있는 겨울음식인 과메기를 레드와인과 함께 먹는 것을 좋아하는 사람이 있다면, 대부분 사람들에게는 여태껏 경험하지 못한 입속의 지옥을 경험하게 하는 조합임에도 불구하고, 그건 개인의 독특한 취향일 수밖에 없다. 그러나 평범한 입맛을 가진 대부분의 사람들을 위해 와인과 음식의 조화를 이루는 문제에 대해 논의하는 것은 매우 의미가 크다. 그리고 어떻게 하면 정해진 예산 내에서 자신에게 최대의 만족을 주는 와인을 효과적으로 선택할 수 있을까? 그리고 어디에서 와인에 관해 가치 있는 정보들을 얻을 수 있을까?

와인과 음식

◇ 와인과 음식의 페어링pairing

어느 와인에 어떤 음식이 어울리느냐 의 문제는 개인의 식성과 취향에 따라 달라질 수 있는 매우 주관적 판단의 영 역이다. '나는 마늘을 넣고 올리브 오일 로 볶은 파스타에 이 와인을 곁들이는 것을 좋아한다'와 같은 개인적 견해로  부터 '프랑스 쥐라Jura의 뱅 존vin jaune은 꽁테Conté 치즈와 잘 어울린다'는 지역적 전통 을 비롯하여 '육류 요리는 레드와인, 생선요리는 화이트와인'이라는 흔하디흔하게 들 어온 관례와 같은 것까지 와인과 음식의 페어링pairing 또는 매칭matching에 관한 다양한 표현들을 만난다. 어떻든 와인과 음식의 조합이 중요하다는 것은 분명하므로, 많은 와인애호가들이 이에 대한 원칙 같은 것이 있으면 좋겠다는 생각을 가질 것이다.

그렇다면, 과연 그런 원칙이 존재할까? 우리가 와인과 음식의 조합인 페어링에 대 해 말할 때, 움직일 수 없는 진리는 '맛은 주관적이며 개인적인 느낌'이라는 것이다. 사람마다 미각과 후각의 기능과 성능이 동일하지 않으며 취향도 지극히 주관적이기 때문에, 와인과 음식의 조합에 관한 어떠한 규범이나 지침도 개인의 취향에 앞설 수 없다. 한 사람에게 탁월한 선택이 다른 사람에게도 반드시 좋다는 보장은 없다. 그러 나 페어링 뒤에 숨어있는 핵심적 개념은 음식이 와인의 질감과 향 같은 요소들과 서 로 반응reaction 또는 결합association하기 때문에, 이러한 요소들의 올바른 조합을 찾는 것이 와인과 음식을 즐기는 보다 합리적인 방법이라는 것이다. 더욱이 모두는 아닐지 라도 대부분의 사람이 공감하거나 회피하는 음식과 와인의 결합이라면, 이에는 상 당한 이유와 논리가 있으리라는 추측도 가능하다.

◇ 페어링에 적용되는 보편적인 기준

와인과 음식의 페어링에 대해 '화이트와인은 생선과 함께, 레드와인은 육류와 함께White wine with fish; Red wine with meat'처럼 옛날부터 전래되는 원칙 같은 것들이 있다. 요즈음 페어링에 폭넓게 적용되는 다음의 몇 가지 기준이 있다.

- 무게감weight : 음식과 와인에도 무게감이 있다. 예를 들어 진한 소스가 가미된 육류요리는 프렌치 소스를 두른 섬세한 맛의 샐러드보다 무게감이 있으며, 육개장은 콩나물국에 비해 웨이트가 있는 음식이라고 할 수 있다. 와인의 웨이트는 다름 아닌 바디body인데, 풀바디 와인은 미디엄과 라이트 바디 와인보다 웨이트가 있다. 웨이트를 고려하여 와인과 음식을 페어링한다는 것은 음식과 와인의 웨이트가 비슷하도록 조합한다는 것을 의미한다.

- 보완compensation과 대조contrast : 와인과 음식의 향과 질감을 조합하는 것은 보완과 대조 중에서 하나를 선택하는 문제로 생각할 수 있다. 보완 전략은 와인과 음식을 서로 보완할 수 있도록 하는 방법인데, 예를 들어 단백질과 지방이 풍부한 요리를 보르도의 레드와인과 함께 하는 것이다. 이와 달리 대조 전략은 반대되는 매력이나 특징을 가진 음식과 와인을 함께 조합하는 방법인데, 예를 들어 산뜻한crisp 산미가 있는 소비뇽 블랑에 크림소스를 가미한 생선요리를 매칭하는 경우이다. 그리고 와인의 경우는 아니지만, 차가운 생맥주와 뜨겁고 바삭바삭한 치킨을 같이 즐기는 '치맥'은 술과 음식의 대조를 이용한 대표적인 매칭이다.

- 지배적 중심 : 마스터 소믈리에master sommelier인 골드스타인Evan Goldstein은 "음식과 와인의 조합은 두 사람이 대화하는 것과 같다. 한 사람이 말하면 나머지 한 사람은 들어야 하는데, 그렇지 않으면 혼란을 초래한다"고 말한다. 이것은 음식이나 와인 중의 하나가 지배적 중심이 되어야 하고 나머지는 보조적 역할을 한다는 것을 의미한다. 예를 들어 페어링의 목적이 와인에 있다면, 이상적인 균형은 와인보다 약간 가벼운 음식을 선택한다는 것이다. 흔히 접하는 페어링의 지침 중에서, 와인이 음식보다 더 산미와 당도가 높아야 한다는 것은 와인에 지배적 중심을 두는 경우에 적용되는 논리인데, 그렇지 않으면 와인의 맛이 무디어진다.

◇ 재키 도드Jackie Dodd의 페어링 원칙

재키는 캘리포니아의 음식 관련 작가이면서 파워블로거이다. 그녀가 음식과 와인의 페어링 원칙으로 제시한 것이 있는데, 이것은 와인과 음식의 조합에 대한 수많은 지침과 원칙들 중에서 가장 간략하면서도 핵심을 찌르는 예리함이 엿보인다.

- 산은 산을 필요로 한다Acid needs acid : 산도가 높은 와인은 산도가 높은 음식과 어울린다는 것은 와인과 음식의 보완 관계를 강조한 지침이다.
- 타닌은 지방을 필요로 한다Tannins need fat : 붉은 육류와 경질 치즈와 같이 단백질과 지방질이 풍부한 음식의 페어링에서, 타닌은 단백질과 결합하여 부드럽게 변한다. 그런데 단백질이 없는 음식과 레드와인을 함께 먹으면, 타닌은 혀와 입 내부의 단백질과 반응하여 떫은맛을 키우고 입천장에 건조한 느낌을 형성한다. 또한 스파이시하고 달콤한 음식은 건조함과 타닌의 쓴맛을 촉발하여 와인의 향을 느끼지 못하게 한다.
- 생선은 산과 함께 하고, 타닌을 피하라Fish goes with acid, not with tannins : 생선과 산도가 높은 와인의 결합은 대조의 전형적인 예이다. 그런데 타닌은 생선의 비린내fishy odor와 결합하여 아민amine을 생성하는데, 이것은 무해한 물질이지만 입속을 매우 불쾌하게 만든다.
- 와인은 음식보다 지배적 향과 매칭하라Pair wine with dominant flavor, not necessarily the meat : 음식보다는 음식에 가미된 소스와 와인의 매칭이 우선이다.
- 매운맛은 당분을 필요로 한다Heat needs sugar : 달콤함은 스파이시한 맛과 매운맛을 순화하는 경향이 있다. 단맛은 매운맛과 대조적으로 작용하며 고추의 매운맛과 양념spice 맛의 일부를 상쇄한다.
- 달콤함에는 더 달콤함이 필요하다Sweet needs sweeter : 스위트 와인은 같이 먹는 음식보다 더 달콤할 필요가 있다. 만약에 달콤한 웨딩케익과 드라이한 샹파뉴를 함께 하면, 와인의 맛은 시큼하게 변하고 향은 사라져버리는데, 와인 전문가 올드만Mark Oldman(1969~)은 이 둘의 관계를 '칠판 위의 손톱'으로 비유하였다.

◇ 피해야 하는 식재료와 음식

와인과 음식의 페어링과 더불어 와인과 함께 하기 어려운 음식도 개인적 취향이 우선이다. 그러나 대부분 사람들이 동의하거나 와인 속의 성분과 반응하거나 결합하여 후각과 미각을 불편하게 만드는 음식이나 식재료는 피하는 것이 좋다.

- **아티초크**artichoke : 작은 양배추 크기의 국화과 식물로서, 식용으로 쓰는 어린 꽃봉오리는 맛이 담백하고 영양가가 풍부하다. 그러나 이 채소는 '와인과의 페어링이 가장 곤란한 세계 챔피언'으로 알려져 있는데, 그것은 시나린cynarine이라는 성분 때문이다. 이것은 단맛을 제외한 모든 특성을 앗아가서, 와인의 맛을 밋밋하게 만들어버리는 마력이 있다.

- **방울양배추**Brussels sprouts**와 케일**kale : 방울양배추는 지름 3㎝ 정도의 작은 양배추 모양의 채소인데, 이 채소의 성분인 유기유황organosulfur 화합물이 와인의 맛을 떨어뜨리는 것으로 유명하다. 케일도 동일한 성분을 함유하고 있어서, 방울양배추와 거의 유사하게 작용한다. 이 성분은 아스파라거스, 브로컬리broccoli, 컬리플라워cauliflower와 마늘에도 함유되어 있다.

- **아스파라거스**asparagus : 숙취해소에 좋은 아미노산의 일종인 아스파라긴산asparaginic acid이 처음 발견된 채소여서, 아스파라거스란 이름을 가지게 되었다고 한다. 씁쓰름하면서도 담백한 맛과 아삭한 식감이 특징인 고급 채소이지만, 유기유황 성분과 풍부한 엽록소chlorophyl의 진한 허브향이 와인의 맛을 해치는 원인이 된다.

- **블루치즈**blue cheese : 푸른곰팡이에 숙성되는 반경질 치즈인 블루치즈의 알칸alkan-2라고 불리는 진하고 독특한 냄새 성분이 와인의 향을 덮어버린다.

- **초콜릿** : 초콜릿을 먹으면 입속에 타닌, 지방질, 달콤함 등의 맛이 남는다. 이때 드라이한 레드와인을 마시면, 와인의 질감과 단맛은 덮이고 거친 타닌과 신맛만 남는다. 더욱이 초콜릿의 독특하고 진한 맛은 와인의 미묘한 향들도 덮어버린다.

- **달걀** : 달걀을 먹으면 일시적으로 입안이 코팅되는데, 설익은 달걀은 이 효과가 더 심하다. 이런 상태에서 와인을 마시면, 와인의 향을 느끼는 것이 제한받게 된다. 또한 달걀의 약한 유황냄새가 와인에 함유된 소량의 유황을 자극하여, 매우 불쾌한 맛을 만들 수도 있다.

- **간장**soy : 간장의 방향족 화합물aromatic은 와인의 맛을 무기력하게 만들 수 있다. 여기서 말하는 간장은 밀로 담근 일본 양조간장이지만, 아마 우리나라 간장이 더 강력할 것 같다.

- **회초밥**sushi : 레드와인에 함유되어있는 소량의 철분이 생선기름과 작용하여 비린내를 생성한다. 그리고 타닌도 생선의 비린내fishy odor와 결합하여 생성된 아민amine이 입속을 매우 불쾌하게 만든다. 정도의 차이는 있지만, 이런 현상은 화이트와인의 경우에도 발생한다.

- **식초**vinegar : 식초는 알코올이 산소와 접촉하여 초산발효acetic acid fermentation의 과정을 거쳐 생성되는 물질이다. 포도주도 산소와 접촉하면 식초로 변할 수 있으므로, 한편으로는 식초는 변질된 와인이기도 하다. 식초가 가미된 음식은 와인의 맛을 끔찍하게 만들 수도 있다.

- **기타** : 이 이외에도 바베큐 소스, 독일적채German red cabbage, 소바 국수, 토마토, 중동의 전통음식인 휴머스hummus, 웨딩케이크와 버섯 등도 와인과의 페어링이 까다롭다고 알려져 있다.

아티초크

방울양배추

아스파라거스

◇ **한식의 특징**

그렇다면, 와인과 한식의 매칭은 어떨까? 이 의문에 답을 찾기 위해서는 먼저 한식의 특징을 알아볼 필요가 있다. 어느 나라든 술과 음식은 과거 수천 년에 걸쳐 사회문화적 관련성을 유지하면서 발전해왔다. 그러므로 모든 술은 예외 없이 자기 나라의 음식과 자연스럽게

한식 상차림

최적의 조합을 이루며, 우리나라의 한식도 전통적인 술과 멋진 조화를 이룬다. 한식은 어느 나라의 음식문화와도 다른 몇 가지 두드러진 특징을 가지고 있는데, 이러한 점들은 하나같이 한식과 와인의 매칭을 심각한 고민에 빠지게 만든다.

- 첫째, 된장, 간장, 고추장과 김치를 비롯하여 젓갈 같은 발효음식이 다양하게 발전되어 있다.
- 둘째, 여러 식재료를 섞거나 물에 삶는 요리가 큰 비중을 차지한다.
- 셋째, 고추가 들어간 매운 음식이 매우 많다.
- 넷째, 모든 음식을 한 상에 동시에 차리는 공간전개형이라는 특징이 있다.

◇ 한식과 와인의 동침?

최근에는 한식과 와인을 매칭하기 위한 여러 방법을 실험적으로 연구하고 있는 것으로 알려지고 있다. 그리고 개별적인 단품의 한식요리에 훌륭하게 어울리는 특정한 와인에 관한 연구들이 다양하게 이루어지고 있는데, 이러한 노력은 장기적으로 한식의 국제화에 크게 기여할 것으로 기대된다. 그러나 공간전개형으로 차려지는 전통적인 한식에 곁들일 수 있는 와인을 찾는 것은 거의 '산에서 물고기를 구함上山求漁'과 다르지 않다. 이것은 맵거나 발효한 음식을 비롯하여 고유한 향신료들과 모두 그럭저럭 무난하게 어울리는 와인도 찾기가 쉽지 않기 때문이다. 그런데 곡물을 발효하여 만드는 우리의 전통적인 발효주와 증류주는 하나같이 풍부한 잔류당과 부드러운 향이 한식의 복합적이며 까다로운 특징들과도 절묘하게 조합하여, 세계인을 감탄케 할 잠재력이 넘친다는 것이 필자의 생각이다. 전통주는 독특하고 진한 향을 가진 발효음식과 다양한 전통 향신료뿐만 아니라 매운맛과도 조화를 이루는 괴력을 발휘한다. 그러므로 와인과 한식의 조합에 관한 연구보다는 우리 전통주의 세계화가 더 우선되어야 할 과제가 아닐까?

좋은 와인 고르기

◇ 와인은 아는 만큼 잘 고른다

와인을 현명하게 선택하여 잘 즐기기 위해서는 와인에 대한 풍부한 지식과 경험이 큰 도움이 된다. 어떤 와인애호가라도 자신의 취향을 고려하여 정해진 예산범위를 벗어나지 않으면서 가장 좋은 와인을 고르는 데 높은 관심을 가질 것이다. 다음과 같은 사항들을 고려하면, 와인을 합리적으로 선택하는 데 도움이 될 수 있다.

• **자신의 취향을 결정하라** : 개인의 취향은 세부적으로 와인의 종류, 타닌과 산도의 선호, 알코올 도수, 숙성기간, 오크통 숙성 여부, 향의 종류와 복합성 여부에 관한 문제이다.

- **지출할 예산을 정하라** : 고급 와인을 원한다면, 많은 지출을 각오해야 한다. 그런데 비슷한 수준의 와인이 생산국가에 따라 가격에서 큰 폭의 차이가 난다는 것을 참고할 필요가 있다.

- **와인과 음식의 페어링을 고려하라** : 개인의 취향에 따라 음식과 와인의 페어링을 고려해야 하고, 세부적으로는 페어링 중에서 보완 또는 대조의 방법을 결정할 필요가 있다.

- **와인을 구매하는 목적을 생각하라** : 초대한 손님을 접대하기 위한 와인은 가족끼리 즐기기 위한 것과 다를 수 있다. 더욱이 타인에게 선물할 와인은 또 다른 문제이다.

- **전문 가게에서 와인을 구매하라** : 와인 전문 가게에는 상대적으로 많은 종류의 와인을 구비하고 있으며, 가게의 전문 인력으로부터 와인에 관한 다양한 조언을 구할 수도 있다.

- **용감하고 모험적으로 와인을 선택하라** : 처음 보거나 마셔보지 못한 와인을 도전적으로 경험하는 것은 와인에 대한 지식을 넓히는 데 큰 도움이 된다. 실패는 성공의 어머니이다.

◇ 비싼 와인이 좋은 와인이다?

와인의 가격이 비쌀수록 와인의 질이 평균적으로 더 높다는 것을 부정할 수는 없다. 그런데 90% 이상의 화이트와인은 포도를 수확한 해로부터 1년 전후에 음용하는 것이 바람직하고, 또한 90% 이상의 레드와인도 3년을 넘기지 않는 것이 좋다. 그러나 상위 10%에 드는 레드와인과 5%에 드는 화이트와인은 수확 후 5년이 음용의 최적기이며, 상위 1%의 특별한 와인은 최소한 10년을 숙성해야 음용의 최적기에 도달한다. 그러므로 소비자는 언제 마실지에 따라 빈티지를 확인하여 와인을 현명하게 선택해야 한다. 금세 소비할 와인을 숙성이 완성되지 않은 프리미엄급으로 고르는 것은 바람직하지 못하다.

◇ 프리미엄급 와인의 효용성

지갑사정이 아주 넉넉한 어느 젊은이가 연인의 2021년 생일을 축하하기 위해 보르도의 특급와인인 샤토 라뚜르Château Latour 2016년산으로 축배를 든다면, 자신의 연인에게 경제적 풍요로움을 과시하려는 목적만은 확실히 달성할 수 있다. 주세가 많지 않은 외국에서도 한화로 거의 100만원에 가까운 가격으로 판매되는 이 와인의 실질적인 질적 수준은 2021년 현재 상위 10%의 와인 정도에 그치는데, 이 와인은 음용의 최적기에 도달하기까지 거의 20년 정도를 기다려야하기 때문이다. 이와 같은 최고급 와인은 빈티지를 5년 정도 지난 후에 풍부한 과일향을 잃으면서 거친 페놀류의 침전이 이루어지며 비로소 부케가 형성되기 시작한다. 대단한 히트를 기록한 와인 만화인《신의 물방울》에서는 와인을 숙성이 완성되기 전에 마셔버리는 것을 '유아살해 乳児殺害'라고까지 표현하고 있다. 더욱이 최적기까지 와인을 숙성할 시설이나 장치를 갖추지 못한 대부분의 사람들에게는 고급 와인이 그림의 떡일 수도 있다. 그리고 숙성기간이란 게 환경에 따라 들쑥날쑥하여 음용의 적정한 시기를 정확히 알기도 어렵다. 이 문제를 해결하는 괜찮은 방법은 와인샵에서 완전히 숙성된 와인을 구입하거나 여러 병을 사서 적당한 시기에 한 병씩 마셔보면서 최적기를 찾아내는 것이다. 다만 두 방법 모두 당연히 상당한 수준의 금전적 지출을 각오해야 한다. 또는 와인이 정상적인 환경에서 숙성되었다면, 여러 기관에서 발표하는 빈티지 차트를 참조하는 것도 효과적인 방법이다.

◇ 와인 레이블 정보의 활용

앞의 5장에서 살펴본 것과 같이 와인 레이블에는 원산지, 병입자, 포도품종과 빈티지 등의 다양한 정보를 담고 있다. 병입한 곳이 포도원인지 여부를 확인하는 것이 중요하며, 품종과 빈티지도 확인할 필요가 있다. 그런데 그중에서도 레이블에 적혀있는 원산지는 와인의 질을 판단할 수 있는 유용한 정보이다. 원산지가 넓게 표시된 와인은 좁은 지역에서 생산된 것보다 질이 떨어진다고 보아도 크게 틀리지 않다. 예를 들어, 생산지가 프랑스의 보르도로 표시된 것보다는 오메독Haut-Médoc으로 표시된 와인의 질이 대체로 우수하며, 오메독보다는 뽀이악Pauillac으로 표시된 것이 더 고급이다. 이것은 프랑스의 원산지통제명칭 제도에 근거하는데, 이에 대해서는 이 책의 7장에서 자세히 살펴볼 기회를 가진다.

◇ 와인 평점wine scorerating 참조하기

와인 애드보키트의 엠블럼(emblem)

　원래 미국의 변호사였던 파커Robert Parker(1947~)는 현재 세계에서 가장 영향력이 있는 와인평론가이다. 그는 1978년부터 와인 소식지인 '와인 애드보키트Wine Advocate'를 격월로 발행하기 시작하였으며, 이 소식지는 여러 와인전문가들이 참여하는 와인 평점을 발표하고 있다. 이 점수는 세계적으로 와인의 질을 판단하는 기준이 될 정도로 영향력이 크다. 이와 함께 미국에서 발행되는 와인 잡지인 '와인 스펙테이터Wine Spectator'도 매년 와인 평점을 발표하고 있으며, 이것은 세계적으로 파커의 평점과 함께 2대 와인평론 점수로 인정받고 있다. 그리고 세계적인 와인 평론가인 젠시스 로빈슨 Jancis Robinson(1950~), 와인전문잡지인 '디캔터 매거진Decanter Magazine'과 '와인 인수지애스트Wine Enthusiast'도 세계적으로 신뢰도가 높은 와인 평점을 발표하고 있다.

와인 인수지애스트 앱의 초기화면

　이 이외에도 다수의 개인이나 기관들도 와인 평점을 공개하고 있으며, 지역적으로 특화된 와인의 평점도 있다. 이러한 평점들은 와인에 대한 지식과 경험이 풍부하지 못한 사람도 편리하게 사용할 수 있으나, 세계적인 평론가들이나 와인전문잡지의 주관적 판단이 상업적으로 활용되고 있는 점을 비판받기도 한다.

평가기관	사이트	평가점수체계	
와인스펙터 (Winespectator)	www.winespectator.com	96–100 : 매우 우수 90–95 : 우수 80–89 : 매우 양호 70–79 : 평균 60–69 : 평균 이하 50–59 : 미달	
로버트 파커 (Robert Parker)	www.erobertparker.com	95–100 : 대단함 90–94 : 뛰어남 85–89 : 매우 좋음 80–84 : 좋음 75–79 : 보통 50–74 : 비추천	
젠시스 로빈슨 (Jancis Robinson)	www.jancisrobinson.com	20 : 매우 특별함 19 : 굉장함 18 : 매우 우수함 17 : 우수함	
디캔터 매거진 (Decanter Magazine)	www.decanter.com	16 : 출중함 15 : 평균 14 : 매우 따분함 13 : 결함 또는 언밸런스 경계 12 : 결함이 있거나 밸런스가 좋지 않음	
와인 인수지애스트 (Wine Enthusiast)	www.wineenthusiast.com	98–100 : 위대함 94–97 : 매우 뛰어남 90–93 : 뛰어남 87–89 : 매우 좋음 83–86 : 좋음 80–82 : 마실만함	

◇ 소비자가 와인을 평가하는 시대가 열리다

지난 수세기 동안 와인에 대한 평가는 유명한 와인을 만드는 생산자들의 몫이었다. 이들이 매긴 와인의 평가와 등급이 역사적으로 와인의 원산지통제명칭 제도의 전통을 확립하는 데 기여하였을 뿐만 아니라, 와인의 가격을 거의 결정했다고 해도 과언이 아니다. 그런데 1970년대 말부터 와인 평론가들과 잡지사들이 와인 스코어를 발표하기 시작하였는데, 복잡한 와인의 종합적 평가의 결과를 계량화한 점수는 소비자들에게 매력적일 수밖에 없었다. 현재도 이들이 평가한 점수가 와인산업계에 미치는 영향력은 상상을 초월하여, 와인의 운명을 좌우할 정도이다. 바야흐로 와인을 평가하는 주체가 생산자에게서 와인평론가로 바뀐 것이다. 그런데 최근에는 와인의 평가에 대한 관행적 패러다임에 혁신적인 변화가 또다시 일어나고 있다. 생산자에서 평론가에게로 이동했던 와인시장의 주권이 이제는 소비자에게로 넘어가고 있는데, 이러한 변화의 중심에는 '비비노'라는 앱이 있다.

◇ 비비노vivino

비비노는 2010년에 덴마크의 코펜하겐Copenhagen에서 자카리아센Heine Zachariassen과 쉐
네르카드Theis Søndergaard가 개발한 와인 앱app으로서, 현재는 세계에서 가장 큰 온라인
상의 와인거래시장이 되었다. 2019년 말 현재 천만 종류 이상의 와인에 대한 데이터
베이스를 구축하고 있으며, 앱의 사용자는 약 3,500만 명에 이른다. 앱을 열고 카메
라로 와인 레이블을 촬영하면, 자동적으로 평점, 생산지역, 생산자, 빈티지와 가격에
관한 정보를 제공한다. 이와 함께 평점을 매긴 유저들의 리뷰들을 볼 수 있다. 높은
평점일수록 와인의 평가가 높으며, 평점을 매긴 유저들이 많을수록 신뢰도가 높아진
다. 또한 페이스북과 연동되어 자신의 페이스북 친구들과 서로의 평가에 대해 댓글
을 남기면서 교류할 수도 있다. 스마트폰을 이용하여 대중의 힘으로 가치를 생성하
는 크라우드 소싱crowd sourcing의 좋은 예이다. 이 앱의 와인 평가는 별 5개로 표시하
는 5.0 만점 체계이다. 바야흐로 이제는 실질적으로 소비자가 직접 와인을 평가하는
시대가 도래하였다.

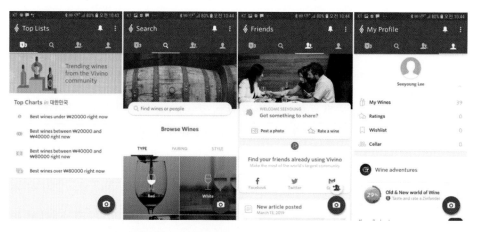

비비노 앱. 왼쪽부터 초기화면, 와인검색, 대화방, 개인 프로필 화면. 화면의 카메라로 와인 레이블을 촬영하면,
와인 등급과 국제가격을 확인할 수 있다.

◇ 와인과 친구

"당신은 진정한 친구가 있느냐?"라는 직설적 질문을 받았을 때 즉시 누군가를 떠올리는 사람도 있겠지만, 대답을 망설이는 사람도 많을 것이다. 우리는 교육을 통해 아름답고 완벽한 우정에 익숙하지만, 현실의 친구는 그렇지 않을 것이며 친구도 인간적인 면에서 많은 단점과 약점을 지닌 인간임에 틀림이 없다. 그래서 현실적으로 친구란 공감의 대상으로서, 상대가 가진 개성과 성격을 서로서로 잘 이해하는 인간적 관계가 아닐까 한다. 와인도 친구와 같이 나름대로 장점과 약점을 가지고 있으며, 이러한 것을 잘 이해하고 폭넓게 여러 종류의 와인을 대하는 자세가 필요할 것 같다. 단점을 이해하고 장점을 찾는다면, 다양한 와인을 사랑하게 되리라. 그리고 "친구와 와인은 오래 될수록 좋다Friends and wine improve with age"는 서양속담이 있다. 그러나 오래 묵은 와인이 어린 와인보다 반드시 더 좋다는 보장은 없다. 보존기간이 1~3년인 보통의 와인은 물론이고, 수십 년의 장기숙성이 필요한 최고급 와인들도 적정시기를 지나면 언젠가는 탄탄한 구조가 무너지기 시작한다. 물론 빈티지에 따라 와인이 견디는 시간은 다르지만, 모든 와인이 긴 세월을 지나면 예외 없이 생명력을 잃는 것은 지극히 당연한 자연의 섭리이다. 최적기를 지난 와인은 알코올이 산화되어 초산을 만드는 반응인 초산발효acetic acid fermentation가 일어나는 현상 등으로 필연적으로 활력을 잃어간다.

제7장

———⊣·❋·⊢———

프랑스 와인

"어느 지역의 무슨 와인이 어떤 품종으로 어떻게 만들어지며 그 특성은 무엇인가?"라는 질문에 답하기 위해서는 각 나라의 유명 와인 산지에 대한 기본적 이해가 우선이다. 유럽의 와인지역 명칭은 원산지통제명칭controlled designation of origin이라는 제도에 따르고 있다. 이것은 어떤 국가, 지방, 소도시 또는 마을 등 지리적으로 한정된 범위에서 만들어지는 우수한 품질과 차별적 특성을 지닌 상품의 생산지역을 명시하는 제도이다. 이외에도 브랜디인 오드비eau-de-vie, 치즈, 버터 등 기타 농산품 등에 부분적으로 적용되고 있다. 원산지명칭제도는 와인의 등급체계와 연계되어 있으므로, 와인의 품질과 특성을 판단하기 위해서는 이 제도와 등급체계에 대한 이해가 필요하다.

한편 독일과 같이 원산지명칭제도와 관계가 없는 와인등급체계를 가지고 있는 나라도 있다. 또한 프랑스와 같이 원산지통제명칭과 더불어 지역별로 고급 와인을 추가적으로 구분하는 별도의 등급체계를 수립하고 있는 경우도 있다. 이처럼 어느 나라이든, 와인의 원산지명칭과 등급체계는 제도와 법률에 의해 엄격히 관리된다. 이 제도들은 포도품종을 비롯하여 수확량과 나무의 밀식 정도를 규제하여 단위면적당 과다한 생산을 막고, 알코올 도수의 최저와 최고 범위를 규정하고 있다. 또한 특정한 기관이 생산과 유통 전반에 걸쳐 확인과 감시활동을 하며, 와인의 질을 판단하기 위한 성분검사와 시음회도 개최한다.

세계적으로 와인의 종주국으로 인정받는 프랑스는 한반도의 3배에 달하는 넓은 면적과 다양한 지형, 북쪽에서 남쪽까지, 동쪽에서 서쪽까지 변화무쌍하고 다양한 기후적 특성으로 인해 떼루아 와인의 지역적 차별성 역시 다종다양하다. 이로 인해 2019년 현재 프랑스에만 330여 개의 원산지통제명칭이 지정되어 있으며, 이와는 별개로 보르도와 부르고뉴를 비롯한 다수 지역들은 와인의 질적 수준을 더 세부적으로 구분하는 추가적인 와인등급체계까지 수립하고 있다.

프랑스의 원산지명칭제도와
와인등급체계

프랑스는 지역에서 생산되는 와인의 평판을 보호하고 생산을 장려하기 위한 원산 지명칭제도를 현대적 관점에서 최초로 체계화한 나라이며, 여러 나라가 유사한 제도 를 수립할 때 프랑스의 제도가 표준적 체계로 인용되었다.

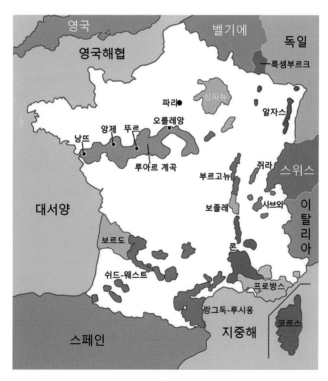

프랑스 와인 지도

2012년에 유럽연합European Union(EU)에서 원산지보호명칭과 지리적 보호명칭에 관한 법규의 제정이 완료됨에 따라, 프랑스도 오랜 기간 동안 유지해왔던 와인의 원산지 명칭제도와 등급체계를 수정하였다. 이와 함께 프랑스의 각 지역은 추가적인 와인등급 체계를 수립하고 있는데, 이에 대해 독자님들의 이해를 돕는 것이 이 장의 목적이다.

원산지통제명칭제도와 원산지보호명칭제도

◇ 유럽연합European Union(EU)의 지리적 표시와 전통특산품 보호제도

EU의 지리적 표시와 전통특산품을 보호하기 위한 제도는 2006년에 시작하여 2012년에 제정을 완료한 '원산지보호명칭protected designation of origin(PDO)', '지리적 보호명칭 protected geographical indication(PGI)'과 '전통특산품보증traditional specialities guaranteed(TSG)'이라는 3개의 법규를 근간으로 하고 있다. 이 제도는 EU와 비유럽연합국가와의 쌍무협정을 통해 점차 국제적으로 확장되고 있으며, 지역 식품의 평판을 보호하고 농업활동을 장려하며 생산자들이 인증된 상품에 할증가격premium price을 보장받도록 돕고 불공정한 거래와 소비자들로 하여금 가짜 상품의 구매를 방지하는 데 목적을 두고 있다. EU는 2008년에 지역 내 국가들에서 생산하는 와인에 대한 지리적 표시를 보호하기 위해 와인 레이블의 표기를 새롭게 규정하기 위한 법령을 제정하였는데, 이에 따라 EU의 와인은 원산지명칭을 보호받는 PDO 와인과 지리적 표시를 보호받는 PGI 와인으로 나뉘게 되었다. 여기에서 원산지명칭이란 와인생산지역의 명칭이며, 지리적 표시는 행정구역의 명칭을 의미한다.

◇ 원산지통제명칭appellation d'origine contrôlée(AOC) 제도

EU에서 제정한 법규에 따라 프랑스는 2012년에 1930년대부터 발전시켜왔던 원산지통제명칭 규정을 수정하였다. 1935년에 프랑스 농무부는 전국원산지명칭협회Institut national de l'origine et de la qualité(INAO, 2007년 이전에는 Institut National des Appellations d'Origine)라는 산하기

관을 설립하였으며, 이곳에서 와인에 관한 전반적 행정업무를 수행하고 있다. 2012년 이전의 규정은 프랑스 와인을 다음의 4가지 등급으로 구분하였는데, 지금도 과거 체계의 흔적이 많이 남아있다.

- AOCappellation d'origine contrôlée : INAO가 포도의 재배지역과 품종, 재배방법, 헥타르당 수확량, 양조기술, 가당하지 않은 상태의 알코올 함량 등을 통제하는 가장 높은 등급의 와인이다. 이 와인은 레이블에 원산지 명칭을 표시하는데, 예를 들어 원산지 명칭이 보르도의 메독이라면 '아뻴라시옹 메독 꽁뜨렐레Appellation Médoc Contrôlée'라고 적는다. 2005년 당시 AOC 와인의 비율은 전체의 53.4%에 달하였으며, 전국적으로 472개의 AOC가 있었다.

- VDQSvin délimité de qualité supérieure : AOC보다는 덜 엄격하게 규정을 적용하며, AOC 등급으로 가기 위한 예비등급이었다. 2005년 당시 전체의 0.9%에 불과하여 소비자들이 만나기 힘들었던 이 등급은 2011년 말에 폐지되었다.

- 뱅 드 빼이vin de pays(VdP) : '빼이pays'는 '지방'을 뜻하는 단어로, 뱅 드 빼이는 지방와인을 뜻한다. 생산지역을 표시하는 테이블 와인 등급으로, 생산자에게 포도품종이나 재배방법 등을 결정하는 데 어느 정도의 재량이 허용되었다. 2005년 당시 이 등급의 와인은 전체의 33.9%를 차지하고 있었다.

- 뱅 드 따블vin de table(VdT) : 테이블 와인이란 뜻이며, 레이블에 특정지역이 아닌 프랑스에서 만들어졌다는 것만 밝힐 수 있는 가장 아래 등급의 와인이다. 2005년에 이 와인은 전체의 11.7%를 차지하고 있었다.

◇ 원산지보호명칭appellation d'origin protégée(AOP) 제도

2012년에 EU의 법규가 제정됨에 따라 프랑스의 AOC 제도도 '원산지보호명칭' 제도로 수정되었다. EU 규정의 PDO 와인은 과거의 AOC 와인에 해당하는 고급 와인이며, PGI 와인은 일반 와인이다. 그리고 EU의 법규가 변경됨에 따라 프랑스의 AOC 규정을 대체한 것이 AOP 규정이다. 이 제도의 가장 큰 차이는 VDQS 등급이 상하위 등급으로 흡수되어 4개의 등급이 다음과 같은 3개로 조정되었다는 점이다. 그러나 과거와 새로운 제도는 지금도 혼용되어 사용되고 있다.

- AOP_{appellation d'origine protégée} : AOC를 대체한 가장 높은 등급이다. AOP로 대체되면서 차별성이 별로 없는 인접한 AOC를 통합하고 질이 높아진 일부 VDQS를 흡수하여, 2019년 현재 프랑스 전체 AOC는 330여개에 달하고 있다. EU의 법규에서 AOP 와인은 원산지 명칭을 보호받는 PDO 와인인데, INAO에서 인증한 수확량과 품종에 대한 제한적인 생산지침을 준수해야 한다. AOC의 구체적인 리스트는 이 책 마지막 부분의 부록 1을 참조하기 바란다.

- IGP_{indication géographique protégée} : VdP를 대체한 중간등급이며, EU의 법규에 따라 지리적 표시를 보호받는 PGI 와인이다. 레이블에 표시하는 생산지역은 지방_{région}, 도_{département} 또는 지역_{local} 등의 행정구역이며, 이 와인들의 생산 규정은 AOP 와인의 경우보다 훨씬 유연할 뿐만 아니라 양조에 쓸 수 있는 포도 품종도 더 다양하다.

- 뱅 드 프랑스_{vin de France(VdF)} : 지리적 표시가 없는 와인을 뜻하는 VSIG_{vins sans indication géographique}로서, VdT를 대체한 가장 아래 등급이다. 그러나 레이블에 품종과 빈티지를 표시하는 것은 허용된다.

와인의 추가적인 등급제도

◇ 프랑스 와인 등급체계의 특수성

앞에서 살펴본 AOP 제도에 따르면, INAO에서 인정한 최고등급인 AOC 또는 AOP 와인의 비율이 전체의 절반을 넘고 있다. 고급 와인의 비율이 이와 같이 과도하게 높다는 점은 공식적 등급체계의 결정적 한계를 보여주고 있다. 프랑스에는 이러한 문제점 또는 역사에 근거해서 만들어진 별도의 추가적인 와인 등급체계가 도입되어 발전하였는데, 이와 같은 체계는 프랑스를 제외한 다른 나라에서는 흔히 찾아볼 수 없는 형태이다. 이 중에는 AOC로 지정된 경우도 있지만, AOP 제도와는 별도로 운영되기도 한다. 그리고 EU 또는 INAO가 인정하는 공식적인 것도 있고, 비공식적이거나 법률적 보호를 받지 못하는 것까지 형태가 다양하다. 대부분의 AOC 지역은 하나의 추가적 등급체계가 운영되고 있지만, 보르도 지역은 자그마치 6개의 체계가 혼재하고 있어서 소비자들을 더욱 혼란스럽게 만든다.

◇ 두 가지 형태의 와인 등급체계

　와인의 등급체계는 포도를 재배하는 밭 또는 최종 생산물인 와인에 근거할 수 있다. 즉 포도밭을 등급의 대상으로 삼을 수도 있고, 생산된 와인이나 생산자가 그 대상이 될 수도 있다. 예를 들어 보르도와 프로방스는 와인의 생산자 또는 와인에 등급을 부여하고 있으나, 이와 달리 부르고뉴와 샹파뉴를 비롯한 여러 지역들은 포도밭 자체의 등급체계를 수립하고 있다. 보르도는 생산자가 대규모의 포도밭을 소유하고 있으나, 소유자가 다수인 부르고뉴의 대부분 포도밭은 소유자가 생산자가 되기 어려운 특수성이 있다. 이러한 재배환경의 차이가 이질적인 등급체계를 만든 근본적 원인 중의 하나이다.

보르도

보르도는 와인 뿐만 아니라 복잡한 와인등급체계로도 유명하다. 보르도 최초의 '1885년 보르도 와인의 공식등급'은 메독과 소테른 와인 생산자들의 자부심인 동시에 지역적 이기심의 결과물이라는 것이 필자의 생각이다. 이 등급에 속하는 와인은 거의 모두가 오메독과 소테른의 것이고, 그라브 와인인 샤토 오브리옹이 유일한 예외로 포함되어 있을 뿐이다. 이와 같이 그라브와 도르도뉴 강 우안에 위치한 생떼밀리옹과 뽀므롤의 와인들은 철저히 배제되었는데, 이에 대한 반발과 1885년 보르도 와인 공식등급의 상업적 성공에 자극을 받아 지역별로 여러 등급체계가 만들어졌다고 미루어 짐작할 수 있다.

보르도의 증권거래소(Place de la Bourse)는 18세기 중엽 가론 강변에 지워진 아름다운 건물로서, 보르도의 관광명소이다. 그러나 이 건물 앞에 있는 '물의 거울(miroir d'eau)'이라는 물로 채워진 광장이 더 유명하다. 2006년에 조성된 이 광장은 넓이가 3,450㎡이며 풀의 수심은 2cm이다.

보르도의 와인등급

◇ **1885년 보르도 와인 공식등급**classification officielle des vins de Bordeaux de 1885

이 등급은 1885년 파리에서 개최된 만국박람회Exposition universelle에 즈음하여 나폴레옹 3세Napoléon III, Louis-Napoléon Bonaparte(1808~1873) 황제의 요구로 만들어졌다. 그라브의 1개 레드와인과 함께 오메독의 60개 레드와인과 소테른의 27개 화이트와인을 포함하고 있으며, 보르도 기타 지역은 철저히 배제되었다. 이와 같이 지역적 이기심에 기초한 이 체계는 공평성과 합리성이 현저히 결여되어 있음에도 불구하고, 특히 레드와인의 등급은 현재까지도 소비자에게 할증가격을 요구할 수 있을 정도로 견고한 영향력을 유지하고 있다. 레드와인은 1등급premiers crus, 2등급deuxièmes(seconds) crus, 3등급troisièmes crus, 4등급quatrièmes crus과 5등급cinquièmes crus으로 분류하고, 화이트와인은 모두 귀부와인으로 특등급premier cru supérieur, 1등급premier crus, 2등급deuxièmes crus으로 분류하고 있다. 여기서 '크뤼cru'는 포도원 또는 여기에서 생산되는 와인을 뜻하는 용어이다. 이 등급에 속하는 와인들은 레이블에 '그랑 크뤼 끌라세Grand Cru Classé'라고 표시하고 있다.

이 체계가 발표된 다음 해인 1886년에 샤토 깡뜨메를르Château Cantemerle가 5등급에 추가되고 1973년에 샤토 무똥 로스차일드Château Mouton Rothschild가 2등급에서 1등급으로 상향된 것을 제외하고는, 130여 년이 지난 지금까지도 제정 당시의 체계를 굳건히 유지하고 있다. 그런데 무똥 로스차일드가 일등급으로 상향된 것은 매우 특이한 사건인데, 프랑스 로스차일드 은행 페밀리의 멤버인 소유주의 장기적이며 집요한 로비와 함께 과거에 이 은행에 근무한 경력이 있는 당시의 뽕삐두Georges Pompidou(1911-1974) 대통령이 강력한 영향력을 행사한 결과라고 알려지고 있다. 일등급 레드와인과 특등급 화이트와인은 다음 표와 같다. 나머지 등급의 와인 리스트는 부록 2를 참조하기 바란다.

등급	와인 명칭	AOC
	보르도의 1등급 레드와인과 특등급 화이트와인	

등급	와인 명칭	AOC
레드와인 1등급(premiers crus)	샤토 마고(Château Margaux)	마고(Margaux)
	샤토 라피트 로스차일드 (Château Lafite Rothschild)	뽀이약(Pauillac)
	샤토 라뚜르(Château Latour)	뽀이약(Pauillac)
	샤토 무똥 로스차일드 (Château Mouton Rothschild)	뽀이약(Pauillac)
	샤토 오브리옹(Château Haut-Brion)	뻬삭-레오낭 (Pessac-Léognan)
화이트와인 특등급 (premier cru supérieur)	샤토 디켐(Château d'Yquem)	소테른(Sauternes)

보르도의 그랑 크뤼 와인들. 왼쪽부터 5등급 샤토 오-바따이에 뽀이약(Château Haut-Batailley Pauillac) 2011, 4등급 샤토 딸보 생-줄리엥(Château Talbot Saint-Julien) 2012, 2등급 샤토 뒤크뤼-보까이유 생-줄리엥(Château Ducru-Beaucaillou Saint-Julien) 2007, 2등급 샤토 꼬스 데스뚜르넬 생-떼스떼프(Château Cos d'Estournel Saint-Estèphe) 2004.

◇ 그라브 크뤼 끌라세Graves crus classés

1953년에 프랑스 농업장관이 인증하고 INAO에서 임명한 심사위원들이 뻬삭-레오낭Pessac-Léognan AOC에 속한 16개 샤토를 크뤼 끌라세로 지정하였다. 1959년에 약간의 수정이 있었으며, 세부등급은 없고 그 이후에 샤토가 수정된 적도 없다. 1855년 보르도 공식등급의 1등급 와인인 샤토 오브리옹은 그라브의 크뤼 끌라세 와인이기도 하다. 1855년에 오브리옹이 보르도의 프리미어 크뤼에 선정된 것은 당시에 이 와인이 보르도 등급체계에서 제외하기 어려울 정도로 드높은 명성을 쌓고 있었기 때문이라고 전한다. 그라브의 등급에 속하는 샤토의 목록은 부록 3을 참조하기 바란다.

◇ 생떼밀리옹 그랑 크뤼 끌라세Saint-Émilion grands crus classés

1855년 보르도 공식등급에서 철저히 배제되었던 생떼밀리옹 지역이 1954년에 최초로 지정한 레드와인 등급이다. 세부적으로 '프리미어 그랑 크뤼 끌라세premiers grand cru classé A', '프리미어 그랑 크뤼 끌라세 B'와 '그랑 크뤼 끌라세'의 3가지 세부등급으로 분류되며, 등급별로 현재 각각 4개, 14개와 64개의 와인이 지정되어 있다. 등급은 대략 10년마다 재설정하는데, 가장 최근에는 2012년에 수정된 적이 있다. 이 등급의 와인 리스트는 부록 4를 참조하기 바란다. 샤토 앙젤리스Château Angélus, 샤토 오존Château Ausone, 샤토 슈발 블랑Château Cheval Blanc, 샤토 빠비Château Pavie가 그랑 크뤼 끌라세 A의 와인들인데, 이들은 보르도 공식등급의 1등급보다 평균적으로 더 높은 가격으로 거래되는 세계적 명품 와인이다.

◇ 메독 크뤼 부르주와crus bourgeois du Médoc

1855년 보르도 메독의 그랑 크뤼에서 제외된 와이너리를 중심으로 1932년에 만든 비공식적 등급체계이다. 그러나 보르도 메독의 와이너리 중에서 약 31%가 이에 속하며, 소비자들에게 널리 인정받는 공식적 등급체계가 아니다. '크뤼 부르주와 엑셉씨오넬cru bourgeois exceptionnel', '크뤼 부르주와 쉬페리어cru bourgeois supérieur'와 '크뤼 부르주와cru bourgeois'의 3개 세부등급으로 분류되어 있다. 2021년 기준으로 세 등급에 각각 14개, 56개와 179개의 와인이 포함되어 있으며, 현재까지 매년 240~260개의 와이너리가 메독 크뤼 부르주와로 지정되고 있다. 그런데 지난 2007년에는 2003년의 등급판정에 부정이 있어서, 보르도 법원으로부터 이 체계가 무효라는 최종판결을 받았다.

◇ **메독의 크뤼 아흐띠장**crus artisans du Médoc

1994년에 메독의 8개 AOC에 있는 소규모 가족 와이너리들이 EU로부터 공식적인 등급분류로 인정받았는데, '아흐띠장'이란 장인이라는 뜻의 단어이다. 5년마다 샤토를 재선정하며, 처음의 44개에서 출발하여 2020년에는 36개의 샤토로 축소되었다. 크뤼 아흐띠장은 경영자가 포도원을 직접 경작해야 하며 와이너리에서 와인을 병입해야 조건을 충족해야 한다.

크뤼 아흐띠장 와인 Château de Coudot Cru Artisan-Haut Médoc 2017.

◇ **뽀므롤**Pomerol**의 등급체계**

도르도뉴 강 우안에 위치한 뽀므롤 AOC에는 공식적 와인 등급은 없지만, 2001년에 와인마스터 유잉멀리건Mary Ewing-Mulligan이 비공식적으로는 선정한 1, 2, 3등급의 분류체계가 있다. 메를로 100%로 만들어지는 세계적 걸작인 샤토 뻬트뤼스Château Pétrus와 메를로와 끼베르네 프랑을 블렌딩하여 만드는 샤토 라플레르Château Lafleur가 1등급에 속한다. 뽀므롤 등급에 속하는 와인의 리스트는 부록 5를 참조하기 바란다. 이와 함께 영국의 와인 마스터인 코츠Clive Coates(1941~)가 자신의 저서에서 밝힌 뽀므롤의 비공식 등급체계도 있다. 이 체계는 이 지역의 유명와인을 퍼스트 그로스first growth, 아웃스탠딩 그로스outstanding growth, 익셉셔널 그로스exceptional growth와 베리 파인 그로스very fine growth로 등급을 구분하고 있다.

샤토 뻬트뤼스 2015. 뻬트뤼스는 예수의 12제자(Twelve Apostles) 중의 한 명인 베드로(Saint Peter)의 프랑스 이름이며, 그는 가톨릭교회의 초대 교황이기도 하다.

보르도의 와인지역

◇ 보르도 AOC의 현황

프랑스에서 가장 대표적 와인지역의 하나인 보르도는 도르도뉴Dordogne 강과 왼편의 가론Garonne 강이 만나서 형성된 지롱드Gironde 강이 대서양으로 흘러드는 지역으로, 대서양에 가까운 곳은 해양성 기후이며 내륙지역은 대륙성 기후의 특성이 나타난다. 2019년 현재 보르도에는 47개의 원산지보호명칭이 지정되어 있으며, 와인지역은 지롱드 강의 좌안의 메독과 가론 강 좌안의 그라브, 도르도뉴 강 우안의 뽀므롤과 생떼밀리옹이 있는 리부르네 지역을 비롯하여 가론 강과 도르도뉴 강 사이에 위치한 앙뜨르 드 메르 지역으로 구분된다.

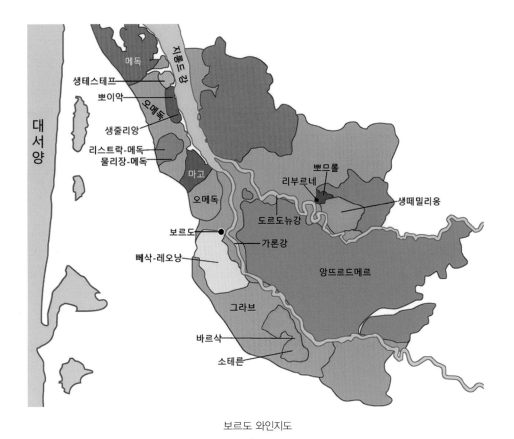

보르도 와인지도

◇ 메독Médoc

이곳은 보르도에서도 가장 핵심적인 와인지역으로서, 지롱드 강 하류의 좌안으로부터 대략 폭이 10㎞이고 길이가 남북으로 60㎞ 정도인 지역이다. 대략 10,600헥타르의 약 1,500곳 포도원에서 매년 약 5천만 리터의 레드와인을 생산하고 있는데, 까베르네 소비뇽에 메를로와 까베르네 프랑 등을 블렌딩하여 만든다. 이 지역의 북쪽은 바메독Bas-Médoc이라 하고 남쪽은 오메독Haut-Médoc이라 부른다. 여기에서 '바bas'는 낮다는 뜻이며 '오haut'는 높다는 의미인데, 바메독은 지대가 낮은 지역이며 오메독은 상대적으로 높은 곳이다. 그런데 이 말은 우연히도 양쪽에서 생산되는 와인의 질에도 똑같이 적용되는데, 오메독은 세계적으로 평판이 높은 프리미엄급 와인을 비롯하여 질이 좋은 와인을 생산하는 반면에 바메독의 와인은 지극히 평범하다는 평가를 받고 있다. 그래서 바메독에서 생산되는 와인의 레이블에는 원산지보호명칭을 '메독'으로 표시하고 있다. 메독에 8개의 AOC가 있는데, 그중에서 오메독에는 7개의 AOC가 지정되어있다.

◇ 오메독의 AOC

오메독은 1885년에 지정한 그랑 크뤼grand cru 와인 리스트의 61개 중에서 무려 60개의 와인을 생산하는 지역으로서 다음과 같은 세계 최고수준의 와인을 생산하는 AOC들이 있다. 오메독에서 마을 이름을 쓰는 6개의 AOC는 다음의 4곳 이외에 리스트락메독Listrac-Médoc과 물리장메독Moulis-en-Médoc이다.

- 오메독Haut-Médoc AOC : 레이블에 마을commune의 이름을 표시하는 6개 AOC를 제외한 오메독 내에서 생산되는 와인을 포함하는 AOC이며, 5개의 그랑 끄뤼 와인이 생산되고 있다.

- 생떼스테프Saint-Estèphe AOC : 오메독의 가장 북쪽에 위치하는 AOC로, 5개의 그랑 끄뤼 와인이 생산되고 있다. 이곳의 와인은 타닉하여 숙성기간이 매우 길고 구조가 가장 탄탄하며, 숙성시간이 길어질수록 과일향이 강해지고 원숙하며 우아하게 변해간다는 평가를 받는다.

- 뽀이약Pauillac AOC : 생떼스테프의 남쪽에 인접한 AOC로서, 3개의 1등급 와인을 비

롯하여 18개의 그랑 끄뤼 와인을 생산하는 지역이다. 색깔이 진하고 바디가 강하며, 까치밥나무열매blackcurrant와 서양자두plum 등의 과일향이 탁월하고 연필깎이와 시가 박스의 부케가 특징적이라는 평가를 받고 있다.

- **생줄리엥**Saint-Julien AOC : 뽀이악의 남쪽에 인접한 AOC로서, 10개의 그랑 끄뤼 와인이 생산되는 곳이다. 이 지역은 전통적으로 남쪽과 북쪽으로 구분되었다. 북쪽의 와인은 인접한 뽀이악과 닮아서 구조가 강건한 반면에, 남쪽의 와인은 아래에 위치한 마고의 와인과 유사하게 부드럽고 여성스런 특징을 보인다.

- **마고**Margaux AOC : 앞의 세 마을과는 떨어져서 오메독의 남쪽에 위치한 AOC로서, 1개의 1등급 와인을 포함하여 22개의 그랑 끄뤼 와인이 만들어지는 곳이다. 향이 풍부하고 까치밥나무열매의 풍미가 지배적이며, 부드럽고 여성적이라는 평가를 받는다.

◇ **그라브**Graves

이 지역은 보르도 시의 남쪽으로부터 가론 강의 좌안을 따라 길이 50㎞ 정도로 길쭉하게 뻗은 곳이다. 지역의 명칭이 프랑스어의 '자갈gravier'이라는 말에서 유래하였는데, 그라브는 전형적인 자갈토양gravelly soil의 지역이다. 그라브에는 6개의 AOC가 있으며, 보르도의 핵심적 와인지역 중의 하나이다. 이 지역의 레드와인과 화이트와인은 풍부하고도 섬세한 풍미를 지니고 있으며, 이곳은 세계 3대 귀부와인 생산지역이기도 하다. 다음의 AOC들이 세계적 명성을 얻고 있다.

- **빼삭-레오낭**Pessac-Léognan : 1885년 보르도 공식등급의 프리미어 크뤼 와인인 샤토 오브리옹Château Haut-Brion을 위시하여 그라브의 크뤼 끌라세crus classé로 지정된 16개의 샤토가 위치하는 AOC이다. 까베르네 소비뇽과 메를로로 만들어지는 빼어난 레드와인은 풍부한 향을 자랑하며, 세미용과 소비뇽 블랑으로 만드는 화이트와인도 섬세한 맛과 바디감이 탁월하다.

- **소테른**Sauternes**과 바르삭**Barsac : 소테른은 샤토 디켐Château d'Yquem을 비롯한 1885년 보르도 공식등급의 27개 그랑 크뤼 귀부와인이 생산되는 곳이다. 귀부균에 감염된 포도는 사람이 선별하여 손으로 수확하여야 하며 감염 후에 부분적으로 건조되기 때문에, 수확량이 보통 포도에 비해 1/5~1/6에 불과한 귀부와인은 가격이 비쌀 수밖에 없다. 소테른의 북쪽에 붙어있는 바르삭의 일부 샤토들은 차별성을 부각하기 위해 바르삭 AOC를 사용한다. 귀부와인에 관한 상세한 내용은 앞의 3장을 참조하기 바란다.

◇ 리부르네Libournais

도르도뉴강 우안에 위치한 이 지역은 15개의 AOC 가 있는 보르도의 핵심적인 와인지역 중의 하나이며, 이곳에서 생산되는 레드와인은 질적인 수준에서 오메독과 그라브의 것들과 우열을 겨루면서도 전혀 다른 특성을 보인다. 이곳은 대서양에 가까운 오메독이나 그라브와는 달리 대륙성기후의 영향을 받기 때문에, 낮은 기온에서도 수확할 수 있는 품종인 메를로를 주로 재배한다. 이 품종으로 만든 리부르네의 와인은 벨벳 같은 부드러움을 주며, 보르도 와인 중에서 최고라고 주장하더라도 반박하기 어려운 와인들이 생산되는 생떼밀리옹과 뽀므롤 AOC가 있다.

샤토 오존 2015. 와인의 명칭은 로마의 시인인 오소니우스 (Decimius Magnus Ausonius; 310?~395?)의 이름에서 따왔다. 그는 현재의 프랑스 보르도인 부르디갈라(Burdigala) 출신이다.

- 생떼밀리옹Saint-Émilion AOC : 중세의 모습이 고스란히 보존된 아름다운 마을인 생테밀리옹은 도르도뉴 강변의 경사진 석회암 토양과 자갈밭에서 메를로와 카베르네 프랑을 재배하여 향과 맛이 풍부하고 부드러운 와인을 만든다. 프리미어 그랑 크뤼 끌라세 A인 샤토 오존Château Ausone과 샤토 슈발 블랑Château Cheval Blanc은 가격이 매우 비싼 명품와인들이다. 그리고 이 지역은 뽀므롤과 함께 연간 1,000상자 이내로 소량 생산하는 미크로퀴베microcuvée가 발달하였는데, 이런 와인을 차고 와인garage wine이라고도 하며 샤토 발랑드르Château Valandraud 등이 유명하다.

- 생떼밀리옹 그랑 크뤼Saint-Émilion grand cru AOC : 생떼밀리옹에는 명품와인을 생산하는 생떼밀리옹 AOC와 명칭이 유사한 AOC가 있는데, 여기에 속한 수백 곳의 와이너리들은 와인 레이블에 '그랑 크뤼grand cru'라고 표시하고 있다. 그러나 이것은 생떼밀리옹 AOC의 와인들이 레이블에 '그랑 크뤼 끌라세grands crus classé'로 표시하는 것과는 전혀 별개로서, 비전문적 관광객들의 선택을 유혹하고 있다.

- 뽀므롤Pomerol AOC : 생떼밀리옹의 북서쪽에 접하고 있는 뽀므롤은 오메독의 한 마을 정도의 면적을 가지고 있으나, 이곳의 작은 포도밭들에서 최상의 질을 자부하는 와인이 생산되고 있다. 따라서 샤토의 규모가 작고 생산량이 적어서, 가격이 세계최고 수준일 뿐만 아니라 보기조차도 힘들다. 대부분 와인은 70~80%의 메를로에 까베르네 프랑을 블

렌딩하지만, 세계 최고의 와인 중의 하나인 샤토 뻬트뤼스Château Pétrus는 100% 메를로로 만들어진다. 그리고 뻬트뤼스와 가격을 경쟁하는 르 팽Le Pin도 100%의 메를로로 만들어지는데, 이 와인은 미크로퀴베로서 뽀므롤의 비공식적 와인등급에도 포함되어 있지 않다.

고풍스런 생떼밀리옹의 전경. 2017년 기준으로 인구가 1,874명인 조그만 마을이며, 사진 왼쪽의 마을에서 가장 높은 건물은 '레글리즈 모노리트(L'église monolithe)라는 교회인데, 이 건물은 하나의 거대한 석회석을 다듬어서 만들었다고 한다. 종탑의 높이는 68m에 달한다.

◇ 앙뜨르 드 메르Entre-Deux-Mers

가론 강과 도르도뉴 강 사이의 넓은 지역으로, 10개의 AOC를 포함하고 있다. 화이트와 레드와인을 모두 생산하는데, 화이트와인만이 이 지역의 AOC를 사용하고 레드와인은 보르도Bordeaux 또는 보르도 수페리에Bordeaux supérieur AOC로 판매된다. 소비뇽 블랑, 세미옹과 뮈스카델을 블렌딩하여 만드는 이곳의 화이트와인은 대부분 1년 이내에 소비하는 것이 바람직하다. 경이로이 아름다운 강변의 포도밭과는 달리, 이곳의 와인은 평균적으로 그럭저럭 괜찮은 정도라는 평가를 받고 있다. 그러나 최근에는 소수의 도전적인 생산자들이 차별적 와인을 만들기 위해 힘쓰고 있다고 전한다.

◇ 보르도 끌레레Bordeaux clairet AOC

끌레레는 보르도에서 생산되는 연붉은색의 레드 와인인데, 이 와인을 위한 AOC가 보르도 끌레레이다. 이 스타일의 와인은 보르도의 전 지역에서 생산되고 있으며, 발효기간은 2~4일 정도로 매우 짧다. 대부분은 까베르네 프랑과 메를로를 블렌딩하여 만들어지며, 타닉하지 않고 산도도 약하며 꽃향과 과일향이 매우 풍부하다. 이 와인은 레드와인과 로제의 중간 형태이지만, 대체로 포도껍질과 포도즙의 접촉시간이 로제의 경우에 비해 2배 이상 길어서 레드와인으로 분류한다. 그런데 이런 스타일의 와인은 보르도에만 있는 것은 아니고, 프랑스를 비롯한 유럽의 여러 지방에서도 만나볼 수 있다. 유럽의 많은 레스토랑에서는 하우스 와인house wine을 판매하고 있는데, 지역에 따라 와인을 만드는 품종은 다를지라도 이 와인들은 대부분 끌레레와 거의 비슷한 스타일이다. 이런 와인들은 맥주의 경우에 생맥주와 유사한 형태로, 각 지역의 여행객들에게 풍부한 향으로 신선한 즐거움을 선사한다.

부르고뉴

영어로는 버건디Burgundy이고 독어로는 부르군트Burgund라고 불리는 부르고뉴Bourgogne
는 비범하며 차별적인 와인의 장르genre를 창조한 지역으로서, 와인애호가에게는 섬
세하고도 풍부한 향과 풍미를 가진 빼어난 와인을 선보이는 지역으로 각인되어있다.
부르고뉴의 포도재배면적은 3만 헥타르 이하로 보르도의 1/4에도 미치지 못하지만,
지정된 AOC의 수가 보르도 보다 2배 이상인 약 100개에 이른다. 이것은 부르고뉴
의 떼루아가 매우 다양하며 지극히 세분화되어있기 때문이다. 더욱이 로마네-꽁티
Romanée-Conti와 로마네-생-비방Romanée-Saint-Vivant과 같이 하나의 와인만을 위한 AOC
도 있다. 여러 품종을 블렌딩하는 보르도와는 달리, 부르고뉴는 삐노 누아와 샤르도
네의 단일품종으로 레드와 화이트와인을 만들고 있다. 부르고뉴에는 꼬뜨 드 뉘, 꼬
뜨 드 본, 꼬뜨 샬로네, 마꼬네와 샤블리와 같은 주요 와인지역들이 있다. 부르고뉴
AOC의 세부적 리스트는 부록 1을 참조하기 바란다.

부르고뉴 와인의 특징과 등급체계

◇ 부르고뉴 포도밭의 특수성

14세기에 프랑스 왕이 교황을 속박하여 로마의 교황청이 7대의 교황에 걸
쳐 남프랑스의 론 강변의 도시인 아비뇽에 머물던 시기인 아비뇽 유수Avignonese
Papacy(1309~1377) 동안 교황청에 와인을 공급하며 일찍이 상업적 대성공을 거두었

던 부르고뉴의 포도밭은 대부분 영주와 귀족들의 소유였다. 그런데 프랑스 대혁명 Révolution Française(1789~1794) 이후 혁명세력의 지지를 받은 나폴레옹 1세Napoleon I, Napoleon Bonaparte(1769~1821)가 구체제Ancien Régime를 타파하기 위해 실행한 개혁조치 중에는 상속세의 개정이 포함되어있었는데, 부계의 상속결정권을 배제하여 모든 피상속인이 동일한 권리를 갖게 한 것이 핵심이었다. 그 이후에 상속의 과정을 수차례 거치면서 부르고뉴의 포도밭은 조각조각 나뉘게 되어서, 재배와 생산을 비롯하여 병입까지 샤토에서 일체적으로 이루어지는 보르도와는 달리 여러 재배자의 포도를 모아서 와인을 생산하고 자신의 이름으로 판매하는 기업인 네고시앙négociant이 발전하였다. 따라서 부르고뉴의 네고시앙은 보르도의 샤토와 같은 기능을 하며, 이들의 능력에 따라 와인의 수준이 결정된다. 부르고뉴 와인의 80% 이상이 네고시앙에 의해 생산되고 있으며, 소유주가 한 사람인 포도밭을 뜻하는 모노뽈monopole은 약 50곳에 불과하다.

◇ 와인등급

부르고뉴는 지역의 토양을 약 400종류로 구분할 만큼 어느 곳보다도 떼루아 지향이 강한 지역이다. 그러므로 이곳의 와인은 생산자에 초점을 맞추는 보르도 와인과는 달리 재배 마을이나 포도밭을 강조한다. 부르고뉴의 와인등급은 다음과 같이 4단계로 나뉘어있다.

- 레지오날 아뻴라시옹regional appellations : 이 등급의 와인은 한 마을을 벗어나서 부르고뉴의 어떤 지역에서 재배된 포도로도 만들 수 있다. 그리고 그랑 크뤼와 프리미에 크뤼의 레드와 화이트를 생산하는 마을에서 로제와 발포성 와인을 생산하는 경우가 있는데, 이런 와인도 이 등급에 포함된다. 그리고 독자적인 AOC를 갖지 못한 마을이 인근 마을과 같이 소지역 원산지명칭sous-régional appellations을 사용하기도 하는데, 이러한 경우도 이 등급에 포함된다. 샤블리에서는 이 등급의 와인 레이블에 '쁘띠 샤블리petit Chablis'라고 표시한다.

- 빌라주 아뻴라시옹village appellations : 이 등급의 와인은 부르고뉴 42개 각 마을의 경계 내에 있는 평범한 밭에서 나온 와인을 블렌딩하거나 등급외의 한 포도밭에서 생산된 것이며, 전체 생산량 중에서 약 36%를 차지한다. 빌라주 와인은 레이블에 와인이 생산된 마

을의 이름을 표기할 수 있으며, 근거가 있다면 모노뽈이나 보르도의 샤토와 비슷한 의미의 끌리마climat를 밝힐 수도 있다.

- **프리미어 크뤼**premier crus : 이 등급의 와인은 질이 우수하다고 평가되는 밭에서 생산되며, 전체 생산량의 12%가 이 등급에 속하고 3~5년간 숙성하여야 한다. 이 와인은 레이블에 원산지 명칭에 더하여 '프리미어 크뤼'라는 와인의 등급과 함께 포도를 생산한 마을의 이름까지 표시한다. 근래에 이 등급의 와인은 비율이 빠르게 증가하여, 소비자에게 질에 대한 확실한 신뢰를 주지 못하는 경우도 많다.

- **그랑 크뤼**grand crus : AOP 법규에 따라 엄격히 선정된 최고의 밭에서 생산된 포도로 만드는 와인으로, 부르고뉴 전체 포도 경작면적 중에서 2% 정도를 차지하며 생산량은 전체의 1.3% 정도이다. 최소 5~7년의 숙성기간을 거치며, 프리미에 크뤼가 최고등급인 보르도와는 달리 부르고뉴에서는 그랑 크뤼가 최고등급이다. 이 등급에 속하는 포도원은 다음의 표와 같다. 그랑 크뤼 와인은 레이블에 '샹베르땡'이나 '뮈지니' 같은 원산지명칭과 함께 '그랑 크뤼'라는 문구를 표시하지만, 포도를 재배한 세부적인 마을의 이름은 밝히지 않는다.

꼬뜨 드 뉘의 부조 마을에 있는 클로 드 부조(Clos de Vougeot)의 와이너리. 이곳은 전체 포도밭이 담으로 둘러싸여 있는 것으로 유명하며, 포도밭의 등급은 그랑 크뤼이다.

소지역 (sous-région)	마을(village)	그랑 크뤼(grand crus)
꼬뜨 드 뉘 (Côte de Nuits)	제브리-샹베르땡 (Gevrey-Chambertin)	그리요트 샹베르땡(Griotte Chambertin), 라트리시에르 샹베르땡(Latricières Chambertin), 뤼쇼떼 샹베르땡(Ruchottes Chambertin), 마주아에르 샹베르땡(Mazoyères Chambertin), 마지 샹베르땡(Mazis Chambertin), 샤르므 샹베르땡(Charmes Chambertin), 샤뻴레 샹베르땡(Chapelle Chambertin), 샹베르땡(Chambertin), 샹베르땡 클로 드 베즈(Chambertin Clos de Bèze)
	모레 샹 드니 (Morey Saint Denis)	본 마르(Bonnes-Mares), 클로 데 랑브레(Clos des Lambrays), 클로 드 따(Clos de Tart), 클로 드 라 로슈(Clos de la Roche), 클로 상 드니(Clos Saint Denis)
	샹볼-뮈지니 (Chambolle-Musigny)	뮈지니(Musigny)*, 본 마르(Bonnes Mares)
	부조(Vougeot)	클로 드 부조(Clos de Vougeot)
	플라제-에세죠 (Flagey-Echézeaux)	그랑 에세죠(Grands Échezeaux), 에세죠(Échezeaux)
	보느-로마네 (Vosne-Romanée)	라 그랑 루이(La Grande Rue), 라 로마네(La Romanée), 라 따슈(La Tâche), 로마네 꽁띠(Romanée Conti), 로마네 생 비방(Romanée Saint Vivant), 리시부르(Richebourg)
꼬뜨 드 본 (Côte de Beaune)	라두와-세리니 (Ladoix-Serrigny)	꼬르똥(Corton)*, 꼬르똥-샤를마뉴(Corton-Charlemagne)*
	알록스-꼬르똥 (Aloxe-Corton)	꼬르똥(Corton)*, 꼬르똥-샤를마뉴(Corton-Charlemagne)*, 샤를마뉴(Charlemagne)
	페르낭드-베르젤레 (Pernand-Vergelesses)	
	쀠리니-몽라쉐 (Puligny-Montrachet)	몽라쉐(Montrachet), 바따르 몽라쉐(Bâtard Montrachet), 비에비뉴 바따르 몽라쉐(Bienvenues Bâtard Montrache), 슈발리에 몽라쉐(Chevalier-Montrachet)
	샤사뉴-몽라쉐 (Chassagne-Montrachet)	크리오 바따르 몽라쉐(Criots-Bâtard-Montrachet)
욘느(Yonne)	샤블리(Chablis)	그레노이에(Grenouilles), 라 무똔느(La Moutonne)*, 레 끌로(Les Clos), 레 프뢰즈(Les Preuses), 발뮤(Valmur), 보데지(Vaudésir), 부그로(Bougros), 블랑쇼(Blanchot)

* 뮈지니와 꼬르똥은 레드와 화이트와인을 모두 생산하며, 꼬뜨 드 뉘의 나머지 모든 포도밭은 레드와인용이며 꼬뜨 드 본의 나머지와 샤블리의 포도밭은 모두 화이트와인용이다.
* 꼬르똥, 꼬르똥-샤를마뉴와 샤를마뉴 포도밭은 둘 또는 세 마을에 걸쳐 위치한다.
* 샤블리의 라 무똔느는 INAO에서 인증하지 않은 비공식적 그랑 끄뤼이다.

부르고뉴의 와인지역

부르고뉴 와인지도

◇ 와인지역

과거에 부르고뉴는 독립적인 레지옹이었으나, 2014년 프랑스의 행정구역 조정에 의해 18개 레지옹Région 중의 하나인 부르고뉴-프랑쉐-꽁떼Bourgogne-Franche-Comté로 통합되었다. 이 레지옹은 8개의 데빠르트망Département으로 구성되어 있으며, 부르고뉴의 와인지역은 레지옹의 중심지역에 위치한 데빠르트망인 꼬뜨-도르Côte-d'Or의 디종Dijon 시로부터 남쪽의 데빠르트망인 소네-에-루아르Saône-et-Loire의 리옹Lyon시까지 이어지는 가늘고 길쭉한 모양의 지역에 더하여 레지옹의 가장 북서쪽에 위치한 데빠르트망인 욘느Yonne의 꼬뮌Commune인 샤블리Chablis로 이루어져있다. 그리고 50㎞에 달하는 급

경사면인 꼬뜨-도르의 와인지역은 북쪽의 꼬뜨 드 뉘와 남쪽의 꼬뜨 드 본으로 나누어지고, 소네-에-루아르의 와인지역은 북쪽의 꼬뜨 샬로네와 남쪽의 마꼬네로 이어진다.

◇ **꼬뜨 드 뉘**Côte de Nuits

이 지역은 '부르고뉴 와인의 심장'이라 불리는 곳으로, 누구도 부정할 수 없는 세계 최상의 레드와인을 빚어내고 있다. 약 100개에 이르는 부르고뉴의 AOC 중에서 36개가 이 지역에 속하며, 부르고뉴의 26개 그랑크뤼 레드와인 중에서 25개가 이 지역의 6개 마을에서 탄생한다. 꼬뜨 드 뉘의 와인지역에는 가장 북쪽의 제브리 샹베르땡으로부터 가장 남쪽의 뉘 생 조르주까지 7개의 주요 마을이 있다.

- **제브리 샹베르땡**Gevrey-Chambertin : 디종 시 남쪽 15㎞ 지점에 위치하는 마을이며, 꼬뜨-도르의 와인지역이 시작되는 가장 북쪽에 있는 마을이다. 색이 진하며 알코올 도수가 높고 바디감이 탁월한 이곳의 삐노 누아 레드와인은 섬세함을 추구하는 와인 애호가의 영원한 판타지이다. 9개의 그랑 크뤼가 있으며, 26개 끌리마climat가 프리미에 크뤼로 분류되어있다.

- **모레 샹 드니**Morey Saint Denis : 약간의 샤르도네 화이트와인을 생산하지만, 생산량의 대부분은 삐노 누아 와인이다. 이곳에는 5개의 그랑 크뤼가 있으며, 프리미에 크뤼로 분류되는 20개의 끌리마가 있다.

- **샹볼-뮈지니**Chambolle-Musigny : 삐노 누아만을 생산하며, 2개의 그랑 크뤼와 25개의 프리미에 크뤼가 있다. 이 마을의 와인은 우아한 꽃향기를 가지고 있으며, 꼬뜨 드 뉘에서 가장 여성적이라는 평가를 받고 있다.

- **부조**Vougeot : 샤르도네 화이트와인이 전체 생산량의 20% 정도를 차지하는 마을로, 나머지는 모두 삐노 누아 레드와인이다. 1개의 그랑 크뤼와 4개의 프리미에 크뤼가 있다.

- **플라제-에세죠**Flagey-Echézeaux : 두 개의 그랑 크뤼와 3개의 프리미에 크뤼 포도밭이 있는 와인지역이지만, 인구가 500명 전후인 조그만 마을로 별도의 AOC는 없다. 그래서 대개는 인접한 보느-로마네의 일부로 취급되고 있다.

- **보느-로마네**Vosne-Romanée : 이곳도 인구가 400명도 되지 않는 작은 마을이지만, 6개의 그랑 크뤼와 12개의 프리미에 크뤼가 있다. 이 마을은 꼬뜨 드 뉘에서도 가장 찬란한

별이며, 지구상에서 가장 위대한 삐노 누아 마을이다. 원숙함, 극단적인 여운과 강렬한 부케와 함께 우아함과 강렬함의 절묘한 균형감을 이 마을 와인의 특징으로 꼽고 있다. 그런데 이곳의 와인을 맛보기 위해서는 엄청나게 높은 비용의 지불을 각오해야 한다. 특히 세상에서 가장 가격이 높다는 로마네 꽁띠Romanée Conti는 750㎖ 한 병이 국제와인시장에서 대체로 미화 1만 달러를 넘는 가격으로 거래되고 있다.

- 뉘 생 조르주Nuits Saint Georges : 꼬뜨 드 뉘의 가장 남쪽인 이 지역은 3% 정도의 샤르도네 화이트와인을 생산하며, 나머지는 모두 삐노 누아 레드와인이다. 이곳에는 그랑 크뤼는 없고, 41개의 프리미에 크뤼가 있다.

2020년 가을에 '현대백화점이 추석 선물로 도멘 드 라 로마네 꽁띠[Domaine de la Romanée-Conti(DRC)]'가 생산하는 와인 세트를 9,000만원의 가격으로 선보였다'는 기사가 있었다. DRC는 세계 최고의 와인생산자로서, 로마네 꽁띠(Romanée-Conti), 르 몽라쉐(Le Montrachet), 라 따슈(La Tâche), 로마네-생-비방(Romanée-Saint-Vivant), 그랑 에세조(Grands Échezeaux), 에세조(Échezeaux), 리쉬부르(Richebourg)와 같은 부르고뉴 최고급 와이너리를 독점적으로 운영하고 있다. 이와 같은 7가지의 와인이 전체 생산량 중에서 92%를 차지하며, 꼬르똥(Corton)을 비롯하여 몇 가지 와인을 더 생산하고 있다. 롯데호텔도 'DRC 2016' 세트를 추석 선물로 출시하였는데, 로마네 꽁띠 2016 1병, 라따슈 2016 3병, 리쉬부르 2016 2병, 생-비방 2016 3병, 꼬르똥 2016 1병 등 총 10병으로 구성된 세트의 가격이 6,500만원이다. 와인의 가격이 놀라서 벌어진 입을 다물지 못하게 한다.

◇ 꼬뜨 드 본Côte de Beaune

이 지역의 와인은 2/3가 레드와인이고 나머지가 샤르도네 화이트와인임에도 불구하고, 부르고뉴 레드와인의 심장이라 불리는 꼬뜨 드 뉘와 함께 꼬뜨 드 본은 '부르고뉴 화이트와인의 심장'이라 불린다. 이것은 이 지역에서 생산되는 8개의 그랑 크뤼 중에서 7개가 화이트와인이며, 아주 많은 사람들이 주저 없이 이들을 세계 최고의 화이트와인으로 평가하기 때문이다. 이 지역은 30개의 AOC를 포함하고 있으며, 와인을 생산하는 20개 정도의 마을이 있다. 이 중에서 대표적인 곳은 다음과 같다.

- **라두와-세리니**Ladoix-Serrigny, **알록스-꼬르똥**Aloxe-Corton, **페르낭드-베르젤레**Pernand-Vergelesses : 이 세 마을들은 나지막한 언덕인 꼬르똥 숲Bois de Corton의 언덕을 두르고 있다. 꼬뜨 드 본에서 95%의 레드와인과 약간의 화이트와인을 생산하는 그랑 크뤼인 꼬르똥Corton을 비롯하여 2개의 화이트와인 그랑 크뤼가 세 마을에 걸쳐 이 숲의 비탈진 경사면에 위치하고 있다. 이곳의 레드와인은 삐노 누아로 만드는 데도 불구하고 중후하며 타닌이 풍부하며, 화이트와인은 이웃인 몽라쉐에 뒤지지 않는다는 평가를 받고 있다.

- **본**Beaune : 이곳은 꼬뜨 드 본의 중심지역일 뿐만 아니라, 부르고뉴 와인산업의 중심으로서 매년 11월에 이곳에서 개최되는 와인 경매가 세계적으로 유명하다. 그랑 크뤼는 없고 40곳이 넘는 프리미에 크뤼가 있으며, 주로 온화한 스타일의 와인이 생산된다. 생산량 중에서 약 85%는 레드와인이며, 나머지는 화이트와인이다.

- **메르소**Meursault : 이 지역은 생산량 중에서 약 98%가 화이트와인이며 그랑 크뤼는 없으나, 18곳의 프리미에 크뤼 중 일부에서 짙은 인상을 주는 와인이 생산되고 있다. 오크통에서 숙성한 이곳의 샤르도네 와인은 부드러운 질감과 풍부하고 다양한 향으로 정평이 나 있다.

- **퓔리니-몽라쉐**Puligny-Montrachet : 화이트와인이 전체 와인 생산량 중에서 99.5%를 차지하며, 4곳의 그랑 크뤼와 17곳의 프리미에 크뤼가 있다. 이웃인 샤사뉴-몽라쉐와 더불어 이곳의 화이트와인은 정갈하고 섬세하며, 농밀한 향을 풍기면서 황금빛을 띠는 세계 최고의 명품이라는 찬사를 받는다. 그러나 극단적으로 높은 가격이 와인 애호가들을 떨게 만든다.

- **샤사뉴-몽라쉐**Chassagne-Montrachet : 이웃 마을인 퓔리니-몽라쉐와 함께 세계 최고의 화이트와인이 탄생하는 곳이다. 퓔리니-몽라쉐의 그랑 크뤼인 몽라쉐Montrachet와 바따르 몽라쉐Bâtard-Montrachet가 두 마을의 경계에 위치하여, 완전히 샤사뉴-몽라쉐에 속하는 크리오-바따르-몽라쉐Criots-Bâtard-Montrachet와 함께 세 곳의 그랑 크뤼가 있다. 그리고 프리미에 크뤼는 50곳에 이른다. 화이트와인이 전체 생산량의 약 2/3를 차지한다.

- **상뜨네**Santenay : 레드와인이 전체에서 80% 이상을 차지하고 나머지는 화이트와인이다. 그랑 크뤼는 없고 18개의 끌리마가 프리미에 크뤼로 분류된다. 상당한 수준의 레드와인이 생산되기도 하지만, 이 와인들은 대부분 가볍다는 평을 받는다.

◇ **꼬뜨 샬로네**Côte Chalonnaise

북쪽과 남쪽으로 각각 꼬뜨 드 본과 마꼬네 사이의 길이 25km이며 폭이 7km 정도인 와인지역이다. 삐노 누아와 샤르도네를 주로 재배하지만, 알리고테aligoté와 가메gamay도 흔하게 볼 수 있다. 가장 북쪽 마을인 보제론Bouzeron은 알리고테 와인으로 특화된 꼬뮌 AOC만 있고, 그 아래의 륄리Rully는 23개의 프리미에 크뤼가 있으며 부르고뉴 크레망crémant의 중심적인 생산지이다. 이 지역에서 가장 크며 주로 레드와인을 생산하는 마을인 메르쿼레Mercurey는 30개의 프리미에 크뤼가 있고, 17개의 프리미에 크뤼가 있는 지브리Givry도 주로 레드와인을 생산한다. 그러나 가장 남쪽의 마을인 몽따니Montagny는 화이트와인만을 생산하며, 49개의 프리미에 크뤼가 있다.

◇ **마꼬네**Mâconnais

부르고뉴 와인지역의 가장 남쪽에 위치하는 이 마을은 질이 좋은 샤르도네 화이트와인으로 유명하지만, 삐노 누아와 가메로 만드는 레드와 로제도 전체 생산량의 30% 정도를 차지한다. 마꼬네에는 그랑 크뤼와 프리미에 크뤼가 없으나, 뿌이-피세Pouilly-Fuissé의 몇몇 생산자들은 숙성을 거치며 화려한 과일향을 드러내는 질이 좋고 개성이 강한 화이트

솔뤼트리 바위(Roche de Solutré)는 마코네에서 서쪽으로 8km 떨어진 곳에 있는 명소이다. 이 바위는 석회석이며, 포도밭으로 둘러싸여 있다.

와인을 생산한다. 그러나 마꼬네의 많은 와인생산자들은 특별함보다는 과거의 관행을 좇아서 평범함을 추구하는 경향이 있다.

◇ **샤블리**Chablis(또는 Côte d'Auxerre)

부르고뉴 와인지역에서 가장 북쪽에 있으며, 부르고뉴 와인산업의 중심인 본에서 북서쪽으로 약 100㎞ 거리에 위치한다. 지역의 평균기온이 낮아서 사르도네의 산도가 상대적으로 높다. 석회석과 진흙에 잘게 부서져서 화석으로 변한 굴 껍질이 뒤섞인 특이한 토양을 키머리지 점토Kimmeridge clay라 하는데, 이것이 샤블리 와인이 가진 독특한 풍미의 원천이다. 드라이하지만 거칠지 않고, 무기질의 향이 강하며 푸른빛을 띠기도 한다. 특히 이곳의 그랑 크뤼 와인은 병 속에서 10년 정도의 숙성기간을 거치면, 생경하면서도 인상적인 신맛이 와인애호가의 입맛을 다시게 만든다. 그래서 샤블리를 '부르고뉴의 저평가된 보석'이라고 부른다. 봄에 내리는 서리의 피해를 방지하기 위해 포도밭에 난로를 설치할 정도로 매서운 날씨 때문에 빈티지의 기복이 심하지만, 모든 그랑 크뤼 와인은 차별성과 함께 높은 명성을 견고하게 유지하고 있다. 그러나 1970년대부터 2006년까지 프리미에 크뤼가 급격히 증가하여 질이 낮은 일부 와인이 샤블리의 명성을 떨어뜨리는 문제도 있다. 7개의 공식적인 그랑 크뤼와 하나의 비공식적 그랑 크뤼가 있으며, 프리미에 크뤼로 분류된 40곳의 포도밭이 있다. 그랑 크뤼 포도밭의 리스트는 앞의 표 '부르고뉴의 그랑 크뤼'를 참조하기 바란다.

04

론

부르고뉴의 남쪽에 위치하는 론Rhône은 프랑스 남동부의 오베르뉴-론-알프 Auvergne-Rhône-Alpes 레지옹에 속한 데빠르트망이다. 이 지역은 알프스 산맥에서 발원 하여 지중해로 흘러드는 론 강이 관통하고 있으며, 태고의 세월 동안 강의 흐름이 깎아 만든 론 계곡Vallée du Rhône 주위에 보르도와 부르고뉴와 더불어 프랑스를 대표하 는 와인지역이 형성되어있다.

론의 와인지도

론은 지리적으로 보통 북부 론과 남부 론으로 나누어지며, 두 지역은 재배하는 포도 뿐만 아니라 생산되는 와인도 서로 큰 차이를 보인다. 북부 론에서는 주로 시라 품종의 레드와인과 몇몇 품종들을 블렌딩한 화이트와인이 생산되고 있으며, 남부 론에서는 명성이 높은 화이트와인과 로제를 비롯하여 세계에서 가장 많은 품종들을 블렌딩하는 레드와인인 샤토네프디빠쁘가 만들어지고 있다. 그리고 북부 론과 남부 론에는 각각 8개와 15개의 AOC가 있다. 이 중에서 꼬뜨 뒤 론Côtes du Rhône AOC는 두 지역의 포도원들이 공통적으로 사용하고 있으며, 론의 와인지역 주변에도 여러 AOC가 있다.

론 와인의 등급체계

◇ 등급체계의 특징

론은 보르도나 부르고뉴가 도입하고 있는 와인의 공식적인 등급체계가 없지만, AOC 체계 내에서 포도원의 지리적 명칭을 표시하는 4가지의 방법으로 와인의 등급을 매기고 있다. 즉 AOC의 명칭을 달리 표기하거나 와인을 만든 마을의 이름을 표기하는 방법을 달리하여 와인의 등급을 부여하는 특이한 방법을 사용하고 있다.

◇ 꼬뜨 디 론Côtes du Rhône과 꼬뜨 디 론-빌라주Côtes du Rhône-Villages

와인의 명칭에 AOC를 꼬뜨 디 론으로만 표시하고 있는 와인은 가장 등급이 낮은 경우이다. 론의 171개 꼬뮌 중에 별도의 AOC가 없는 곳의 와인들이 이 등급에 속한다. 이와는 달리 와인의 명칭에 AOC를 꼬뜨 디 론-빌라주로 표시하는 와인은 꼬뜨 디 론 AOC보다 포도의 완숙도에 대해 더 높은 최소기준을 설정하고 있는 95개 꼬뮌에 허용되는 AOC이다. 이 AOC가 꼬뜨 디 론보다는 상위 등급으로 분류되지만, 와인 레이블에 마을 이름을 밝히는 것은 허용되지 않는다.

◇ 상위 등급과 최상위 등급

꼬뜨 디 론−빌라주에 마을이름을 추가하는 AOC인 꼬뜨 디 론 빌라주 아베크 머시옹 드 빌라주Côtes-du-Rhône Villages avec mention de village는 와인에 보통보다 높은 기준을 적용하고 있는 20개의 꼬뮌에 허용되고 있다. 그리고 최고의 등급으로 레이블에 '꼬뜨 디 론'을 적지 않고 포도밭의 이름을 표시할 수 있는 16개 AOC가 있는데, 여기에는 꼬뜨 로띠, 에르미타주와 사토네프디빠쁘 등이 포함된다. 그러나 이 최상위 등급 내에서 와인을 더 세분화한 공식적인 등급은 없으며, 일부의 특급 와인은 레이블에 AOC를 밝히지 않고 개별적인 포도밭 명칭만 적기도 한다.

파미유 뻬랑(Famille Perrin)의 네 가지 와인 레이블. 왼쪽에서 첫째와 둘째는 각각 '꼬뜨 디 론 AOC'와 '꼬뜨 디 론−빌라주 AOC' 와인의 레이블이다. 셋째와 넷째는 각각 '깨란(Cairanne)'이란 마을 이름을 밝힌 '꼬뜨 디 론 빌라주 아베크 머시옹 드 빌라주'와 '꼬뜨 디 론을 적지 않은 가장 상위등급 와인'의 레이블이다. 파미유 뻬랑은 유기농법을 지향하는 남부 론의 대표적 와이너리 중의 하나이다.

북부 론

◇ 북부 론Rhône septentrional(Northern Rhone)의 AOC

프랑스 지중해 연안지방에 부는 미스트랄mistral이라고 불리는 건조하고 차가운 북서풍 때문에, 이 지역은 겨울은 매우 춥고 여름은 더운 대륙성 기후의 특징을 보인다. 그러므로 북부 론은 남부 론에 비해 더 추워서, 두 지역은 재배하는 품종과 와인을 만드는 방법에서 꽤 차이가 난다. 이곳의 AOC는 레드와인 품종으로 시라

Syrah(Shiraz)를 지배적으로 사용하고 있으며, 화이트와인은 마르산Marsanne, 루산Roussanne 과 비오니에Viognier를 블렌딩하여 만든다. 이 지역에서 세계적으로 질적 수준을 인정 받는 와인이 생산되는 대표적인 AOC는 꼬뜨-로띠, 꽁드리유와 에르미타주 등이다.

◇ 꼬뜨 로띠Côte Rôtie

포도밭이 론 강변의 가파른 경사에 석축을 쌓아서 조성되어 있는데, 이 때문에 포도밭은 긴 시간 동안 햇 빛을 받을 수 있다. 로띠rôtie는 구운 빵을 뜻하는데, 이 곳의 경사진 밭에 쏟아지는 여름의 햇빛은 빵을 구을 만큼 강렬하다. 레드와인만을 만드는 이 AOC는 시라 에 20% 이내의 비오니에를 혼합하는 것을 허용하고 있 다. 그런데 여러 품종으로 만든 와인들을 혼합하는 뀌 베cuvée와는 달리, 이곳에서는 여러 품종의 포도를 혼합 하여 같은 시간 동안 발효시키는 동시발효co-fermentation 의 방법을 사용한다. 이때 혼합하는 비오니에는 와인 에 아로마를 더하는 역할을 한다. 꼬뜨-로띠의 레드 와인은 부드러움을 가장 큰 특징으로 하며, 이곳의 르 네상스를 일으킨 기갈Guigal 가문이 지금까지도 이 지역

꼬뜨 로띠 브린 에 블롱 드 기갈 2013 매그넘(Côte-Rôtie Bru ne & Blonde de Guigal 2013, Magnum). 레이블의 E. 기갈(Ét ienne Guigal)은 현재의 경영자 인 마르셀 기갈(Marcel Guigal) 의 아버지이며, 기갈 와이너리의 설립자이다.

의 와인산업을 주도하고 있다. 기갈 와이너리가 만드는 '라 믈랭La Mouline', '라 랑돈La Langdonne'과 '라 뛰르크La Turque'는 부드러움과 강렬함을 겸비한 세계적 수준의 명품 와 인이지만, 주머니 사정이 꽤 넉넉한 사람들만 즐길 수 있다는 단점이 있다.

◇ 꽁드리유Condrieu

이곳의 기후는 북쪽으로 접하고 있는 꼬뜨-로띠와 거의 같을 뿐만 아니라, 론 강 의 가파른 경사면에 포도밭이 조성되어 있는 것도 다르지 않다. 다만 특급 와인이 생 산되는 포도밭의 토양은 운모가루가 많이 섞인 고운 표토가 덮인 곳이 많은데, 이런

토양을 아르젤arzelle이라 부른다. 많은 포도밭의 급격한 경사가 토양의 침식을 지속적으로 초래하지만, 이곳의 농부들은 흘러내린 흙을 다시 밭으로 퍼 올리는 일을 게을리하지 않는다. 꽁드리유 AOC는 살구와 산사나무 열매의 향이 있는 비오니에로 만드는 화이트와인만을 허용하고 있다. 드라이한 꽁드리유 와인은 복숭아, 말린 과일과 꽃향의 섬세한 아로마가 특징적이다. 그런데 비오니에가 원래 산도가 낮은 품종이어서 와인의 활기가 떨어질 수 있기 때문에 일부의 와인양조업자들은

샤또-그리예 2011. 이 와인의 특징은 현란한 황금색과 탁월한 부드러움이다.

말산발효malolactic fermentation를 사용하기도 한다. 샤또-그리예Château-Grillet라는 가장 특이한 비오니에 단일품종 와인이 있는데, 자신만의 AOC 명칭을 사용하는 특권을 누리고 있으며 가격도 꽤 비싸다.

◇ 에르미타주Hermitage

북부 론에서는 매우 드물게 이 지역의 포도밭들은 론 강의 왼편 정남향의 경사면에 위치하여 차가운 미스트랄 바람을 피할 수 있다. 그러나 북부 론의 다른 지역과 같이 매년 비바람에 쓸려 내려간 표토를 복구하는 피곤한 작업은 피할 수 없다. 에르미타주는 오래전부터

에르미타주의 경사진 포도밭. ©Christophe Grilhé

프랑스에서 가장 훌륭한 와인산지로 명성을 지켜왔다. 이곳의 레드와인은 시라 품종으로 만들어지며, 화이트 품종인 마르산과 루산을 15% 이내에서 혼합하는 것이 허용된다. 남성적이라는 말이 어울리는 에르미타주 레드와인은 타닌이 매우 풍부하여 긴 시간 동안 숙성의 과정을 거친 후에 향과 풍미를 드러내는데, 길게는 40년의 숙성기간이 필요한 와인도 있다. 그리고 이 지역에서는 소량이지만 질이 좋은 화이트

와인도 생산되고 있는데, 품종은 마르산과 루산만이 허용되고 있다. 이 와인도 보통 병 속에서 15년 이상 숙성한 후에야 화려한 본모습을 드러낸다. 또한 매우 작은 양 이지만, 짚 위에서 포도송이를 적당히 건조시켜 당도를 높인 와인인 뱅 드 빠예vin de paille(straw wine)도 생산되고 있다.

남부 론

◇ 남부 론Rhône méridional(Southern Rhône)의 AOC

대륙성 기후에 지배를 받는 북부 론 과는 달리 지중해가 멀지 않은 남부 론 은 지중해성 기후의 특성이 강하게 나 타나서, 북부 론을 덮치는 미스트랄 바 람도 발을 들여놓지 못하여 겨울은 온 화하고 여름은 덥다. 또한 구릉과 골짜 기로 이어지는 복잡한 지형은 다양한 미기후microclimate를 형성하는데, 이것이

갈레로 뒤덮인 샤토네프디빠쁘의 포도밭. ©Christophe Grilhé

각각의 포도밭마다 차별적인 떼루아를 가지게 하는 근본적 이유이다. 따라서 이곳에 서 경작되는 품종과 생산되는 와인의 종류가 매우 다양한 것은 당연한 결과이다. 그 리고 이곳의 포도밭들의 일부는 둥근 조약돌인 걀레galet(pebble)가 밭의 지표면을 가득 덮고 있는 특이한 경관을 보이는데, 조약돌들이 낮에는 태양열을 흡수하여 밤에 포 도나무를 따뜻하게 보호하는 역할을 한다. 남부 론의 15개 AOC 중에서 명성이 높 은 곳으로는 샤토네프디빠쁘, 지공다스, 따벨과 리락 등이 있다.

◇ 샤토네프디빠쁘Châteauneuf-du-Pape

남부 론의 AOC 중에서 가장 명성이 높은 곳은 당연히 샤토네프디빠쁘이다. 이 명

칭은 '교황의 새로운 샤토'라는 뜻을 가지고 있는데, 1308년에 아비뇽 유수가 시작된 시점의 교황인 클레멘스 5세Pope Clemens V(1264~1314)와 이후의 교황들은 아비뇽과 가까운 지역에서 생산되는 와인의 평판을 높이는 데 협조적이었다. 클레멘스 5세를 이은 존 22세Pope John XXII(1244~1334) 당시에 아비뇽의 북쪽에 인접한 론에서 생산된 와인을 '교황의 와인vin du Pape'이라 불렀는데, 이후에 이 말이 샤토네프디빠쁘로 바뀌었다고 전해진다. 이 와인의 병은 두껍고 진한 색의 부르고뉴 스타일의 목 부분에 교황의 휘장papal regalia and insignia이 양각으로 새겨져 있다. 샤토네프디빠쁘 와인은 대부분을 차지

Château La Nerthe Châteauneuf-du-Pape Cuvée Cadettes 2013. 샤토 라 네르트는 지중해의 항구도시인 마르세유Marseille에서 북쪽으로 약 80km 거리에 있는 유서 깊은 와이너리이다.

하는 레드와 함께 약간의 화이트도 있으며, 세상에서 가장 많은 종류의 포도품종을 블렌딩하는 것으로 유명하다. 어린 레드와인은 거칠고 타닉하지만, 숙성의 기간을 거치면서 농밀한 향을 드러낸다. 화이트와인은 질감이 부드러우며 향이 다양하면서도 풍부하다. 레드와인은 각각 9개씩의 레드와 화이트 품종 중에서 13~15개 품종이 사용되며, 그르나슈 누아Grenache noir가 절대적으로 높은 비율을 차지하고 시라와 무르베드르가 주된 품종이다. 화이트와인은 9개의 화이트 품종에서 6개 품종만 블렌딩하는 것이 허용된다. 그러나 각 품종의 비율은 정해진 규칙이 없고, 이것은 양조업자의 노하우에 속하는 영역이다. 허용되는 품종은 다음의 표와 같은데, 이름이 익숙하지 않은 론의 토착품종들이 많이 포함되어 있다.

샤토네프디빠쁘에서 허용되는 레드와 화이트 품종	
구분	품종
레드 품종	생소(cinsault counoise), 꾸노즈, 그르나슈 누아(grenache noir), 무르베드르(mourvèdre), 뮈스카뎅(muscardin), 삐크뿔 누아(piquepoul noir), 시라(syrah), 떼레 누아(terret noir), 바카레즈[vaccarèse(brun argenté)]
화이트 품종	부르블렝(bourboulenc), 끌레레트 블랑슈(clairette blanche), 끌레레트 로제(clairette rose), 그르나슈 블랑(grenache blanc), 그르나슈 그리(grenache gris), 삐크뿔 블랑(piquepoul blanc), 삐크뿔 그리(piquepoul gris), 삐까르당(picardan), 루산(roussanne)

◇ 지공다스Gigondas

이 AOC는 샤토네프디빠쁘에서 북동쪽으로 약 10㎞ 떨어진 마을인데, 주로 레드와인을 생산하고 아주 약간의 로제도 만들고 있으나 화이트와인은 없다. 두 마을의 와인은 성격이 비슷하며, 질적인 면에서도 어깨를 나란히 한다. 지공다스의 레드는 최고 80%의 그르나슈와 최소 15%의 시라와 무르베드르를 비롯하여 최대 10%의 론 지역 토착종을 블렌딩해서 만든다. 이와 같이 주된 3가지 품종을 블렌딩하여 만드는 와인을 품종의 이니셜을 따서 GSM 블렌드blend라고 한다. 최상의 지공다스 와인은 셀러에서 10년의 보관이 가능하지만, 대부분은 보존력이 평범한 수준이다.

지공다스와 캘리포니아의 GSM 블렌드. 지공다스 와인은 레이블에 GSM을 표기하지 않지만, 미국과 호주 등의 신세계 와인은 GSM을 적는다.

◇ 따벨Tavel과 리락Lirac

리락은 샤토네프디빠쁘와 서쪽으로 접하고 있으며, 따벨은 리락의 서남쪽에 붙어 있는 작은 마을로 론 와인지역의 최남단이다. 따벨 AOC는 레드와 로제가 생산되는데, 특히 이곳의 로제는 강한 바디와 구조가 견실하며 품질이 훌륭하다고 평가받고 있다. 따벨의 로제는 블렌딩에서 그르나슈 품종이 60% 이상 들어가고 최소 15%의 생소가 포함되어야 한다고 규정하고 있다. 그리고 이곳의 레드는 샤토네프디빠쁘와 유사하다. 리락은 레드와 화이트를 비롯하여 로제도 생산하는데, 특히 따벨과 함께 질이 좋은 로제의 생산지로 명성을 얻고 있다. 이 지역들의 로제에 대해서는 앞의 3장을 참조하기 바란다.

기타의 와인생산지

프랑스의 많은 지역들은 저마다 주어진 환경에 따라 기후와 토양의 특성에 맞는 최적의 품종을 선택하여 포도밭을 재배하는 능력을 극대화하였다. 따라서 각 지역의 와인도 스타일에서 배타적 차별성을 지니고 있다. 프랑스의 북동쪽에 위치하는 상파뉴는 포도가 완숙하기 힘든 추운 기후의 악조건을 극복하여 자신들만의 와인을 만들었으며, 부르고뉴의 오른쪽에 자리잡고 있는 쥐라는 혹독한 추위를 견디며 가파른 경사의 포도밭에서 세상의 어디에도 없는 특이한 와인을 선보이고 있다. 그리고 북해로 흘러드는 루아르 강의 물살이 태고의 세월 동안 대지를 깎아서 만든 루아르 계곡에서는 어느 누구도 흉내 낼 수 없는 걸출한 와인이 만들어지고 있다. 또한 알자스와 프로방스도 독특한 개성이 넘치는 와인의 생산지이다.

상파뉴

◇ 상파뉴Champagne의 AOC

세계에서 가장 빼어난 발포성 와인을 생산하는 상파뉴 지역은 파리Paris에서 동쪽으로 약 120㎞의 거리에 위치하는 마른Marne 데빠르트망에 속하며, 이곳의 스파클링 와인의 명칭은 지역의 이름과 같은 상파뉴이고 영어식 발음은 샴페인이다. 이곳에는 3개의 AOC가 있는데, 상파뉴Champagne는 발포성 와인, 꼬또 상파누아Coteaux Champenois는 화이트와인, 로제 데 리세Rosé des Riceys는 로제의 AOC이다. 상파뉴 지역은 포도가 완숙하기에는 연평균기온이 낮아서 신맛이 강한 포도가 생산되는데, 샴페인의 발효과정에서 1차 발효 후에 당분을 첨가하는 띠라주tirage로 시작되는 2차 발효는 이를 시리게 하고 혀를 찌르는 예리함이 부드러움과 섬세함으로 바뀌는 마법 같은 과정이다. 더욱이 어느 와인도 가지지 못하는 샴페인의 특징인 부드러운 기포는 입속에서 자극적인 미각과 특이한 질감을 선사한다.

◇ 상파뉴의 타입

상파뉴를 만드는 주된 품종은 삐노 블랑Pinot blanc, 삐노 그리Pinot gris, 아르반Arbane(또는 Arbanne)과 쁘띠 멜리에Petit Meslier 이지만, 삐노 누아, 삐노 뫼니어Pinot Meunier와 샤르도네 등의 품종들이 소량으로 사용되고 있다. 다른 종류의 와인과는 달리 대부분의 상파뉴에는 포도의 수확연도인 빈티지가 표시되어있지 않은데, 이것은 상파뉴가 여러 해에 생산된 와인을 블렌딩하는 퀴베cuvée이기 때문이며 이런 와인을 넌빈티지non-vintage라고 한다. 그런데 수확한 포도가 특별하게 훌륭한 해에 한해서 그해의 포도로만 만든 와인을 빈티지 와인vintage wine이라 한다. 이와 함께 상파뉴는 다음과 같은 여러 유형으로 만들어지고 있다.

- **로제 상파뉴**rosé Champagne : 핑크색 와인으로, 상파뉴에서 대부분의 로제 상파뉴는 레드와 화이트와인을 섞어서 만든다. 그러나 상파뉴 지역을 제외하고는 프랑스에서 이 방법으로 로제와 발포성 로제를 만드는 것은 불법이다.

- **블랑 드 블랑**blanc de blancs : 여러 품종을 블렌딩하는 대부분의 상파뉴와는 달리, 블랑 드 블랑은 화이트 품종으로만 만드는 상파뉴이다. 그러나 대부분은 샤르도네 한 품종으로만 만들며, 아주 드물게 삐노 블랑으로 만든 와인도 있다.

- **블랑 드 누아**blanc de noirs : 포도주스와 껍질의 접촉을 최소화하여 레드 품종인 삐노 누아와 삐노 뫼니어 또는 두 품종의 블렌딩으로 만드는 상파뉴이다.

- **프레스티지 퀴베**prestige cuvée(불어로는 têtes de cuvée) : 최고의 밭에서 재배된 최고의 포도로 만든 상파뉴로서, 대부분이 빈티지 와인이지만 넌빈티지인 경우도 가끔 있다. 이 부류의 상파뉴는 생산자뿐만 아니라 빈티지까지도 평가의 대상이 되며 가격도 매우 비싸지

만, 이런 와인들이 확정적으로 정해져 있지 않을 뿐만 아니라 사람과 기관에 따라 추천하는 와인도 제각각이다. 그리고 빈티지에 따라서도 리스트가 달라진다. 그러나 모에 샹동Moët et Chandon의 동 뻬리뇽Dom Pérignon과 루이 로드레Louis Roederer의 크리스탈Cristal 등과 같이 프레스티지 퀴베의 입지를 단단히 굳힌 샹파뉴도 있다.

◇ 샹파뉴의 공급자 식별표시

샹파뉴 레이블의 아래에는 여타의 와인에서는 찾아볼 수 없는 두 개의 알파벳과 4~7자리의 숫자로 구성된 식별표시가 적혀있는데, 이 번호는 와인 공급자의 유형과 신분을 표시한 것이다. 샹파뉴 지역에는 100여 곳의 샹파뉴 생산자와 약 19,000명의 포도재배자가 있어서, 이들과의 관계에 따라 제조자 또는 판매자의 형태가 매우 다양하다. 식별번호 앞에 있는 두 개의 알파벳은 공급자의 유형을 나타내기 위한 것으로, 이들의 구분은 다음과 같다.

- 코오뻬라티브 드 마니쀨라시옹coopérative de manipulation(CM) : 회원 재배자로부터 포도를 매입하여 와인을 생산하는 협동조합

- 마르케 옥질리에르marque auxiliaire(또는 marque d'acheteur, MA) : 제조자 또는 재배자와 아무 관련이 없는 브랜드 명칭

- 네고시앙 디스트리뷰떠négociant distributeur(ND) : 자신의 이름으로 와인을 판매하는 상인

- 네고시앙 마니쀨랑négociant manipulant(NM) : 재배자로부터 포도를 매입하여 와인을 생산하는 기업

- 레꼴땅 코오뻬라떠récoltant coopérateur(RC) : 자신의 이름으로 샹파뉴를 제조하고 판매하는 협동조합의 멤버

- 레꼴땅 마니쀨랑récoltant manipulant(RM) : 자신이 재배한 포도로 직접 샹파뉴를 제조하는 재배자

- 소시에떼 드 레꼴땅société de récoltants(SR) : 협동조합이 아니면서 할당된 몫을 생산하는 샹파뉴 제조자들의 협회

왼쪽부터 샹파뉴 쿠르그(Krug)와 뽈 바라(Paul Bara)의 레이블. 두 레이블의 아래에 각각 NM과 RM이라는 표시가 있는데, 이것으로 쿠르그는 재배자로부터 포도를 매입하여 생산된 와인이며 뽈 바라는 자신이 재배한 포도로 직접 재배한 와인임을 알 수 있다. 특히 뽈 바라는 레이블에 '100% 그랑 크뤼(Grand Cru)'를 명시하여, 재배자가 소유한 그랑 크뤼 포도밭에서 생산된 포도만으로 만든 와인임을 밝히고 있다.

◇ 샹파뉴의 포도밭 등급

20세기 중반에 샹파뉴 지역에서는 와인지역에서 생산되는 포도의 가격을 결정할 목적으로 포도밭의 등급제도가 도입되었다. 여타 지역의 등급제도와는 달리 각각의 마을을 분리하여 비율별로 포도밭의 등급을 정하는데, 이 등급체계를 '에셀 드 크뤼échelle des crus'라고 부른다. 이 체계는 상위 11~20%의 포도밭을 크뤼 끌라세crus classés(cru-normale), 1~10%를 프리미에 크뤼premier crus, 1% 이내를 그랑 크뤼grand crus로 분류하고 있다. 샹파뉴의 포도밭 중에서 크뤼 끌라세는 264곳, 프리미에 크뤼는 43곳이며 가장 높은 등급인 그랑 크뤼는 17곳이다. 프레스티지 퀴베 샹파뉴는 그랑 크뤼 포도만으로 만들며, 그랑 크뤼 포도밭을 단독으로 소유하면서 샹파뉴를 생산하는 경우에는 와인 레이블에 '100% 그랑 크뤼100% Grand cru'라고 표기하고 있다.

쥐라

◇ 쥐라Jura의 와인

부르고뉴와 스위스 사이에 위치하는 데빠르트망인 쥐라는 대륙성 기후의 영향을 받아서, 겨울은 부르고뉴보다 더 혹독하다. 더욱이 대다수의 포도밭은 토양의 유실이 일상화될 정도로 경사가 가파르다. 쥐라에는 5개의 AOC가 있으며, 포도의 완숙을 기대하기 힘들 만큼 추운 날씨 때문에 특별하게 가당Chaptalization이 합법적으로 허용된다. 많이 재배하는 품종은 샤르도네, 삐노 누아, 사바냥Savagnin, 뿔사르Poulsard와 뜨루소Trousseau이며, 레드와 화이트 뿐만 아니라 로제와 발포성 와인도 생산하고 있다. 그리고 쥐라는 뱅 존, 뱅 드 빠예와 막뱅 등과 같이 다른 곳에서는 찾아보기 힘든 특이한 스타일의 와인들이 만들어지는 지역이다.

◇ 뱅 존Vin jaune

'노란 와인yellow wine'이라는 뜻의 이 와인은 일반적인 화이트와인을 즐기던 사람들을 깜짝 놀라게 할 만큼 맛이 독특하다. 맛이 드라이한 산화숙성을 거친 피노 세리fino Sherry와 비슷한 점이 있지만, 강화와인은 아니다. 이 와인은 10월 말에 늦게 수확한 사바냥Savagnin으로 만드는데, 포도주스를 용량 228L의 오크통에 가득 채우지 않고 발효시킨다. 그러면 주스와 공기층 사이에 세리 와인을 발효할 때 생기는 플로르flor와 비슷한 부알레voile라는 효모막이 생기고, 이것이 산화를 부분적으로 막아주어서 복합적인 아로마가 형성되는 것을 돕는다. 그리고 수확에서 병입까지 6년 3개월이 흐

Benoit Badoz Vin Jaune 2005. 뱅 존을 포함한 쥐라의 와인들은 코르크 부분이 모두 사진과 같은 특이한 형태의 캡슐로 싸여져 있다.

른 뒤에 증발 등에 의해 와인의 양이 62%로 줄어들어 노란색과 너트향이 형성되면, 이것을 용량이 620㎖인 끌라블랭clavelin이란 특이한 모양의 병에 담아 판매한다. 이렇게 특이한 발효와 숙성의 과정 때문에 뱅 존은 식초 냄새와 맛을 풍기는데, 이와 같은 생경한 풍미에 익숙해지면 뱅 존의 매력을 잊지 못한다. 쥐라의 5개 AOC 모두가 뱅 존을 생산하고 있다.

◇ 뱅 드 빠예Vin de paille

수확한 포도를 짚paille 위에서 최대 3개월 동안 천천히 건조시켜 당도를 높여 만드는 매우 스위트한moelleux 화이트와인인데, 요즈음은 통풍으로 포도를 말린다고 한다. 론의 에르미타주와 프로방스에서는 뱅 드 빠예를 각각 마르산과 리슬링으로 만들지만, 이 와인의 주된 생산지인 쥐라에서는 샤르도네, 사바냥과 뿔사르를 블렌딩하여 만든다. 이 와인의 잔류당은 10~20%이며, 복숭아와 살구향이 풍부하다. 쥐라에서 뱅 드 빠예를 만드는 주된 AOC는 아르부아Arbois이다.

◇ 막뱅Macvin

'와인 아닌 와인 같은 술'이라는 표현이 어울릴 만큼 막뱅은 와인인지의 여부가 불분명하고 애매모호한 존재이며, 앞의 4장에서 소개한 강화와인의 한 종류인 미스뗄르mistelle의 일종이다. 즉 막뱅은 사바냥 품종의 포도주스를 양이 절반으로 줄어들 때까지 끓인 후에 알코올 도수가 16%가 되도록 브랜디로 강화하여 오크통에서 6년간 숙성시키는데, 이것은 와인이 아니라는 입장의 가장 강력한 근거는 포도의 알코올 발효과정이 없다는 점이다. 그러나 이 술은 호박색을 띠면서 과일향이 풍부하며, 랑그독-루시옹의 강화와인인 뱅 두 나뚜렐Vin doux naturel과 흡사하다. 지난 1991년에는 쥐라의 5개 AOC와 별개로 막뱅을 위한 '막뱅 디 쥐라Macvin du Jura'라는 AOC가 지정되었다.

루아르 계곡

◇ 루아르 계곡Vallée de la Loire의 와인지역

'프랑스의 정원Jardin de la France'이라고 불리는 루아르 강의 계곡을 따라 대서양의 항구도시인 낭뜨Nantes로부터 잔 다르크Jeanne d'Arc(1412~1431)가 백년전쟁의 전황을 역전시킨 역사적 장소인 오를레앙Orléans을 거쳐 파리에서 남쪽으로 약 220㎞ 거리에 있는

도시인 부르주Bourges 인근까지 약 600㎞의 광대한 지역에 와인지역들이 펼쳐져 있다. 그러므로 이곳의 여러 와인지역들은 루아르 강변의 주위에 포도밭이 위치하는 것을 제외하고는 공통적 특징이 거의 없다. 이곳은 51개의 AOC와 4개의 IGP 지역이 산재해 있으며, 재배되는 품종도 지역에 따라 매우 색다르다. 탁월한 질의 드라이한 슈냉 블랑 화이트와 벨벳 같은 질감을 가진 최고급 까베르네 프랑 레드와인은 루아르의 긍지라 할 만하다. 와인생산지역은 낭뜨, 앙주, 소뮈르, 뚜렌느, 상뜨르-발 드 루아르 등이 있으며, 각 지역마다 특징 있는 떼루아에서 서로 차별적인 와인이 생산되고 있다.

슈농소 성(Château de Chenonceau)은 루아르의 앙부아즈(Amboise) 시에서 남동방향으로 13㎞의 거리에 있는 고성이다. 루아르 계곡에는 300개 이상의 고성이 있고, 프랑스 전역에는 수천 개가 있다.

◇ 낭뜨Nantes

루아르 강이 북해North Sea로 흘러드는 곳에 위치하는 항구 지역으로, '낭뜨의 와인'으로 불리며 견고한 구조를 가진 뮈스카데Muscadet의 본고장이다. 그런데 이 와인은 화이트 품종인 뮈스카 블랑 등의 뮈스카류Muscat family와는 아무런 관계가 없으며, 실제로는 멀롱 드 부르고뉴Melon de Bourgogne라는 품종으로 만들어지는 와인이다. 뮈스카데는 매우 드라이하지만, 산도가 낮고 견고한 구조가 특징적인 와인이다. 그리고 이

와인은 특이하게 발효통에서 앙금을 거르지 않고 병입하는데, 이는 와인의 앙금이 숙성의 과정을 거치면서 향과 질감의 깊이를 더해주기 때문이라고 한다.

◇ 앙주Anjou와 소뮈르Saumur

루아르 강 하류지역에 위치하며, 동쪽으로는 뚜렌느, 서쪽으로는 낭뜨와 접하고 있는 지역들이다. 앙주 와인지역은 루아르의 강변도시인 앙제Angers의 인근 지역이며, 대서양의 영향으로 온화한 대륙성기후의 특성을 보인다. 이 지역에는 아주 많은 수의 AOC들이 있으며, 귀부와인을 포함하여 거의 모든 종류의 와인들이 생산되고 있다. 여러 품종들이 재배되고 있지만, 주된 품종은 슈냉 블랑Chenin blanc과 까베르네 프랑Cabernet Franc이다. 이들 품종으로 구조가 탄탄하며 충실한 화이트와 레드를 비롯하여 로제도 생산한다. 특히 그로슬로Groslot라는 품종에 약간의 까베르네 소비뇽과 까베르네 프랑으로 만드는 색이 밝고 약간 달콤한 로제 당주Rosé d'Anjou는 세계적으로 가장 뛰어난 것 중의 하나이다. 그리고 까베르네 프랑과 까베르네 소비뇽으로 만든 로제 당주보다는 약간 드라이한 까베르네 당주Cabernet d'Anjou는 산도가 매우 높아서 10년 이상의 보존력을 가지고 있는 로제로 유명하다. 소뮈르에서도 앙주와 같이 여러 와인이 생산되고 있지만, 특히 까베르네 프랑 레드와인이 훌륭한 평판을 얻고 있다.

◇ 뚜렌느Touraine

소뮈르의 동쪽에 위치하는 지역으로 루아르의 여러 와인지역 중의 한 곳이지만, 뚜렌느는 루아르 전체에서 가장 두드러진 지역이라 할 만큼 와인의 질이 특별하다. 지배적 품종인 소비뇽 블랑을 비롯하여, 슈냉 블랑과 아르부아Arbois(Arbois blanc)라는 품종으로 만드는 이곳의 화이트와인은 드라이하며 구조가 탄탄하고 활기차며 보존력도 뛰어나다. 까베르네 프랑을 비롯한 여러 품종으로 만들어지는 레드와인도 향미가 풍부하고 타닉하며, 로제는 드라이한 특징이 있다. 뚜렌느를 특별하게 만드는 대표적인 AOC들은 다음과 같다.

- **부르게이**Bourgueil : 루아르 계곡의 중부지역에서 가장 큰 도시인 뚜르Tours 왼편의 루아르 강 북쪽에 있는 AOC이며, 까베르네 프랑으로 타닌이 강하고 바디감이 뛰어나며 보존력이 좋은 레드와인을 만든다. 그리고 과일향이 풍부하며 부드러운 로제와인도 생산된다.

- **생-니콜라-드-부르게이**Saint-Nicolas-de-Bourgueil : 부르게이의 서북쪽으로 접하고 있는 AOC이지만, 와인은 부르게이보다 질이 더 탁월하여 세계적 명성과 평판을 얻고 있다. 이곳의 까베르네 프랑 레드와인은 알코올 도수가 매우 높고, 20년 이상을 숙성하고 보존할 수 있는 빈티지가 생산되기도 한다. 성 니콜라스Saint Nicholas(270~343)는 로마 제국에서 활동하였던 기독교의 성직자로, 어린이의 수호성인이며 산타클로스Santa Claus의 유래가 된 인물이다.

- **시농**Chinon : 루아르강을 사이에 두고 부르게이의 남쪽에 위치하는 시농의 와인은 생-니콜라-드-부르게이와 어깨를 나란히 하고 있으며, 부드러우면서도 구조가 탄탄하다. 그러나 이 마을은 와인보다 르네상스Renaissance 시대의 대문호인 라블레François Rabelais(1483~1553)의 고향으로 더 유명하다.

- **부브레**Vouvray : 뚜르의 왼쪽과 루아르 강 북쪽에 위치하는 부브레는 주로 레드와인을 생산하는 인근지역들과는 달리 화이트와인만 생산하는 AOC이다. 이들 중에서 질이 탁월한 슈냉 블랑 와인은 이상적인 조건을 충족하는 셀러에서 40년 이상을 보존할 수 있으며 특별하게 100년 이상을 견디는 빈티지도 있는데, 이것은 슈냉 블랑의 높은 산도 때문이다. 그리고 향과 풍미가 풍부하며 뛰어나다는 평가를 받고 있다.

◇ **뿌이이-퓌메**Pouilly-Fumé**와 상세르**Sancerre

오를레앙Orléans 시에서 동남쪽으로 100㎞ 거리에 위치하는 두 지역은 루아르 강을 사이에 두고 서로 마주 보는 AOC이다. 이 지역들이 주로 재배하는 품종은 소비뇽 블랑과 삐노 누아이다. 화이트와인만을 생산하는 뿌이이-퓌메의 와인은 부싯돌 연기의 냄새가 나는데, 이것은 이 지역의 석회질 토양에 규조토 부싯돌이 많이 섞여져 있기 때문이라고 한다. 뿌이이-퓌메와는 달리, 상세르는 레드, 화이트와 로제를 모두 생산하고 있다. 이곳의 소비뇽 블랑 화이트는 구즈베리와 자몽의 향이 풍부하지만, 삐노 누아 레드는 색깔과 바디가 약하고 가볍다. 이들 와인은 편하게 마실 수 있다는 장점이 있다.

보졸레

◇ 보졸레Beaujolais의 품종과 와인

부르고뉴와 남쪽으로 접하고 있는 와인지역으로, 껍질이 얇고 타닌이 약한 가메 Gamay 품종으로 만드는 라이트 바디의 레드와인이 유명세를 누리고 있다. 이중의 절반 이상은 포도를 수확한 해에 매우 짧은 숙성기간을 거쳐 바로 마시는 와인인데, 이런 부류를 뱅 프리머vin primeur라고 한다. 여기서 '프리머'란 신선함 또는 새로움을 뜻하는 단어이다. 보졸레는 과거 행정구역의 명칭이지만, 와인지역으로의 보졸레는 론과 부르고뉴의 일부 지역까지 포함한다. 그런데 이 지역에서 주로 재배하는 가메는 모욕적인 취급을 당한 쓰라린 역사가 있는 품종이다. 1395년에 당시 부르고뉴 공작인 용담공 필립Philippe le Hardi, duc de Bourgogne (영어로는 Duke Philipp the Bold, 1342~1404)은 가메를 '비천하고 불충한 품종vil et déloyal plant (very bad and disloyal plant)'으로 규정하고, 부르고뉴에서 가메의 재배를 법적으로 금지하여 보졸레 지역으로 추방하였다. 한 포도 품종에 대한 지나친 평가와 가혹한 처분이라는 면이 없지는 않지만, 이러한 조치로 삐노 누아와 샤르도네로 구축된 현재의 부르고뉴 와인을 만드는 토대가 구축되었다는 점도 부정할 수는 없다. 보졸레에는 14개의 AOC가 있으며, 전체 생산량 중에서 약 1%는 샤르도네 화이트이다.

◇ 보졸레 누보Beaujolais Nouveau

포도를 수확한 지 6~8주 후에 병입하는 자주색을 띠는 연붉은색 와인으로, 타닌이 매우 적고 바나나, 포도, 딸기, 무화과와 배 등의 과일향이 풍부한 점이 이 와인의 두드러진 특징이다. 보졸레 지역에서 생산된 가메 품종으로 만들어지는 이 와인은 프리머 와인 중에서 세계적으로 가장 유명하며, 보졸레 전체 와인 생산량 중에서 약 25%를 차지하고 있다. 매년 11월의 셋째 목요일을 '보졸레 누보의 날Beaujolais Nouveau Day'로 지정하여, 이날의 지역시간 새벽 12시 1분에 전 세계에 출시하는 기발한 마케팅 전략이 상업적으로 대성공을 거두었다. 오래 숙성하여 마시는 레드와인을 우리의 김장김치에 비유한다면, 보졸레 누보는 담아서 바로 먹는 겉절이 김치와 같은 스타일이다. 이 와인은 음미하는 것이 아니라 들이키는 것이며, 느끼기보다는 즐기는 수단이다. 그래서 보졸레 누보는 사람에 따라 호불호好不好가 분명하다. 어떤 이는 이 와인을 지극히 형편없는 수준으로 폄하하지만, 또 다른 이는 신선하고 향이 풍부하다고 호평하기도 한다. 어느 쪽이 옳으냐는 것은 순전히 개인적 취향의 문제이지만, 보졸레 누보가 설레는 마음으로 매년 11월의 셋째 목요일 자정을 손꼽아 기다릴 만큼 대단한 와인이 아니라는 것만은 분명하다.

조르즈 뒤베프(Georges Dubœuf)의 보졸레 누보. 이 와인의 레이블은 어느 것보다도 화려하며, 매년 디자인이 바뀐다. 조르즈 뒤베프는 '보졸레의 왕(le roi du Beaujolais)'이라 불릴 정도로 보졸레와 보졸레−빌라주(Beau-jolais−Villages) AOC에서 생산규모가 가장 크며 영향력 있는 생산자이다.

◇ **보졸레 크뤼**Beaujolais Crus

보졸레 와인지역이 보졸레 누보와 같은 프리머 와인만 생산하는 것은 아니다. 이 지역에는 10곳의 AOC가 보졸레 크뤼로 지정되어 있는데, 여기서 생산되는 와인들은 최소 3년까지는 보존이 가능하다. 특히 세나Chénas, 줄리에나Juliénas, 모르공Morgon과 물레나방Moulin-à-Vent의 와인은 10년 전후의 보존력이 있다.

기타의 와인생산지

◇ 알자스Alsace

알자스는 프랑스의 북동쪽에 위치하는 그랑테스트 Grand Est 레지옹에서도 가장 동쪽 지역으로 동쪽과 북쪽으로는 독일, 남쪽으로는 스위스와 국경을 접하고 있어서, 이곳은 독일과 영토문제로 지난 수 세기 동안 전쟁이 끊이지 않았던 지역이다. 독일과 접하고 있어서 재배하는 품종이 비슷하고 와인의 스타일도 매우 유사하여, 드라이한 리슬링 와인과 향이 극도로 풍부한 게뷔르츠트라미너Gewürztraminer 와인이 많이 생산된다. 와인의 종류가 다른 3개의 AOC가 있는데, 이곳의 발포성 와인 AOC인 크레망 달자스crémant d'Alsace도 명성이 높은 편이다. 알자스 그랑 크뤼Alsace grand cru AOC는 알자스 AOC보다 품종과 와인 생산량 등에 대한 보다 엄격한

알자스의 그랑 크뤼 Domaine Schoffit-Clos Saint-Théo-bald-Rangen Riesling 2017. 알자스 와인은 프랑스의 여타 지역과는 달리 레이블에 품종을 밝힌다.

조건을 요구한다. 그러나 현재 51개의 포도밭이 그랑 크뤼로 지정되어 있으나, 이 등급체계는 와인시장에서 절대적 권위를 인정받고 있다고는 보기 어렵다. 프랑스 여타 지역과는 달리, 대부분의 알자스 와인은 신세계 와인처럼 레이블에 품종을 표시하고 있다. 그리고 알자스 와인을 담는 어깨선이 가파른 늘씬한 모양의 병을 '뱅 디 랭vin du Rhin' 또는 '플루트 달자스flûtes d'Alsace'라고 부른다.

◇ 프로방스Provence

프랑스의 가장 남동쪽에 위치한 프로방스-알프-꼬뜨 다쥐르Provence-Alpes-Côte d'Azur 레지옹의 남쪽에 위치하여 지중해와 접하고 있는 지역이다. 따라서 프로방스는 지중해성 기후의 지역으로서, 여름은 덥고 건조하며 겨울은 온화하다. 그러나 북동쪽의 알프스 산맥에 의한 고산기후alpine climate의 영향을 받아서, 지리적으로 복잡한 미기후

를 형성한다. 그래서 프로방스는 다양한 품종으로 1,000여 종류의 와인을 생산하는 것으로도 유명하다.

- **와인의 특징** : 이 지역에는 9개의 AOC가 있으며, 가장 많이 재배하는 품종인 무르베드르mourvèdre는 이 지역의 레드와 로제를 만드는 주요 품종이다. 이와 더불어 온화하고 건조한 기후에 힘입어, 재배되는 품종은 나열하기 어려울 정도로 다양하다. 최근에는 향이 풍부한 로제와 질이 좋은 레드와인의 비율이 점차 높아지고 있다. 9개의 AOC 중에서 항구 마을인 방돌Bandol은 양보다는 질을 추구하는 가장 핵심적인 지역이다. 이곳은 무르베드르를 주품종으로 하는 프랑스 유일의 AOC로서, 주로 농염하고 허브향이 풍부하며 부드러운 질감의 레드와인을 선보인다.

- **프로방스의 크뤼 끌라세**crus classés : 프로방스는 형식적으로는 보르도와 같이 포도밭이 아닌 와인 제조자wine estate에 기초한 등급체계를 가지고 있다. 그런데 꼬뜨드 프로방스Côtes de Provence AOC가 구축되기 훨씬 전인 1955년에 23개의 와인제조업자들이 자신들 스스로를 크뤼 끌라세로 지정하였는데, 이후에 5개 제조업자는 시장에서 저절로 도태되고 지금은 18개만 남아있다. 이 등급은 이후에 수정되거나 보완된 적도 없으며, 와인의 질적 수준과 관계없이 새로운 제조업자가 포함되거나 기존의 업자가 탈락할 수도 없다. 그래서 이 등급은 와인산업계에서 권위를 인정받지 못하며, 소비자들의 신뢰도도 높지 못하다.

프로방스 방돌의 샤토 로마산 도멘 오뜨(Château Romassan Domaines Ott) 2012

◇ **랑그독－루시옹**Languedoc-Roussillon

남동쪽으로는 지중해와 접하고 남서쪽으로는 스페인 국경과 만나는 옥시타니Occitanie 레지옹의 일부로서, 프랑스에서 가장 넓은 포도경작지가 있는 곳이다. 이 지방의 와인 생산량은 프랑스 전체의 1/3을 넘고 있으며 모든 종류의 와인이 생산되고 있어서, '와인의 호수lake of wine'라는 별칭이 있을 정도이다. 이 지역의 와인은 90% 이상이 EU의 법규에 따라 지리적 표시를 보호받는 IGP 와인과 지리적 표시가 없는 VdF 와인이며, 27개의 AOC 와인이 있을 뿐이다. 과거에는 주로 값싼 벌크bulk 와인의 생산지역으로 알려져 있었으나, 최근에는 가성비가 좋은 와인을 많이 선보이며 주목을 받고 있다. 이 지역에서 생산되는 강화와인인 뱅 두 나투렐vin doux naturels은 널리 알려져 있는 특산품이다.

◇ 기타 지역

프랑스에는 앞에서 소개한 대체로 잘 알려져 있는 지역 이외에도 다음과 같은 여러 와인생산지가 있다.

- **시드 웨스트**Sud Ouest : '남서 지역'이라는 뜻으로, 보르도 남쪽과 지중해 사이에 위치하는 여러 와인지역들을 통칭하는 이름이다. 이곳에는 30군데 이상의 AOC가 있으며, 포도품종과 와인 스타일은 인근의 보르도와 비슷하다.

- **샤브와**Savoie**와 비게이**Bugey : 샤브와는 보졸레의 동쪽과 쥐라의 남쪽에 위치하는 소규모의 와인지역으로서, 4개의 AOC가 지정되어있다. 발포성 와인을 많이 생산하고 있다. 비게이는 샤브와 인근의 북서쪽에 위치하는 가장 소규모의 와인지역으로, 2개의 AOC가 있다.

- **코르스**Corse(영어로는 Corsica) : 프랑스 남부의 지중해에 있는 가장 큰 섬으로, 경치가 빼어나다. 이곳에는 3개의 AOC가 있으며, 강화와인을 비롯하여 모든 종류의 와인이 생산되고 있다.

- **리오네**Lyonnais**와 로렌**Lorraine : 부르고뉴 와인지역의 가장 남쪽에 위치하는 리옹Lyon시 인근지역인 리오네와 프랑스 동북부 지역에 위치하며 동남쪽으로는 알자스와 접하고 있는 로렌도 각각 1개의 AOC가 있는 공식적인 와인생산지이다. 두 지역은 모두 레드와 화이트를 비롯하여 로제도 생산한다.

코르시카의 명소인 보니파시오(Bonifacio)의 해안절벽. 보니파시오는 코르시카 최남단의 항구도시이다.

제8장

유럽의 와인

유럽은 고대로부터 현대에 이르기까지 오랜 전통을 가진 세계적인 와인생산국의 지위를 굳건히 지키고 있는 나라들이 모여 있는 지역으로서, 오랜 역사만큼이나 각 지역의 와인들은 나름의 고유함과 특별함을 지니고 있다. 와인을 생산하는 유럽의 국가들은 자국의 환경에 적응한 토종이나 특화된 포도품종을 재배하고 있으며, 이것은 차별적 와인을 생산하는 원천이 되고 있다. 더욱이 각각의 지역들은 자신들에게 주어진 총체적 재배조건인 떼루아에 기초하여 어디에서도 흉내 내지 못하는 걸출한 와인을 빚고 있다.

유럽의 와인생산지역들은 자국과 유럽연합의 법규에 의해 보호와 규제를 받는 원산지통제명칭controlled designation of origin 제도에 따르고 있다. 그래서 EU가 2006년에 시작하여 2012년에 '원산지보호명칭PDO', '지리적 보호명칭PGI'과 '전통특산품보증TSG'이라는 3개 법규의 제정을 완료함에 따라, 프랑스를 비롯한 유럽의 와인생산국들도 EU의 법규에 맞추어 오랜 전통을 가진 과거의 원산지통제명칭과 와인등급제도를 수정하거나 보완하였다.

대서양과 지중해에 둘러싸인 유럽의 여러 국가들 중에서 프랑스를 비롯하여 이탈리아, 스페인과 포르투갈은 압도적인 와인 순수출국이며, 독일을 위시하여 오스트리아, 루마니아와 헝가리 등은 수입량이 수출량보다 더 많은 순수입국이다. 이 국가들은 주어진 자연환경과 토양에 맞추어 최적의 품종을 재배하고, 이것으로 차별적인 와인을 빚어낸다. 이 와인들은 인간이 오랫동안 자연환경에 순응하거나 이를 극복하며 쉼이 없는 노력과 경험적 지혜로 창조한 찬란하고 위대한 결실임에 틀림이 없다.

이탈리아

    동쪽의 아드리아해Adriatic sea, 남쪽의 이오니아해Ionian sea와 서쪽의 티레니아해 Tyrrhenian sea에 둘러싸인 반도국가인 이탈리아Italia는 2015년 이래로 프랑스를 제치고 꾸준히 세계 제1의 와인 생산국 지위를 유지하고 있다. 대부분의 지역이 지중해성 기후Mediterranean climate의 지배를 받아 여름은 건조하고 겨울은 습하면서 온난하지만, 알프스산맥을 경계로 프랑스, 스위스, 오스트리아와 접하고 있는 북부지역은 대륙성 기후의 영향을 받아서 여름은 덥고 겨울은 모질게 춥다. 그리고 하이힐 부츠의 모양을 닮은 약 1,200km 길이의 국토 중앙을 북서쪽에서 남동쪽으로 달리는 아펜니노 산 맥Appennini(영어로는 Apennines) 때문에, 토양과 기후조건이 지역에 따라 매우 변화가 많다. 따라서 토착품종을 비롯하여 재배되는 품종도 약 350종에 달하며, 이탈리아의 길고 찬란한 역사만큼이나 생산되는 와인도 화려하며 빼어나다.

원산지통제명칭 제도

◇ 2010년 이전의 제도

    이탈리아는 프랑스의 AOC 체계를 모태로 하여 1963년에 데노미나치오네 디 오리지네 콘트롤라타denominazione di origine controllata(DOC)라는 원산지통제명칭 제도를 수립하여 시행하였다. 와인의 등급체계이기도 한 이 제도는 EU의 관련법규가 제정됨에 따라 최종적으로 2010년에 수정되었으나, 지금도 프랑스의 경우와 같이 와인시장에서 과거와 현재의 제도가 혼용되고 있어서 과거 제도에 대한 이해가 필요하다. 2010년 이전의 원산지통제명칭 제도는 와인의 등급을 다음과 같이 분류하였다.

- 비노 다 따볼라vino da tavola(VdT) : 일반적인 테이블 와인으로, 레이블에는 와인의 종류만 표시하고 원산지는 기재할 수 없다.

- 인디까치오네 지오그라피카 티피카indicazione geografica tipica(IGT) : DOC 규정에는 벗어나지만, 새로운 스타일의 와인으로서 레이블에 지역적 특성을 나타내는 품종과 산지의 이름을 표시해야 한다.

- 디노미나찌오네 디 오리지네 콘트롤라타denominazione di origine controllata (DOC) : 포도의 산지와 품종, 양조와 양조장, 혼합비율, 알코올 도수, 용기와 용량 등 법률로 규정된 기준을 만족하는 와인에 부여하는 등급이다. DOCG로 상향될 수 있다.

- 디노미나찌오네 디 오리지네 콘트롤라타 에 가란티타denominazione di origine controllata e garantita(DOCG) : 최고 품질의 와인을 생산하는 지역에 부여하는 등급이다. DOC 와인 중에서 농림부의 추천garantita을 받은 와인으로, 이탈리아 고유의 포도 품종으로 만들어야 하며 수확량과 생산방법까지 엄격히 제한된다. 그러나 희소성이 결여된 이 등급의 와인이 반드시 소비자에게 질적으로 높은 만족감을 준다는 확실한 보장은 없다.

DOCG 와인 캡슐의 봉인. 이 와인은 생산일련번호가 적힌 DOCG 봉인이 병목에 둘러져있거나 캡슐에 세로로 붙어있다.

◇ 새로운 원산지통제명칭 제도

2012년에 EU가 '원산지보호명칭protected designation of origin(PDO)'과 '지리적 보호명칭protected geographical indication(PGI)' 법규의 제정을 완료함에 발맞추어 이탈리아도 식품과 농산물의 등급체계를 수정하였는데, 이에 따라 수정된 와인의 등급체계는 다음과 같다.

- **비니**vini : 포도는 EU 내의 어느 곳에서 생산되어도 무방하며, 지리적 표시가 없는 일반적인 테이블 와인이다. 레이블에는 레드와 화이트 등과 같은 와인의 종류만 표시하고 원산지와 세파쥬 뿐만 아니라 빈티지도 밝힐 수 없다.

- **비니 바리에탈리**vini varietali(varietal wines) : 원산지 표시가 없으며, 하나 또는 다수의 공인된 국제적 품종으로 만들어진 와인이다. EU 내의 어느 곳에서 생산된 포도도 허용되며, 레이블에 원산지는 표시할 수 없고 품종과 빈티지는 표시할 수 있다.

- **비니 인디까치오니 지오그라피케 프로테테**vini indicazioni geografiche protette(IGP) : 이탈리아의 특정지역에서 생산되어야 하며, 포도의 산지와 재배, 양조와 양조장, 맛과 물리화학적 특성, 레이블에 관한 지침 등 법률로 규정된 기준을 만족하는 와인에 부여하는 등급이다. 이 등급이 EU의 법규에 의한 PGI 와인이며, 2016년 기준으로 118개의 와인이 이 등급으로 분류되고 있다.

- **비니 디노미나찌오네 디 오리지네 프로테타**vini denominazione di origine protetta(DOP) : EU의 법규에 의한 PDO 와인인 이 등급은 다시 두 개의 세부등급으로 나뉜다. 그러나 비니 DOP 와인이 되기 위해서는 이탈리아의 고유품종만으로 와인을 만들어야 한다는 까다로운 조건 때문에, 수퍼 투스칸Super Tuscan과 같이 이를 충족하지 못하는 IGP 와인이 DOP보다 더 우수한 경우가 드물지 않다.

  ① **비니 DOC** vini denominazione di origine controllata : IGP의 지위를 최소 5년간 유지하여야 하며, 대부분 IGP보다 좁은 지역에서 생산된다. 비니 DOC의 지위를 최소 10년 동안 유지하면 비니 DOCG로 상향될 수 있다. 2019년 현재 334개의 DOC가 지정되어 있다.

  ② **비니 DOCG**vini denominazione di origine controllata e garantita : DOC의 필요조건을 충족하면서 특별히 지정된 위원회의 테이스팅을 포함하여 엄격한 분석을 통과해야 하며, 우수한 상업적 성공을 시현해야 한다. 2019년 현재 74개의 DOCG가 지정되어 있다.

◇ 와인의 등급과 부분적 관련이 있는 용어들

DOP 등급의 와인 레이블에는 다음과 같은 용어들이 적혀있는 경우가 흔히 있는데, 이들은 이탈리아 와인의 등급과 부분적으로 관련이 있다.

- **클라시코**classico : 원산지보호명칭 지역 중에서도 역사적인 중심지역에서 생산된 와인이

라는 것을 의미하는 용어로, 우리나라의 '원조元祖'와 비슷한 의미이다.

- **수피리오레**superiore : 보통의 DOP 와인보다 알코올 도수가 최소한 0.5% 더 높고 보통 보다 면적당 포도의 수확량이 적은 포도로 만든 와인임을 뜻한다.
- **리제르바**riserva : 와인의 종류에 따라 정해진 최소한의 숙성기간을 거쳤다는 의미로 사용 되는 용어이다.

◇ 이탈리아에는 고급 와인의 추가적 등급체계가 없는가?

프랑스와는 달리, 이탈리아에는 원산지통제명칭제도 이외에 고급 와인을 분류하는 추가적인 공식등급체계는 없다. 그러나 사적인 기관에서 비공식적으로 최고 수준의 와인을 선정하는 몇몇 경우는 있다. 이탈리아 북부의 피에몬테Piemonte에서 생산되는 명품 와인인 바르바레스코와 바롤로 생산자들의 조합consòrzio이 각각 2007년과 2010년에 포도밭에 관해 등급을 매기는 멘찌오니 지오그라피크 아군티브Menzioni Geografiche Aggiuntive(MEGA)라는 제도를 도입하였는데, '추가적인 지리적 기술'이라는 의미의 MEGA는 이해당사자들이 공식적인 등급체계가 되도록 노력하고 있는 대상 중의 하나이다.

이탈리아의 대표적 와인생산지

이탈리아는 레지오네Regione라는 15개의 주와 5개의 자치주Regione Autonoma로 구성되어 있는데, 이들 20개의 주가 모두 와인생산지역이다. 이 중에서도 특히 피에몬테, 베네토와 토스카나는 이탈리아를 대표하는 걸출한 와인이 생산되는 지역이다. 피에몬테의 바롤로와 바르바레스코는 탁월한 구조와 바디를 가진 레드와인이 만들어지는 곳이다. 그리고 셰익스피어William Shakespeare(1564-1616)의 희곡인 '로미오와 줄리엣Romeo and Juliet'의 무대인 베네토의 베로나는 이들의 사랑만큼이나 향기로운 와인인 아마로네를 품은 지역이다. 또한 토스카나는 이탈리아인들이 사랑하는 국민와인인 끼안티

를 비롯하여 세계적 명성을 얻고 있는 브루넬로 디 몬탈치노와 비노 노빌레 디 몬테
풀차노의 고향이다. 이들 모든 와인들은 모두 토종품종으로 만드는 이탈리아의 긍지
높은 자랑거리이다.

이탈리아 와인지도

◇ 피에몬테Piemonte

이탈리아의 북서부에 위치한 피에몬테 지역은 프랑스와 스위스의 국경지대에 접해
있고, 알프스와 아펜니노 산맥에 둘러싸여 있는 지역이다. 대륙성 기후로 겨울은 춥

고 여름은 더우며, 가을과 겨울철에는 안개가 많은 지역이다. 바롤로 마을 옆으로 타나로Tanaro 강이 흘러서 여름철의 뜨거운 열기를 식혀주며, 비도 충분히 내린다.

- 바롤로Barolo : '이탈리아 와인의 왕The King of Italian Wines'이라 불릴 정도로 묵직한 느낌과 진한 색깔의 와인으로, 바르바레스코, 끼안티 클라시코와 브루넬로 디 몬탈치노와 함께 이탈리아의 4대 와인 중 하나로 꼽힌다. 이탈리아 피에몬테 지역에서 생산되는 9개의 DOCG급 와인 중 하나인 바롤로는 마을의 명칭인 동시에 와인의 이름이며, 이곳은 11개의 세부지역으로 나뉜다. 바롤로의 토착품종인 네비올로Nebbiolo는 알코올 함량이 높고 가득 찬 무게감을 주며, 바롤로와 바르바레스코 마을에서 그 힘을 발휘한다. 딸기향, 박하향, 감초향 등의 아로마가 있고, 오래 숙성할수록 백송로버섯향, 오디향과 담배향 등의 부케가 형성된다.

가야(Gaja)의 스페르스 바롤로(Sperss Barolo) 2014(좌)와 바르바레스코(Barbaresco) 2017(우). 가야는 타나로(Tanaro) 강 동남쪽의 랑게(Langhe)에 있는 유명 와이너리이며, 설립자의 가명(family name)이기도 하다. 가야는 전통적으로 바롤로는 보르도 스타일의 병에 담고 바르바레스코는 부르고뉴 스타일의 병을 쓰고 있다.

- 바르바레스코Barbaresco : 이탈리아인들은 '이탈리아 와인의 왕'이라고 하는 바롤로와 함께 바르바레스코를 '이탈리아 와인의 여왕The Queen of Italian Wines'이라고 부른다. 이 두 와인은 품종을 비롯하여 재배와 양조방법 등에 거의 다름이 없으나, 단지 떼루아에서 약간의 차이가 있다. 바롤로 지역과 약 10마일 떨어진 곳에 위치하기 때문에 토양과 기후조건이 비슷하다. 다만 약간 더 따뜻한 자연환경으로 포도가 일찍 익기 때문에 덜 숙성된 신선한 맛이 느껴지고 타닌이 상대적으로 적다는 특징이 있다. 바롤로에 비해 부드럽고 세련되며 우아하지만, 오래 숙성할수록 바롤로와 비슷해지며 이탈리아보다는 부르고뉴 와인의 느낌과 유사한 특징을 보인다.

바롤로의 포도밭 전경. 바롤로와 바르바레스코의 포도밭은 2014년에 유네스코 세계문화유산으로 등재되었다.

◇ 베로나Verona

이탈리아 북동부의 베네토Veneto주에서 가장 서쪽에 자리한 베로나는 이 주에서 '물의 도시'로 불리는 베네치아Venezia에 이어 두 번째로 큰 도시이며, 세익스피어의 희곡인 '로미오와 줄리엣'과 '베로나의 두 신사The two gentlemen of Verona'의 무대이다. 그리고 베로나는 1934년 이래로 매년 6월 말부터 8월 말까지 아레나 원형경기장에서 개최되는 '베로나 오페라 축제Arena di Verona Festival'의 고향이며, 중세의 고색창연한 건축물과 구조물로 2000년에 세계문화유산으로 지정되었다. 베로나 북쪽의 발폴리첼라Valpolicella에서는 순한 과일향과 연한 아몬드 향이 있는 레드와인인 발폴리첼라를 비롯하여 스위트 레드와인인 레치오토와 명품 와인인 아마로네의 생산지이다.

Tommasi, Amarone della Valpolicella Classico 2015. 토마시는 발폴리첼라에 있는 유서깊은 와이너리이다.

- 아마로네Amarone : '건조'의 뜻을 가진 '아파시멘토appassimento'라는 독특한 제조방법으로 만들어지는 맛과 향이 특별한 레드와인으로, 세계적으로도 가장 강렬한 향과 맛을 가진 와인으로 명성이 높다. 이 와인은 이 지역에서만 재배되는 코르비나Corvina(Corvina Veronese 또는 Cruina라고도 함)라는 품종에 론디넬라Rondinella와 몰리나라Molinara 품종을 블렌딩하여 만드는데, 9월에 수확한 포도를 알갱이의 크기가 반 정도로 줄어들 때까지 3~4개월 동안 대나무 발 위에서 말리면 수분이 40% 정도 감소한다. 그 이후에 1월에 한 달간 발효시키고 오크통에서 24개월 동안 숙성하면, 알코올 도수가 14~17% 정도인 와인이 탄생한다. 색은 매우 진한 루비색이며 딸기향, 체리향, 코코아향이 강하다. 아마로네는 10년 이상 숙성되어야 제대로 된 맛과 향을 드러낸다고 한다.

- 레치오토recioto와 리파소ripasso : 아마로네를 만드는 포도보다 더 늦게 수확하고 건조기간을 더 늘린 스위트 와인을 레치오토라고 하는데, 당도가 매우 높은 이 와인은 주로 디저트 와인으로 쓰인다. 그리고 아마로네와 레치오토 포도즙을 짜낸 후에 남은 포도껍질과 씨앗에다 발폴리첼라 와인을 넣고 다시 한 번 발효시킨 와인을 리파소라고 하는데, 이는 1980년대에 시장에 등장한 새로운 스타일의 와인이다.

◇ 토스카나Toscana

중세에 유럽에서 무역과 금융의 중심지였던 피렌체Firenze(영어로는 Florence)가 주도이며 영어로는 투스카니Tuscany로 불리는 이 레지오네는 이탈리아의 중서부에 위치하여, 포도 재배를 위한 훌륭한 토양과 뜨거운 태양, 알맞은 강수량 등 최상의 자연조건을 갖추고 있다. 이곳에서는 이탈리아의 국민와인인 끼안티를 비롯하여 고급 와인의 대명사인 브루넬로 디 몬탈치노와 비노 노빌레 디 몬테풀차노 등이 생산되고 있다.

• 끼안티Chianti ： 끼안티는 르네상스 Renaissance의 발상지로 '중세의 아테네 The Athens of the Middle Ages'로 불리는 피렌체의 남쪽 아르노Arno강 좌안에 뻗어있는 산악지역인데, 이곳에서 생산되는 레드와인인 끼안티는 이탈리아를 대표하는 상징물 중의 하나이다. 과거에는 끼안티를 아랫부분이 밀짚으로 둘러싸여진 '피아스코fiasco'라는 병에 담았으나, 지금은 찾아보기가 쉽지 않다. 이 와인은 이탈리아 토착품종인 산지오베제sangiovese가 75% 이상 사용되어야 하며, 38개월 동안 숙성한 와인은 레이블에 리제르바riserva라고 표시

토스카나의 와인들. 왼쪽부터 소렐리(Sorelli) 끼안티 피아스코 2016, 반피(Banfi) 브루넬로 디 몬탈치노 2015, 비노 노빌레 디 몬테풀차노 산타 카테리나 파토리아 트레로제(Santa Caterina Fattoria Trerose) 2015.

할 수 있다. 중간 정도의 산도와 타닌을 가지고 있으며 체리와 살구 등의 과일향이 풍부하여, 편하게 마실 수 있는 대중적 와인으로 사랑받고 있다.

• 끼안티 클라시코Chianti Classico ： 끼안티 8개 세부지역의 하나인 클라시코Classico 지역에서 생산되는 끼안티이다. 피렌체의 남쪽으로부터 시에나Siena의 북쪽 사이에 위치하는 끼안티 클라시코는 티레니아 해에서 불어오는 바람 때문에 여름은 길지만 저녁부터 밤이 시원한 곳이며, 해발 250~600m의 산악지역에 포도원이 위치한다. 끼안티 클라시코는 최소한 산지오베제 80% 이상으로 양조해야 하며, 화이트와인용 포도는 사용할 수 없도록 규정하고 있다. 짙은 루비색상을 띠며 농익은 과일과 커피의 향이 있으며, 더 숙성하면 밤과 약한 고무의 향을 풍긴다.

• 브루넬로 디 몬탈치노Brunello di Montalcino ： 몬탈치노는 피렌체에서 남쪽으로 110km 정

도 떨어진 도시인 시에나 부근의 언덕에 있는 조그마한 마을이다. 브루넬로는 지역적 차별성을 드러내기 위한 산지오베제 품종의 별칭이다. 오크통 속에서 2년간과 병입한 후 4개월을 숙성해야 하며, 블랙베리와 체리의 향과 함께 초콜렛과 제비꽃의 향이 풍부하다. 부드러운 질감과 원숙한 과일향을 가진 와인으로, 부르고뉴의 삐노 누아 와인과 자주 비교된다.

• **비노 노빌레 디 몬테풀차노**vino nobile di Montepulciano : 몬탈치노에 가까이 위치하는 몬테풀차노에서 생산되는 이 레드와인은 70% 이상의 산지오베제에 10~20%의 카나이올로Canaiolo(Canaiolo nero 또는 uva Canina라고도 함)와 마몰로Mammolo 등의 토착품종을 소량으로 블렌딩하여 만들어지는데, 최소 1년 동안의 오크통 숙성을 포함하여 2년간 숙성하여야 한다. '몬테풀차노의 고귀한 와인'이라는 뜻의 이름은 1930년 이후에 파네티Adamo Fanetti라는 사람이 명명하였다고 전해진다. 딸기와 체리 등의 다양한 향이 풍부하고 질감이 부드러운 풀바디 와인이다.

• **수퍼 투스칸**Super Tuscan : 토스카나는 DOC 규정을 거부하고 토착품종이 아닌 국제적 품종을 전체 또는 부분적으로 사용하여 만드는 와인들이 유명한데, 이 부류의 와인들을 비공식적으로 수퍼 투스칸이라 통칭한다. 토착품종으로 만든 와인에만 DOC 등급을 부여하는 규정에 따라 이 와인들은 보통 IGP 등급으로 분류되고 있지만, 사시카이아Sassicaia, 솔라이아Solaia, 티냐넬로Tignanello와 오르넬라이아Ornellaia 등은 수퍼스타급의 질을 자랑하는 세계적 수준의 명품와인들이다. 그러나 이 부류의 와인들이 딱 부러지게 정해져 있지 않을 뿐만 아니라, 수퍼 투스칸이라고 해서 와인의 질이 모두 '수퍼'는 아니다.

피렌체의 석양. 오른편 둥근 지붕의 건물은 피렌체 대성당(Duomo di Firenze)이며, 중앙의 높은 탑은 베키오 궁전(Palazzo Vecchio)이다. 베키오 궁전은 16세기에 메디치 가문(House of Medici)의 궁전으로 사용되었다.

◇ 기타의 와인지역

이탈리아의 20개 레지오네는 모두가 와인지역이다. 그러므로 앞에서 설명한 와인
지역 이외의 곳도 지역의 특색을 담은 와인을 생산하고 있다.

- **발레 다오스타**Valle d'Aosta : 유럽에서 가장 고도가 높은 와인지역인 이 지역은 주로 네비
  올로와 피노트 네로Pinot nero라는 품종으로 레드와인을 생산하고 있다.
- **리구리아**Liguria : 이 지역은 주로 보스코Bosco, 알바롤라Albarola와 베르멘티노Vermentino
  라는 품종의 화이트와인과 로세세Rossese라는 품종의 레드와인을 만든다.
- **롬바르디아**Lombardia : 전통적 방법으로 만드는 발포성 와인인 프란차코르타로 유명한 지
  역이다. 이와 함께 네비올로 레드와인도 훌륭하다.
- **트렌티노-알토 아디제**Trentino-Alto Adige : 피노트 네로, 스끼아바Schiava와 라그레인
  Lagrein이라는 화이트 품종을 많이 재배한다. 트렌토Trento의 전통적 방식의 발포성 와인
  이 유명하다.
- **프리울리-베네치아 줄리아**Friuli-Venezia Giulia : 이 지역은 피노트 그루지오와 소비뇽 블
  랑 등의 화이트와인을 가장 많이 생산하고 있다.
- **에밀리아-로마냐**Emilia-Romagna : 이 레지오네는 발포성 레드와인인 람브루스코의 산지
  이다. 그리고 화이트 품종인 트레비아노Trebbiano도 많이 재배하고 있다.
- **움브리아**Umbria : 이 지역의 와인은 이웃인 토스카나와 유사하지만, 아펜니노 산맥의 영
  향으로 보존력이 훌륭한 레드와인이 생산된다.
- **마르케**Marche : 몬테풀차노Montepulciano라는 품종으로 레드와인을 만드는 지역이다.
- **라치오**Lazio : 주로 쉽게 마실 수 있는 화이트와인이 생산되는 지역이다.
- **아브루쪼**Abruzzo : 레드와인인 몬테풀차노 다브루쪼Montepulciano d'Abruzzo가 생산되는 곳
  이다.
- **몰리제**Molise : 트레비아노와 몬테풀차노가 많이 재배되고 있다.
- **캄파니아**Campania : 알리아니코Aglianico라는 레드 품종과 피아노Fiano와 그레코Greco라는
  화이트 품종을 많이 재배하고 있다.
- **바실리카타**Basilicata : 풀바디의 알리아니코 레드와인이 유명하다.
- **풀리아**Puglia : 프리미티보Primitivo와 니그로아마로Negroamaro라는 품종으로 레드와인을

만든다.

- **칼라브리아**Calabria : 갈리오포Gaglioppo라는 품종으로 타닉한 레드와인을 만든다.
- **시칠리아**Sicilia : 미디엄 바디의 레드와인인 네로 다볼라Nero d'Avola가 유명하며, 강화와 인인 마르살라를 생산하는 지역이다.
- **사르데냐**Sardegna : 그르나슈와 까리냥으로 레드와인을 만드는 지역이다.

◇ 비노 코토와 빈코토

이탈리아의 중동부와 남동부에서는 비노 코토와 빈코토라는 특이한 유형의 와인과 포도음료가 만들어지고 있다.

- **비노 코토**vino cotto : 코토는 '요리한cooked'이란 뜻의 단어인데, 비노 코토는 지역의 토착 품종으로부터 얻은 포도즙을 구리 냄비에 넣고 끓인 후에 오래된 나무 베럴에서 몇 년간 발효와 숙성의 과정을 거쳐서 만드는데, 프랑스 쥐라의 막뱅Macvin과 비슷한 미스뗄르 Mistelle의 한 종류이다. EU의 법규에 의해 와인으로 판매될 수 없는 이 음료는 마데이라 와인과 비슷하게 진한 루비색이며, 마르케Marche와 아브루쪼Abruzzo에서 만들어진다.
- **빈코토**vincotto : 풀리아Pulia에서 만들어지는 특이한 포도음료로서, 비노 코토와 같이 포도즙을 끓이지만 발효시키지는 않는다. 몇 년간 숙성한 후에 부드럽고 달콤한 음료로 쓰인다.

◇

02

스페인

대서양과 지중해 사이로 돌출한 이베리아 반도Iberian Peninsula에 포르투갈과 접하여 위치하는 스페인Spain(España)은 포도의 재배면적은 세계제일이지만, 척박한 토양 때문에 와인의 생산량은 이탈리아와 프랑스에 이어 세계에서 3번째이다. 400여 종의 포도가 재배되고 있는데, 레드 품종인 뗌쁘라니오, 가르나차와 무르베드르를 비롯하여 화이트 품종인 알바리뇨, 빨로미노, 아이렌, 마까베오와 스페인의 발포성 와인인 까바에 쓰이는 품종인 빠레야다와 샤렐로 등이 주로 재배되고 있다. 대표적인 와인생산지는 리오하와 리베라 델 두에로를 비롯하여 발데뻬냐스, 헤레스 데 라 프론떼라, 리아스 바이샤스, 까딸루냐 등이 있는데, 이들은 스페인 중부의 광대한 고원지대인 메세따 센뜨랄Meseta Central과 내륙을 통과하는 강들로부터 지리적 영향을 받는다. 고원지대는 여름에 기온이 섭씨 40°에 달하는 뜨겁고 건조한 곳이지만, 포도재배지역을 통과하는 강들이 살인적인 열기를 눌러준다.

와인의 등급제도

◇ 데노미나시온 데 오리헨denominación de origen(DO)

와인을 비롯하여 치즈와 버터, 꿀, 육류와 채소류 등의 농산품 등에 관한 스페인의 등급제도이다. 1935년에 도입된 프랑스와 1963년에 시작된 이탈리아의 등급제도에 앞서서, 스페인의 리오하와 헤레스에서는 각각 1925년과 1933년에 와인등급제도

를 시행하였다. 이 제도는 와인의 생산지역에 관한 등급체계로서, 다음과 같이 5개의
등급으로 구분하고 있다.

- 비노 데 메사vino de mesa(VdM) : '메사mesa'는 테이블을 뜻하는 단어로, 테이블 와인으로
  프랑스의 VdF와 비슷한 등급이다. 여러 지역의 포도를 혼합하여 만들 수 있기 때문에,
  레이블에 지역명칭을 표시할 수 없다.

- 비노 데 라 띠에라vino de la tierra(VdIT) : '띠에라tierra'는 지역을 뜻하는 단어로, 프랑스의
  IGP 등급과 비슷하다. 와인 레이블에 '안달루시아'와 같은 광역의 생산지역을 표기할 수
  있다.

- 비노 데 깔리다 꼰 인디까시온 지오그라피까vinos de calidad con indicación geográfica(VCIG) :
  2003년에 새로 탄생한 등급으로, '지리적 표시가 있는 고급 와인'이라는 뜻으로 지금은
  사라진 프랑스의 VDQS 등급과 유사하다. VCIG의 지위를 5년 동안 유지하면, DO 등
  급을 신청할 수 있다.

- 데노미나시온 데 오리헨denominación de origen(DO) : 꼰세호 레굴라도르Consejo Regulador
  라는 규제위원회의 통제를 받는 등급인데, 2005년에 전체의 2/3에 가까운 포도밭이
  DO 이상의 등급인 점으로 미루어 스페인 와인의 등급체계가 냉정하게 작동하고 있다고
  보기는 힘들다.

- 데노미나시온 데 오리헨 깔리피까다denominación de origen calificada(DOCa) : 이 등급은 이
  탈리아의 DOCG와 비슷한데, 고급와인 생산지의 명성을 5년 이상 유지하여야 하며 DO
  보다 상위의 등급이다. 1991년에 리오하 지역이 최초로 이 등급을 받았으며, 까딸루냐
  의 서남쪽에 위치하는 쁘리오랏Priorat 카운티가 뒤를 이었다. 2008년에 리베라 델 두에
  로 지역은 DOCa 등급의 조건을 충족함에도 불구하고, 이를 거부하고 지금까지도 DO
  등급으로 남아있다.

◇ 까딸루냐Cataluña(영어로는 Catalonia)의 와인등급체계

  스페인의 가장 북동쪽에 위치하여 남동쪽으로는 지중해와 만나고 북쪽으로는 프
랑스와 국경을 맞대고 있는 까딸루냐는 스페인어와 까딸루냐어Catalan를 공식어로 채
택하고 있으며, 15세기 이래 현재까지도 분리독립투쟁이 끊이지 않는 지역이다. 그
리고 1936년에 발발한 스페인 내전Guerra Civil Española에서 프랑코Francisco Franco(1892~1975)

의 반란군에 대항한 시민군의 근거지여서, 프랑코의 독재가 이어진 1975년까지 정치적 탄압이 끊이지 않았다. 그리고 까딸루냐는 초현실주의surrealism 미술가 달리Salvador Dalí(1904~1989)와 위대한 건축가인 가우디Antoni Gaudí(1852~1926)의 고향이며, 주도인 바르셀로나Barcelona는 우리나라 국민들에게 1992년 하계 올림픽에서 황영조 선수가 마라톤 종목에서 금메달을 딴 곳으로 깊이 기억되고 있다. 까딸루냐의 와인등급은 DOQdenominació d'origen qualificada가 DOCa 등급에 해당하는 것을 제외하고는 스페인의 것과 같다.

◇ 숙성기간에 따른 등급체계

스페인은 특이하게 원산지보호명칭 제도와 함께 숙성기간에 따라 와인의 등급을 부여하는 제도를 병행하고 있으며, 숙성기간에 따라 와인의 레이블에 다음과 같은 표시를 한다.

- **그란 레세르바**gran reserva : 레드와인은 최소 2년 이상의 오크통 숙성을 포함하여 3년 이상 숙성하며, 화이트와 로제는 최소 6개월의 오크통 숙성과 함께 3년 이상 숙성해야 한다.
- **레세르바**reserva : 레드와인은 최소 1년 이상의 오크통 숙성을 포함하여 3년 이상 숙성하여야 하며, 화이트와 로제는 최소한 6개월의 오크통 숙성과 함께 2년 이상의 숙성이 필수적이다.
- **끄리안사**crianza : '양육'이라는 뜻을 가진 단어인데, 레드와인은 오크통에서 최소 1년 이상 숙성해야 하며, 화이트와 로제는 최소한 6개월의 오크통 숙성과정을 거쳐야 한다.
- **호벤**joven : '젊은'이라는 뜻의 단어인데, 숙성과정이 매우 짧거나 숙성하지 않은 와인이다.

그란 레세르바 와인. Campo Viejo Rioja Gran Reserva 2011. 스페인 와인이 사진처럼 가는 금색 철사를 두르고 있는 것을 흔히 볼 수 있는데, 이는 와인의 위조를 방지하기 위한 장치라고 한다.

◇ **비노 데 빠고**vino de pago

스페인의 와인등급기준인 DO 체계는 와인생산지역에 등급을 부여하는 제도이다. 그런데 이와는 달리, 스페인은 프랑스의 보르도와 같이 개별적인 포도밭 또는 와인 생산자에 대해 등급을 매기는 '비노 데 빠고'라는 제도를 병행하고 있다. 이것은 스페인 와인의 질을 높이기 위해 2003년에 최초로 도입되었으며, 2019년 현재 20개의 와인이 지정되어 있다. '빠고pago'는 포도밭을 의미하는 단어로서, 비노 데 빠고는 하나의 포도밭에서 생산된 와인이라는 뜻이다.

삥구스 2016. 삥구스(Pingus)는 와이너리 도미니오 데 삥구스(Dominio de Pingus)의 설립자인 시섹(Peter Sisseck)의 어릴 적 아명이다.

이 와인들은 스페인 중부의 자치주인 까스띠아–라 만차Castilla–La Mancha의 10개, 북중부에 위치한 나바라 Navarra(영어로는 Navarre)와 동부에 위치하며 지중해에 접하고 있는 발렌시아Valencia가 각각 4개, 까딸루냐와 오른쪽 경계를 맞대고 있는 아라곤Aragón과 까스띠아–라 만차의 남부지역인 라 만차La Mancha가 각각 1개로서, 지역적 쏠림이 매우 심하다. 더욱이 리오하와 리베라 델 두에로를 비롯한 스페인의 대표적 생산지의 와인이 거의 배제되고 있다는 점이 특이하다. 또한 스페인의 명품와인으로 명성이 높은 우니꼬Unico, 꼰띠노 비냐 델 올리보Contino Viña del Olivo, 비냐 똔도니아Viña Tondonia와 삥구스Pingus 중에서 어느 하나도 포함하고 있지 않다. 따라서 이 등급이 DO나 DOCa보다 상위의 등급이라기보다는, 대표적 와인지역 이외의 곳에서 생산되는 와인을 위한 별개의 등급체계라고 보는 것이 더 타당하다. 여기에 포함되는 20개 와인의 상세 리스트는 이 책의 부록 6을 참조하기 바란다.

대표적 와인생산지

◇ 리오하Rioja

이베리아 반도 북부의 중앙에 위치하
는 자치구인 리오하는 역사와 전통을
자랑하는 스페인 제 1의 와인생산지이
며, 최초로 DOCa 등급으로 지정된 지
역이다. 리오하 와인은 라 리오하La Rioja
와 나바라 자치구를 비롯하여 라 리오
하의 북쪽에 면하고 있는 알라바Álava의
바스크Basque 지역에서 생산된 와인을 뜻

라 리오하 푸엔마요르(Fuenmayor)의 포도밭 전경.
이 마을은 라 리오하의 주도인 로그로뇨(Logroño)의
인근에 있다.

한다. 리오하는 지역을 관통하는 에브로Ebro 강을 기준으로 서쪽의 리오하 알타Rioja
Alta, 강 북쪽의 리오하 알라베사Rioja Alavesa, 남동쪽의 리오하 바하Rioja Baja(또는 Oriental)로
나뉜다. 레드품종은 뗌쁘라니요Tempranillo가 약 87%를 차지하고 가르나차가 약 8% 가
까이 재배되고 있으며, 화이트 품종은 비우라Viura가 약 69%이며 뗌쁘라니요 블랑꼬
Tempranillo blanco라는 포도가 약 13%를 차지하고 있다. 그리고 레드 품종이 전체의 약
91%를 차지하고, 나머지 약 9%는 화이트 품종이다. 리오하 와인은 DOCa 법규에
따라 품종의 블렌딩에서 다음과 같은 비율을 지켜야 한다.

- 레드와인 : 뗌쁘라니요, 가르나차 띤따Garnacha tinta, 그라시아노Gaciano, 마수엘로
  Mazuelo와 마뚜라나 띤따Maturana tinta가 최소 85% 사용되어야 한다.

- 화이트와인 : 비우라Viura, 가르나차 블랑까Garnacha blanca, 마우바지아Malvasía, 마뚜라
  나 블랑까Maturana blanca, 뗌쁘라니요 블랑꼬Tempranillo blanco와 뚜룬떼스Turruntés 등의
  토종을 주로 써야 하며, 샤르도네, 소비뇽 블랑과 베르델류 등의 외국 품종은 지배적 품
  종이 될 수 없다.

- 로제 : 뗌쁘라니요, 가르나차 띤따, 그라시아노, 마수엘로와 마뚜라나 띤따 등이 25%
  이상 쓰여야 하며, 외국 품종은 지배적으로 사용될 수 없다.

스페인 와인지도

◇ **리베라 델 두에로**Ribera del Duero

　스페인의 북부 고원지대에 위치하며 두에로Duero 강
변에 형성된 리베라 델 두에로는 DO 등급으로 지정된
대표적인 와인생산지이다. 이 지역은 거의 레드 품종을
재배하며, 유일한 화이트 품종인 알비오Albillo로 만든
와인도 잘 알려져 있다. 이곳의 대부분 와인은 뗌쁘라
니오로 만들어지는데, 이 품종의 지역명칭은 띤또 피
노tinto fino이다. 여름철에는 낮 기온이 40℃까지 올라가
며 밤에는 15~20℃로 떨어지는 일교차 때문에, 포도
는 당도가 높고 산도가 적당하여 와인 제조에 적합하

Vega Sicilia Único 2008. 와이
너리의 이름인 베가 시실리아는
'시실리아의 옥토'라는 뜻이지만,
이탈리아의 시실리아와는 아무
연관이 없다고 한다. '유일한 것
(Único)'이라는 뜻의 이름에 걸맞
게 우니꼬는 '숙성의 적정기간을
가늠할 수 없는 완벽한 와인'으로
평가받고 있다.

다. 그리고 이곳에서는 세계적 명성을 얻고 있는 베가 시실리아 우니꼬Vega Sicilia Único
가 생산되고 있다.

◇ 발데뻬냐스Valdepeñas

까스띠야–라만차의 남쪽에 위치하는 시우다드 레알Ciudad Real 지역에 위치하는 발
데뻬냐스는 라만차 DO에 거의 완전히 둘러싸여진 독립적인 DO이다. 이 지역은 알
로케aloque 또는 끌라레떼clarete라 불리는 특이한 연분홍색 와인을 생산하고 있는데,
이 와인은 보르도의 끌레레와 비슷한 스타일로서 레드와 화이트 품종을 혼합하여
만든다. 이 지역은 극단적인 대륙성 기후에 영향을 받아 여름은 뜨겁고 겨울은 몹시
추우며 서리가 잦다. 그리고 여름에 강수량이 매우 적어서 가뭄이 일상적이다. 따라
서 고온에도 잘 견디는 화이트 품종인 아이렌Airén이 전체 재배면적의 65% 이상을 차
지하고 있다. 이 외에도 화이트 품종인 마까베오Macabeo와 레드 품종인 뗌쁘라니요도
많이 재배하고 있다.

◇ 헤레스 데 라 프론떼라Jerez de la Frontera

스페인의 전통춤인 플라멩코flamenco와 강화와인인 세리의 본고장으로 흔히 헤레스
Jerez로 불리는 이 지역은 지중해와 대서양을 접하는 스페인 최남단 자치주인 안달루
시아Andalusia의 서남부에 위치하는 도시인데, 대서양과는 약 12㎞ 떨어져 있으며 DO
로 지정된 와인지역이다. 세리Sherry는 헤레스 인근에서 재배된 빨로미노Palomino라는
화이트 품종으로 만드는 드라이한 강화와인이며, 달콤한 디저트 와인은 뻬드로 시
메네스Pedro Ximenez 또는 모스카텔Moscatel(Muscat) 품종으로 만들어진다. 특히 뻬드로 시
메네스 세리는 화이트와인임에도 불구하고 레드와인과 구분할 수 없을 정도로 짙은
색을 띠는 것으로 유명하다. 세리에 대한 세부적 내용은 이 책 4장의 강화와인 부분
을 참조하기 바란다.

◇ 리아스 바이샤스Rías Baixas

포르투갈의 북쪽과 경계를 접하는 갈리시아Galicia 자치주의 가장 서남쪽에 위치하는 리아스 바이샤스는 지명과 같이 리아스식 해안rias coast이 아름다운 경치를 연출하는 DO 와인지역이다. 기후는 대서양의 영향을 받아서 비가 많이 내리고 안개가 흔하며, 기온은 여름에도 30℃를 잘 넘지 않고 겨울에도 영하로 잘 떨어지지 않는다. 이 지역의 와인은 DO 법규에 따라서 각각 6개의 레드와 화이트 품종만을 사용할 수 있도록 규제하고 있는데, 이 중에서 알바리뇨Albariño라는 토종이 전체의 90% 이상을 차지하며 생산되는 와인도 화이트가 90% 이상이다.

◇ 까딸루냐Cataluña

이 지역은 와인의 생산에 오랜 전통을 가지고 있으며, 스페인의 스파클링 와인인 까바cava의 탄생지이다. 이곳의 와인지역은 지중해와 인접한 지역과 까딸루냐 서북쪽에서 동남쪽 지중해 연안으로 흘러드는 에브로Ebro 강 인근에 모여 있으며, 프랑스 국경 쪽의 피레네 산맥 Pyrenees(스페인어로는 Pirineos, 프랑스어로는 Pyrénées) 근처에서는 와인이 거의 생산되지 않는다. 이 지역에는 9개의 DO 지역과 한 개의 DOQ 지역이 있으며, 화이트와 까바용으로 마까베오Macabeo, 빠레야다Parellada와 샤렐로Xarel·lo 가 재배되며 레드 품종은 가르나차Garnacha, 모나스트렐 Monastrell(Mourvèdre)과 뗌쁘라니요이다. 이 지역의 유일한 DOQ인 쁘리오라뜨Priorat는 힘이 좋은 최고급의 레드와인을 생산하는 곳으로 유명세를 타고 있다. 이곳의 전통적인 레드는 가르나차Garnacha 또는 까리냥Carignan의 단일품종 와인이거나 이 품종들에 프랑스 품종을 블렌딩한 보르도 스타일이다.

가우디의 자연주의가 가장 훌륭하게 표현되었다고 평가받는 작품인 구엘 공원(Parque Güell)은 까딸루냐의 바르셀로나에 있는 UNESCO 지정 세계문화유산이다. 이 공원은 최초에는 직물업계 사업가였던 구엘(Eusebi Güell; 1846~1918)의 가정집으로 지어졌으며, 구엘은 가우디의 이상적인 후원자였다.

03

포르투갈

국토가 이베리아 반도Iberian Peninsula의 대서양 연안에 남북으로 길쭉하게 자리 잡고 있는 포르투갈Portugal은 대체로 겨울이 짧고 온화하며 봄이 길고 여름은 건조하며 약간 덥고 쾌청하여, 사계절의 구분이 명확하지 않으며 기후가 유순한 편이다. 겨울의 일일 평균기온은 8~18℃이고 여름에는 16~30℃ 사이이다. 그러나 포르투갈은 대서양, 지중해, 스페인 고원과 아프리카 사하라 사막Sahara Desert의 영향으로 지역에 따라 기후가 이질적인 특성을 보인다. 북부지방은 비가 많고 내륙지방으로 갈수록 일교차가 심하며, 포르투갈의 허리를 관통하여 리즈보아Lisboa(영어로는 Lisbon)로 흘러드는 테주Tejo(스페인에서는 Tajo, 영어권에서는 Tagus) 강 남쪽지방은 여름이 길며 겨울은 짧다. 이러한 기후적 조건에 더하여 토양의 다양성은 아주 많은 토종포도의 원천이 되어, 포르투갈에 폭넓은 스펙트럼의 와인들이 존재하는 지리적 배경이 되었다. 그리고 포르투갈은 프랑스, 이탈리아와 스페인과 함께 유럽의 4대 와인순수출국이다. 또한 대부분의 유럽 국가들에서 와인의 소비가 지속적으로 감소함에도 불구하고, 포르투갈은 일인당 소비량이 연 47리터 정도로 세계 1위일 뿐만 아니라 그 추세도 견고하게 유지되고 있다.

와인의 등급제도

◇ 데노미나상 드 오리젱 콘트롤라다denominação de origem controlada(DOC)

포르투갈의 도루Douro 지역의 보호명칭제도는 열등한 와인으로부터 우수한 와인을 보호하기 위해 프랑스에 200년 가까이 앞선 1756년에 만들어졌다는 역사적 기록이 있다. 1986년에 포르투갈이 EU에 가입함에 따라 와인을 비롯하여 치즈와 버터 등 농산물의 등급제도가 정립되었는데, 이것은 프랑스와 스페인의 제도와 매우 유사하다. 또한 2000년대 초에는 와인지역에 대한 등급을 대폭적으로 조정하였다. DOC 와인은 '포도원과 와인 협회Instituto da Vinha e do Vinho'가 정한 엄격한 조건을 준수해야 하는데, 이 와인은 지역별로 허가된 품종의 재배, 포도의 최대수확량, 최소 알코올 도수와 오크통 또는 병입후 숙성기간 등의 규제를 받는다.

◇ 와인의 등급

포르투갈의 와인도 유럽연합에서 지리적 표시를 보호하기 위한 법규인 원산지보호명칭protected designation of origin(PDO)과 지리적 보호명칭protected geographical indication(PGI)의 적용을 받는다. 와인이 생산되는 지역을 다음과 같은 3개의 등급으로 구분하고 있으며, 이에 포함되지 않는 포도밭의 와인을 VdM으로 분류하고 있다.

• 데노미나상 드 오리젱 콘트롤라다denominação de origem controlada(DOC) : 원산지명칭이 가장 엄격히 보호되는 와인이며 포트 와인, 비뉴 베르드와 알렌테주 와인과 같은 특별한 와인지역이 이 등급에 속한다. 이 와인들은 우수한 질을 보증하는 DOC를 레이블에 표시하는데, 이 등급은 프랑스의 AOP, 이탈리아의 DOCG와 스페인의 DOCa와 비슷하다. 현재 포르투갈의 26개 지역이 DOC로 지정되어있다.

• 인디카상 드 프로비엔시아 헤굴라멘타다indicação de proveniência regulamentada(IPR) : 스페인의 DO와 유사한 등급으로서, '원산지 규정의 표시'라는 의미이다. 앞의 DOC와 IPR 등급인 와인의 레이블에는 'VQPRDvinho de qualidade produzido em região demarcada'라고 표시되어있는데, 이것은 '지정된 지역에서 생산된 고급 와인'이라는 뜻이며 유럽연합의 규정으로는 PDO 와인을 의미한다. 현재 포르투갈에는 4곳의 와인지역이 IPR로 지정되

어있다.

- 비뉴쉬 헤지오네vinhos regionais(VR) : '지역 와인'이라는 뜻이며, 프랑스와 이탈리아의 IGP, 스페인의 VdIT와 유사한 등급이다. EU의 규정으로는 PGI 와인이며, 포도의 재배 지역을 레이블에 표기할 수 있다. 포르투갈에는 현재 11곳의 와인지역이 VR로 지정되어 있다.
- 비뉴 드 미자vinho de mesa(VdM) : '미자mesa'는 테이블을 의미하는 단어로서, VdM은 테이블 와인을 뜻한다. 레이블에 생산자를 표시하며, 생산지는 '포르투갈'로만 표시해야 한다.

◇ 헤제르바reserva와 개허파이라garrafeira

원산지 통제명칭 외에도 레이블에 '헤제르바'나 '개허파이라'라는 표시가 있는 와인이 있는데, 이런 표현은 와인의 품질과 관련이 있다. 헤세르바는 매우 뛰어난 질의 와인을 의미하며, 이것은 일반 와인보다 알코올 농도가 0.5% 더 높아야 하고 지하저장고인 아데가adega에서 일정기간 숙성되어야 한다. '개허파이라'는 저장고 또는 셀러를 뜻하는 포르투갈어인데, 이 단어가 레이블에 적혀있는 포트 와인은 나무통에서 3~6년 동안 숙성하고 봉봉bonbon이라는 초록색 유리병에서 최소 8년에서 40년 동안 더 숙성한 특별한 존재이다.

대표적 와인생산지

◇ 비뉴 베르드Vinho Verde

이 DOC 와인지역은 포르투갈의 가장 북서쪽에 위치하는 미뉴Minho 지방에 있으며, 이곳에서 생산되는 와인도 비뉴 베르드라고 불린다. '베르드verde'는 초록색이라는 뜻인데, 이 와인은 약간 덜 익

비뉴 베르드 화이트와인들. 약 600종류의 비뉴 베르드가 판매되고 있으며, 이 중에서 약 86%가 화이트 와인이다.

은 포도로 만들어서 라이트 바디의 청량감과 산뜻한 풍미를 준다. 그리고 이 와인은 18종의 화이트와 17종의 레드용 토종품종으로 만들어지는데, 장려 품종recommended grapes과 허용 품종permitted grapes으로 구분되는 이들은 대부분 이름도 생소한 지역품종들이다. 현재 포트와인 다음으로 많이 수출되는 비뉴 베르드의 가장 대중적인 형태는 포르투갈과 해외에서 모두 초록빛이 강한 화이트와인이지만, 레드와인도 있고 흔하지 않게 로제도 있다.

포르투갈 와인지도

◇ 도루 계곡Vale do Douro과 포르투Porto

이 두 DOC는 지리적으로 완전히 겹치며, 비뉴 베르드의 동쪽에 위치한다. 도루 계곡은 원래 강화와인이 아닌 스틸와인을 생산하는 DOC이지만, 이 와인의 대부분이 포트를 만드는 데 쓰인다. 세계적 명성을 유지하고 있는 포트 와인은 UNESCO의 세계유산으로 지정된 도루 계곡의 아름다운 경치 속에 자리한 계단식 포도밭에서 생산된다. 와인이 도루 강 하구에 위치하는 항구도시인 포르투에서 수출되어서 와인의 이름이 포르투가 되었는데, 이 와인에 대한 상세한 설명은 앞의 4장을 참조하기 바란다.

포르투 항구의 야경. 사진의 다리는 이름이 동 루이 I세 다리(Ponte de Dom Luís I)이며, 포르투와 빌라 노바 드 가이아(Vila Nova de Gaia)를 연결한다. 동 루이 1세(Dom Luís I; 1838~1889)는 19세기 말 포르투갈의 왕이며, 이 다리를 건설한 사람은 파리의 에펠탑을 만든 에펠(Alexandre Gustave Eiffel; 1832~1923)이다.

◇ 당Dão

이 DOC의 와인은 중부 포르트갈의 북부지역의 몬데구Mondego 강과 당Dão 강 사이의 온화한 기후를 보이는 산악지역에서 생산되는데, 주위의 산들이 대서양과 스페인의 중부 고원지대가 포도에 기후적 영향을 끼치는 것을 막아준다. 그리고 이 지역은 포트와인을 만드는 핵심적 품종인 토리가 나시오나우touriga nacional의 원산지이기도 하다. 겨울에는 비가 잦고 여름은 온화하고 건조하며, 포도밭은 화강암반 위의 배수가 잘 되는 모래토양이다. 지역의 와인 중에서 약 80%가 레드이며, 마세라시옹의 시간이 길어서 와인은 매우 타닉하다. 당 노브르Dão nobre 또는 개허파이라garrafeira는 일정한 조건을 만족하는 질이 좋은 와인의 레이블에만 표시할 수 있는 용어이다. 그리고 화이트와인은 풀바디이면서도 신선하고 과일향이 풍부하다.

◇ 바이하다Bairrada

이 지역은 남북과 동서로 포르투갈의 거의 중심에 위치한다. 바이하다라는 지명은 이 지역이 진흙토양이어서 진흙을 의미하는 포르투갈어의 '바후barro'에서 유래하였다고 한다. 풍부한 태양빛으로 포도가 잘 익어서 향이 풍부하다. 레드품종인 바가Baga는 이 지역에서 집중적으로 재배하는 토착종이다. 바이하다 지역은 테이블 와인용 레드와 화이트를 생산하며 진한 색의 레드와인이 유명세를 타고 있지만, 당 지역의 와인이 누리는 명성에는 다소 미치지 못한다. 그러나 이 지역의 발포성 와인은 주목할 만하다.

◇ 알렌테주Alentejo

이곳은 포르투갈의 중남부와 남부의 광활한 지역의 명칭이며, '테주 강 너머'라는 뜻이다. 이곳의 DOC 와인 지역은 포르투갈의 수도인 리즈보아Lisboa(Lisbon)의 외곽지역으로부터 스페인 국경까지 이어진다. 알렌테주의 와인은 햇빛이 풍부하게 쏟아져서 열매를 잘 익게 만드는 굴곡이 있는 평원에 조성된 광대한 밭에서 재배된 포도로 만들어진다. 그리고 이 지역은 코르크나무의 주요 생산지 중 한 곳이기도 하다. 이 지역의 일부 생산자들은 지금도 로마 시대부터 사용했던 큰 도기를 써서 와인을 발효한다.

◇ 쿨라리쉬Colares

이 DOC 지역은 리즈보아의 왼편에 위치한 해안지역이며, 쿨라리쉬 와인은 이곳의 모래토양에서 생산되는 와인이다. 또한 필록세라 기생충이 모래땅에서는 생존할 수 없어서 이곳의 포도밭은 유럽에서 유일하게 미국 토종포도나무 뿌리에 접목하지 않은 곳으로 알려져 있으며, 색이 진하고 타닌이 매우 강한 풀바디의 레드와인으로 유명하다. 리즈보아의 도시지역이 확대되어서 포도밭은 점점 좁아지고 수요가 항상 생산을 초과하여, 포르투갈에서 이 지역의 와인은 매우 비싸게 거래되고 있다고 한다.

◇ 스투발Setúbal

리즈보아의 남쪽을 흐르는 테주Tejo 강 건너에 위치하는 스투발은 대서양으로 돌출된 사각형의 반도이다. 이 DOC 지역은 모스카텔Moscatel이라는 강화와인을 만드는 것으로 잘 알려져 있다. 이 와인을 만드는 품종은 알렉산드리아의 머스켓Muscat of Alexandria과 모스카텔 호슈Moscatel roxo인데, 이들은 모두 뮈스카 족에 속하는 품종이다. 브렌디를 첨가하여 발효를 멈춘 이후에 18개월 동안 오크통 숙성을 거치는 이 와인은 매우 달콤한 꽃향기와 감귤류의 향이 풍부하다. 아주 일부의 모스카텔은 오크통에서 20년 동안 숙성과정을 거치는데, 색이 진하고 견과류, 말린 과일, 감귤류와 꿀의 아로마가 복합적인 이 와인은 세계에서 가장 빼어난 뮈스카 강화와인이라고 불리기에 모자람이 없다.

◇ 마데이라Madeira

포르투갈의 해외 자치구 중의 한 곳으로, 본토에서 남서쪽으로 약 1,000㎞ 떨어져 있으며 북아프리카의 서해안으로부터는 520㎞ 정도 떨어진 북대서양의 마데이라 군도Archipelago of Madeira에서 가장 큰 섬이다. 이곳은 세계 3대 강화와인의 하나인 마데이라가 생산되는 DOC 지역이며, 특이한 동식물계와 월계수 숲을 비롯한 비범한 경치로 UNESCO 세계자연유산으로 지정된 지역이기도 하다. 마데이라는 드라이한 식전주로부터 스위트한 식후주까지 다양한 스타일로 만들어지며, 품질도 최고급의 빈티지Vintage 또는 프라스카이라Frasqueira로부터 요리용 저가 와인까지 스펙트럼이 매우 넓다. 마데이라에 대한 상세한 내용은 앞의 4장을 참조하기 바란다.

독일

독일Deutchland(영어로는 Germany)은 세계 8위의 와인생산국으로서, 세계에서 가장 우아하고 순수한 향을 가진 화이트와인을 생산한다는 명성을 얻고 있다. 독일의 와인은 대부분 라인Rhein 강과 지류 근처의 서남부에서 생산되고 있는데, 강이 겨울의 혹독한 추위를 누그러뜨려

주는 미기후 효과를 발휘하기 때문이다. 여러 나라의 포도재배지는 대부분 북위 50°선 이하에 위치하며 그 위의 지역은 재배에 거의 적합하지 않지만, 독일 포도밭의 일부는 이 위도 위에 위치한다. 따라서 포도밭이 추운 날씨를 잘 견디고 조기에 수확할 수 있는 품종으로 채워지는 것은 필연이다. 강변의 가파른 경사에 조성된 점판암slate 토양의 포도밭은 낮에 태양빛을 흡수하여 밤에 포도나무를 따뜻하게 지켜준다. 태양빛을 잘 받기 위해 조성된 포도밭의 가파른 경사는 경작과 수확의 기계화를 어렵게 하여 재배자들의 인내심을 시험한다. 독일에는 고급 와인을 생산하는 13곳의 와인지역이 있으며, 다른 나라에서는 찾아보기 힘든 포도의 완숙도에 기초한 독특한 와인등급제도를 운영하고 있다.

와인등급제도

◇ 크발리태츠바인 미트 프래디카트Qualitätswein mit Prädikat(QmP)

1971년에 독일의 와인법규에 의해 만들어진 크발리태츠바인슈투펜Qualitätsweinstufen 은 '고급와인의 등급'이라는 뜻의 와인 등급제도이다. 독일은 웩슬레Öechsle(Oe)라는 단위로 측정한 포도의 완숙도ripeness 또는 당도에 기초하여 와인등급을 8단계로 분류하고 있다. 등급별 최소 웩슬레는 다음의 표와 같이 포도의 재배지역과 품종에 따라 조금씩 다르다. QmP는 '품질표시가 있는 고급와인'이라는 의미로, 프랑스 AOP와 비슷한 이 등급은 13곳의 지정된 재배지역Anbaugebiet에서 생산되는 와인을 대상으로 다시 5개의 등급으로 분류되며 당분의 첨가가 허용되지 않는다.

- 트로켄베렌아우스레제Trockenbeerenauslese(TBA) : '가지에서 말린 열매로 만든 특급 와인'이라는 뜻인데, 100% 귀부병에 감염된 포도로 만들어지는 최상위 등급의 와인이다. 극단적으로 향이 풍부하고 감미로우며, 프랑스 소테른과 헝가리 토카이와 함께 세계 3대 귀부와인에 속한다. 높은 명성만큼이나 가격도 세계 최고의 수준이다.

- 베렌아우스레제Beerenauslese(BA) : '발효 직전의 잘 익은 열매로 만든 특급 와인'이라는 뜻이며, 귀부병에 감염된 포도가 높은 비율로 사용되는 향이 풍부하며 감미로운 디저트 와인이다. 모든 아이스 와인 Eiswein 은 등급체계와는 별개로 BA등급 이상의 당도를 유지해야 한다.

- 아우스레제Auslese : '특급와인'이라는 의미를 가진 이 등급은 사람이 잘 익은 포도송이를 선별하여 수확한 포도로 만든 와인이며, 귀부병 포도가 일부분 사용된다.

Berncasteler Doctor Riesling Auslese 2017. 베른카스텔(Berncastel)은 모젤의 중부에 있는 마을이다. 이 와인은 병목에 캡슐에 독수리 로고가 새겨져 있는 VDP 와인인데, VDP는 뒤에서 곧 설명한다.

- 슈페트레제Spätlese : '늦게 수확한 포도로 만든 와인'이라는 뜻의 이 등급은 정상적인 수확시기보다 7일 정도 늦게 수확한 포도로 만들지만, 디저트 와인만큼은 달콤하지 않다.

- 카비네트Kabinet : 영어의 캐비넷cabinet을 뜻하는 이 등급은 와인 제조자가 캐비넷에 보관하는 특별한 와인이라는 의미를 가지고 있다.

크발리태츠바인슈투펜 세부등급의 조건		최소 웩슬레(°Oe)	최소 알코올 도수(%)
크발리태츠바인 미트 프래디카트	트로켄베렌아우스레제	150~154	5.5
	베렌아우스레제	110~128	5.5
	아우스레제	83~100	7
	슈패트레제	76~90	7
	카비넷	67~82	7
크발리태츠바인 베슈팀터 안바우게비테		51~72	7
란트바인		–	–
타펠바인		–	–

◇ QmP 아래의 등급

앞의 표와 같이 QmP 아래에 3개의 등급이 있는데, 이 와인들은 알코올 도수를 높이기 위한 가당이 허용된다. 그러나 독일의 가당은 당분을 직접 첨가하는 것이 아니고, 농축된 포도쥬스를 넣는 방법을 쓴다.

- **크발리태츠바인 베슈팀터 안바우게비테**Qualitätswein bestimmter Anbaugebiete(QBA) : '특별한 지정된 경작지의 고급와인'이라는 의미로, 13개 와인지역에서 생산된 와인에 부여하는 등급이다. 이 와인은 완숙하지 않은 포도로 만들어지지만, 최소 웩슬레를 충족해야 하며 알코올 도수는 최저로 7%가 되어야 한다.
- **란트바인**Landwein : 이탈리아와 프랑스의 IGP, 스페인의 VdT, 포르투갈의 VR 등급과 비슷한 지역와인이며, 규제가 거의 없고 20개의 란트바인 지역에서 대량으로 생산된다.
- **타펠바인**Tafelwein : 독일의 테이블 와인으로, 도이쳐 타펠바인Deutscher Tafelwein은 독일 내에서 만들어진 와인이고 타펠바인 아우스랜던Tafelwein Ausländern은 독일 밖의 유럽에서 만들어진 테이블 와인이다.

◇ 웩슬레Öechsle와 브릭스brix의 관계

1브릭스란 포도주스 100g에 들어있는 1g의 당을 의미하는데, 10브릭스란 100g의 포도주스에 10g의 당분이 들어있음을 뜻한다. 이와 달리 웩슬레는 물 100g에 녹아있는 당분의 g수로 측정한 설탕농도를 말한다. 이와 같이 두 측정 방법은 미묘한 차이가 있으며, 두 단위 사이의 관계는 비례적이지도 않고 선형관계도 아니다. 브릭스를 웩슬레로 전환하는 공식은 $Öecsle=0.8877+3.7607Brix+0.01714Brix^2$과 같다. 가령 $25브릭스=0.8877+3.7607 \times 25+0.01714 \times 25^2 ≒ 105.62$웩슬레이다. 그리고 웩슬레를 브릭스로 전환하는 식은 $Brix=[-3.7607+\{3.7607^2-4 \times 0.01714 \times (Öecsle-0.8877)\}^{0.5}] \div (2 \times 0.01714)$이다. 이 전환공식은 필자가 통계학적 방법으로 밝혀낸 결과물인데, 오차는 10^{-6} 미만이다.

◇ 독일 와인등급제도의 문제점

포도의 완숙도에 따라 등급을 부여하는 독일의 공식적 와인등급제도가 만들어진 것은 혹독하게 추운 날씨 때문에 포도의 완숙도가 무엇보다 중요한 관심사이기 때문으로 추측된다. 이 제도는 불분명한 주관적 요소가 개입할 여지가 없이 객관적이며 기계적 평가라는 특이성이 있으나, 이것이 과연 '와인의 질을 평가하고 서열을 매기는 데 적절한가?'라는 본질적인 문제가 제기될 수밖에 없다. 이러한 비판은 대체로 두 가지 문제에 초점을 맞추고 있는데, 하나는 현재의 제도로는 포도밭의 우열을 가릴 수 없다는 것이며 또 다른 하나는 포도의 당도로 와인의 질을 판단하는 체계는 드라이한 와인의 질을 평가하는 데는 전혀 어울리지 않다는 것이다. 따라서 최근에는 일부의 와인관련 단체나 생산자들이 보다 합리적 방법으로 와인의 질을 판단할 수 있는 체계를 도입하고 있으며, 드라이한 와인에 대한 등급 등과 같은 보완적 장치가 제도화되기도 하였다.

◇ 당도에 따른 와인의 구분

포도의 완숙도에 기초한 독일의 와인등급체계는 드라이한 와인을 평가하는 데는 전혀 적합하지 않은 것이 사실이다. 이런 문제를 보완하기 위해 별도로 드라이한 와인의 등급제도가 도입되고 있는데, 이를 알아보기 위해서는 먼저 다음의 표와 같이 와인의 드라이한 정도를 표현하는 용어들을 이해할 필요가 있다.

독일 용어	영어 번역어	당분의 최대 허용치(g/L)		
		낮은 산도 와인	중간 산도 와인	높은 산도 와인
트로켄(trocken)	dry	4	산의 함량+2	9
할프트로켄(halbtrocken)	half-dry	12	산의 함량+10	18
파인헤르프(feinherb)	off-dry	할프트로켄보다 약간 더 스위트함.		
리블리히(lieblich, 밀트(mild), 레스트쥐스(restsüß)	semi-sweet	QmP 등급이며, 레이블에 표시하지 않으며, 당분의 최대 허용치는 45g/L임.		
쥐스(süß), 에델쥐스(edelsüß)	sweet			

와인의 드라이한 정도를 표현하는 용어와 당분의 최대허용치

* 자료출처 : https://www.deutscheweine.de/wissen/wein-probieren/geschmacksrichtungen/

◇ 드라이 와인의 새로운 등급

드라이한 와인에 대한 등급의 체계는 지역적 또는 비공식적으로 사용되는 것도 있으나, 공식적인 등급은 다음의 3가지이다.

• **클라식**Classic : 드라이하거나 약간 드라이한feinherb(off-dry) 고급와인인데, 지역의 정통적인 품종으로 만들어져야 한다. 알코올 도수가 최소한 12%이어야 하며, 모젤Mosel의 와인은 11.5%이다. 최대한의 당도는 산도 수준의 2배이지만, 리터당 15g을 초과하지 못한다.

• **젤렉티온**Selection : 정선된 밭에서 생산된 최소한 아우스레제 수준의 포도에서 추출한 포도즙으로 만든 드라이한 와인이다. 포도는 반드시 사람의 손으로 수확하여야 하며, ha당 60hL가 최대수확량이고 최소알코올도수는 12.2%이다. 젤렉티온의 잔류당은 리터당 9g 이하이지만, 리슬링 와인은 산도에 따라서 리터당 12g까지 허용된다.

• **에르스테스 게백스**Erstes Gewächs : '일등급 와인'이라는 뜻으로, 라인가우Rheingau에서 생산된 최고 수준의 드라이 와인에만 사용되는 명칭이다. 이 등급은 이어서 설명할 VDP 등

급에서 라인가우 외 여타 지역의 '파우데페.그로세스 게백스'와 동일하다. 잔류당의 최대허용치가 리터당 13g이며, 엄선된 밭에서 사람의 손으로 수확한 포도로 만든다.

◇ **파우데페**VDP(Verband Deutscher Prädikats-und Qualitätsweingüter e. V.) **등급모형**

'품질표시가 있는 고급와인상품 등록협회'라는 의미의 VDP는 1910년에 설립된 독일 최고의 와인 생산자 대부분이 회원인 협회이며, 2018년 기준으로 195개의 포도원이 회원으로 가입하고 있다. VDP 회원이 되려면 와인 생산자가 독일 와인법에 명시된 표준보다 더 엄격한 기준을 준수해야 하며, 와인의 당도와 알코올 도수를 조정하기 위한 어떠한 첨가물도 거부하는 '내추럴 와인Naturwein'을 지향한다. VDP 와인은 병목의 캡슐에 '바인아들러Weinadler'라는 독수리 로고를 표시하는

VDP 와인은 병목에 그려진 바인아들러로 쉽게 구별할 수 있다.

데, 로고의 가운데에는 형상화한 포도송이가 그려져 있다. VDP는 와인의 세부적 등급을 다음과 같이 4개로 분류하고 있는데, 이 등급체계는 포도밭을 평가하여 매기는 형식으로서 포도의 완숙도에 근거하는 QmP의 한계와 문제점을 개선한 제도로 평가받고 있다.

- **파우데페.구츠바인**VDP. Gutswein : 엄격한 VDP의 기준을 충족해야 하며, 와인은 지정된 포도밭의 수확물로 만들어져야 하고 지역의 전형적인 특징을 유지해야 한다.

- **파우데페.오르츠바인**VDP. Ortswein : 마을에서 최고의 포도밭에서 생산된 수확으로 만든 와인이라는 뜻으로, 드라이한 와인은 레이블에 '크발리태츠바인 트로켄Qualitätswein trocken'이라고 표시하며 스위트 와인은 QmP 수준 또는 아이스바인이다.

- **파우데페.에르스텐 라게**VDP. Ersten Lage : 독일에서 최고 등급에 속한 포도밭의 포도로 만들어져야 하며, 오랜 기간 동안 높은 품질을 유지한 와인에 부여하는 등급이다. 드라이하거나 스위트한 와인의 기준은 앞의 등급과 동일하다.

- **파우데페.그로세 라게**VDP. Große Lage : 독일에서 최고등급인 포도밭에서 나온 포도로 만

들어져야 하며, 떼루아를 표현하고 숙성잠재력이 특출한 최상의 와인을 생산하는 지역으로 좁게 한정된다. 특별히 이 등급에 속하는 드라이한 와인을 '파우데페.그로세스 게백스 VDP.Groß es Gewächs'라고 하며, 레이블에 '크발리태츠바인 트로켄'이라는 표시가 있다.

대표적 와인생산지

◇ 독일의 와인지역

독일은 대륙성 기후의 영향을 받아서, 그냥 추운 차원을 넘어서는 혹독한 겨울은 포도나무의 생장을 방해한다. 따라서 독일의 포도밭은 겨울바람을 피하고 햇빛을 많이 받을 수 있는 강변의 계곡에 조성될 수밖에 없다. 그래서 독일의 대부분 포도밭은 거의 인간의 직접적인 노동을 요구하는 남향의 가파른 경사면에 위치한다. 세부적인 독일의 와인지역은 부록 7을 참조하기 바란다. 독일에는 QBA와 프래디카츠바인을 생산하는 13곳의 주요한 생산지역인 안바우게비트Anbaugebiet(경작지역이라는 뜻)를 비롯하여 4곳의 타펠바인 지역Tafelwein region과 20곳의 란트바인 지역Landwein region이 있다.

- **안바우게비트** : 대부분 지역은 독일 서남부의 라인Rhein(영어로는 Rhine) 강과 그 지류의 계곡과 근방에 형성되어있다. 라인강을 벗어난 지역은 동부지역의 엘베Elbe 강변의 도시인 드레스덴Dresden 근처의 작센Sachsen과 잘레Saale 강과 운스트루트Unstrut 강의 계곡에 형성된 잘레-운스트루트Saale-Unstrut가 있다. 안바우게비테는 베라이히Bereich(구역이라는 뜻)으로 나뉘고, 베라이히는 다시 그로스라게Groß lage(넓은 장소라는 뜻)로 구성되어있다. 그런데 그로스라게에 속하지 않는 개별적인 포도밭이 있는데, 이런 곳을 아인절라게Einzellage(단독 포도밭이라는 뜻)라 한다.

- **란트바인 지역** : 란트바인 지역의 대부분은 안바우게비트 내에 위치하지만, 멕클런부르거Mecklenburger는 베를린에서 북쪽으로 100㎞ 거리에 있는 외로운 와인지역이다.

- **타펠바인 지역** : 네 곳의 지역은 8곳의 세부지역으로 나뉜다. 대부분은 라인강변에 위치하지만, 스타가더 란트Stargarder Land는 독일의 동북 지방에 위치한 와인지역으로, 란트바인 지역인 멕클런부르거의 일부이다.

독일의 안바우게비트

◇ 포도품종의 지역별 재배현황

독일에는 대략 135종의 포도가 재배되고 있으며, 이 중에서 화이트 품종이 100종이며 나머지 35종은 레드 품종이다. 독일은 전통적으로 화이트와인을 생산하는 국가로 알려져 있지만, 1980년대부터 레드 품종의 재배면적이 점차 증가하여 현재는 비율이 33.5%에 이른다. 2018년 기준으로 독일에서 많이 재배되고 있는 품종은 다음과 같다.

품종	구분	별칭	비율(%)	주요 재배지역
리슬링(Riesling)	화이트		23.3	모젤, 팔츠, 라인가우, 라인헤센, 나허, 미텔라인, 헤시쉐 베르그슈트라세
뮐러-트루가우 (Müller-Thurgau)	화이트	리바너(Rivaner)	11.7	라인헤센, 바덴, 프랑켄, 모젤, 작센, 잘레-운스트루트
슈패트부루군더 (Spätburgunder)	레드	삐노 누아(Pinot noir)	11.4	바덴, 팔츠, 라인헤센, 뷔르템베르크, 라인가우, 아르
돈펠더(Dornfelder)	레드		7.4	라인가우, 팔츠, 나허
그라우부르군더 (Grauburgunder)	화이트	삐노 그리(Pinot gris), 룰랜더(Ruländer)	6.5	라인헤센, 팔츠, 모젤
바이스부르군더 (Weißburgunder)	화이트	삐노 블랑(Pinot blanc), 클레브너(Klevner)	5.4	바덴, 잘레-운스트루트, 작센
질바너(Silvaner)	화이트	그뤼너 질바너 (Grüner Silvaner)	4.6	라인헤센, 프랑켄, 잘레-운스트루트
포르투기져 (Portugieser)	레드		2.7	팔츠, 라인헤센, 아르

* 자료출처 : Deutsches Weininstitut, Deutscher Wein Statistik 2019/2020, Übersicht4 Bestockte Reb-fläche nach Rebsorten 2017/2018

◇ 나허Nahe

라인강의 지류인 나허Nahe 강과 글란Glan 강의 계곡에 형성된 와인지역인데, 전체 생산량 중에서 화이트와인이 76%를 차지하며 가장 많이 재배되는 품종은 리슬링이다. 최근에는 나허의 몇몇 생산자는 와인비평가로부터 탁월하다는 평가를 받고 있으며, 이들의 와인은 라인가우와 모젤의 최고급 와인과 비견되기에 모자람이 없다. 대부분의 와인은 지역에서 소비되지만, 일부 우수한 와인의 수출이 증가하는 추세에 있다.

◇ 라인가우Rheingau

슈투트가르트Stuttgart 인근의 와인지역으로서, 라인 강의 지류인 마인Main, 코허Kocher 와 야그스트Jagst 강의 주변에 형성되어있다. 라인가우는 독일 전체 재배면적의 3%에 불과한 좁은 지역이지만, QBA와 프래디카츠바인Prädikatswein을 생산하는 유서 깊은 지역이며 세련된 풍미와 독특한 산미를 가진 세계적으로 최상의 와인을 생산하는 지역 중의 하나이다. 대부분 생산자들이 소규모이며, 와인의 가격도 매우 높은 편이다. 독일의 전체 와인지역 중에서 리슬링의 재배비율이 78.0%로서 가장 높으며, 그 뒤를 이어 레드 품종인 슈패트부르군더Spätburgunder(Pinot noir)가 12.2%를 차지한다.

라인가우 미텔하임의 애기디우스 성당(Ägidiuskirche Mittelheim). 12세기에 지어진 이 성당의 주위에 조성되어 있는 포도밭은 옛날부터 있었다고 전해진다.

◇ 라인헤센Rheinhessen

나허 강이 라인 강으로 흘러드는 마인쯔Mainz 시 남쪽에 조성된 독일 내에서 가장 큰 와인지역이다. 이곳은 화이트와인을 주로 생산하고 있으며, 리슬링과 뮐러-투르가우가 가장 많이 재배되는 품종이고 돈펠더와 질바너가 그 뒤를 따르고 있다. 최고의 리슬링 와인은 팔츠의 것과 비슷하며, 드라이하고 구조가 탄탄하다. 이 지역에서 수출하는 QBA 와인 중에서 립프라우엔밀히Liebfrauenmilch(또는 Liebfraumilch)라는 와인이 가장 유명한데, 이 명칭은 '사랑스러운 여인의 젖'이라는 의미이다. 라인헤센은 질이 좋은 아이스와인의 생산지이기도 하다.

◇ 모젤Mosel

룩셈부르크 국경으로부터 자르Saar 강의 계곡에 형성된 와인생산지역으로, 독일에서 세 번째로 큰 곳이다. 이 지역의 포도밭은 매우 가파른 경사지에 조성되어있는데, 경사도가 65°에 달하기도 한다. 모젤은 리슬링 와인이 가장 유명하지만, 엘프링Elbling 이라는 품종과 뮐러-트루가우 화이트와인도 높은 비율을 차지하고 있다. 그러나 지난 20년 동안 슈패트부르군더로 만든 레드와인의 명성이 점차 높아지고 있다. 모젤이 상대적으로 북쪽에 위치하기 때문에, 리슬링 와인은 가볍고 알코올 도수가 낮으며 산도가 높은 경향이 있다.

자르강 계곡의 포도밭

◇ 미텔라인Mittelrhein

라인가우의 북서쪽 라인강 중부의 계곡에 120㎞에 걸쳐있는 와인지역이다. 리슬링이 재배면적이 전체의 65.5%를 차지하고 슈패터부르군더와 뮐러-트루가우를 조금씩 재배하고 있으며, 생산되는 전체 와인 중에서 화이트와인이 85%를 차지한다. 탁월한 빈티지가 만들어지기도 하지만, 혹독한 기후조건 때문에 수확물의 질이 안정적이지 못하다. 그럼에도 불구하고, 와인시장에서 미텔라인의 와인이 저평가되고 있다는 점만은 분명하다.

◇ 팔츠Pfaltz

독일에서 두 번째로 큰 와인지역으로서 리슬링의 재배비율이 24.9%로 가장 높지만, 45종의 화이트와 22종의 레드 품종의 재배를 허용하고 있을 정도로 다양한 품종이 골고루 재배되고 있는 특징이 있다. 팔츠의 와인은 대체로 풀바디의 드라이한 스타일이며, 65%가 화이트이며 나머지 35%는 레드이다. 이 지역에서는 화이트와인에 탄산수를 혼합해서 마시는 쇼를레Schorle라는 음료수가 대중화되어 있다.

◇ 프랑켄Franken(영어로는 Franconia)

라인가우의 북쪽 독일 중남부의 마인Main 강 주변에 조성된 와인지역으로서, 다양한 품종이 재배되고 있으며 힘이 좋고 드라이한 질바너 와인이 이 지역을 대표하고 있다. 그러나 20세기에 들어서서 뮐러-투르가우의 재배가 증가하여, 지금은 재배비율이 25.1%로 질바너의 24.5%보다 조금 높다. 이 지역은 복스보이텔Bocksbeutel이라는 둥글고 납작한 특이한 와인병을 사용하고 있는데, 이에 대해서는 앞의 5장을 참조하기 바란다.

유럽의 기타 국가들

유럽에는 앞에서 살펴본 대표적 와인 생산국 외에도 긴 역사와 무한한 잠재력을 가지고 있으며 개성과 자부심으로 가득 찬 와인을 생산하는 국가들로 가득하다. 루마니아, 오스트리아, 헝가리, 스위스, 체코와 슬로바키아는 이미 주요한 와인 생산국으로 자리매김한 국가들이며, 발칸반도의 크로아티아와 보스니아 헤르체고비나는 탁월한 와인을 만들었던 과거의 영광을 되찾으려는 의지를 다지고 있다. 또한 이 지역의 그리스, 세르비아, 코소보, 몬테네그로, 마케도니아, 불가리아와 알바니아도 혼란의 시기를 넘어 와인산업의 잠재력을 드러낼 것으로 기대된다. 그리고 흑해 주변의 조지아, 우크라이나, 아르메니아와 터키도 와인산업의 힘찬 도약을 꿈꾸고 있다.

루마니아

◇ 와인과 와인산업

루마니아România(영어로는 Romania)는 2018년 기준으로 연간 와인생산량이 5.2백만 헥토리터로, 유럽에서 5위의 와인생산국인 포르투갈의 생산량을 좇아가고 있다. 더욱이 생산량이 거의 정체상태에 있는 포르투갈과 달리, 최근에 가파른 상승세를 보이고 있는 루마니아가 유럽의 주요 와인생산국으로 부상하는 것은 시간문제로 보인다. 가장 유명한 화이트용 포도품종은 '하얀 소녀'라는 뜻의 페타스커 알버Fetească albă, '왕의 소녀'라는 의미의 페타스커 레갈러Fetească regală와 크름포쉬Crâmpoșie 등이다. 페타스커 알버와 페타스커 레갈러는 꽃향이 풍부하고 알코올 도수와 산도가 보통의 수준인 드라이하거나 세미드라이한 와인으로 만들어지며, 크름포쉬 와인은 산도가 높아서 청량감이 있고 과일향이 풍부하다. 그리고 대표적 레드품종은 '검은 소녀'라는 뜻의 페타스커 나그러Fetească neagră인데, 진한 루비색의 드라이하거나 스위트한 이 와인은 숙성할수록 향이 더 풍부해지고 부드러워진다고 한다.

◇ 와인의 등급체계

루마니아는 특정한 와인지역에 등급을 부여하는 '데누미레 데 오리지네 콘트롤라터Denumire de origine controlată(DOC)'라는 체계가 있는데, 이것은 와인을 비롯한 식품에 대한 원산지통제명칭 제도이다. 와인 레이블에 고급와인을 의미하는 DOC를 표시하기 위해서는, 포도 1리터에 최소한 180g의 당분을 함유하고 있어야 한다고 법적으로 규정하고 있다. 루마니아의 DOC 체계에는 다음과 같이 수확한 포도의 당도에 기초한 3개의 추가적 등급이 있다.

- DOC-CMD : 리터당 당분량이 187g 이상이며, 완숙한 포도로 만든 와인
- DOC-CT : 리터당 최소 당분량이 220g이며, 늦수확한 포도로 만든 와인
- DOC-CIB : 리터당 당분량이 240g 이상이며, 100% 귀부와인

오스트리아

◇ 오스트리아Austria(Österreich)의 와인

하이든Joseph Haydn(1732~1809), 모차르트Wolfgang Amadeus Mozart(1756~1791)와 슈베르트Franz Schubert(1797~1828) 등등 수많은 세계적 음악가의 모국인 오스트리아는 음악의 나라로 불리기에 부족함이 없다. 이들의 음악처럼 아름다운 경치가 나라 전체로 이어지는 오스트리아이지만, 해발고도가 500m 이하인 지역은 전 국토의 32%에 불과하며 주

로 국토의 동쪽에 모여 있다. 따라서 서
부의 알프스 산맥이 주는 기후적 영향
을 상대적으로 적게 받는 동부에 와인
지역이 집중되어있는 것은 지극히 당
연한 현상이다. 오스트리아에서 가장
많이 재배하는 화이트 품종은 그뤼너
벨트리너Grüner Veltliner인데, 슬로바키아
Slovakia와 체코Czech에서도 가장 많이 재
배되고 있는 이 품종은 저가 와인으로

다뉴브강변의 바하우(Wachau) 계곡에 조성된 포도
밭. 이곳의 포도밭은 천년 이상의 역사를 가지고 있으
며, 현재도 오스트리아 고급 와인의 중심이다.

부터 빈티지 와인용까지 폭넓게 쓰인다. 어린 와인은 아로마가 부족하지만, 병입 후
시간이 흐를수록 백후추white pepper, 렌틸lentil과 셀러리celery의 부케가 형성된다. 그리고
벨쉬리슬링Welschriesling은 귀부와인을 만드는 품종이다. 쯔바이겔트Zweigelt는 1922년 오
스트리아의 식물학자인 쯔바이겔트Fritz Zweigelt(1888~1964)가 개발한 레드 품종으로, 타
닌 성분이 많아서 꽉 찬 느낌의 강한 맛을 내며 숙성하면 향이 풍부한 와인으로 변
모한다.

◇ 와인의 등급체계

오스트리아는 이웃의 독일과 유사하게 포도의 당도에 기초한 와인의 등급체계
를 가지고 있는데, 당도는 카엠베KMW(Klosterneuberger Mostwaage)라는 단위로 측정하며
1KMW는 거의 5웰슬레와 같다. 다음과 같이 등급체계의 용어가 독일과 매우 비슷
하지만, 의미가 동일하지 않는 부분도 많다.

- **타펠바인**Tafelwein : 당도가 10.7KMW 이상이어야 하며, 가당이 허용된다. 여러 지역에
서 재배된 포도를 혼합할 수 있다.
- **란트바인**Landwein : 당도가 14KMW 이상이어야 하며, 가당이 허용된다. 한 지역에서
재배된 포도로 만들어야 한다.

- **크발리태쯔바인**Qualitätswein : 최소당도가 15KMW이며, 화이트와 레드와인은 각각 19KMW와 20KMW까지 가당이 허용된다. 한 와인지역에서 재배된 포도로 만들어야 한다.

- **카비네트**Kabinett : 당도가 17KMW 이상인 크발리태쯔바인이지만, 가당이 허용되지 않으며 알코올 도수는 12.7% 이하이어야 한다.

- **슈패트레제**Spätlese : 이 등급 이상의 모든 와인을 프래디카츠바인Prädikatswein이라 하는데, 이 등급의 와인은 가당이나 포도즙을 첨가하는 것이 허용되지 않으며 수확 후 다음해 5월 1일 이전에는 출시할 수 없다. 슈패트레제 등급은 당도가 19KMW 이상이어야 한다.

- **아우스레제**Auslese : 당도가 21KMW 이상이어야 하며, 질이 좋지 않은 포도는 제거된다.

- **베렌아우스레제**Beerenauslese : 당도가 25KMW 이상이어야 하며, 질이 좋지 않은 포도는 제거된다. 아이스와인Eiswein과 짚 위에서 말린 포도로 만드는 스트로바인Strohwein(Schilfwein)은 이 등급 이상의 당도를 충족해야 한다.

- **아우스부르흐**Ausbruch : 당도가 27KMW 이상이어야 하며, 귀부병 포도와 늦수확한 포도를 혼합하여 만든다.

- **트로켄베렌아우스레제**Trockenbeerenauslese : 당도가 30KMW 이상이어야 하며, 100% 귀부병 포도로 만든다.

기타 국가들

◇ 헝가리Hungary

1989년에 오랜 공산주의의 그늘에서 벗어난 헝가리는 지금까지 계속 유럽의 주요 와인생산국으로 도약하기 위한 잰걸음을 이어가고 있다. EU의 회원국인 헝가리는 EU의 와인법규에 따라 와인의 등급제도를 만들었으나, 아직 와인시장에서 생산자와 소비자로부터 폭넓게 주목받고 있지는 못하고 있다. 헝가리에는 22곳의 와인지역이 있는데, 그중에서 토카이, 빌라늬, 에게르와 나예 숌로가 유명하다.

- **토카이**Tokaj ： 푸르민트Furmint와 하르슐레벨리Hárslevelű라는 품종으로 만드는 아수aszu라는 귀부와인으로 세계적 유명세를 떨치고 있는 지역인데, 이에 대한 상세한 설명은 앞의 3장을 참조하기 바란다.

- **빌라뉘**Villány ： 블라우어 포르투기져Blauer Portugieser와 함께 카베르네 소비뇽, 카베르네 프랑과 메를로 품종으로 강건한 풀바디의 스파이시한 레드와인을 생산한다.

- **에게르**Eger ： '소녀'라는 뜻의 라안커Leányka와 '왕의 소녀'를 뜻하는 키라이라안커Királyleányka라는 품종으로 신선한 화이트와인과 '이탈리아의 리슬링'이라는 뜻을 가진 오라스리즐링Olaszrizling이나 샤르도네로 풀바디 화이트와인을 만든다. 그리고 이 지역에서 생산되는 '에게르 황소의 피'라는 뜻의 레드와인인 에그리 비커비르Egri Bikavér는 대단히 유명하다.

- **나예 숌로**Nagy Somló ： 이 지역은 풀바디의 산도가 높은 화이트와인을 많이 만드는데, 주된 품종은 오라스리즐링이다.

Egri Bikavér Classic 2014. '황소의 피'는 예상과 달리 까베르네 소비뇽으로 만든다.

◇ **스위스**Switzerland(Swiss)

스위스는 자국의 와인 중에서 단지 약 2%만이 국경 넘어 수출되지만, 와인의 품질과 맛은 국내외에서 대단히 높게 평가받고 있다. 또한 스위스는 많지 않은 인구에도 불구하고 2017년 기준으로 전체 와인소비량이 2,700만 헥토리터에 달하여 세계 19위이며, 일인당 연간 소비량이 32리터로 세계 5위를 기록할 만큼 국민들이 와인을 매우 사랑하는 국가이다. 기후가 온화한 서부와 알프스 산맥 사이의 남부 저지대에서 대부분의 포도가 재배되고 있으며, 독일과의 경계에 위치하는 북서부의 큰 호수인 보덴제Bodensee

스위스 애글르 성(Château d'Aigle) 주위의 포도밭. 이 성은 13세기에 건축되었다고 하며, 제네바 호수(Lake Geneva, 프랑스어로는 lac Léman)의 동남쪽에 위치한다.

아래에도 일부의 와인생산지역이 자리하고 있다. 레드 품종인 삐노 누아의 재배면적이 30%에 가까우며, 화이트 품종인 샤슬라Chasselas는 재배면적이 약 27%에 달한다. 그리고 가메와 메를로도 많이 재배되는 레드 품종이다.

◇ 체코Czech와 슬로바키아Slovakia

1968년 프라하의 봄Prague Spring으로부터 시작된 자유에 대한 열망이 1989년 벨벳혁명Velvet Revolution(체코어로는 Sametová Revoluce)으로 결실을 맺은 후에 하나에서 갈라진 두 나라는 본격적으로 유럽의 주요 와인생산국으로 등장하고 있다.

• 체코 : 전체 와인의 96%가 남서쪽에 위치하는 모라비아Moravia의 남부에서 생산되는 까닭에, 체코의 와인은 흔히 모라비아 와인이라고 불리기도 한다. 뮐러-트루가우와 그뤼너 벨트리너가 지배적인 화이트 품종이며, 벨쉬리슬링과 리슬링도 많이 재배되고 있다. 레드 품종은 사인트 라우렌트Saint Laurent라는 품종이 가장 많이 재배되며, '술 취한 프랑크인'이라는 뜻을 가진 블라우프랭키쉬Blaufränkisch를 비롯하여 쯔바이겔트와 삐노 누아가 그 뒤를 잇고 있다. 체코는 NMnormalizovaný moštoměr이라는 단위로 측정한 포도의 완숙도에 기초한 와인등급체계를 수립하고 있다.

• 슬로바키아 : 와인지역이 거의 예외 없이 남부지역에 조성되어 있으며, 세계적으로 유명한 귀부와인의 생산지인 토카이의 일부가 슬로바키아의 영토이다. 그뤼너 벨트리너와 벨쉬리슬링이 가장 많이 재배되는 화이트 품종이며, 레드 품종은 블라우프랭키쉬가 지배적 위치를 굳히고 있다. 슬로바키아는 EU의 PDO와 PGI법규에 근거한 와인등급체계를 구축하고 있다.

모라비아의 포도밭 전경

◇ 발칸Balkans의 국가들

　발칸은 아드라이해Adriatic Sea 오른편에서 지중해로 돌출한 반도이다. 발칸반도는 '유럽의 화약고powder keg of Europe'라는 별칭대로 옛날부터 현재에 이르기까지 이질적이며 배타적인 문화와 민족들이 충돌하여 분쟁과 전쟁이 끊이지 않고 있는 곳이다. 이곳의 와인도 이러한 지정학적 환경과 크게 다르지 않아서, 발칸의 와인을 개략적으로 정의하는 것조차도 아예 불가능에 가깝다. 그러나 한 가지 분명한 것은 과거에 발칸에서는 걸출한 와인이 만들어졌으며, 지금은 이들이 마냥 무한한 잠재력에 깊이 파묻혀있다는 점이다.

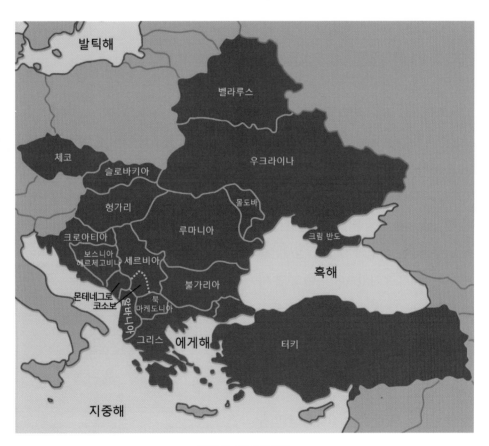

발칸 반도와 인근 국가

'아드리아해의 숨은 보석'이라는 크로아티아Croatia는 진정으로 토착 포도품종의 보고일 뿐만 아니라, 지금도 천국을 맛보게 하는 환상적인 와인이 만들어지고 있다. 보스니아 헤르체고비나Bosnia and Herzegovina는 19세기 후반부터 탁월한 와인을 만들어왔으나, 지금은 과거의 영광이 진한 흔적을 간직하고 있을 따름이다. 그리고 1990년대 초반에 발발한 내전이 와인산업에 심각한 상흔을 남겼으나, 지금은 빠르게 옛 모습을 되찾고 있다고 전한다. 그리고 세르비아Serbia, 코소보Kosobo, 몬테네그로Montenegro, 마케도니아Macedonia, 불가리아Bulgaria와 알바니아Albania의 와인산업도 혼란의 시기를 넘어 멀지 않아서 잠재력을 드러낼 것으로 기대된다. 그리스Greece도 경제적 혼란 속에서도 EU와 외국의 투자로 와인산업이 격정적인 상황을 맞고 있다고 전한다. 앞으로 발칸의 와인산업이 어떻게 변화할 것인가에 대해 어떠한 단정도 할 수 없지만, 지역의 경제와 정치가 산업의 미래를 결정할 것이라는 점만은 확실하다.

◇ 흑해Black Sea 주변의 국가들

보스포러스 해협Bosphorus Strait과 다르다넬스Dardanelles 해협으로 지중해의 에게해the Aegean Sea와 연결되어 있는 내해inland sea인 흑해 인근의 국가들은 지정학적인 이유로 가까이의 발칸처럼 과거로부터 혼란의 시기를 겪어왔다. 20세기 초반 소비에트 연방에 편입된 이래 독립을 맞은 20세기 말까지, 공산주의 체계는 개별적인 나라와 지역에서 생산되는 와인의 개성과 섬세함을 배려할 지식이 모자랐으며 아예 그럴 마음가짐도 없었다. 이제야 여러 나라들이 기지개를 켜고 있지만, 가야 할 길은 까마득하다. 흑해의 동쪽에 자리잡은 조지아Georgia는 세계 최초로 와인을 생산한 곳이라는 자부심에 걸맞은 와인을 만들기 위해 대단한 열정을 쏟고 있다. 2013년에 UNESCO는 크베브리kvevri라

조지아 므츠헤타(Mtskheta)의 오래된 크베브리. 포도주를 발효시키는 이런 큰 토기로 BC 6000년부터 사용되었다고 한다. 므츠헤타는 조지아에서 세 번째로 큰 도시이며, 과거에는 수도이기도 하였다.

는 큰 진흙 항아리로 와인을 만드는 조지아의 전통적 와인양조방법을 세계무형문화유산으로 지정하였다. 흑해의 북쪽에 위치한 우크라이나Ukraine는 자국의 와인을 유럽과 북미로 수출하고 있으며, 흑해로 돌출된 크림반도Crimean Peninsular는 핵심적인 와인 지역이다. 그러나 우크라이나의 영토인 크림반도는 2014년 이래로 러시아의 실효적 지배를 받고 있다. 주로 흑해 주변에서 와인을 생산하는 러시아Russia는 세계에서 12번째 생산국이지만, 주로 내수용 저가와인을 만들고 있다. 세계에서 20위 전후의 와인생산국인 몰도바Moldova와 세계에서 가장 오래된 와인생산지 중의 하나인 아르메니아Armenia는 와인의 수출을 위한 상업적 생산에 힘을 쏟고 있다. 흑해의 남부에 접하고 있는 터키Turkey도 세계적으로 유서 깊은 와인생산지 중의 한 곳인데, 주로 에게해와 보스포로스 해협 근처에서 재배가 이루어지고 있다. 이들 지역의 와인들은 예로부터 이어진 오랜 전통과 선진적 기술이 어떻게 조화를 이루는가에 따라 미래가 결정될 것으로 보인다.

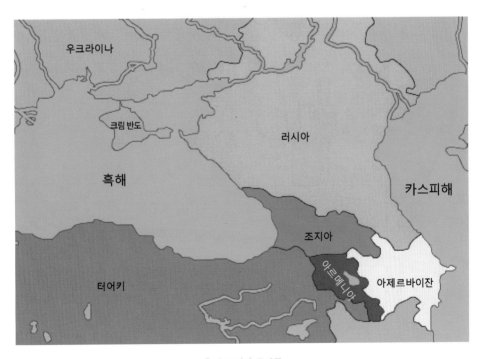

흑해 주변의 국가들

제9장

신세계의 와인

와인산업에서 '신세계New World'는 15세기 초에 시작된 대항해시대The Age of Exploration 이후로 유럽에서 포도를 도입하고 재배하여 현재에 와인산업이 번성하고 정착한 과거의 식민지 국가들을 뜻한다. 따라서 일반적으로 신세계는 유럽이라는 구세계에 대비되는 개념으로, 북미대륙의 미국과 캐나다, 남미대륙의 칠레와 아르헨티나, 오세아니아의 호주와 뉴질랜드를 비롯하여 아프리카 남단의 남아프리카 공화국을 아우르는 지리적 범주로 통용된다.

신세계란 와인을 만드는 새로운 지역이라기보다는 새로운 와인을 만드는 지역이라는 말이 더 어울릴 정도로, 신세계 와인은 전통적인 유럽의 것과는 색다른 신세계를 연출한다. 유럽의 와인이 전통적이며 격조가 있다면, 신세계의 와인은 도전적이며 자유롭다. 신세계의 포도재배지역은 평균적으로 유럽의 구세계에 비해 일조량이 더 많고 기온이 높으며, 강우량을 비롯한 기후조건도 더 안정적이다. 그래서 신세계 포도의 완숙도가 더 좋아서, 와인의 알코올 도수가 더 높고 바디가 더 강한 경향이 있다. 그리고 대부분 신세계의 포도밭은 매우 건조한 지역에 위치하여, 관개irrigation가 필수적이다. 이것은 신세계의 포도밭이 겪는 단점이기도 하지만, 인위적으로 수분을 적정하게 조절할 수 있다는 장점이기도 하다. 따라서 같은 품종이더라도, 조건이 다른 신세계와 구세계 와인의 특성은 다르게 나타난다. 더욱이 구세계에서 존재가치가 평범하던 품종이 신세계에서 화려하게 변신하기도 하였다. 이처럼 신세계의 와인은 와인세계의 지평을 넓혔으며, 와인애호가들에게 영원히 마르지 않을 또 다른 와인의 샘을 선사하고 있다.

미국이라는 신세계를 음악으로 표현한 체코의 작곡가 드보르작Antonín Dvořák(1841~1904)의 교향곡 9번 '신세계에서From the New World'를 감상하며, 하늘에서 쏟아지는 햇살이 선사한 과일향기 그윽한 신세계의 와인 한잔을 음미해보는 것도 괜찮겠다는 생각이 든다.

⬥
01

북아메리카

　와인을 생산하고 있는 북아메리카의 국가는 미국을 비롯한 캐나다와 멕시코이다. 북위 30°와 50° 사이에 분포하는 대부분 와인지역은 미국에 위치하며, 캐나다와 멕시코의 일부 지역에서 포도의 재배와 와인의 양조가 이루어지고 있다. 북아메리카의 와인지역은 미국 전체 생산량의 약 89%를 차지하는 캘리포니아를 위시하여 대개 태평양 연안에 모여 있다. 예외적으로 5대호 중의 하나인 온타리오 호수Lake Ontario의 남북에 위치한 미국의 뉴욕주와 캐나다의 온타리오도 주목받는 와인지역이다. 미국의 와인산업은 금주법과 경제대공황으로 일시적으로 침체되었으나, 1933년에 금주법이 폐지되면서 재도약하였다. 미국은 최근 30년 동안 생산량 세계 4위, 소비량 3위, 수입량 1위, 수출량 5위, 포도 재배면적 6위의 거대한 와인시장으로 성장하였다.

미국의 와인

◇ **미국 포도재배지역**American Viticultural AreasAVA**과 품종와인**varietal wine

미국은 유럽의 와인생산국들과는 달리 와인의 등급체계가 없으며, 다만 레이블링에 대한 약간의 규정이 있을 뿐이다. 미국은 1983년 와인지역을 체계화하여 레이블에 생산지와 품종을 표기해야 하는데, 2019년 현재 242개 AVA가 지정되어 있다. 그리고 포도 품종을 레이블에 명시한 것을 품종 와인이라 하는데, 표기된 품종의 비율이 반드시 75% 이상이어야 하며 생산지역을 더욱 한정하려면 85% 이상이어야 한다. 오리건 주는 특별히 90% 이상의 비율을 요구한다. 이와 달리 의도적으로 품종을 밝히지 않거나 지배적 품종 없이 여럿을 혼합하여 레이블에 품종을 밝힐 수 없는 와인을 제네릭 와인generic wine이라 한다. 이런 와인들은 대체로 저가이지만, 이 중에는 미국의 와인 중에서 최고로 꼽는 오퍼스 원Opus One 같은 고급와인들이 이 부류에 포함되어 있기도 하다.

오퍼스 원 2004. 이 와인은 몇 가지 품종을 블렌딩하는 보르도 스타일로, 작황에 따라 매년 블렌딩하는 비율이 달라진다. 특별한 빈티지를 제외하고는 까베르네 소비뇽의 비율이 캘리포니아 품종와인의 기준을 거의 충족하지만, 이 와인은 레이블에 품종을 밝히지 않는다. 레이블에 있는 두 개의 사인은 와이너리를 공동으로 창설한 몬다비(Robert Mondavi)와 샤토 무똥 로스차일드(Château Mouton Rothschild)의 소유주였던 로스차일드(Baron Philippe de Rothschild; 1902-1988)의 것이다.

◇ **메리티지 와인**meritage wine

품종 와인과는 달리 이 부류는 여러 품종을 블렌딩하는 보르도 스타일의 레드와 화이트와인으로서, 메리티지 얼라이언스Meritage Alliance라는 조직의 회원생산자에 의해 만들어지는 와인이다. 이 와인은 최소한 두 품종의 블렌딩으로 만들어져야 하며, 한 품종을 90% 이상 쓰는 단일품종 와인은 허용되지 않는다. 메리티지 얼라이언스는 나파 밸리의 블렌딩 와인을 홍보할 목적으로 1988년에 설립된 생산자들의 협의체인데, 이 당시에 블렌딩 와인을 만들던 생산자들은 1983년에 재정된 AVA와 품종와인에 관한 규정에 대해 불만과 위기감을 느끼고 있었다. 메리티지는 장점이라는 뜻의 '메리트merit'와 유산을 의미하는 '헤리티지heritage'의 합성어인데, 회원으로 참여하는 와이너리의 94%는 미국에 있으며 캐나다, 이스라엘과 아르헨티나의 몇몇 와이너리들도 참여하고 있다. 이 부류에 속하는 와인의 국제가격은 대체로 미화 10달러와 100달러 전후 사이에서 폭넓게 분포하고 있다.

캘리포니아

◇ 지형과 기후

1970년대 초 캘리포니아California의 와인 역사에서 빠뜨릴 수 없는 인물인 몬다비Robert G. Mondavi(1913~2008), 그 기쉬Mike Grgich(1923~)와 위니아스키Warren Winiarski(1928~) 등의 노력으로 일조량이 풍부하고 기후가 온화한 이 지역은 우수한 와인의 세계적 생산지로 입지를 굳혔다. 캘리포니아의 포도재배지역은 주로 태평양 연안과 센트럴 밸리Central Valley의 근방에 집중되어있다. 태평양은 캘리포니아의 와인지역에 시원한 바람과 안개로 태양의 열기를 식혀주는 역할을 한다. 강우량은 북쪽이 남쪽에 비해 더 많

로버트 몬다비의 레드와인들. 왼쪽부터 Robert Mondavi Stags Leaf Districts Cabernet Saubignon 2007, Oakville Cabernet Saubignon 2009, Napa Valley Cabernet Saubignon Reserve 2006, Maestro 2014. 몬다비는 1966년에 유럽의 고급와인과 경쟁할 수 있는 와인을 만드는 것을 목표로 하여 자신의 이름을 내건 와이너리를 설립하였다. 그는 도전적 기술혁신과 전략적 마케팅으로 캘리포니아 와인을 세계적 수준으로 자리매김할 수 있도록 만든 최고의 공로자이다.

고 가뭄이 가끔은 문제가 되지만, 두 지역 모두 포도재배에 충분하며 지나치지도 않다. 겨울은 기온이 유순하며, 이른 봄에도 거의 서리를 걱정할 필요가 없다. 그리고 캘리포니아는 지질학적으로 북아메리카 판North American Plate과 태평양 판Pacific Plate이 충

돌하는 지진대여서 토양이 매우 비옥하며 다양한데, 이런 지질학적 특징은 캘리포니아에 특이하고 차별적인 와인지역이 아주 많이 존재하는 근본적인 이유이다.

◇ 캘리포니아California의 와인지역

캘리포니아는 미국 전체의 와인 중에서 약 89%가 생산되는 지역이며, 107개 이상의 AVA에 크고 작은 1,200개 이상의 와이너리가 있다. 캘리포니아의 와인지역은 다음의 5개 지역으로 구분되며, 이들 지역들은 다시 여러 세부지역을 구성된다.

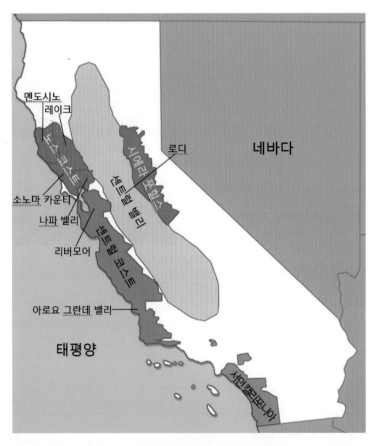

캘리포니아의 와인지역

- **노스 코스트**North Coast : 샌프란시스코 만San Francisco Bay 북쪽의 태평양 연안지역으로, 나파 밸리와 소노마 카운티를 비롯하여 멘도시노Mendocino와 레이크 카운티Lake County를 포함한다.

- **센트럴 코스트**Central Coast : 샌프란시스코만의 남쪽에서 산타 바바라 카운티Santa Barbara County까지의 태평양 연안지역으로, 11곳의 광역 AVA가 있다.

- **서던 캘리포니아**Southern Calfornia(또는 South Coast) : 로스앤젤레스Los Angeles의 남쪽으로부터 멕시코 국경까지의 연안지역으로서, 4곳의 광역 AVA를 포함한다.

- **센트럴 밸리**Central Valley : 동쪽 산악지대인 시에라 네바다Sierra Nevada와 서쪽 해안 산악지대의 사이에 위치하는 이곳은 캘리포니아 북쪽에서 로스앤젤레스 북쪽까지 폭 60~100㎞와 길이 약 720㎞로 남남동 방향으로 뻗은 계곡 사이의 평지이다. 여기에는 17개의 광역 AVA가 있고, 이들은 다시 이름도 알려지지 않은 매우 많은 세부 AVA로 나뉜다.

- **시에라 풋힐스**Sierra Foothills : 센트럴 밸리의 오른편으로 접하는 이곳에는 요세미티 국립공원Yosemite National Park과 타호 호수Lake Tahoe 등의 유명한 자연명소들이 있으며, 5개의 세부 AVA에 약 100개의 와이너리가 있다.

◇ **나파 밸리**Napa Valley

세크라멘토Sacramento의 왼편에 있는 나파 카운티Napa County의 나파 밸리 AVA는 북미대륙에서 가장 위대한 와인이 만들어지는 지역으로서, 세계적으로도 최고의 와인지역 중의 하나로 꼽히고 있는 이곳에는 16개의 세부 AVA가 있다. 이 지역은 태고에 바다이던 곳이 융기하여 형성되었는데, 남쪽은 퇴적층이고 북쪽의 토양에는 용암과 화산재가 많이 섞여있다. 나파 밸리는 1976년 파리 와인 테이스팅Paris Wine Tasting에서 '파리의 심판Judgment of Paris'이라는 결과를 낳은 와인의 생산지인데, 이 와인들을 만든 와이너리는 스태그스 립 와인 셀러스Stag's Leap Wine Cellars와 샤토 몬테레나Chateau Montelena 였다. 이 사건을 계기로 나파 밸리는 세계적으로 고급와인을 생산하는 지역으로 각인되었고, 이 지역의 와인산업은 기하급수적으로 발전하게 되었다.

1975년의 45개 와이너리가 1980년에는 100여곳 이상으로 급증하였고, 현재에는 나파 밸리에 430곳 이상의 상업적 와이너리가 있으며 와인관광산업도 날로 번창하고 있다. 와인 열차wine train도 운행되고 있으며, 숙박시설까지 완비한 대규모의 관광 와이너리들을 흔하게 볼 수 있다. 나파 밸리의 16개 세부 AVA와 와인의 특징은 다음의 표와 같다.

세부 AVA	품종과 와인의 특징
나파 밸리의 16개 세부 AVA와 와인의 특징	
다이아몬드 마운틴 디스트릭트 (Diamond Mountain District)	주로 보르도 레드품종들이 재배되고 있다.
로스 카네로스(Los Carneros)	서늘한 기후에서 잘 자라는 샤르도네와 삐노 누아를 재배하고 있으며, 와인은 산도가 높으면서 균형감이 좋고 구조도 탄탄하다.
러더포드(Rutherford)	보르도의 레드 품종을 주로 재배하고 있으며, 샤르도네 와인도 많이 생산된다. 까베르네 소비뇽 와인의 평판이 매우 높다.
마운트 비더(Mount Veeder)	까베르네 소비뇽과 까베르네 프랑으로 타닌이 강하고 구조가 탄탄한 와인을 만든다.
세인트 헬레나(Saint Helena)	진판델, 까베르네 소비뇽과 샤르도네를 많이 재배하고 있다.
스태그스 립 디스트릭트 (Stags Leap District)	까베르네 소비뇽과 까베르네 프랑으로 빼어난 레드와인을 만들며, 샤르도네 화이트와인도 생산된다.
스프링 마운틴 디스트릭트 (Spring Mountain District)	생산하는 와인의 90% 이상이 까베르네 소비뇽과 메를로 레드와인이다.
아틀라스 픽(Atlas Peak)	일교차가 큰 기후적 특성으로, 균형감 좋은 와인이 생산된다.
오크 노울 디스트릭트 (Oak Knoll District of Napa Valley)	리슬링과 삐노 누아를 비롯하여 보르도 레드 품종들을 재배하고 있다.
오크빌(Oakville)	보르도의 레드 품종이 가장 성공을 거둔 지역이며, 민트와 허브향이 있는 풍부한 질감과 견고한 타닌의 레드와인을 만들고 있다.
와일드 호스 밸리(Wild Horse Valley)	기후가 서늘하여, 삐노 누아와 샤르도네가 많이 재배된다.
욘빌(Yountville)	매우 타닉하며 숙성력이 탁월한 까베르네 소비뇽 와인이 유명하다.
칠리스 밸리(Chiles Valley)	포도밭의 고도가 대체로 높고, 까베르네 소비뇽, 진판델, 샤르도네와 소비뇽 블랑을 주로 재배하고 있다.
칼리스토가(Calistoga)	주로 보르도 레드 품종과 진판델 등이 재배되고 있다.
쿰스빌(Coombsville)	주로 까베르네 소비뇽, 삐노 누아과 샤르도네 와인을 만들고 있다.
하웰 마운틴(Howell Mountain)	진판델과 까베르네 소비뇽을 많이 재배하며, 포도밭의 고도가 해발 430m 이상이다.

캘리포니아의 와인 열차. 이 열차는 나파시로부터 여러 와인지역을 통과하여 세인트 헬레나(Saint Helena)까지 운행되고 있다. ©Library of Congress

◇ **소노마 카운티**Sonoma County

나파 밸리의 왼편에 자리한 소노마 카운티는 나파 밸리 다음으로 생산의 규모가 큰 와인지역이다. 나파 벨리의 와인이 세련되고 화려하다면, 소노마의 와인은 투박하며 자연적이라는 평을 받고 있다. 이곳에는 18개의 AVA가 있는데, 이와 같이 와인지역의 수가 많은 것은 기

소노마 카운티의 포도밭

후와 토양의 다양성 뿐만 아니라 와인의 대량생산이 이루어지면서도 세계 와인시장에서 인정받고 있는 소노마 와인의 우수성을 보여주는 근거일 수 있다. 이 지역에는 1,800명 이상의 포도재배자가 있으며, 425개를 넘어서는 와이너리가 있다. 2017년 10월에 발생한 산불로 소노마와 나파 카운티의 많은 포도밭이 피해를 입었는데, 그 중에서도 소노마 카운티의 가장 큰 도시인 산타 로사Santa Rosa 근처가 특히 심각한 타격을 받았다. 소노마의 18개 세부 AVA와 와인의 특징은 다음의 표와 같다.

세부 AVA	품종과 와인의 특징
그린 밸리 (Green Valley of Russian River Valley)	러시안 밸리의 여타 지역보다 기후가 서늘하여, 삐노 누아,시라와 샤르도네를 주로 재배하고 있다.
나이츠 밸리(Knights Valley)	보르도 품종들이 다양하게 재배되고 있으나, 까베르네 소비뇽이 가장 대표적 품종이다.
노던 소노마(Northern Sonoma)	소노마의 대부분 AVA를 포함하는 와인지역으로, 주로 샤르도네가 지배적 품종이다.
드라이 크릭 밸리(Dry Creek Valley)	특별히 질이 좋은 진판델과 소비뇽 블랑이 많이 생산된다.
락파일(Rockpile)	진판델이 주로 재배하는 품종이며, 까베르네 소비뇽도 주된 재배품종이다.
러시안 리버 밸리(Russian River Valley)	서늘한 기후 때문에 삐노 누아와 샤르도네가 주로 재배되고 있지만, 품종의 다양성이 가장 높은 지역이다.
로스 카네로스(Los Carneros)	삐노 누아와 샤르도네를 주로 재배하고 있으며, 발포성 와인이 많이 생산되고 있다.
문 마운틴 디스트릭트 (Moon Mountain District Sonoma County)	해발 400m 이상에 포도밭이 위치하여 포도알이 작고 껍질이 두꺼워서 색과 향이 진하다. 주로 보르도 품종을 재배한다.
베네트 밸리(Bennett Valley)	까베르네 소비뇽을 비롯하여 프랑스 품종들을 다양하게 재배하고 있다.
소노마 마운틴(Sonoma Mountain)	미기후가 다양한 지역으로, 재배품종이 매우 풍부하다.
소노마 밸리(Sonoma Valley)	알리아티코(Aleatico), 알리칸테 부쉐(Alicante Bouschet), 버거(Burger), 바르베라(Barbera) 등의 특이한 품종들을 많이 재배하고 있다.
소노마 코스트(Sonoma Coast)	날씨가 서늘하고 상대적으로 비가 많은 지역으로, 삐노 누아의 재배에 가장 이상적인 지역이다.
알렉산더 밸리(Alexander Valley)	초콜릿 향이 짙은 카베르네 소비뇽 와인이 대표적이며, 샤르도네, 소비뇽 블랑과 진판델도 많이 재배하는 품종이다.
초크 힐(Chalk Hill)	샤르도네와 소비뇽 블랑 화이트와인이 유명하다.
파운틴그로브 디스트릭트 (Fountaingrove District)	해발 600m 이상에 포도밭이 위치하며, 질이 좋은 까베르네 소비뇽, 메를로와 시라를 많이 재배하고 있다.
파인 마운틴-클로버데일 피크 (Pine Mountain-Cloverdale Peak)	켈리포니아에서 고도가 가장 높은 곳으로, 해발 800m에 이른다. 레드와 화이트 품종이 다양하게 재배되고 있다.
페탈루마 갭(Petaluma Gap)	삐노 누아, 샤르도네와 시라의 재배에 이상적인 지역이다.
포트 로스-시뷰(Fort Ross-Seaview)	포도밭이 해안선의 해발 300~500m로 안개선 위에 위치하여 햇빛이 풍부하다. 삐노 누아와 샤르도네 와인이 유명하다.

◇ 멘도시노Mendocino와 레이크 카운티Lake County

두 와인지역은 각각 소노마와 나파의 북쪽에 위치하며 서로가 동서로 접하고 있다. 멘도시노는 캘리포니아에서 포도의 재배면적이 제일 넓으며 와인의 종류도 가장 다양한 와인지역이며, 최근에는 '캘리포니아 유기농 와인의 메카California's organic wine Mecca'로 불리고 있다. 그리고 이곳에는 12개의 세부 AVA가 있으며, 100곳 전후의 와이너리가 있다. 가장 많이 재배되는 품종은 샤르도네이며, 삐노 누아도 매우 많이 재배하는 품종이다. 세부 AVA 중에서 앤더슨 밸리Anderson Valley는 프랑스의 상파뉴와 기후가 비슷하여 발포성 와인의 생산이 활발하다. 그리고 레드우드 밸리Redwood Valley는 향이 짙은 진판델 와인으로 유명하며, 맥도웰 밸리McDowell Valley는 수령이 100년 이상인 그르나슈와 시라로 만든 론 스타일Rhône-style의 와인으로 잘 알려져 있다. 이 지역에 있는 호수인 클리어 레이크Clear Lake에서 지명이 유래한 레이크Lake 카운티는 까베르네 소비뇽을 지배적으로 많이 재배하고 있으며, 이 카운티의 와인협회에는 27개 와이너리가 등록되어 있다.

◇ 센트럴 코스트

이 지역에는 산타 클라라 밸리Santa Clara Valley, 산타 쿠르즈 마운틴즈Santa Cruz Mountains, 산 루카스San Lucas, 파소 로블레스Paso Robles, 산타 마리아 밸리Santa Maria Valley, 산타 이네즈 밸리Santa Ynez Valley, 에드나 밸리Edna V alley, 아로요 그란데 밸리Arroyo Grande Valley, 리버모어 밸리Livermore Valley, 시네가 밸리Cienega Valley와 산 베니토San Benito 등의 11개 AVA가 있으며, 이들 중의 일부는 다시 세부적인 AVA를 포함한다. 대부분 AVA들은 와인을 만드는 데 전념하고 있지만, 일부 지역은 와인과 관련된 관광이나 축제에 치중하고 있다. 그러나 아로요 그란데의 삐노 누아와 샤르도네는 훌륭하며, 리버모어에서 만드는 쁘띠 시라Petite Sirah와 소비뇽 블랑은 오랫동안 높은 명성을 이어오고 있다. 그리고 1976년 '파리의 심판'에 참여한 산타 쿠르즈 마운틴즈의 데이비드 부르스 와이너리David Bruce Winery의 샤르도네 와인과 리지 바인야드 몬테 벨로Ridge Vineyards Monte Bello의 까베르네 소비뇽 와인도 반드시 주목할 필요가 있다.

◇ 서던 캘리포니아

사우스 코스트라고도 불리는 이 지역에서 재배하는 품종은 캘리포니아의 여타 지역과 유사하지만, 더운 날씨 때문에 비교적 추운 지역에서 자라는 삐노 누아는 재배되지 않는다.

캘리포니아 전역에는 수많은 와인 리조트가 있지만, 특히 서던 캘리포니아에 와인 관광시설이 가장 많이 모여 있다. 사진은 South Coast Winery Resort & Spa.

여기에는 테미큘라 밸리Temecula Valley, 안텔로프 밸리Antelope Valley/리오나 밸리Leona Valley, 산페스퀼 밸리San Pasqual Valley와 라모나 밸리Ramona Valley 등 11개의 AVA가 있으며, 이 중에서 일부는 다시 여러 개의 세부 AVA로 나뉜다. 그런데 이 지역 와인의 수준은 대체로 관광객들에게 높은 인기를 얻고 있는 와이너리 리조트와 스파 등의 관광시설이 누리는 유명세에 미치지 못한다.

◇ 센트럴 밸리

길이가 700㎞를 넘는 계곡의 평지인 이곳은 기후가 덥고 건조하며 토양이 매우 비옥하여, 다양한 농산물이 대량으로 생산되고 있다. 이곳에는 17개의 AVA가 있고, 이들은 다시 매우 많은 수의 세부 AOC로 구분된다. 이 지역의 포도 생산량도 캘리포니아 전체의 절반을 넘어서고 있으며, 생산된 대부분의 포도는 벌크와인을 만드는 데 쓰인다. 그러나 로디Lodi AVA는 진흙 속에서 핀 연꽃 같이 아름다운 와인을 만드는 곳으로, 100년 이상의 역사를 가진 와이너리들이 만드는 질 좋은 까베르네 소비 농 와인과 함께 비범한 올드바인old vine 진판델은 로디의 자랑거리이다.

◇ 시에라 풋힐스의 와인지역

센트럴 밸리의 오른편에 있는 시에라 풋힐스에 19세기 중반 골드 러시Gold Rush 시대에 심어서 금주법 시행 이후로 오랫동안 버려져있던 이 지역의 진판델 올드 바인도 센트럴 밸리의 로디와 같이 지금은 캘리포니아의 보물이 되었다. 그래서 이곳에는 골드러시Gold Rush(1848~1855) 때부터 사람들이 정착한 캘리포니아 쉐넌도아 밸리California Shenandoah Valley, 엘 도라도El Dorado, 페어 플레이Fair Play, 피들타운Fiddletown, 노스 유바North Yuba와 같은 세부와인지역에는 고급와인을 판매하는 소규모 와이너리들이 매우 많다. 그런데 미국의 유명가수였던 존 덴버John Denver(1943~1997)가 노래한 '고향길로 나를 데려다 주오Take me home country roads'의 가사에 등장하는 쉐난도아 강은 버지니아Virginia와 웨스트 버지니아West Virginia에 걸쳐있는 별개의 지명이다.

시에라 풋힐스에 위치한 요세미티 국립공원의 미러 레이크(Mirror Lake). 사실 이곳은 호수가 아니고 테나야 크릭(Tenaya Creek)에 있는 넓은 소(沼: pool)이다. 가운데 보이는 봉우리는 왓킨스 산(Mount Watkins)인데, 맞은편에 하프 돔(Half Dome)이 있다.

미국 남서부와 멕시코

◇ 미국 남서부

캘리포니아가 북미대륙의 와인 총생산량 중에서 절대적 비율을 차지하고 있지만, 이 이외에도 주목할 만한 몇몇 주요 와인생산지역들이 있다. 이 중에서도 미국 남서부의 텍사스, 뉴멕시코, 애리조나와 콜로라도는 빠뜨릴 수 없는 주요 지역이다.

- **텍사스**Texas : 뜨거운 햇살과 건조한 날씨 때문에 대부분의 포도밭이 해발 1,000m 이상의 고원지대에 자리하고 있으며, 까베르네 소비뇽과 뗌쁘라니오를 가장 많이 재배하고 있다.

- **뉴멕시코**New Mexico : 이 지역의 와인산업은 17세기 초반부터의 역사를 가지고 있음에도 불구하고, 1970년대 말까지 오랫동안 침체기에 빠져있었다. 그러나 20세기 후반부터 도약의 발판을 다지고 있으며, 현재 약 60개의 와이너리가 상업적으로 활동하고 있다.

- **애리조나**Arizona : 더운 날씨 때문에 포도밭은 해발 1,400~1,500m의 산악지대에 위치하며, 100여 개의 상업적 와이너리가 있다.

- **콜로라도**Colorado : 포도밭은 대체로 로키산맥의 서쪽 경사면에 자리하며, 해발 1,200m 이상에 자리하고 어떤 곳은 2,000m를 넘기도 한다. 최근에 콜로라도의 와인은 와인관련 기관들로부터 자주 높은 평가를 받을 만큼 질이 우수하다.

◇ 멕시코Mexico

1530년대 스페인의 정복자 코르테스Hernán Cortés(1485~1547)가 포도의 재배를 적극적으로 권장하여 일찍이 멕시코의 와인산업이 발전하였으나, 스페인 국왕이 자국의 와인산업을 보호하기 위해 멕시코에서 포도의 재배를 금지하거나 제한한 역사적 사실이 있다. 그 이후로 멕시코의 와인산업은 오랫동안 침체되었으나, 최근 들어 분명히 도약의 발자국을 옮기고 있다. 멕시코 와인의 90% 이상은 바하 깔리포르니아Baja California에서 생산되는데, 이곳은 미국 캘리포니아로부터 남동쪽으로 1,250km의 길이로 길쭉하게 뻗은 바하 깔리포르니아 반도의 북부 지역이다. 태평양의 바람이 열기를 식혀주는 기후적 특성으로, 이 지역의 와인은 향이 풍부하며 바디가 강한 경향이 있다. 그리고 이 지역의 와이너리들은 와인의 생산뿐만 아니라 와인관광산업에도 대단한 열정을 쏟고 있다.

태평양 북서부

◇ 워싱턴 주Washington State

비록 1위와는 격차가 크지만, 미국에서 가장 북서쪽에 위치하는 워싱턴 주는 캘리포니아에 이어 미국에서 두 번째로 와인의 생산량이 많은 지역이다. 940개 이상의 와이너리가 있으며, 주 정부에서 지정한 14개 AVA 중의 일부는 다시 세부 AVA로 나뉜다. 가장 많이 재배하는 레드 품종은 까베르네 소비뇽과 메를로이며, 화이트 품종으로는 샤르도네와 리슬링을 널리 재배하고 있다. 워싱턴 주의 와인지역은 주로 서쪽에서 남북으로 뻗어있는 캐스케이드 산맥Cascade Mountains의 오른편에 자리 잡고 있는데, 이곳은 태평양에 접하고 있는 서편과는 달리 강우량이 많지 않은 비그늘rain shadow이 형성되고 태평양에서 불어오는 찬바람의 영향을 피할 수 있어서 포도재배에 적합한 환경이 만들어진다. 비그늘이란 산으로 막혀 강수량이 적은 기후적 현상을 의미한다.

흔히들 워싱턴 와인의 특징은 풍부한 과일향과 상쾌한 산미라고 말한다. 레드와인은 완숙한 포도로 풍만한 과일향, 뚜렷한 타닌과 오크 향을 가지며, 알코올 도수는 적당히 높다. 이 지역에서는 대량생산되는 와인으로부터 프리미엄급 소량생산 와인까지 폭넓게 만들어지고 있으며, 로제, 발포성 와인, 강화와인과 귀부와인까지 거의 모든 스타일이 생산되고 있다. 질적인 면에서도 워싱턴의 와인은 캘리포니아와 경쟁하고 있으며, 소비자의 인식도 점차 높아지고 있다.

워싱턴의 최대도시인 시에틀(Seattle)의 전경. Ally Laws 그림.

◇ 오리건 주Oregon State

워싱턴 주의 남쪽에 접하고 있는 오리건 주는 미국에서 캘리포니아, 워싱턴과 뉴욕에 이어 4위의 와인생산지역이다. 700개 이상의 상업적 와이너리가 있으며, 주에서 지정한 19개 AVA의 일부는 다시 세부 AVA로 나누어진다. 레이블에 품종을 적기 위해서는 해당 품종을 75% 이상 사용해야 하는 미국의 여타 지역과는 달리, 오리건의 품종와인은 표시되는 품종의 최저비율이 90%이다. 오리건에서 지배적 품종은 삐노 누아이며, 그 뒤를 이어 화이트 품종인 삐노 그리도 많이 재배하고 있다. 오리건은 워싱턴보다는 기후가 따뜻하여 캐스케이드 산맥 왼편에 대부분의 포도재배지가 분포하며, 이들은 포틀랜드Portland 서쪽과 남쪽의 계곡에 집중되어 있다. 미디엄바디의 섬세한 삐노 누아 와인은 오리건의 간판스타이며, 유기농 재배법을 지향하는 와이너리들이 많다. 그리고 와인 축제와 시음행사 등의 와인과 관련한 관광산업도 대단히 활발하다.

뉴욕과 온타리오

◇ 뉴욕 주New York State

미국에서 제3위의 와인생산지역인 뉴욕은 주 정부에서 인정하는 9개의 AVA가 있으며, 350개에 가까운 상업적 와이너리가 와인산업을 이끌고 있다. 이 지역에서 재배하는 포도의 83% 정도가 비티스 라부르스카vitis labrusca 품종으로, 이것은 주로 주스나 잼을 만드는 데 쓰인다. 양조용 포도는 화이트 교잡종인 세이블 블랑Seyval blanc을 비롯하여 리슬링, 샤르도네와 삐노 누아 등과 같이 추위에 강한 품종들이 주로 재배되고 있다. 이와 함께 특이하게 이름도 생소한 아주 다양한 미국과 프랑스의 교잡종hybrid들이 재배되고 있는데, 이것은 아마 뉴욕의 매서운 날씨에 그 원인이 있다고 추측된다. 그런데 롱 아일랜드Long Island는 해양성 기후의 덕분으로 거의 모든 포도밭이 보르도 품종들을 재배하고 있어서, 이곳을 뉴욕의 보르도라고 부르기도 한다. 온타리오 호수Lake Ontario의 남쪽에 접하여 위치하는 핑거 레이크Finger Lake를 비롯하여 허드슨 밸리Hudson Valley와 강변의 급경사면에 형성된 나이아가라 이스카프먼트Niagara Escarpment 등의 여타 와인지역은 대체로 교잡종으로 와인을 만든다.

◇ 온타리오Ontario

캐나다에서 와인을 생산하는 지역은 여러 곳이지만, 이 중에서 전체 와인 생산량의 약 62%가 온타리오에서 만들어지며 그 뒤를 이어 브리티쉬 콜롬비아British Colombia가 33%를 차지하고 있다. 캐나다는 프랑스의 AOP 체계와 비슷한 원산지명칭 보호제도인 '빈트너즈 퀄리티 얼라이언스Vintners Quality Alliance(VQA)'가 구축되어있으며, 캐나다산 고품질의 포도로 만든 와인에만 VQA 마크를 붙일 수 있다. 온타리오에는 VQA에 의해 지정된 3개의 보호명칭 원산지Appellation가 있는데, 이들은 레이크 에리 노스 쇼어Lake Erie North Shore, 프린스 에드워드 카운티Prince Edward County와 나이아가라 피닌슐라Niagara Peninsula이다. 그중에서 에리호와 온타리오호를 구분하는 반도지형의 땅인 나이아가라 피닌슐라는 온타리오에서 가장 대표적인 와인생산지역으로서, 다시 10개의 세부 와인지역으로 구분된다. 두 호수가 대륙성 기후의 혹한을 누그러뜨리고 서리의 피해를 줄여주는 이곳은 교잡종인 비달Vidal로 만든 아이스 와인으로 세계적 명성을 누리고 있다. 탁월한 아이스 와인을 생산하는 이니스킬린Inniskillin을 비롯하여 온타리오에는 약 250개 와이너리가 있지만, 이 중의 상당수는 또 하나의 지역특산품인 과일와인fruit wine을 생산하고 있다.

남아메리카

최근에 브라질Brazil과 우루과이Uruguay에서 눈에 띄게 와인산업이 활발하게 발전하고 있음에도 불구하고, 생산규모는 아직 미미한 수준에 머물고 있다. 그러므로 남아메리카의 대표적 와인생산국은 단연 아르헨티나와 칠레인데, 두 나라는 각각 세계 5위와 6위의 생산량을 보이고 있다. 두 나라의 와인생산량을 합하면 북미대륙 전체의 생산량을 압도하여, 무릇 남아메리카는 유럽 다음으로 규모가 큰 와인생산지역이다. 더욱이 두 나라는 와인의 순수출국으로 국제와인시장에 미치는 영향력이 만만치 않다. 두 나라에서 재배되는 품종들은 거의 유럽에서 도래하였지만, 생산하는 와인의 성격은 유럽의 것들과는 사뭇 다르다. 예를 들어 유럽에서는 뒤로 밀려있던 말벡과 까르메네르가 아르헨티나와 칠레의 토양을 만나 깊이 감추어두었던 찬란함을 발하고 있다. 더욱이 여타의 유럽 품종도 기대하지 않았던 잠재력을 드러내며, 풍부하고 화려한 향을 발산하는 북미의 것과는 달리 남미의 와인은 자연적이며 정열적인 풍미를 선보인다.

칠레

◇ 칠레Chile의 자연과 환경

세계 5위의 와인수출국이며 6위의 와인생산국인 칠레는 태평양과 안데스 산맥 Andes Mountains 사이에 남북으로 길쭉한 영토를 가진 국가로써, 국토는 열대의 기후를 보이는 남위 17°로부터 한대지역인 56°까지 남북의 길이가 4,300㎞에 이르며 폭은 가장 넓은 곳도 350㎞에 불과하다. 건강한 토양과 청명한 햇빛으로 품질이 우수한 와인이 만들어져서, 오늘날 칠레는 거의 어김없이 소비자에게 가격 이상의 만족감을 주는 중저가 와인의 메카가 되었다. 자연의 축복에 새로운 기술의 습득을 위한 열정이 더해진 칠레는 앞으로도 오랫동안 세계적인 와인생산국가로 남을 것이다. 가장 널리 재배되는 품종은 까베르네 소비뇽, 메를로와 까르메네르이며, 기후는 대체로 캘리포니아와 비슷하다.

칠레 와인지역 지도

그리고 필록세라의 감염으로부터 자유로운 칠레의 포도나무는 필록세라에 저항력을 가진 뿌리에 접목할 필요가 없는데, 이것은 토양에 구리성분이 많이 함유되어있기 때문이라고 한다. 그러나 최근에는 접붙이기를 한 대목을 사용하는 보데가bodega(영어로는 winery)가 증가하고 있다고 전한다.

◇ 와인지역

칠레에서 포도를 재배할 수 있는 지역은 기후가 온화한 칠레의 중앙에 집중되어있다. 칠레에는 '레히온Región'이라는 16개의 광역행정구역이 있는데, 와인지역은 중북부의 아따까마 지방Región de Atacama으로부터 거의 중앙의 비오비오 지방Región del Biobío 사이의 약 1,300㎞에 펼쳐져 있다. 칠레의 농업부가 지정한 5곳의 대표적 와인지역이 있는데, 이들은 아따까마 지방, 꼬낌보 지방, 아꽁까구아, 센뜨랄 계곡과 소나 수르이다.

◇ 칠레의 와인법규

칠레는 1995년에 와인지역과 레이블에 관한 법규를 제정하였는데, 그 체계가 떼루아 와인인 유럽보다는 품종 와인인 미국과 유사하다. 즉 내수용 와인의 레이블에 품종을 표시하기 위해서는 해당 품종이 75% 이상 포함되어야 한다. 그러나 수출용인 경우에는 이 비율이 85%로 높아지며, 화이트와인은 12%이고 레드와인은 11.5%인 최저알코올도수도 충족해야 한다. 그리고 숙성기간과 관련된 몇 가지의 용어들이 있는데, '에스페시알especial'과 '레세르바reserva'를 레이블에 표시하기 위해서는 각각 최소 2년과 4년의 숙성이 필요하며 '그란 비노gran vino'는 6년의 최소숙성기간을 요구한다.

◇ 아따까마 지방Región de Atacama

칠레에서 최북단의 와인지역인 이곳은 아따까마 사막이 대부분을 차지하여, 거의 비가 내리지 않는 지구상에서 가장 건조한 지역이다. 이곳이 극단적으로 건조한 것은 남회귀선을 따라 형성되는 아열대 고기압과 해안을 따라 흐르는 차가운 해류가 비구름의 형성을 방해하기 때문이라고 한다. 그러므로 이 지역의 포도밭은 물을 확보하는 것이 용이하고 태평양의 시원한 바람이 뜨겁고 건조한 날씨를 막아주는 해안지역에 형성되어있다. 아따까마의 와인지역은 세부지역으로 꼬삐아뽀 계곡Valle de Copiapó과 와스꼬 계곡Valle del Huasco을 포함한다. 레드 품종인 삐노 누아와 시라가 많이 재배되고 있으며, 화이트 품종은 샤르도네와 소비뇽 블랑이 주로 재배되고 있다. 꼬삐아뽀는 2010년 8월 5일 지하 700m에 매몰된 33인의 광부가 70일 만에 무사히 구조되어 세계의 이목을 집중시켰던 곳이기도 하다.

아따까마 사막은 지난 2천만 년 동안 지금과 같이 건조한 상태가 유지되고 있으며, 지난 200년 동안 전혀 비가 내리지 않은 지역도 있다. 이 사막은 미국 네바다(Nevada)의 데스 밸리(Death Valley)보다 50배 더 건조하다고 한다.

◇ 꼬킴보 지방Región de Coquimbo

아따까마의 남쪽에 접해있는 꼬킴보의 포도밭은 서쪽의 태평양 연안으로부터 동쪽의 안데스 산맥 해발 2,000m 사이에 자리하고 있다. 건조하고 햇빛이 풍부하며 밤에는 서늘한 기온이 유지되는 이 지방에는 다음과 같은 3곳의 세부 와인지역이 있다.

• 엘퀴 계곡Valle de Elqui : 산티아고에서 북쪽으로 약 530km 떨어져서 아따까마 사막의 끝자락에 위치하는 와인지역으로, 칠레의 대중적인 증류주인 삐스꼬pisco와 식용포도를 비롯한 다양한 과일의 산지로 유명하다. 그러나 1990년대부터 양조용 포도를 재배하기 시작하여, 최근에는 칠레 북부의 유망한 와인지역의 입지를 쌓아가고 있다. 특히 시라 와인이 훌륭하다.

- **리마리 계곡**Valle del Limarí : 산티아고에서 북쪽으로 약 470㎞ 거리에 위치하는 와인지역으로, 소비뇽 블랑과 샤르도네의 재배에 가장 적합한 지역으로 알려져 있으며 시라와 삐노 누아도 성공적으로 뿌리를 내렸다.

- **초아빠 계곡**Valle del Choapa : 산티아고로부터 북쪽으로 400㎞ 거리에 위치하며, 꼬낌보 지방의 남부에 있는 와인지역이다. 산도가 높고 질이 좋은 시라와 까베르네 소비뇽이 재배되고 있으나, 그 양이 많지 않으며 지역 내에 자리한 와이너리도 없다.

◇ **아꽁까구아**Aconcagua

칠레의 5개 주요 와인지역 중의 하나인 아꽁까구아는 발빠라이소 지방Región de Valparaíso에 속한 모든 와인지역을 망라하는데, 안데스 산맥Andes Mountains의 최고봉인 아꽁까구아 산에서 지역의 명칭이 유래하였다. 이 지역은 다음과 같은 4곳의 세부 와인지역을 포함한다.

- **까사블랑까 계곡**Valle de Casablanca : 산티아고Santiago로부터 동북쪽으로 75㎞의 거리에 위치하며, 남위 33°에 위치하여 유럽의 어떤 포도밭보다도 적도에 가깝다. 그러나 태평양에서 밀려오는 차가운 아침안개와 거대한 구름이 열기를 식혀주어서 포도재배가 가능하다. 가장 많이 재배하는 품종은 샤르도네와 소비뇽 블랑이며, 큰 차이의 비율로 삐노 누아도 꽤 널리 재배하고 있다.

- **아꽁까구아 해안**Aconcagua Costa : 아꽁까구아의 해안지역인 이곳은 인근의 와인지역보다 시원하며 강우량도 상대적으로 풍부한 편이다. 샤르도네, 소비뇽 블랑과 삐노 누아가 많이 재배되고 있다.

- **아꽁까구아 계곡**Valle del Aconcagua : 산티아고에서 북쪽으로 65㎞ 떨어진 아꽁까구아 계곡은 세계적 찬사를 받은 레드와인을 만드는 지역으로 이름이 알려져 있다. 2004년에 베를린에서 개최된 블라인드 테이스팅에서 비냐 에라수리스Vina Errázuriz 와이너리의 '세냐Seña'라는 와인이 보르도의 샤또 라피트와 샤또 마고를 이겼는데, 이것은 칠레 와인산업의 역사에서 획기적 사건으로 기록되고 있다.

- **레이다 계곡**Valle de Leyda : 산티아고에서 서쪽으로 95㎞ 거리에 있고 태평양 연안으로부터 7㎞ 떨어진 레이다 계곡은 차가운 바닷바람과 아침안개를 비롯하여 포도의 성장기 동안의 풍부한 햇빛이 조화를 이루어, 활기차고 신선한 삐노 누아와 샤르도네 와인을 만든다.

아꽁까구아 산의 전경. 이 산의 높이는 해발 6,960.8m이다.

◇ **센뜨랄 계곡**Valle Centrall

오이긴스 지방Región del Libertador General Bernardo O'Higgins과 마울레 지방Región del Maule 뿐만 아니라 산티아고 메뜨로뽈리따나 지방Región Metropolitana de Santiago에 걸쳐있는 센뜨랄 계곡은 칠레에서 와인을 가장 많이 생산하며 세계적으로 이름이 가장 많이 알려진 지역이다. 참고적으로 오이긴스Bernardo O'Higgins(1778~1842)는 칠레의 독립을 위해 헌신한 민족의 영웅이며, 메뜨로뽈리따나는 칠레의 수도인 산티아고가 속해있는 지방이다. 센뜨랄 계곡은 다음과 같은 4개의 세부 와인지역으로 나뉜다.

• **마이뽀 계곡**Valle de Maipo ：산티아고 외곽에 형성된 가장 넓은 경작지이며, 세부적으로는 안데스 산맥 자락의 알또 마이뽀Alto Maipo, 마이뽀 강변의 센뜨랄 마이뽀Central Maipo와 태평양 연안의 빠시피꼬 마이뽀Pacifico Maipo로 나뉜다. 알또 마이뽀와 센뜨랄 마이뽀에서 생산되는 까베르네 소비뇽 와인은 칠레에서 최고이며, 빠시피꼬 마이뽀에는 소비뇽 블랑이 많다.

• **라뻴 계곡**Valle del Rapel ：이 지역의 북쪽 부분인 까차뽀알 계곡Valle del Cachapoal은 기후가 온화하고 안정적이며, 주로 까베르네 소비뇽과 까르메네르가 재배되고 있다. 라뻴 계

곡의 남쪽 부분인 꼴차구아 계곡Valle de Colchagua은 칠레에서 가장 유명한 와인지역의 하나로, 풀바디의 말벡, 까베르네 소비뇽, 까르메네르와 시라 와인으로 높은 명성을 얻고 있다.

- **꾸리꼬 계곡**Valle de Curicó : 산티아고에서 남쪽으로 200km 떨어져 있는 이 지역은 북쪽의 떼노 계곡Valle del Teno과 남쪽의 론뚜에 계곡Valle del Lontué으로 나누어진다. 까베르네 소비뇽과 소비뇽 블랑의 질이 우수하다.

- **마울레 계곡**Valle del Maule : 산티아고에서 남쪽으로 250km 떨어진 이곳은 칠레에서 가장 규모가 큰 와인생산지역 중의 하나이다. 레드 품종인 빠이스Pais를 많이 재배하는 지역이지만, 점차 유럽의 레드 품종으로 대체되고 있다. 힘이 좋은 까베르네 소비뇽과 향이 풍부한 까르메네르 와인이 생산되고 있다.

◇ 소나 수르Zona Sur

'남쪽 지역'이라는 뜻의 소나 수르는 비오비오 지방Región del Biobío과 아라우까니아 지방Región del la Araucanía에 걸쳐있는 와인지역인데, 박스 와인box wine이나 둥근 손잡이가 달린 병에 담긴 저그 와인jug wine을 대량으로 생산하는 곳으로 알려져 있다. 대체로 강우량이 많고, 일조량은 상대적으로 적은 편이다. 소나 수르는 3개의 세부 와인지역을 포함하고 있는데, 이들은 다음과 같다.

- **이따따 계곡**Valle del Itata : 산티아고에서 남쪽으로 420km 거리에 있는 이곳은 찬 해류의 영향으로 서늘한 지중해성 기후가 형성되어, 이 기후에 잘 적응하는 빠이스, 무스카트 계열의 하나인 알렉산드리아의 무스카트Muscat of Alexandria와 까리냥Carignan을 널리 재배하고 있다.

- **비오비오 계곡**Valle del Biobío : 이따따 계곡의 남쪽 경계와 접하고 있는 이 지역은 상쾌하면서 향이 풍부한 와인으로 유명하다. 칠레에서는 드물게 비가 많이 내리는 지역이며, 기후는 서늘하다. 과거에는 빠이스와 알렉산드리아의 무스카트를 많이 재배하였지만, 현재는 삐노 누아, 샤르도네와 소비뇽 블랑의 재배가 증가하고 있다.

- **마예꼬 계곡**Valle del Malleco : 산티아고에서 550km 남쪽에 위치하는 이 지역은 강우량이 많고 밤낮의 온도변화가 심하며, 포도의 생장기간이 짧다. 일부 지역에서는 상쾌하고 신선한 샤르도네와 삐노 누아 와인이 만들어지고 있다.

아르헨티나

◇ 아르헨티나Argentina(영어로는 Argentine)의 와인지역

아르헨티나는 서쪽의 안데스 산맥을 경계로 칠레와 접하고 북쪽으로는 브라질과 국경을 맞대고 있는 세계 8위의 영토대국이다. 이 나라는 세계 5위의 와인생산국이며 총소비량은 세계 8위이지만, 생산량의 90%는 국내에서 소비되고 수출량은 세계 10위에 그치고 있다. 그리고 와인의 생산대국이면서도 국민 개개인은 와인을 많이 마시지 않는 칠레와는 달리, 아르헨티나 사람들은 와인을 매우 사랑하며 자주 즐긴다.

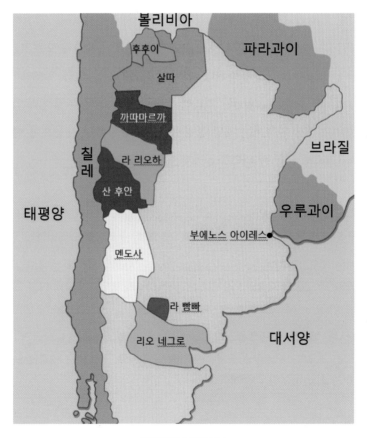

아르헨티나 와인지도

또한 현재 이 나라는 남미 와인의 왕좌를 차지하기 위해 칠레에 맹렬히 도전하고 있다. 아르헨티나의 와인생산지역은 대부분 나라의 서쪽인 안데스 산맥의 동쪽 사면에 집중되어있는데, 북쪽으로부터 후후이, 살따, 까따마르까, 라 리오하, 산 후안, 멘도사, 리오 네그로 등이 이에 해당한다. 최근에는 아르헨티나의 수도인 부에노스 아이레스Buenos Aires 근교에서도 와인의 생산이 활발한데, 이곳은 유일하게 안데스 산맥의 기슭이 아닌 대서양 연안 가까이에 위치하는 와인지역이다.

◇ 와인 법규와 등급제도

오랜 기간 동안 와인관련 제도를 느슨하게 운영했던 아르헨티나는 1999년에 레이블의 세부적인 지리적 표시와 와인의 등급에 대한 새로운 법규를 제정하였다. 아르헨티나의 와인 법규는 미국의 AVA 제도를 모델로 해서 스페인과 포르투갈의 등급제도를 참조하여 만들어졌다고 추측된다. 와인의 감독기관인 국립 포도재배와 와인양조협회Instituto Nacional Vitivinicultura(INV)는 지리적 표시를 엄격하게 통제하고 있으며, 레이블에 품종을 표시하기 위해서는 해당 품종을 최소 80% 이상 사용해야 한다. 법규에서는 다음의 3가지로 구분된 와인등급체계를 정하고 있다.

- 인디까시온 데 쁘로세덴시아indicación de procedencia(IP) : '원산지 표시'라는 뜻으로서, IP로 지정된 지역에서 재배된 포도가 80% 이상 함유된 테이블 와인이다.
- 인디까시온 지오그라피까indicación geográfica(IG) : '지리적 표시'라는 뜻으로서, IP로 지정된 지역에서 포도의 재배와 와인의 양조뿐만 아니라 병입까지 이루어진 고품질의 와인이다.
- 데노미나시온 데 오리헨 꼰뜨롤라다denominación de origen controlada(DOC) : '원산지 통제 명칭'이라는 뜻으로, 지역과 품종을 비롯하여 날씨 등에 관한 보다 엄격한 요구사항을 충족해야 하는 최고 품질의 와인이다.

◇ **살따**Salta**와 후후이**Jujuy

아르헨티나 북단에 위치한 살따와 이곳의 북서쪽에 있는 후후이는 위도가 23−24°
로 세계에서 가장 적도에 가까우면서도 3,000m에 이르는 높은 고도로 기후적 균형
을 이루고 있는 특이한 와인생산지역들인데, 가장 고도가 높은 포도밭은 해발
3,015m에 있다. 그리고 이 지역들의 산악지형은 비그늘rain shadow을 형성하여 강우량
이 적고 햇빛은 풍부하며, 밤낮 기온의 일교차는 극심하다.

- **살따** : 주요 와인지역은 까파야떼Cafayate와 몰리노스Molinos인데, 이들은 세계적으로 높
  은 명성을 얻고 있는 지역이다. 이 지역들의 대표적 품종은 또론떼스Torrontes와 말벡인
  데, 이들은 강렬한 맛의 와인으로 변신한다. 이 이외에도 까베르네 소비뇽, 메를로, 따나
  뜨Tannat와 샤르도네도 훌륭하다.

- **후후이** : 아르헨티나의 최북단에 자리
  한 소규모 와인지역인 이곳에서 가장
  성공적으로 적응한 품종은 또론떼스인
  데, 색상이 강렬하고 산도가 높은 와인
  이 된다. 그러나 이 지역에서 상업적 와
  인생산을 시작한 시기가 2000년대 초
  이므로, 아직은 전체적으로 와인의 질
  적 수준이 대단하지는 않다.

후후이의 소금호수 살리나스 그란데스(Salinas Gran
des)의 전경. 이 소금호수의 면적은 약 4,700㎢이다.

◇ **까파야떼**Cafayate

살따의 남쪽 경계의 근처에 있는 이
와인지역은 아르헨티나에서 멘도사 다
음으로 명성이 높은 곳이다. 깔차키 계
곡Valles Calchaquíes이 둘러싸고 있는 까파
야떼는 사막과 산뿐만 아니라 아열대숲
이 혼재되어, 아르헨티나에서 가장 장엄
한 풍경을 연출한다. 이곳은 남위 26°에

까파야떼의 포도밭

위치함에도 불구하고 해발 1,700m의 고도가 포도 재배에 매우 적합한 환경을 만든다. 이곳에서 만들어지는 또론떼스와 말벡 와인은 드높은 명성에 걸맞은 질을 보장한다. 배수가 좋은 토양과 높은 고도에 의한 기온의 심한 일교차가 포도나무에 상당한 스트레스를 주기 때문에, 수확량이 감소하여 와인의 농도와 향은 높아진다.

◇ 까따마르까Catamarca

북쪽의 살따와 남쪽의 라 리오하 사이에 위치하는 까따마르까는 안데스 산맥의 동편 기슭에 있는 와인지역이다. 이곳도 살따와 같이 낮은 위도와 높은 고도가 조화롭게 포도 재배에 적절한 기후를 형성하는데, 포도밭의 고도가 1,500m 정도이다. 또한 비그늘이 형성되어 여름에는 건조하고 덥지만, 안데스의 눈이 녹은 물이 풍부하게 흘러서 관개가 원활하다. 이 지역은 21세기 초까지는 주로 테이블 포도와 건포도를 생산하였으나, 최근에는 다른 아르헨티나 와인지역과 마찬가지로 와인의 상업적 생산에 초점을 맞추고 있다. 주로 또론떼스, 시라와 말벡을 재배하고 있으며, 이들로 만든 와인은 활기차고 향이 풍부하다.

◇ 라 리오하La Rioja

아르헨티나에서 최초로 포도를 재배했다고 알려진 이곳은 남미의 정복자 후안 라미레스Juan Ramirez de Velasco(1539?~1597)가 스페인 북부에 있는 라 리오하의 이름을 따서 명명하였다고 전해진다. 이 지역도 비그늘에 해당되어 포도농사를 위해 물을 확보하는 것이 매우 중요하기 때문에, 포도밭은 특이하게 관수가 용이한 곳에 흩어져있다. 그리고 이 지역도 여타의 와인지역과 같이 낮은 위도와 높은 고도로 기후적 균형이 이루어진 곳으로서, 원활한 배수와 풍부한 햇빛이 포도의 풍미를 높인다. 라 리오하는 질이 좋은 화이트와인으로 가장 잘 알려져있지만, 원산지인 이탈리아에서는 두스 누아Douce noir라 불리는 보나르다Bonarda를 비롯하여 시라와 말벡 등의 레드 품종도 이 지역에서 널리 재배되고 있다. 그리고 라 리오하의 일부인 파마띠나Famatina는 신선하고 향기로운 또론떼스 화이트와인의 생산지이다.

◇ **산 후안**San Juan

이 와인지역은 멘도사와 라 리오하 사이에 있으며, 여타의 와인지역들과 같이 안데스산맥의 산기슭에 자리하고 있다. 그리고 산 후안의 포도밭은 비교적 높은 고도에 위치하고 있는데, 포도밭 중에서 고도가 가장 낮은 곳이 해발 600m이고 가장 높은 곳은 1,200m에 이른다. 이곳은 농지 전체의 절반이 포도밭이며, 아르헨티나에서 멘도사 다음으로 두 번째로 큰 와인지역이다. 오랫동안 세레사Cereza와 크리요야Criolla라는 품종을 많이 재배하던 산 후안은 최근에 전통적인 유럽 포도품종을 사용하여 품질이 향상된 와인을 생산하고 있는데, 그중에서도 시라와 말벡이 이러한 변화를 주도하고 있다. 이외에도 보나르다, 까베르네 프랑, 까베르네 소비뇽, 말벡, 메를로와 시라 등의 레드 품종과 샤르도네, 소비뇽 블랑, 또론떼스와 비오니에와 같은 화이트 품종도 널리 재배되고 있다.

◇ **멘도사**Mendoza

산 후안의 아래에 위치하는 멘도사는 아르헨티나 와인의 약 75%를 생산하는 가장 규모가 큰 와인지역이며, 세계적 와인생산지역의 한 곳이기도 하다. 질적으로도 최고의 수준을 자랑하는데, 사막과 해발 1,500m에 이르는 높은 고도는 조화롭고 향기로우며 강렬한 풍미와 비단 같은 질감을 가진 레드와인의 떼루아를 형성하는 요인이다. 여기에 풍부한 햇빛과 밤낮 온도의 극심한 변화에 의해 포도의 완숙기간이 길

멘도사의 말벡 와인들

어지는 것도 당도와 산도가 조화롭게 균형을 이루는 탁월한 와인이 만들어지는 데 핵심적으로 기여한다. 대표적인 재배품종은 말벡을 비롯하여 까베르네 소비뇽, 샤르도네와 보나르다 등이다.

◇ 빠따고니아Patagonia

세상에서 가장 경이로운 풍경을 가진 지역 중의 하나인 빠따고니아는 남아메리카 대륙의 남위 38°선 이남 지역으로, 서부는 칠레의 영토이며 동부는 아르헨티나의 땅이다. 그리고 안데스 산악지역과 빠따고니아 고원이 대부분을 차지하며 한반도 면적의 5배 넓이를 가진 광활한 지역인데, 아르헨티나의 빠따고니아는 대체로 꼴로라도 강Río Colorado 이남 지역을 의미한다. 남미대륙의 남쪽 끝에 가까워질수록 기후는 혹독하게 변하므로, 빠따고니아의 와인지역들은 멘도사와 가까운 북부에 형성되어있다. 이들 지역들은 위도가 높은 대신에 고도가 해발 300m 정도에 불과하지만, 건조한 사막이 대부분을 차지한다. 이런 기후적 조건은 삐노 누아와 말벡으로 우아한 레드 와인을 생산하는 데 매우 적합하며, 이 지역의 샤르도네를 비롯하여 소비뇽 블랑과 리슬링으로 만든 화이트와인은 산뜻하고 단아하다. 빠따고니아에서 주목을 받고 있는 와인지역은 단연 리오 네그로 계곡 상류Alto Valle del Río Negro인데, 이곳에서는 아르헨티나 최고의 삐노 누아 와인이 만들어지고 있다. 그리고 꼴로라도 강 인근의 라 빰빠La Pampa도 최근에 주목받는 와인지역이다.

◆ **03** ◆

호주

  나라의 넓이가 한국의 약 77배에 달하여 세계에서 여섯 번째로 광대한 국토를 차지하고 있는 호주Australia는 모든 와인생산지역이 매우 광대하며 세부적인 와인지역의 수도 대단히 많다.

호주의 행정구역은 6개의 주(state)와 이와 거의 같은 행정단위인 2개의 구역(territory)으로 구성되어 있는데, 구역은 노던 테리토리(Northern Territory)와 호주의 수도인 캔버러(Canberra)인 수도구역(Australian Capital Territory)이다.

그리고 지리적으로 다른 대륙과 고립되어 있어서, 아주 색다르고 독특한 동식물의 생태계를 형성하고 있다. 2018년 말 현재 호주는 세계 7위의 와인생산국이며, 10위의 와인소비국이다. 그리고 전체 생산량 중에서 40%는 국내에서 소비되고, 나머지 60%는 수출하는 세계 5위의 와인수출국이다. 또한 호주는 와인병에 스크류 캡을 가장 널리 도입하고 있으며, 포도의 재배와 와인의 양조에서 자동화와 기계화를 가장 많이 도입한 국가이기도 하다. 호주에서는 쉬라즈Shiraz로 불리는 시라와 까베르네 소비뇽을 비롯하여 화이트 품종인 샤르도네는 호주의 차별적인 와인세계를 지지하는 품종들이다.

와인지역과 법규

◇ 와인지역

호주에는 60곳 이상이 와인지역wine region으로 지정되어 있는데, 대부분의 와인지역들은 바다의 영향으로 기후가 서늘한 호주 대륙의 남쪽에 몰려있다. 호주의 8개 광역행정단위 중에서 와인이 생산되는 곳은 사우스 오스트레일리아, 뉴 사우스 웨일즈, 빅토리아, 웨스턴 오스트레일리아와 테즈매니아이며, 대륙의 동쪽에 위치하는 퀸즈랜드Qeensland에서도 약간의 와인이 생산되고 있다. 그런데 호주는 1950대 이후로 포도의 지리적 원산지를 판별하기 위한 '호주의 지리적 명칭Australian Geographical Indication(AGI)'이라는 보호명칭제도를 시행하고 있는데, 지리적 명칭은 구역zone, 지역region과 세부지역subregion으로 구분된다. 즉 광역행정구역인 주state 내에는 여러 구역이 있고, 구역은 여러 지역을 포함하며 지역은 다시 여러 세부지역으로 나뉜다.

◇ 광역 와인구역

앞에서 설명한 것과 같이 호주는 와인생산지를 구역, 지역과 세부지역으로 구분하고 있다. 그런데 다음과 같이 여러 와인구역을 합하거나 와인이 생산되는 여러 주를 아우르는 지리적 명칭이 사용되고 있다.

- **애덜레이드 수퍼 존**Adelaide super zone : 애덜레이드는 사우스 오스트레일리아의 주도인데, 이 지리적 명칭은 바로사, 플로리와 마운트 로프티 레인지즈 구역을 아우르는 광역구역이다.

- **사우스 이스턴 오스트레일리아 와인지역**South Eastern Australia wine region : 호주 대륙에서 사우스 오스트레일리아의 서남부 해안도시인 세두나Ceduna로부터 뉴 사우스 웨일즈, 퀸즈랜드와 사우스 오스트레일리아 경계의 교차점을 연결한 직선의 동남쪽 모든 와인지역을 포함하는 초광역의 지리적 명칭이다.

◇ **포도 품종**

호주에서 재배되는 거의 모든 포도는 유럽에서 도입되었기 때문에, 품종의 고유한 차별성은 없다. 쉬라즈가 호주의 가장 많이 재배되는 대표적 품종이긴 하지만, 지배적 위치에 있는 것은 아니다. 까베르네 소비뇽과 샤르도네도 쉬라즈와 큰 차이 없이 널리 재배되고 있으며, 이들과는 낮은 비율로 메를로, 세미옹, 소비뇽 블랑, 삐노 누아와 리슬링도 흔히 볼 수 있는 품종이다. 그리고 이들을 포함하여 약 130여 종의 품종을 유럽에서 도입하여 상업적으로 활용하고 있다. 쉬라즈가 호주의 토양에서 숨겨둔 잠재력을 활짝 꽃피웠지만, 이 나라의 와이너리들은 또 다른 품종으로 새로운 스타일의 와인을 창조하려는 혁신적이며 도전적인 시도를 계속하고 있다. 이런 역동성은 창조적 스타일의 와인을 찾는 와인애호가들의 선호에 호응하는 효과적인 결과물들을 선보이고 있다. 실제로 호주의 와인제조업자들은 와인의 제조와 기술도입에 가장 도전적이며 혁신적이라는 평가를 받고 있다.

◇ **와인 법규**

호주는 유럽의 원산지통제명칭 제도처럼 재배지역, 생산량, 양조 방식, 와인 숙성 기간 등을 규제하는 법규가 없지만, 재배지역을 지정하고 와인의 레이블을 규제하는 규정이 있다. 이것은 와이너리들의 조직인 '호주 와인과 브랜디협회Australian Wine and

Brandy Corporation'가 자체적으로 제정한 자율통제 시스템이다. 이 규정에서 가장 핵심적인 원칙은 '트루스-인-레이블링truth-in-labelling'인데, 이것은 포도와 와인에 관한 정보를 레이블에 정확하고 상세하게 밝힌다는 것이다. 알코올 도수와 생산자 등의 기본적 정보를 비롯하여, 호주의 와인은 다음과 같은 사항들을 준수해야 한다.

- 레이블에 품종을 표기하는 경우에는 해당 포도가 85% 이상이어야 한다.
- 블렌딩한 여러 품종 중의 어느 하나도 85% 이상이 아닌 경우에는 품종들을 모두 레이블에 밝혀야 하며, 표시된 품종의 비율이 5% 이하일 수는 없다. 예를 들어 '카베르네-메를로'라는 표시는 카베르네 소비뇽의 비율이 메를로보다 더 높다는 것을 뜻한다. 그리고 5% 이하로 사용된 품종은 별도로 뒷면 레이블에 표시할 수 있다.
- 블렌딩한 와인은 사용된 포도의 비율을 밝혀야 한다.
- 산지나 구역 또는 지역의 명칭이 레이블에 기재될 경우에는 포도의 85% 이상이 해당 지역에서 생산된 것이어야 한다.

사우스 오스트레일리아

◇ 와인구역과 와인지역

호주의 와인 총생산량 중에서 절반 이상을 차지하는 사우스 오스트레일리아South Australia는 미국의 캘리포니아와 같은 곳이다. 와인생산지는 거의 인도양Indian Ocean에 인접한 지역에 집중되어있으며, 펜폴즈 그레인지Penfolds Grange, 제이콥스 크릭Jacob's Creek, 얄룸바Yalumba와 헨쉬키 힐 오브 그레이스Henschke Hill of Grace 등 호주의 최고급 와인부터 저가의 박스와인까지 모두 생산되고 있다. 이 산지에는 호주의 대표적 와인산지 중의 하나인 바로사를 비롯하여 호주 와인산업의 중추를 담당하는 와인구역들이 있으며, 이들은 다시 여러 와인지역들로 나뉜다.

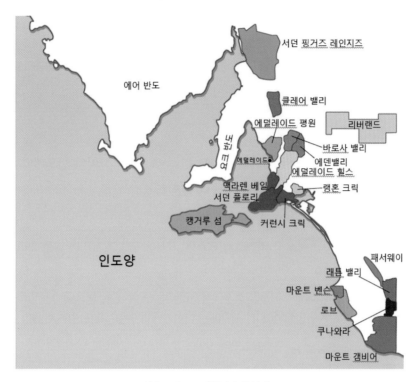

사우스 오스트레일리아 와인지도

◇ 바로사Barossa

이 구역은 미국의 나파 밸리와 비슷한 곳으로, 2020년 현재 세계에서 가장 오래된 수령 173년의 쉬라즈 나무들이 자라고 있다. 이곳에는 호주에서 가장 명성이 높은 두 와인지역이 있다.

• 바로사 밸리Barossa Valley : 기후가 덥고 건조하여, 바닷바람이 부는 고지대에서 화이트와인이 많이 생산된다. 그러나 이곳의 백미白眉는 극단적으로 농축된 맛과 향을 가진 풀바디의 프리미엄급 쉬라즈 와인이다. 그리고 그르나슈에 쉬라즈와 무르베드르를 블렌딩한 GSM 블렌드 와인도 높은 인기를 누리고 있다.

투핸즈, 코치 하우스 블록 쉬라즈(Two Hands, Coach House Block Shiraz) 2014. 사우스 오스트레일리아의 바로사 밸리에서 생산되며, 산미와 감미를 타닌과 함께 절묘한 균형감 속에 감추고 소프트하고도 관능적인 질감을 느끼게 하는 호주 특유의 창조적 스타일의 와인으로 부족함이 없다.

- 에덴 밸리Eden Valley : 해발고도가 400~600m인 이 지역은 일찍이 리슬링 와인으로 높은 명성을 얻었으며, 샤르도네도 뛰어나다. 그리고 세계적 명품 와인으로 꼽히는 헨쉬키가 이곳에서 생산되는데, 이 와인은 수령이 무려 140년 이상인 쉬라즈로 만든다.

◇ 플로리Fleurieu

머리 강River Murray의 하구와 세인트 빈센트 만St. Vincent Gulf 사이의 반도지역과 캥거루 섬을 포함하는 구역으로, 대표적인 와인지역은 다음과 같다.

- 커런시 크릭Currency Creek : 샤르도네, 리슬링, 소비뇽 블랑과 세미옹 같은 화이트 품종을 많이 재배하고 있는 지역이다.

- 캥거루 섬Kangaroo Island : 이곳은 호주에서 3번째로 큰 섬이며, 보르도 스타일의 레드와인이 많이 생산되는 와인지역이다. 최근에는 미식가들의 여행지로도 인기가 높다.

- 랭혼 크릭Langhorne Creek : 부드러운 질감과 풍부한 향을 가진 쉬라즈와 까베르네 소비뇽 레드와인이 유명한 지역이다.

- 맥라렌 계곡McLaren Vale과 서던 플로리 Southern Fleurieu : 다양한 품종으로 레드와 화이트와인을 생산하는 곳이다. 맥라렌 계곡의 레드와인은 세련된 매력이 있다는 평가를 받는다.

맥라렌 계곡의 포도밭 전경

◇ 마운트 로프티 레인지즈Mount Lofty Rangese

플로리 구역의 북쪽에 위치하며, 다음과 같은 와인지역들이 있다.

- 애덜레이드 힐스Adelaide Hills : 세인트 빈센트 만St. Vincent Gulf에서 가까워서, 사우스 오스트레일리아에서 가장 서늘한 곳이다. 이곳은 신선한 감귤류의 향이 있는 소비뇽 블랑으로 명성을 굳히고 있다. 그리고 삐노 누아도 훌륭하며, 스파클링 와인의 베이스 와인을 생산하고 있다.

- **애덜레이드 평원**Adelaide Plains : 사우스 오스트레일리아에서 가장 더운 지역인데, 호주 최고 와인 중의 하나인 펜폴즈를 만드는 포도가 재배되는 곳이다.
- **클레어 계곡**Clare Valley : 사우스 오스트레일리아에서 북쪽에 위치하며, 샤르도네, 세미용과 리슬링 와인을 많이 생산하는데, 특히 리슬링의 명성은 바로사의 에덴 밸리보다 더 높다. 자두향이 풍부한 이곳의 까베르네 소비뇽과 쉬라즈도 세계적 수준이라는 평가를 받고 있다. 이곳은 호주 최초로 와인병에 스크류 캡 마개를 도입한 것으로도 유명하다.

킬리카눈 클레어 밸리 오라클(Kilikanoon Clare Valley Oracle) 2006. 이 와인은 특이한 질감과 탁월한 균형감으로 클레어 밸리의 쉬라즈 와인이 세계적 명성을 누리고 있는 이유를 명확히 보여준다.

◇ **라임스톤 코스트**Limestone Coast

빅토리아 주의 경계 가까이에 위치하는 와인구역으로, 이 구역의 토양을 구성하는 석회암limestone에서 지역의 명칭이 유래하였다. 석회암은 이 지역을 특징짓는 테라로사terra rossa 토양의 기반이다. 이 구역에는 다음의 와인지역들이 있다.

펜폴즈 그레인지(Penfolds Grange) 2015. 이 와인은 쉬라즈에 약간의 까베르네 소비뇽을 블렌딩하여 만드는 에르미타주 스타일로서, 호주를 대표하는 최고의 명품와인이다.

- **쿠나와라**Coonawarra : 과거에 이 지역의 대표적 품종은 쉬라즈였으나, 현재는 까베르네 소비뇽이 60% 이상을 차지하고 있다. 얄룸바Yalumba와 펜폴즈Penfolds 같은 와인기업이 이 지역에서 생산되는 포도를 사용하고 있다.
- **마운트 벤슨**Mount Benson : 쿠나와라의 서쪽에 위치하며, 이곳의 레드와인은 쿠나와라 와인보다 과일향이 더 강하고 덜 타닉하다. 삐노 누아의 잠재력이 높다고 한다.
- **마운트 갬비어**Mount Gambier : 현재 약 8개의 와이너리가 있는 신생 와인지역이다.
- **패서웨이**Padthaway : 쿠나와라의 북쪽에 인접하고 있지만, 날씨는 오히려 조금 따뜻한 편이다. 균형이 잡힌 산미와 과일향의 샤르도네 와인이 유명한 지역이다.

- **로브**Robe**와 래튼벌리**Wrattonbully : 쿠나와라 가까이에 위치하며, 까베르네 소비뇽과 쉬라즈가 절대적으로 많고 샤르도네도 흔히 볼 수 있다.

◇ 기타의 와인구역

앞의 와인구역 이외에도 사우스 오스트레일리아에는 파노스, 로우어 머리와 더 피닌슐라즈 등이 있다.

- **파 노스**Far North : 클레어 계곡의 북쪽에 위치하며, 최근에야 국제적으로 알려지기 시작한 와인구역이다. 까베르네 소비뇽, 쉬라즈와 메를로의 재배를 위한 최적지로 알려지고 있다.
- **로우어 머리**Lower Murray : 남쪽으로는 라임스톤 코스트 지역과 접하고 있고 북쪽으로는 파 노스 지역과 만나는 구역이다. 이곳의 리버랜드Riverland 와인지역은 벌크와인과 박스와인을 주로 생산하고 있다.
- **더 피닌슐라즈**The Peninsulas : 요크Yorke 반도와 에어Eyre 반도를 아우르는 구역으로, 까베르네 소비뇽과 쉬라즈가 가장 많고 화이트와인도 많이 생산된다.

뉴 사우스 웨일즈

◇ 와인구역

호주의 와인 총생산량 중에서 약 30%를 담당하는 뉴 사우스 웨일즈New South Wales 는 사우스 오스트레일리아의 동쪽과 빅토리아의 북쪽에 위치하는 주이다. 와인구역들은 대부분 동쪽 바다에 가까운 곳에 집중되어 있으며, 빅 리버즈, 센트럴 레인지즈, 헌터 밸리, 사우스 코스트와 서던 뉴 사우스 웨일즈 등의 대표적인 와인구역들이 있다.

◇ 빅 리버즈Big Rivers

박스와인과 호주에서 가장 성공한 브랜드라는 옐로우 테일Yellow Tail 등의 대중적 와인이 대량으로 만들어지는 구역이다. 이곳은 페리쿠타Perricoota와 리버리나Riverina를 비롯하여 빅토리아 주와 일부가 겹치는 머리 달링Murray Darling과 스완 힐Swan Hill 등의 와인지역들을 포함하고 있다.

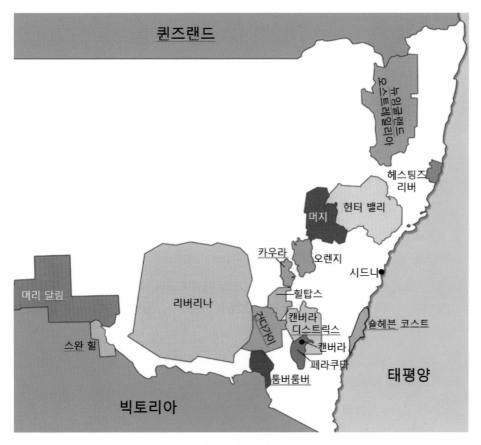

뉴 사우스 웨일즈 와인지도

여러 가지 옐로우 테일 와인. 이 와인의 레이블의 동물은 캥거루가 아니라 생물학적 친척인 노랑발 바위 왈라비[yellow-footed rock wallaby(Petrogale xanthopus)]이다.

◇ 센트럴 레인지즈Central Ranges

블루 산맥Blue Mountains의 서편 경사지에 위치하는 와인구역으로, 다음과 같은 와인지역을 포함하고 있다.

- 카우라Cowra : 이 구역에서 가장 따뜻한 지역으로, 샤르도네를 가장 많이 재배하고 있으며 까베르네 소비뇽과 쉬라즈가 그 뒤를 따르고 있다.
- 머지Mudgee : 까베르네 소비뇽과 쉬라즈를 많이 재배하며, 최근에는 호주 최초로 유기농 와인을 생산한 지역으로 유명세를 타고 있다.
- 오렌지Orange : 포도밭이 해발 600~1,050m에 위치하여, 구역 내에서 기후가 가장 서늘하다. 샤르도네와 까베르네 소비뇽이 지배적 품종이며, 메를로와 쉬라즈가 그 뒤를 잇고 있다.

◇ 헌터 밸리Hunter Valley

시드니Sydney에 가까워서, 와인관광산업이 발달한 곳이다. 헌터 밸리는 호주의 와인지역 중에서 가장 북쪽에 자리하여, 이곳의 기후는 거의 아열대에 가깝고 습도가 높아서 포도재배에 아주 이상적이지는 않다. 그러나 태평양에서 불어오는 바람이 더위를 식혀주는 약간의 역할을 한다. 그리고 호주에서 유일하게 세미용 와인이 많이 생산되는데, 드라이하고 알코올 도수가 낮다.

- **브로크 포드위치**Broke Fordwich : 퍼콜빈의 근교에 위치하며, 세미용, 샤르도네와 쉬라즈가 지배적 품종이다.

- **퍼콜빈**Pokolbin : 보존력이 특별한 세미옹 화이트와인과 과일향이 풍부하고 섬세하며 복합적인 레드와인이 유명하다.

- **어퍼 헌터 밸리**Upper Hunter Valley : 이 구역에서 가장 북서쪽에 위치하고 있으며, 화이트 품종 재배의 최적지로 알려지고 있다. 화이트 품종은 샤르도네와 세미용을 비롯하여 마데이라의 품종인 베르젤류Verdelho가 많이 재배되고 있으며, 레드 품종은 쉬라즈, 까베르네 소비뇽과 메를로가 주로 재배되고 있다. 특히 이 지역에서 생산되는 쉬라즈의 일부는 20~30년의 숙성력이 있을 정도로 구조가 탄탄하다.

◇ **사우스 코스트**South Coast

시드니와 빅토리아와의 경계 사이의 해안에 위치하는 이 구역은 숄해븐 코스트Shoalhaven Coast, 유로보달라Eurobodalla와 서던 하이랜즈Southern Highlands 와인지역들을 포함한다. 특이하게 베르젤류와 프랑스와 미국 포도의 교잡종인 샹보르생Chambourcin을 많이 재배하고 있다.

◇ **서던 뉴 사우스 웨일즈**Southern New South Wales

이곳은 호주의 수도인 캔버러를 중심으로 형성된 와인구역으로, 다음과 같은 와인지역들을 포함한다.

- **캔버러 지구**Canberra District : 포도원의 수가 많은 것으로 유명한 캔버러 근교의 와인지역으로, 포도밭이 해발 500~900m에 위치해서 대체로 기후가 서늘하다. 쉬라즈와 리슬링이 지배적 품종이며, 섬세한 삐노 누아 와인도 유명하다.

- **건더가이**Gundagai : 고도가 해발 210~320m인 위치에 포도밭이 있으며, 쉬라즈와 까베르네 소비뇽, 샤르도네와 세미용이 널리 재배되고 있다.

- **힐탑스**Hilltops : 포도밭이 해발 450m 이상에 있으며, 다양한 레드 품종을 재배하고 있다.

- **툼버룸버**Tumbarumba : 해발 300~800m의 고도에 포도밭이 자리하고 있으며, 구역 내에서 기후가 가장 서늘한 지역이다. 샤르도네와 삐노 누아가 지배적 품종이다.

◇ **뉴 잉글랜드 오스트레일리아**New England Australia**와 노던 리버즈**Northern Rivers

뉴 잉글랜드 오스트레일리아는 뉴 사우스 웨일즈의 북동쪽에 위치하는 와인구역으로, 그레이트 디바이딩 산맥Great Dividing Range의 서쪽 경사면과 고원에 위치하여 포도밭의 고도가 해발 400~1,300m에 이른다. 쉬라즈와 샤르도네를 많이 재배하는 곳이며, 게뷔르츠트라미너 와인은 질적으로 우수하다는 평가를 받고 있다. 노던 리버즈는 뉴 잉글랜드 오스트레일리아의 동남 방향의 해안지역에 위치한 와인구역으로, 1980년대 이후로 와인을 생산하기 시작하였다. 해스팅즈 리버Hastings River 등의 와인지역을 포함하고 있다.

빅토리아의 주도인 멜번(Melbourne)의 도심 전경. 이 도시의 건물을 비롯한 모든 구조물들은 거의 직선으로 이루어져있어서, 멜번은 세계에서 직선을 가장 사랑하는 도시라 할 만하다.

빅토리아

◇ **와인구역**

빅토리아Victoria는 호주에서 3번째로 와인생산량이 많은 곳이지만, 생산자의 수는 단연 1위이다. 이것은 빅토리아에는 대규모 생산자보다는 소규모 와인생산자들이 중심을 이루고 있기 때문이며, 따라서 이 지역은 역동성과 다양성이 돋보인다. 대표적인 와인구역들은 빅토리아 중부, 북동부, 북서부와 서부를 비롯하여 포트 필립과 깁스랜드 등이다.

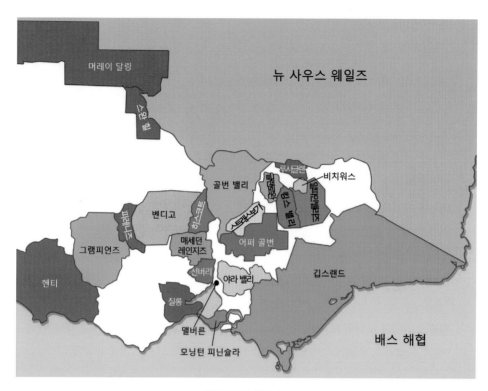

빅토리아의 와인지도

◇ 센트럴 빅토리아Central Victoria

주의 중북부 구역이며, 다음과 같은 와인지역을 포함한다.

- 히스코트Heathcote : 알코올 도수가 14~15°로 높고 향이 풍부한 쉬라즈 와인이 생산된다.

- 벤디고Bendigo : 까베르네 소비뇽으로 특화된 와인지역이다.

- 골번 밸리Goulburn Valley : 쉬라즈가 지배적 품종이며, 마르산Marsanne, 까베르네 소비뇽
  과 샤르도네도 많이 재배되고 있다.

- 스트래스보기 레인지즈 Strathbogie Ranges : 구역 내에서 상대적으로 기후가 서늘한 지역으
  로, 샤르도네, 리슬링, 게뷔르츠트라미너, 삐노 그리와 비오니에를 많이 재배하고 있다.

◇ 포트 필립Port Phillip

이 구역은 멜번Melbourne을 둘러싸고 있는 5개의 와인지역을 아우르고 있으며, 프랑스의 보르도와 기후가 가장 비슷하다고 한다.

- 야라 밸리Yarra Valley : 주로 삐노 누아와 샤르도네를 재배하는 와인지역으로서, 오랫동안 고급 와인을 생산하는 지역의 평판을 지켜오고 있다. 그리고 멜번과 가까워서 관광객들이 들끓는 곳이기도 하다. 이곳의 쉬라즈는 각광을 받는 와인이다.
- 매서던 레인지즈Macedon Ranges : 까베르네 소비뇽과 메를로 와인으로 널리 알려진 지역이며, 이곳의 일부 쉬라즈 와인은 향이 풍부하고 타닌이 부드럽다는 좋은 평판을 바탕으로 컬트 와인cult wine의 반열에 들기도 한다.
- 선버리Sunbury : 쉬라즈와 비오니에를 많이 생산하는 지역이다. 특히 장기숙성용 쉬라즈 와인은 독특하게 드라이하다.
- 질롱Geelong과 모닝턴 피닌슐라Mornington Peninsula : 이 지역들의 정갈하고 순수한 삐노 누아, 샤르도네, 리슬링과 비오니에 와인은 국제적으로도 높은 평가를 받고 있다.

◇ 기타의 와인구역

빅토리아의 북동부, 북서부와 서부도 주요 와인구역이며, 깁스랜드는 빅토리아에서 가장 광대한 구역이다.

- 빅토리아 북동부North East Victoria : 이 구역에는 5개의 와인지역들이 있는데, 알파인 밸리즈Alpine Valleys와 비치워스Beechworth는 평범한 테이블 와인을 생산하는 지역이다. 글렌로완Glenrowan과 루서글렌Rutherglen은 풀바디의 쉬라즈 와인과 강화와인을 생산하고 있으며, 킹 밸리King Valley는 매우 다양하고 특이한 품종으로 이탈리아 스타일의 와인을 만드는 지역이다.
- 빅토리아 북서부North West Victoria : 중저가의 와인이 대량으로 생산되는 구역으로, 머리 달링Murray Darling과 스완 힐Swan Hill을 와인지역으로 포함하고 있다.
- 빅토리아 서부Western Victoria : 이 구역의 와인지역 중에서 그램피언스Grampians는 쉬라즈와 가베르네 소비뇽 와인이 많이 생산되는 지역이며, 헨티Henty는 샤르도네와 리슬링

등의 화이트와인과 약간의 삐노 누아 와인을 생산하고 있다. 피러니즈Pyrenees는 쉬라즈
와 까베르네 소비뇽으로 널리 알려진 지역이지만, 화이트와인도 많이 생산하고 있다.

- **깁스랜드**Gippsland : 매우 광대한 와인구역으로, 멜번의 바로 동쪽으로부터 해안을 따라
  빅토리아 주의 동쪽 경계까지 거의 400㎞에 이른다. 삐노 누아와 샤르도네가 많이 재배
  되고 있으며, 소규모 와이너리가 중심이 되는 와인산업구조를 가지고 있다.

웨스턴 오스트레일리아

◇ 와인지역

면적으로 호주 대륙의 거의 1/3을 차지하고 있는 웨스턴 오스트레일리아Western
Australia는 호주의 와인생산량 중에서 5% 정도를 생산하고 있지만, 와인의 질은 호주
에서 거의 탑 클래스의 수준으로 평가받고 있다. 이곳에는 와인을 생산하는 여타의
주와는 달리 와인구역이 없고 와인지역들만 있는데, 그레이트 서던, 마가렛 리버와
스완 디스트릭트와 같은 대표적인 와인지역이 있다.

◇ 마가렛 리버Margaret River

인도양의 시원한 바람으로 온화한 기후가 형성되어, 아름다운 경치로 관광객이 몰
려드는 곳이다. 주된 재배품종은 까베르네 소비뇽, 메를로, 세미용과 소비뇽 블랑이
다. 특히 이곳의 일부 까베르네 소비뇽은 섬세하고도 풍부한 풍미를 가진 세계 최고
수준의 와인으로 평가받고 있으며, 쉬라즈와 샤르도네도 빼어나다. 그리고 세미용과
소비뇽 블랑을 블렌딩한 이 지역의 특산 와인도 빠뜨릴 수 없다. 이 지역과 그레이트
서던 사이에는 4개의 와인지역인 지오그래피Geographe, 블랙우드 밸리Blackwood Valley, 만
지멉Manjimup과 펨버튼Pemberton이 자리하고 있다.

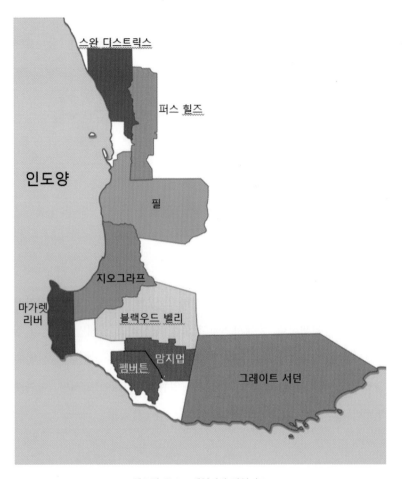

웨스턴 오스트레일리아 와인지도

◇ 그레이트 서던Great Southern과 스완 디스트릭트Swan District

　그레이트 서던은 동서로 200㎞이며 남북으로 100㎞에 달하는 호주에서 가장 넓은 와인지역이다. 5곳의 세부 와인지역이 있으며, 기후와 떼루아에 따라 포도밭들이 서로 먼 거리로 흩어져있다. 주로 리슬링, 샤르도네, 까베르네 소비뇽, 삐노 누아, 쉬라즈와 말벡을 재배하고 있다. 특히 이곳의 리슬링과 쉬라즈는 독특하면서도 우수하다는 평가를 받고 있다. 스완 디스트릭트는 호주에서 가장 기온이 높은 와인지역으로, 많이 재배되는 품종은 베르젤류, 슈냉 블랑과 샤르도네이다. 이 지역의 옆과 아래로는 퍼스 힐즈Perth Hills와 필Peel이라는 와인지역과 접하고 있다.

태즈매니아

호주에서 가장 큰 섬이며 우리나라 국토의 2/3를 약간 넘는 면적을 가진 태즈매니아Tasmania는 빅토리아 주의 남쪽으로부터 240㎞ 떨어져 있는 독립적인 주이며, 원시의 자연이 고스란히 보전되어 경이로운 경치를 간직하고 있는 지역이다.

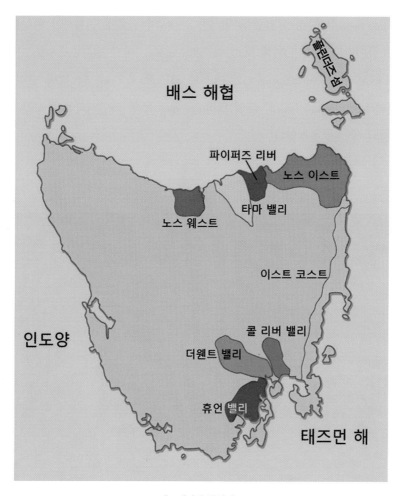

태즈매니아 와인지도

그리고 이곳은 호주에서 가장 위도가 높은 와인구역이며, 포도나무를 보호하기 위한 차폐물을 설치해야 할 정도로 바람이 거세다. 많이 재배하는 품종은 삐노 누아와 샤르도네인데, 이들 중의 상당한 부분은 발포성 와인을 만드는 데 쓰인다. 그리고 태즈매니아의 발포성 와인은 보편적으로 질이 우수하다는 평가를 받고 있으며, 리슬링 와인은 독일의 모젤에 비견될 정도이다. 그리고 삐노 누아, 삐노 그리와 게뷔르츠트라미너도 생동감과 신선함이 있다는 평가를 받고 있다. 태즈매니아가 정확히 로어링 포티즈Roaring Forties라 불리는 남반부 편서풍westerlies의 경로에 위치하기 때문에, 거친 바람을 조금이라도 피하기 위해 노스 웨스트North West, 타말 밸리Tamar Valley, 파이퍼즈 리버Pipers River, 노스 이스트North East, 이스트 코스트East Coast, 콜 리버 밸리Coal River Valley, 더웬트 밸리Derwent Valley와 휴언 밸리Huon Valley 등의 와인지역들은 모두 섬의 북쪽과 동편의 해안에 몰려있다.

◆ 04 ◆

뉴질랜드와 남아프리카,
그리고 중국

오세아니아Oceania와 아프리카Africa에서 적든 많든 와인을 생산하는 국가들은 아주 많지만, 세계의 와인산업에서 주요한 지위를 인정받아서 신세계의 범주에 포함되는 국가들은 호주와 뉴질랜드를 비롯하여 남아프리카이며 나머지 국가들의 와인산업은 미미한 수준에 머물고 있다. 이들 세 나라는 유럽에서 도입한 포도품종으로 주어진 토양과 환경에 적응하여 각기 배타적이며 차별적인 와인을 빚어내고 있다. 소비뇽 블랑과 삐노 누아는 뉴질랜드의 와인에 특별함을 부여하는 핵심적 역할을 하고 있다. 그리고 남아프리카는 다양한 유럽품종으로 자신들만의 개성이 넘치는 와인을 만들고 있다. 그리고 최근에 중국은 주요한 와인소비국인 동시에 주목할 만한 와인생산국으로 진입하고 있으므로, 덤으로 중국의 와인에 대해서도 간략히 알아보기로 하자.

뉴질랜드

◇ 뉴질랜드New Zealand의 와인지역

호주 대륙에서 동쪽으로 약 2,000㎞의 거리에 있는 뉴질랜드는 두 개의 큰 섬인 북섬North Island과 남섬South Island을 비롯하여 약 600개의 부속섬으로 이루어진 국가이다. 2018년 현재 와인 총생산량은 세계 15위이지만, 세계 전체 와인수출량에서 3.2%를 차지하는 8위의 와인 순수출국이다.

뉴질랜드의 와인 지도

뉴질랜드 와인은 정갈하며 직선적인 향을 느끼게 하는 매력이 있다. 와인지역들은 북섬의 노스랜드Northland로부터 남섬의 센트럴 오타고Central Otago까지 약 1,600㎞의 거리에 흩어져있다. 2016년에 '지리적 표시의 등록에 관한 개정법안Geographical Indications(GI) Registration Amendment Bill'이 제정되었는데, 여기에서는 여러 와인지역과 세부 와인지역을 GI로 지정하고 있다. 이 지역들은 거의 모두 뉴질랜드의 동쪽 해안 가까이에 자리하고 있는데, 이것은 북섬의 타포 화산지대Taupo Volcanic Zone 등의 산악지대와 남섬을 가로지르는 산맥인 서던 알프스Southern Alps가 동쪽 기슭에 비그늘을 형성하기 때문이다. 그리고 풍부한 일조량과 밤에 불어오는 서늘한 바닷바람이 포도의 재배에 좋은 조건을 제공한다.

서던 알프스는 뉴질랜드 남섬의 뼈대로서, 500㎞에 펼쳐진 산맥이다. 사진의 가장 왼쪽 봉우리가 뉴질랜드에서 가장 높은 산인 마운트 쿡(Mount Cook)으로, 산맥의 중앙에 있으며 높이는 해발 3,724m이다.

◇ 노스랜드Northland

뉴질랜드의 북섬에서 가장 북쪽에 있는 GI인 노스랜드는 와인 생산량이 매우 작은 곳이다. 비가 많이 내리고 여름에는 매우 덥지만, 낮은 습도가 포도나무의 심각한 질병을 막아준다. 샤르도네가 가장 많이 재배되는 품종이지만, 이 지역에서 가장 특출한 것은 완숙한 시라 와인이며 삐노 그리 화이트도 훌륭하다. 이곳은 양질의 포도를 얻기 위해 재배농민이 수확량을 조절해야 할 정도로 토양이 비옥하고 기후가 온화하여, 포도가 과숙하여 와인은 산도가 비교적 낮은 경향이 있다.

◇ **오클랜드**Auckland

뉴질랜드에서 가장 큰 도시인 오클랜드를 둘러싸고 있는 넓은 GI이지만, 와인의 생산량이 많지 않은 소규모 와인지역이다. 그러나 이곳에서 가장 많이 재배되는 샤르도네로 만든 와인은 뉴질랜드에서 가장 훌륭하며, 보르도 품종으로 만드는 보르도 스타일의 레드와인도 높은 평가를 받고 있다. 최근의 온난화 현상으로, 일부 지역에서는 이탈리아와 스페인의 품종들을 시험적으로 재배하고 있다. 오클랜드는 다음과 같은 독립적인 세부 와인지역인 세 곳의 GI를 포함하고 있다.

Stonyridge Larose Waiheke Island 2018. 스토니리지는 뉴질랜드 와이너리들 중에서 걸출한 대표주자이다.

- **웨이헤크 아일랜드**Waiheke Island : 오클랜드의 동쪽의 호라키 만Hauraki Gulf에 있는 섬으로, 건조하고 온화한 기후의 와인지역이다. 이곳에서 생산되는 보르도 스타일의 레드와인은 높은 평판을 얻고 있으며, 이 중의 일부는 뉴질랜드에서 가장 훌륭하다는 평가를 받고 있다. 이 중에서 '라로즈Larose'는 보르도의 프리미엄급 와인과 비교될 정도로 국제적으로도 명성이 높은 만큼 가격도 비싸다.

- **큐무**Kumeu : 오클랜드 시의 서쪽에 있는 소규모 와인지역으로, 빼어난 샤르도네 와인이 만들어지는 곳이다. 샤르도네가 지배적 품종이며, 삐노 그리와 삐노 누아도 조금씩 재배되고 있다. 그리고 큐무는 1800년대에 설립된 와이너리들이 현존하는 유서 깊은 지역이기도 하다.

- **마타카나**Matakana : 오클랜드 시에서 북쪽으로 60㎞ 거리에 있는 마타카나는 소규모 가족경영의 와이너리들이 대부분을 차지한다는 특징이 있다. 1990년을 전후하여 본격적으로 와인의 상업적 생산이 시작되었으며, 2017년 현재 21개의 와이너리가 있다.

북섬의 북단에 위치한 오크랜드는 뉴질랜드에서 최대의 도시로서, 인구가 120만 명을 넘는다.

◇ 기스번Gisborne

북섬의 동쪽 해안에 위치하는 기스번 시의 주위에 형성된 GI이며, 세계에서 가장 동쪽에 위치하는 와인지역이다. 토양이 비옥하여 잠재력이 높은 곳임에도 불구하고, 1980년대 이전에는 주로 강화와인과 박스 와인을 생산하였다. 지금은 뮐러–투르가 우Müller–Thurgau, 샤르도네와 게뷔르츠트라미너 와인을 만들고 있다.

◇ 혹스 베이Hawke's Bay와 센트럴 혹스 베이Central Hawke's Bay

북섬의 동쪽 해안에 형성된 혹스 베이는 뉴질랜드에서 가장 오래되고 두 번째로 큰 GI이며, 센트럴 혹스 베이는 혹스베이의 남쪽에 붙어있는 독립적인 GI이다. 이 와인지역들의 메를로와 시라 레드와인이 높은 명성을 얻고 있으며, 샤르도네와 소비뇽 블랑을 비롯하여 비오니에 화이트와인도 훌륭하다. 이 지역의 와인은 직선적인 청량감을 특징으로 하는 뉴질랜드 와인의 대표주자와도 같다. 이곳에는 여러 곳의 세부 와인지역들을 포함하고 있는데, 그중에서 김블릿 그래블

혹스 베이 와인, 실리니 소비뇽 블랑(Sileni Sauvignon blanc) 2018. 천연의 직선적인 산미가 탁월한 와인이다.

즈Gimblett Gravels는 행정상 또는 지리적 지명에 따라 명칭을 정한 거의 모든 와인지역과는 달리, 자갈gravels이 많은 토양에서 이름이 유래한 특이한 와인지역이다. 김블릿 그래블즈의 남쪽에 위치하는 브리지 파 트라이앵글Bridge Pa Triangle은 시라 와인으로 잘 알려진 지역이다. 이 외에도 테 마타Te Mata와 테 아왕가Te Awanga 등의 세부 와인지역들이 있다.

◇ 와이라라파Wairarapa

북섬의 가장 남쪽에 자리한 와이라라파는 타라루아 산맥Tararua Range에 의해 형성된 동쪽 기슭의 비그늘에 있으며, 소규모 와인지역 중의 하나이다. 삐노 누아와 소비뇽 블랑이 지배적 품종이며, 삐노 그리를 비롯하여 샤르도네와 시라도 널리 재배하고 있다. 이 GI에는 상세 와인지역인 글래드스톤Gladstone, 마틴버러, 매스터턴Masterton과 오파키Opaki가 있는데, 이 중에서 마틴버러는 뉴질랜드에서 대단히 특별한 와인지역이다.

- **마틴버러Martinborough** : 와이라라파에 완전히 둘러싸인 마틴버러는 뉴질랜드의 프리미엄급 삐노 누아 와인을 생산하는 곳인데, 이 와인은 부르고뉴 스타일이다. 이 지역의 와이너리는 모두 소규모의 가족 중심 경영 체계로 운영되며 양보다는 질을 추구하는데, 소비뇽 블랑, 삐노 그리와 시라 와인이 빼어나다.
- **글래드스톤Gladstone** : 마틴버러의 북쪽에 붙어있는 와인지역으로서, 삐노 누아와 소비뇽 블랑이 지배적 품종이며 샤르도네, 리슬링, 비오니에와 시라도 많이 재배하고 있다.

◇ 넬슨Nelson

남섬의 가장 북쪽에 위치하는 넬슨은 뉴질랜드에서 가장 일조량이 풍부한 와인지역이다. 따라서 가을이 길어서, 질이 좋은 늦수확 와인late-harvest wine이 생산되고 있다. 세부 와인지역인 와이메아Waimea와 모우터 밸리Moutere Valley를 포함하고 있다.

◇ **말보로**Marlborough

넬슨의 동쪽에 있는 GI로서, 뉴질랜드에서 규모가 가장 큰 와인지역이다. 뉴질랜드의 와인 총생산량 중에서 약 75%가 이곳에서 생산되고 있으며, 경작면적은 약 70%에 이른다. 그리고 뉴질랜드 와인 수출량 중에서 85%를 말보로가 담당하고 있다. 그러나 이 와인지역은 1970년대 이후에 포도재배가 시작된 곳이다. 이 지역의 소비뇽 블랑과 삐노 누아가 국제적으로 주목받고 있다. 특히 청량감이 넘치는 이곳의 소비뇽 블랑은 타의 추종을 허락하지 않는다. 그리고 질이 높은 삐노 그리와 리슬링도 빠뜨릴 수 없는 이 지역의 자랑거리이다.

말보로의 소비뇽 블랑 와인, 2019 Wildsong.

말보로 블레넘(Blenheim)의 포도밭. 블레넘은 뉴질랜드 남섬의 동북쪽 끝자락에 있는 마을이다.

◇ **캔터버리**Canterbury

남섬의 여타 와인지역을 모두 합한 것보다 더 넓지만, 대부분의 포도재배지역이 항구도시인 크라이스트처치Christchurch의 인근에 집중되어있는 소규모 와인지역이다. 이 지역의 북쪽 부분이 노스 캔터버리North Canterbury인데, 이곳도 독립적인 GI이며 내부에 와이파라 밸리라는 세부 와인지역이 있다.

- **노스 캔터버리**North Canterbury : 2018년 이후로 캔터버리와 독립적인 GI가 되었는데, 몇몇 곳에 흩어져있는 포도원들을 통합한 소규모 와인지역이다. 그리고 이 지역은 뉴질랜드에서 유일하게 1926년 독일에서 탄생한 에렌펠져Ehrenfelser라는 품종의 화이트와인을 생산하고 있다. 삐노 누아, 소비뇽 블랑, 리슬링, 삐노 그리와 샤르도네를 많이 재배하고 있으며, 특히 이 지역의 일부 삐노 누아 와인은 질이 탁월하다는 평가를 받고 있다.

- **와이파라 밸리**Waipara Valley : 크라이스트처치로부터 60km 북쪽에 위치하는 세부 와인지역이다. 이 지역에서는 질 좋은 삐노누아 와인을 생산하기 위해 노력하고 있으며, 소비뇽 블랑, 리슬링, 삐노 그리와 샤르도네 등의 화이트 품종이 널리 재배되고 있다.

◇ **와이타키 밸리**Waitaki Valley

2000년대 이후에 포도재배가 시작된 신흥와인지역으로, 캔터버리의 최남단에 동서로 길게 붙어있는 지역이다. 온화한 여름과 길고 건조한 가을 덕분에, 복합적이며 균형감이 좋은 와인이 생산된다. 그러나 날씨의 변동이 심하고, 서리를 걱정해야 할 때가 잦다는 문제가 있다. 주로 재배되는 품종은 삐노 누아, 삐노 그리, 리슬링, 샤르도네와 게뷔르츠트라미너이며, 특히 이곳의 삐노 누아 와인은 뉴질랜드의 여타 지역과는 색다른 특성을 보인다고 평가받고 있다.

◇ **센트럴 오타고**Central Otago

뉴질랜드의 남섬에서 가장 남쪽에 위치할 뿐만 아니라, 세계 최남단의 와인지역이다. 또한 이 지역의 포도밭은 해발 200~400m에 위치하여 뉴질랜드에서 가장 고도가 높다. 아름다운 경치 속에 자리한 포도밭이 강의 깊은 골짜기 경사지에 조성되어 있는데, 이는 덥고 건조한 여름과 짧고 서늘한 가을에 이어지는 춥고 건조한 겨울을 피하기 위함이다. 낮 동안의 강한 햇살과 밤의 서늘한 바람은 포도가 적절한 산도를 가지는 데 직접적인 도움이 된다. 이 와인지역은 와나카Wanaka, 벤디고Bendigo, 크롬웰 베이슨Cromwell Basin, 깁스턴 밸리Gibbston Valley, 배넉번Bannockburn과 알렉산드라 베이슨Alexandra Basin과 같은 세부 와인지역으로 구분된다.

남아프리카

◇ 남아프리카South Africa의 와인과 와인지역

아프리카의 최남단에 위치하는 남아프리카는 2018년 현재 세계 10위의 와인생산국이며, 13위의 와인소비국이다. 그리고 액수를 기준으로 세계 12위의 와인수출국이기도 하다. 남아프리카는 9개의 주Province로 구분되어있으며, 각 주는 다시 여러 지역district으로 나누어진다. 그런데 포도재배와 와인생산은 웨스트 케이프West Cape 주의 수도인 케이프 타운Cape Town 근교에서 집중적으로 이루어지고 있다. 대표적인 와인지역은 콘스탄샤, 빨, 스텔렌보스 등이 있다. 남아프리카에는 다양한 스타일의 와인이 생산되고 있는데, 레드와 화이트 뿐만 아니라 강화와인과 발포성 와인도 있다. 전통적 방법으로 만드는 질이 좋은 발포성 와인도 있지만, 대부분은 샤르마 방법으로 만드는 것들이다. 그리고 강화와인은 '포트 스타일port-style'이나 '세리 스타일sherry-style'이란 이름으로 생산되고 있다. 아주 약간이지만, 귀부와인을 생산하는 와이너리도 있다.

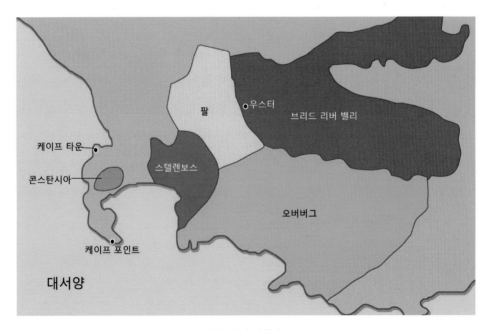

남아프리카 와인지도

◇ 와인제도와 레이블 관련 법규

남아프리카는 1973년에 와인의 생산지역을 표시하기 위해 유럽의 보호명칭제도와 비슷한 원산지 와인체계Wine of Origin(WO) system를 만들었으며, WO에 따라 약 60개의 보호명칭이 지정되어 있다. WO 와인은 레이블에 명시된 지역에서 재배한 포도만으로 만들어야 한다. 그리고 '싱글 바인야드single vineyard'는 정부에 등록이 되고 레이블에 표시한 포도밭이 5헥타르보다 작아야 하며, '에스테이트 와인estate wine'은 가까이 있는 포도원들이 공동으로 경작하고 동일한 장소에서 와인을 제조하는 경우에만 표시할 수 있다. 그리고 '남아프리카 와인과 증류주 협회South African Wine & Spirit Board'는 국내에서 생산하는 와인에 대해 질과 레이블링의 정확성을 보증하는 자율적 프로그램을 운영하고 있는데, 여기에 참여하는 와이너리는 병목의 캡슐에 '서티파이드certified'라는 증지를 붙인다. 이에 따르면 빈티지 와인은 표시된 연도에 수확한 포도를 85% 이상 사용해야 하며, 품종을 표기하기 위해서는 이 품종이 85% 이상이어야 한다. 그런데 두 품종을 혼합한 경우에는 레이블에 품종을 표시할 수 없다.

◇ 콘스탄샤Constantia

케이프 타운Cape Town 남부의 케이프 반도Cape Peninsula에 위치한 콘스탄샤는 남아프리카에서 가장 유서 깊은 와인지역이다. 바다에서 불어오는 '케이프 닥터Cape Doctor'라는 이름의 시원한 동남풍의 영향으로 여름에도 한낮 평균기온이 20℃를 넘지 않는다. 따라서 포도가 익는 기간이 길어져서, 향이 섬세하고도 풍부한 와인이 만들어진다. 또한 케이프 타운의 명물인 테이블 마운틴Table Mountain의 사암sandstone으로 구성된 토양도 와인의 질에 기여하는 주요한 요소이다. 소비뇽 블랑이 이 지역의 지배적 품종이며, 질 좋은 세미용도 생산되고 있다.

테이블 마운틴의 석양. ©Dewald Van Rensburg

◇ 빨Paarl

이 지역은 현재 남아프리카 와인산업의 핵심으로, 와인에 관한 정책과 가격을 결정하는 기구인 '남아프리카 포도재배인 협회Koöperatieve Wijnbouwers Vereniging van Zuid-Afrika Bpkt(KWV)'의 본부가 있는 곳이다. 그런데 최근에 와인산업의 주도권이 서서히 스텔렌보스로 넘어가고 있으나, 빨의 떼루아 와인이 지역의 와인산업을 활성화하고 있다. 빨의 상세 와인지역인 프렌치호크 밸리Franschhoek Valley는 포도경작지의 고도가 높아서 산도가 높고 향이 풍부한 화이트와인을 생산하는 곳이다. 이 지역은 가까운 장래에 남아프리카 최고의 와인지역이 될 가능성이 있으며, 주로 세미옹, 샤르도네와 까베르네 소비뇽을 재배하고 있다.

◇ 스텔렌보스Stellenbosch

콘스탄샤에 이어 남아프리카에서 두 번째로 오래된 와인지역으로, 케이프타운에서 동쪽으로 45㎞ 거리에 위치한다. 이 지역은 여러 산으로 둘러싸여서, 여타 지역과는 조금 달리 프랑스의 보르도와 비슷한 기후조건을 가지고 있다고 한다. 까베르

네 소비뇽, 메를로, 삐노타지와 시라를 비롯하여 소비
뇽 블랑과 슈냉 블랑도 많이 재배하고 있다. 최근에는
이 지역에 있는 스텔렌보스 대학교Stellenbosch University가
남아프리카의 와인산업을 주도하는 기관으로 부상하고
있다고 전한다.

◇ 기타의 와인지역

브리드 리버 밸리Breede River Valley는 케이프 타운에서
동북쪽으로 120㎞ 떨어진 우스터Worcester의 근방에 형
성된 와인지역으로, 주로 벌크와인과 강화와인을 대량

스텔렌보스의 와인 Stellen-
bosch Cabernet Sauvignon
2018과 Neethlingshof Sauvi-
gnon Blanc 2019.

으로 생산하고 있다. 케이프타운의 동쪽에 있는 오버버그Overberg는 최근에 개발이 시
작된 신흥 와인지역인데, 샤르도네와 삐노 누아를 주로 재배하고 있다. 이 이외에도
웨스트 케이프 안팎에 광활한 와인지역이 있으나, 지금까지는 대단한 잠재력을 드러
내고 있을 뿐이다.

중국

◇ 중국China의 와인

중국은 2018년 현재 세계 4위의 와인수입국이며 5위의 와인소비국으로 세계의 와
인산업에 지대한 영향을 끼칠 정도이지만, 세계 8위의 와인생산국이라는 사실은 잘
알려져 있지 않다. 또한 중국 와인소비의 증가추세는 장기간에 걸쳐 이 나라의 높은
경제성장률을 초과하고 있다. 그럼에도 불구하고 세계의 와인산업계에서 중국을 주
요 생산국에 포함하는 경우는 거의 찾아볼 수 없는데, 그 이유는 중국에서 생산된
와인이 세계의 와인산업에 미치는 영향이 매우 약하며 수출량도 지극히 미미하기 때
문일 것이다. 그런데 중국은 매우 오랜 와인의 역사를 가지고 있다. 7세기경에 당唐나

라는 실크 로드Silk Road를 통해 중앙아시아로부터 와인을 수입하였는데, 와인의 장거리 이동이 아예 불가능했던 과거의 상황을 고려할 때 당시의 수입품은 현재의 강화와인의 형태였을 것으로 추측된다. 14세기 명明나라 시대에는 중국에서 포도를 재배하고 직접 와인을 만들었다는 증거가 매우 풍부하다. 그러나 본격적으로 와인을 생산한 것은 19세기 말 산둥성의 옌타이에 서양식 와이너리가 설립된 이후이다.

중국의 와인 '창청(长城, Great-wall)'. 이 와인은 생산자가 중국에서 가장 규모가 큰 허베이성 장자커우의 중량저예유한공사(中粮酒业有限公司)이며, 중국을 대표하는 포도주 중의 하나이다.

◇ 와인의 생산과 소비

중국의 와인지역은 전국에 넓게 흩어져있다. 이 중에서 주요지역은 베이징北京, 산둥山东성의 옌타이烟台, 허베이河北성의 장자커우张家口, 스촨四川성의 이빈宜宾, 지린吉林성의 퉁화通化, 산시山西성의 타이위안太原, 닝샤宁夏 자치구와 신장新疆 자치구 등이다. 이들 중에서 가장 규모가 큰 와인지역은 옌타이-펑라이烟台-蓬莱로서, 여기에서는 140여 개의 와이너리가 중국 와인의 약 40%를 생산하고 있다. 그리고 닝샤와 산시의 와인이 국내외에서 개최된 와인경연대회에서 수상한 사례가 있으며 외국으로부터의 투자가 활발히 이어지고 있지만, 지금까지 중국산 와인이 국제적으로 인정받는 보편적 수준에 도달했다고 인정하는 와인전문가가 거의 없다는 점도 사실이다. 그리고 15억 명이 넘는 인구를 가진 중국이 총량으로는 세계 5위의 와인소비국임에도 불구하고, 일인당 소비량은 2017년 현재 연간 3.5리터의 낮은 수준에 머물고 있다. 까오량高粱으로 만드는 증류주인 빠이주白酒를 선호하며 술잔을 단숨에 비우는 관습이 있는 중국인들에게 홀짝거리며 마시는 와인은 그리 매력적인 술이 아닐지도 모른다.

제10장

와인과 관련된
몇 가지 이야기

이제 '와인 뽀개기'의 끝자락이 눈앞에 보인다. 이 순간에 필자는 이 책에 기술한 내용들이 '와인 뽀개기를 바라는 독자님들에게 얼마나 도움이 되었을까'라는 걱정스러움을 떨쳐버릴 수 없다. 이제까지 우리는 '와인은 무엇이며, 그 특성은 어떤가?'라는 원초적 문제로부터 와인의 종류, 와인을 즐기는 데 필요한 도구와 에티켓, 잘 마시고 즐기는 방법 등을 비롯하여 여러 나라의 와인관련 제도와 유명 생산지에 대해 알아보았다. 여러 외국어로 표기되어, 발음이 어렵고 기억하기도 쉽지 않은 와인의 명칭 및 관련 용어와 지명들이 독자님들을 혼란케 하였으리라는 생각이 든다. 그러나 여러 외국어로 적힌 용어들을 정확하게 발음하고 기억하는 것이 와인을 사랑하고 즐기기 위한 본질적이거나 절대적인 필요조건은 아니며, 탐구적인 관심과 계속적인 노력으로 시나브로 극복될 수 있는 문제일 것 같다.

이 책에서는, 필자는 완전하거나 충분하지도 못하다고 염려하고 있지만, 와인에 대한 주요하고 기본적인 부분들을 필자가 가진 지식의 범위 내에서 거의 대부분 다루었으므로, 와인세계의 여행을 마감하는 10장에서는 와인과 관련된 주변의 가볍고 흥미로운 이슈나 이야깃거리를 다루는 것이 좋을 듯하다. 그래서 여기에 소개할 토픽은 3가지인데, 그 중의 첫째는 거의 모든 와인 애호가들이 지대한 관심을 가지는 '와인을 마시는 것이 과연 건강에 도움이 되는가?'라는 문제이다. 그리고 둘째는 2000년대 초반에 우리나라의 와인 소비에 의미 있는 영향을 미친 《신의 물방울》이라는 일본 만화에 관한 이야기이다. 셋째 이야기는 와인과 관련된 몇 가지의 사건에 관한 것들이다. 우연한 기회에 이 세상에 태어나게 된 와인에 관한 이야기와 신뢰를 기반으로 하는 와인시장에서 있어서는 안 될 가짜 와인과 관련된 사건들을 소개한다. 그리고 와인산업의 고유한 특수성과 연관하여 다양한 자연재해 중에서 전혀 예상하지 못한 상황에서 돌발적으로 심각한 영향을 주는 지진과 관련된 몇 가지 역사적 사실을 소개하는 것으로 이 책을 마감하려 한다.

◇ **01** ◇

와인은 신이 인간에게 준
최고의 선물인가?

    소크라테스Socrates(BC 470~399)의 제자이며 아리스토텔레스Aristotle(BC 384~322)의 스승인 고대 그리스의 철학자 플라톤Plato(BC 428/7 427~348/7)은 "신이 인간에게 내린 선물 중에 와인보다 더 훌륭하고 고귀한 것은 없다Nothing more excellent or valuable than wine was every granted by the gods to man"라는 말을 남겼다. 이러한 찬사는 포도로 빚은 와인이 이 세상에 존재하는 어떤 알코올성 음료와는 차별화되는 풍부하고 다양한 풍미를 지니고 있다는 점 이외에도 의학적 목적으로 폭넓게 활용되었다는 데 근거를 두고 있다고 추측된다. 역사적으로 와인이 의학적 목적으로 사용된 사례는 넘치도록 흔하며, 더욱이 와인이 인간의 건강에 유의미한 도움을 준다는 견해가 지금까지도 끈질기게 이어지고 있다. 그런데 '의학이 비약적으로 발전하고 있는 현대에도 와인의 약리적 활용이 유용한가?' 라는 의심을 품어본다. 하지만 필자는 이런 분야에 대해 분명한 해답을 제시할 수 있는 입장이 아니며, 더욱이 자격이나 능력도 없다. 그러므로 여기에서는 와인이 건강에 유익한 기능을 하는지에 대한 대립적 견해들을 소개하고 여기에 필자의 주관적 견해를 약간 덧붙이는 데 그칠 것이며, 최종적인 판단은 독자님들의 몫으로 넘긴다.

건강식품으로서의 와인?

◇ 와인을 의약품으로 사용한 역사적 사례

와인을 의약품 또는 치료목적으로 사용한 것은 긴 역사를 가지고 있는데, 음료수의 대용품, 상처를 치료하는 소독제, 소화제, 혼수상태, 설사와 산통産痛 등의 다양한 증상에 대한 치료제로 폭넓게 사용되었다. BC 2200년경 고대 이집트의 파피루스papyrus와 수메르의 점토판Sumerian tablet에는 와인의 의학적 기능을 상세하게 기술하고 있다. '의학의 아버지'라 불리는 히포크라테스 Hippocrates(BC 460?~377?)는 다양한 병적 증상에 대한 치료제로 여러 종류의 와인을 처방하였다. 그리고 고대 로마시대에는 와인이 내과적 의약품뿐만 아니라 외과적 소독제로도 쓰인 사실史實이 있다. 당시에 결투에서 배가 찢겨 쏟아진 검투사의 창자를 와인으로 소독하여 봉합하였다는 기록도 남아있다. 또한 페르시아의 이슬

히포크라테스는 "와인은 건강하거나 아픈 인간 모두에게 필요한 물품이다(Wine is an appropriate article for mankind, both for healthy body and for the ailing man)"라는 말을 남겼다.

람 의사들도 와인을 소화제나 소독제로 사용하였으며, 중세의 가톨릭 수도원에서도 와인이 폭넓게 의학적 치료제로 활용되었다. 심지어 1920년대 금주법이 시행되던 미국에서는 '치료용 와인therapeutic wine'의 예외적 판매가 허용되기까지 하였다. 그러나 20세기 초반부터 알코올이 다양한 내과와 외과 질환의 원인이 될 뿐만 아니라 정신건강과 임산부와 태아에게 미치는 악영향에 관한 연구결과가 발표되기 시작하였으며, 이러한 연구에 따라 많은 나라에서 술병의 레이블에 음주의 폐해에 대한 경고문을 명시하는 것이 법제화되었다.

◇ 건강에 도움이 된다는 와인의 특별한 성분

와인에는 인간의 건강에 이롭다는 몇 가지 특별한 성분들에 관한 연구결과들이 있는데, 이들 중에서 가장 대표적인 성분이 레스베라트롤과 안토시아닌이다.

- 레스베라트롤resveratrol : 인간의 몸에 유해한 활성산소를 제거하는 항산화물질antioxidant 중의 하나인 폴리페놀polyphenol의 일종인데, 이 성분이 건강에 미치는 잠재적 효과에 관한 연구가 활발하게 진행되고 있으며 사람에게 미치는 장기적 효과는 아직 명확하게 규명되지 않았다고 한다. 레스베라트롤은 주로 포도의 껍질과 잎에 많이 함유되어 있으며, 좋지 않은 기후조건과 질병에 노출된 포도일수록 더 많이 만들어진다고 한다. 레드와 화이트 품종이 모두 비슷한 양의 레스베라트롤을 생성하지만, 레드와인이 화이트와인보다 이 성분을 더 많이 함유하고 있는 것은 레드와인이 마세라시옹의 과정을 거치기 때문이다.

- 안토시아닌anthocyanin : 레드 품종은 붉은 색깔의 원천인 안토시아닌을 다량 함유하고 있는데, 와인의 색이 진할수록 이 성분이 더 많다고 한다. 항산화 작용을 하며 눈의 건강에 도움을 준다는 안토시아닌의 약리적 작용에 대한 기초적인 임상연구가 널리 이루어지고 있지만, 아직은 이 물질이 인체에 긍정적인 효과를 준다는 충분한 증거가 부족하다. 그래서 미국 식품의약국Food and Drug Administration(FDA)은 안토시아닌이 규명되지 않은 영양소이기 때문에 인간의 질병을 치료하는 약품으로서의 함량도 규정할 수 없다는 입장을 취하고 있다.

◇ 알코올이 건강에 미치는 영향

와인이 건강에 미치는 영향은 주로 알코올에 의해 결정되는데, 순수알코올 14g을 표준알코올량standard drink이라 한다. 일부의 연구는 알코올의 섭취량이 표준알코올량 기준으로 하루에 여성은 1회, 남성은 2회 이하이면 오히려 심장질환, 중풍, 당뇨병, 대사증후군과 조기사망의 위험이 감소한다고 주장하고 있지만, 이와 같은 효과가 일반적으로 입증된 것은 아니다. 그런데 표준알코올량을 초과하는 음주는 심장질환, 고혈압, 심장부정맥, 중풍과 암의 발생위험을 증가시킨다는 점은 명백하며, 가벼운 음주까지도 건강에 이롭지 않다는 연구결과도 있다. 그리고 음주에 의한 위험은 젊은 사람일수록 더 커지는데, 이것은 폭력과 사고의 원인이 되는 폭음 때문이다. 세계보건기구World Health Organization(WHO)는 2016년에 세계에서 매년 약 300만 명이 술 때문에 사망한다고 추정하고 있으며, 이 중에서 남성이 230만 명을 차지한다고 발표하였다. 또한 WTO는 이 연구에서 한국의 모든 사망자 중에서 7.6%가 술 때문이라고 밝히고 있는데, 특히 한국 남성 중의 11.7%가 술 때문에 사망한다고 분석하고 있다. 세부적으로는 간경변에 의한 사망자 중의 74.5%, 교통사고 사망자의 38.5%, 암에 의한 사망자의 8.3%가 술에 의한 죽음으로 추정하고 있다.

◇ 와인은 특별한가?

와인의 적정한 음용 수준은 나이, 성별, 유전적 특질, 몸무게와 키를 비롯하여 섭취하는 음식과 약품의 사용 등 상황적 조건에 따라 달라진다. 어떤 전문가들은 와인의 '적정한 음주량'이 150㎖이며, 여성은 하루에 한 잔이고 남성은 두 잔 이하로 정하고 있다. 그런데 2001년에 덴마크에서 진행된 한 연구에서 와인이 사람의 심리와 건강에 여러 가지 이익을 준다는 결과를 발표한 적이 있다. 이 연구에서 음주를 포함한 행동과 관련된 사회경제적 지위, 교육 수준, 지능지수, 성격, 정신과 건강 상태를 측정하였는데, 여기에서는 맥주를 마시는 사람들, 와인을 마시는 사람들과 술을 전혀 마시지 않는 사람들로 구분하여 자료조사가 이루어졌다. 연구의 결과에 의하면, 와인을 마시는 사람은 부모의 사회적 지위와 교육 수준을 비롯하여 조사대상자의 사회적 지위가 더 높았으며, 피조사자의 지능검사에서도 와인을 마시는 사람의 지능지수가 맥주를 마시는 사람보다 18점이나 높았다고 한다. 그렇다면, 이런 주장대로 정말 와인은 특별하고도 대단할까?

◇ 사실을 왜곡하는 연구

이런 부류의 연구들은 와인이 건강에 이익을 준다는 그럴듯한 설명을 장식하는 근거로 활용되지만, 대부분 연구의 과정과 결과의 해석에 치명적 결격사유가 있다. 즉 소득을 비롯하여 직업과 사회적 지위 등의 외부적 변수를 제어하지 않은 상태에서 이루어진 조사가 사실과 진실을 왜곡한 통계학적 조사연구의 사례는 매우 흔하다.

그리고 어떤 사건이나 현상을 일으키는 근거인 원인과 발생된 결과의 관계를 인과관계causality라고 하는데, 이것은 원인과 결과의 방향성이 가장 중요하다. 즉 와인을 마셔서 사회적 지위와 소득이 향상되는 것이 아니라, 지위와 소득이 높은 사람들이 상대적으로 값이 비싼 와인을 많이 마시는 경향이 있는 것이다. 따라서 와인의 효능에 관한 2001년에 이루어진 연구는 외부변수를 전혀 통제하지 않았을 뿐만 아니라 인과관계의 원인과 결과를 명확히 구별하지 않거나 뒤바꾼 주장이므로, 이 연구에서 와인을 값비싼 고급 브랜디brandy나 캐비아caviar로 바꿔서 조사하더라도 거의 동일하거나 보다 강력하며 더 웃기는 결과를 얻을 수 있다는 것이 필자의 생각이다.

프렌치 패러독스

◇ 프렌치 패러독스French paradox란?

1980년대 후반에 처음으로 사용된 유행어로, 프랑스인들이 관상동맥심장병coronary heart disease(CHD)의 위험요인 중 하나인 포화지방saturated fats을 상대적으로 많이 섭취함에도 불구하고 CHD의 발병률이 상대적으로 낮다는 역설적 역학조사epidemiologic survey의 결과를 뜻하는 용어이다. 그런데 1991년 11월에 미국의 대표적 방송사 중 하나인 CBS의 뉴스 프로그램인 '식스티 미니츠60 Minutes'에서 '프렌치 패러독스'라는 프로를 방영한 것을 계기로 이 용어가 세계적인 유명세를 타게 되었다. 당시 이 프로에서는 르노S. Renaud라는 프랑스 보르도의 과학자가 수행한 연구결과를 집중적으로 다루었는데, 이 연구에는 프렌치 패러독스의 원인이 레드와인의 적정한 섭취라는 주장이 포함되어 있었다. 이 방송 이후에 미국의 레드와인 판매량은 전년에 비해 44% 폭증하였으며, 르노의 가설이 정당하다는 것을 전제로 작성된 수많은 신문기사가 등장하고 도서의 출판이 홍수를 이루었다.

◇ 프렌치 패러독스는 타당한가?

프렌치 패러독스는 본질적으로 두 가지 부정적 가능성을 암시하고 있다. 첫 번째는 포화지방과 CHD의 관련성이 완전히 타당하지 않을 수도 있다는 것이며, 두 번째는 포화지방과 CHD의 관련성이 사실이더라도 프랑스의 식사나 생활방식 등의 어떤 외부적인 요인이 발병위험성을 완화했을 수도 있다는 점이다. 이 두 가능성은 레드와인을 프렌치 패러독스를 유발하는 원인으로 지목한 르노의 가설이 옳지 않을 수도 있음을 의미한다. 다음의 그래프는 유럽 33개국의 CHD에 의한 사망률과 와인을 통한 일인당 연간 알코올 섭취량에 관한 2014년 자료를 보여주고 있는데, 이와 같이 두 변수 사이의 상관관계를 파악할 수 있는 이 그래프를 산포도scatter diagram라 한다.

유럽의 국가별 CHD 사망률과 와인 섭취량의 관계

CHD 사망률(%) — 세로축 (0~7)
와인에 의한 일인당 연간 알코올 섭취량(리터) — 가로축 (0~8)

주요 국가 위치:
우크라이나, 조지아, 마케도니아, 불가리아, 벨라루스, 리투아니아, 알바니아, 라트비아, 슬로바키아, 몰도바, 루마니아, 에스토니아, 체코, 그리스, 헝가리, 크로아티아, 폴란드, 핀란드, 스웨덴, 독일, 오스트리아, 포르투갈, 노르웨이, 아일랜드, 영국, 벨기에, 덴마크, 이탈리아, 슬로베니아, 네덜란드, 스페인, 스위스, 프랑스

EU 평균 (세로 약 4.5, 가로 약 3)

* 출처 : daily data posted by L. Perdue in 'http://wineindustryinsight.com/?p=53132', 2014

이 그래프는 분명히 두 변수 사이에 음의 상관관계를 보여주고 있으므로, 와인의 소비가 CHD에 의한 사망률을 낮추어준다는 르노의 가설이 정당하다는 근거가 될 수도 있다. 그러나 두 변수의 EU 평균으로 구분해보면, 이 그래프는 국가별 국민소

득과 기후 등이 CHD에 의한 사망률에 영향을 주는 요인일 수도 있는 가능성을 보여주고 있다. 특히 그래프 위쪽에는 소득수준이 상대적으로 낮은 국가들이 위치하고, 아래에는 소득수준이 높은 국가들이 많이 분포하고 있음을 알 수 있다. 그리고 프랑스와 이탈리아 등의 국가보다는 상대적으로 와인소비량이 적은 네덜란드와 노르웨이와 같은 국가들의 CHD 사망률이 낮은 것은 와인소비량이 프렌치 패러독스의 원인이 아닐 수 있다는 의문을 가지게 한다. 따라서 이 그래프는 르노의 주장을 뒷받침하는 근거로 활용될 수도 있지만, 한편으로는 외부적 변수를 제어하지 않은 통계적 역학조사의 한계를 보여주는 증거이기도 하다.

◇ 프렌치 패러독스와 레스베라트롤

앞에서 살펴본 통계자료에 의한 역학조사가 중대한 결격요인이나 한계성을 가지고 있더라도, 이것은 프렌치 패러독스를 초래한 원인이 와인이라는 가설의 진실 여부에 대한 본질적 해답이 될 수는 없다. 그래서 이 가설의 진실 여부를 밝히기 위한 다양한 임상실험이 진행되었는데, 이런 실험의 대상이 되는 가장 핵심적인 성분이 레스베라트롤이다. 여러 실험을 통해 이 성분이 허혈성 심장질환ischemic heart disease, 암, 당뇨병, 알츠하이머 질환Alzheimer disease, 염증과 감염 등의 다양한 질병을

J사의 레스베라트롤 영양제. 아주 많은 종류의 제품이 판매되고 있으며, 단위당 용량은 20~1500mg까지 매우 다양하다.

방어할 뿐만 아니라 심지어 수명을 연장하는 약리적 작용이 있다는 것도 명백히 규명되었다. 그러나 실험동물에 투여한 레스베라트롤의 양을 감안할 때, 실험에서 밝혀진 효과를 와인으로 얻기 위해서는 치사량을 훌쩍 뛰어넘는 엄청난 양을 마셔야 한다. 따라서 이 성분을 섭취하려고 와인을 마시는 것은 현명한 선택이 아니다. 레스베라트롤은 영양제로도 판매되고 있는데, 용량 500mg 한 알을 와인으로 섭취하려면 레드와인 중에서 이 성분이 특별히 많이 포함된 것으로 약 100병을 마셔야 한다.

◇ J 커브J-shaped curve

프렌치 패러독스를 이론적으로 지지하는 또 하나의 임상실험의 결과가 있는데, 이 실험의 핵심은 관상동맥심장병CHD에 의한 상대적 사망률과 일일 알코올 섭취량 사이의 관계를 나타낸 J 커브이다. 여기에서 CHD에 의한 상대적 사망률은 알코올을 전혀 섭취하지 않는 사람의 CHD 사망률에 대한 음주량에 따른 사망률의 상대적 비율을 의미한다. 예를 들어 이 수치가 1.5이면, 술을 마시지 않는 사람에 비해 CHD에 의한 사망률이 1.5배 높다는 것을 뜻한다. 다음 그래프는 일일 알코올 섭취량이 약 20g일 때 CHD에 의한 사망률이 최저가 되고, 이 수준을 넘어서면 이 비율이 다시 높아진다는 것을 보여주고 있다. 즉 J 커브는 적당한 음주는 심장의 건강에 도움이 되지만, 지나친 음주는 해롭다는 것을 보여주고 있다. CHD에 의한 사망률이 최소가 되는 일일 알코올 섭취량인 20g은 와인으로는 한 잔 정도이다.

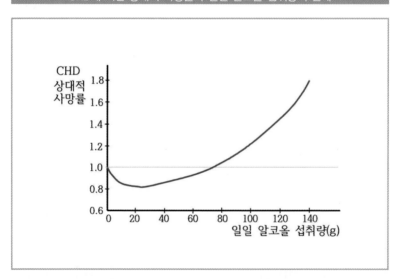

CHD에 의한 상대적 사망률과 일일 알코올 섭취량의 관계

* 출처 : G. Corrao, V. Bagnardi, A. Zambon and C. La Vecchia, "A meta-analysis of alcohol consumption and the risk of 15 diseases", *Preventive Medicine*, Volume 38, Issue 5, May 2004, pp. 613-9

◇ **지방의 대단한 놀라움**The Big Fat Surprise

앞에서 본 CHD에 의한 사망률과 와인 섭취량의 관계에 대한 역학조사의 결과는 프렌치 패러독스의 타당성을 입증하는 과학적 근거일 수도 있지만, 독설적 관계의 과학적 취약성과 한계성을 보여주기도 한다. 그런데 월 스트리트 저널Wall Street Journal과 포브스Forbes를 위시하여 이코노미스트지The Economist가 2014년 최고의 책으로 선정한 《지방의 대단한 놀라움》이라는 과학서적이 있는데, 저자는 미국 캘리포니아 출신의 저널리스트인 나나 테이콜즈Nina Teicholz이다. 그녀는 자신의 저서에서 식단에서 지방에 의한 칼로리의 비율이 과도할수록

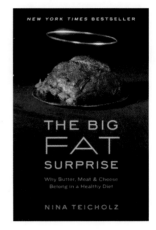

《지방의 대단한 놀라움》의 표지

퇴행성 심장질환degenerative heart disease에 의한 사망률이 증가한다는 주류 영양학의 견해를 완전히 부정하였다. 이러한 주장은 20세기 중반 이후로 여러 과학자들에 의해 지속적으로 제기되었으나, 그녀의 저서가 출간된 이후에 세계적 주목을 끌었다. 그런데 테이콜즈의 주장은 미국의 국기기관과 연구소를 비롯하여 많은 과학자들로부터 신랄하게 비판받았으나, 미국의 육류와 유제품 소비가 급증하는 이상 현상을 초래하기도 하였다. 그리고 그녀의 견해는 프렌치 패러독스를 또 다른 시각에서 비판하는 계기를 만들었다.

◇ **프렌치 패러독스는 패러독스가 아니다?**

만약에 테이놀즈의 주장이 진실이라면, 육류와 유제품을 많이 섭취하는 국민의 CHD에 의한 사망률이 상대적으로 낮다는 논리가 성립한다. 그러면 프렌치 패러독스에 와인이 개입할 여지가 없어진다. 실제로 이러한 방향의 연구가 다양하게 이루어졌는데, 한 예로 브리파Dr. John Briffa라는 학자는 테이콜즈의 주장을 과학적으로 입증하려는 학자 중의 한 명이었다. 그는 유럽 각국의 통계자료를 이용하여 각국의 식단에서 차지하는 포화지방의 비율과 심장병에 의한 사망률의 관계를 조사하였는데, 이

연구에서 두 변수 사이에 유의적인 음의 상관관계가 있음을 밝혔다. 즉 포화지방의 섭취가 많을수록 오히려 심장병이 줄어드는 경향이 있다는 것이며, 따라서 프렌치 패러독스는 더 이상 패러독스가 아니라는 결론에 도달한다. 그런데 이 연구도 외부의 변수를 완전히 통제하지 않고 진행되어 논리적으로 신뢰하기 어렵지만, 최소한 와인이 심장병을 줄여준다는 논리를 부정할 수 있는 유의미한 근거임은 분명하다.

◇ 와인과 건강의 관련성에 대한 필자의 생각

앞에서는 와인이 건강에 미치는 영향과 관련된 여러 논쟁들을 살펴보았는데, 시비의 여지가 없는 결론은 '지나친 음주는 건강에 해롭다.'는 것이다. 그리고 와인은 이로운 성분이 포함되어 있어서 건강에 도움을 준다는 주장이 애주가의 '정신승리'와 '자기만족'을 위한 구차한 합리화에 불과한 것도 거의 사실이다. 술은 명백히 미국의 FDA가 지정한 1급 발암물질이어서, 와인이 건강에 도움을 준다는 비합리적 믿음은 전혀 가치가 없다는 것이 필자의 입장이다.

술은 인간이 누릴 수 있는 기호품 중의 하나이며, 와인은 분석의 대상이 아니라 즐기는 수단이다. 적당히 마시는 술은 건강에 도움이 된다는 약간의 과학적 근거에도 불구하고, 필자는 아예 술을 마시지 않는 사람은 많이 봤지만 술을 언제나 어디에서나 항상 적당히 마시는 사람을 거의 본 적이 없다. 와인을 진심으로 좋아하고 사랑하려면, 와인을 즐김으로써 얻는 희열에 대한 합당한 기회비용을 기꺼이 치를 각오를 해야 하지 않을까? "신은 선량한 마음으로 포도주를 내려 상하귀천 없이 모든 인간들을 성원하려 했는데, 약간 멍청한 자들은 너무 많이 마시고 대단히 멍청한 자들은 전혀 마시지 않는다God in his goodness sent the grapes to cheer both great and small; little fools drink too much and great fools none at all"는 스코트랜드Scotland의 문학가 월터 스콧Sir Walter Scott(1771~1832)의 명언을 되새겨본다.

신의 물방울

《신의 물방울神の雫(카미노시주쿠)》은 기바야시 신樹林伸(1958~)과 그의 여동생 기바야시 유코樹林ゆう子(1960~)가 아기 타다시亜樹直라는 필명으로 스토리를 쓰고 여성만화가인 오키모토 슈オキモト・シュウ(1962~)가 그림을 그린 44권으로 구성된 대작 만화이며, 2014년 12월에 한국어판의 출간이 완료되었다. 기바야시는 와세다早稲田대학의 정치경제학부를 졸업하였는데, 그는 평생 경제학을 전공하다가 느닷없이 와인에 관련된 책을 적고 있는 필자와 비슷한 운명을 타고났다는 생각도 든다. 이 작품은 우리나라에서 2010년부터 2014년 사이에 와인의 소비가 급증하는 특이현상을 일으킬 정도로 젊은 층에서 대단한 인기를 누렸다.

《신의 물방울》은 일본에서 2004년에 첫 단행본을 출판한 이래로 한국어, 영어, 불어, 중국어 등으로 번역되어 전 세계에서 약 1,500만부가 팔렸으며, 우리나라에서도 판매량이 약 300만부에 이른다.

이 이야기가 진행되는 과정에 아주 많은 종류의 와인이 등장하며, 환상적 신비감을 주기도 하는 와인에 대한 평가가 색다른 흥미를 끈다. 만화의 특성상 비록 지나치게 과장되고 지극히 감성적이지만, 아기 타다시가 풀어가는 유별난 와인세계를 들여다보는 것도 와인애호가에게는 꽤 흥미로운 일이라는 생각이 든다.

줄거리와 주요 등장인물

◇ 줄거리

《신의 물방울》의 스토리는 세계적으로 유명한 일본의 와인평론가인 칸자키 유타카 神咲豊多香가 췌장암으로 사망한 후에 남긴 유언으로부터 시작된다. 그의 유언장은 자신의 아들인 칸자키 시주쿠神咲雫와 양자로 알려진 토미네 잇세遠峰一青 중에서 '12사도 Twelve Apostles'와 '신의 물방울'이라 불리는 13개의 와인을 알아내는 경쟁에서 승리한 자식에게 20억엔의 가치가 있는 와인 컬렉션을 비롯한 자신의 전 재산을 상속하겠다는 내용을 담고 있다. 이에 두 경쟁자가 유언장에 적혀있는 서정적이며 암호 같은 애매한 표현에 따라 12사도를 찾아 헤매는 긴 여정을 그린 것이 이 만화의 큰 줄거리이다.

칸자키 유타카의 오랜 친구인 도이 로베르土肥ロベール는 유언을 공개하고 집행하는 입회인과 승자를 판정하는 심판의 역할을 수행한다. 이 연재만화의 끝까지 이어지는 12사도를 찾는 경쟁에서 칸자키 시주쿠와 토미네 잇세가 6:6의 무승부를 기록하지만, 12사도를 거느리는 메시아Messiah에 해당하는 궁극의 와인인 '신의 물방울'은 끝내 모습을 드러내지 않고 이야기가 마감된다.

◇ 주요 등장인물

총 9,000쪽이 넘는 《신의 물방울》에 등장하는 인물들의 수는 책에서 소개하는 와인만큼이나 매우 많지만, 가장 주요한 인물은 다음과 같다.

왼쪽부터 칸자키 유타카와 그의 친구 도이 로베르, 칸자키 시즈쿠, 토미네 잇세.

왼쪽부터 시노하라 미야비와 로랑. 두 여인은 12사도를 찾는 두 경쟁자의
가장 강력한 협조자이다.

- **칸자키 시즈쿠** : 타이요たいよう(太陽) 맥주회사 와인사업부의 직원이다. 어린 시절에 자신
  도 모르는 사이에 아버지로부터 와인에 관한 엘리트 교육을 받았으며, 코와 혀의 감각이
  귀신의 수준인 유전자를 물려받았다. 와인에 대한 지식이 다소 부족한 그는 타이요 맥주
  와인사업부의 직원들을 비롯하여 아주 많은 주위 사람들의 도움을 받으면서 12사도를 찾
  아간다.

- **토미네 잇세** : 일본 와인계를 리드하며 와인에 영혼을 바친 와인평론가로서, 젊은 나이에도
  불구하고 일본뿐만 아니라 세계적으로 높은 명성을 누리고 있다. 칸자키 유타카의 양자로
  등장하지만, 실제로 그는 칸자키 시즈쿠의 이복형제이며 비범한 수준의 후각과 미각의 소유

자이다. 그는 킨자키 시주쿠와는 달리 거의 혼자의 힘으로 12사도를 찾는다.

- **도이 로베르** : 칸자키 유타카의 오랜 친구이며 유언장의 집행자이며 심판자인데, 이 만화 속에서 아주 흔히 등장하는 프랑스와 일본인의 혼혈 중 한 사람이다.

- **시노하라 미야비**紫野原雅 : 소믈리에 견습생이며, 타이요 맥주회사 와인사업부의 계약직 직원이다. 그녀는 킨자키 시주쿠의 12사도 탐색작업을 적극적으로 도우며, 두 사람은 서로 '썸을 타는' 사이이다.

- **로랑**Loulan : 토미네 잇세가 타클라마칸 사막Takla Makan Desert에서 2사도 와인을 찾는 과정에서 죽음에 직면한 그를 구해준 신장新绛의 여인이며, 어머니가 일본인이다. 극도로 예민한 후각의 소유자이며, 토미네 잇세와 연인관계를 이어가는 여인들 중의 한 명이 된다.

◇ 이야기의 전개 형식에 대하여

12사도를 찾는 과정을 그린 《신의 물방울》은 와인을 찾아가는 일정한 패턴이 있다. 각 사도에 대한 유언장의 내용이 공개된 후에는 어김없이 풀어가기가 매우 어렵거나 거의 불가능한 일이 발생하지만, 킨자키 유타카와 토미네 잇세는 이 문제들을 항상 멋지게 해결한다. 이때 와인은 언제나 난제를 풀어가는 마법의 열쇠가 되고 끊어진 인연을 이어주는 사랑의 묘약으로 작용한다. 이 과정에서 두 경쟁자가 자동적으로 사도 와인에 접근하여 발견하게 되는 우연들이 이어지는 패턴은 1권으로부터 44권까지 줄곧 변함이 없다.

《신의 물방울》의 탄생과 관련된 일본의 사회적 환경

◇ 플라자 합의Plaza Accord와 거품경제

《신의 물방울》은 내용면에서도 특이할 뿐만 아니라 와인에 대한 시각과 접근방식도 매우 독창적이다. 그런데 이 만화의 내용이 일본의 시대적, 경제적, 문화적, 역사적 배경과 무관하지 않을 것이라는 생각이 든다. 이와 관련하여 필자는 《신의 물방울》이 만들어지는 데 영향을 미쳤을 것으로 예상되는 몇 가지 요인들을 요약해보았다. 플라자 합의는 1985년 미국, 프랑스, 독일, 일본, 영국의 재무장관들이 뉴욕 플라자 호텔에서 외환시장에 개입해 미국 달러에 대해 일본 엔과 독일 마르크를 평가절상하기로 한 합의이다. 합의 이후 2년 동안 일본 엔이 미국 달러에 대해 65.7% 평가절상되는 바람에, 일본의 수출 여건은 급격히 악화되고 경기도 위축될 수밖에 없었다.

이에 일본 정부는 국내의 경기추락을 막기 위해 초저금리 정책을 시행하여 통화량을 대폭으로 증가시켰다. 결과적으로 경기를 활성화하려는 정부의 정책적 목적은 달성할 수 있었으나, 부동산의 가격이 폭등하는 현상과 같은 부작용이 발생하게 된다. 이 당시에 '도쿄의 땅을 모두 팔면 미국 전체를 살 수 있다'라는 말도 나돌 정도였다. 이러한 거품경제 시기에 일본의 와인 수입도 급증하였는데, 12사도를 비롯하여 《신의 물방울》에 등장하는 수많은 최고급 와인들도 당시의 일본사회에서는 귀하지 않게 볼 수 있는 존재였던 것으로 추측된다. 따라서 와인의 수입량이 급증한 1980년대 후반의 사회경제적 분위기가 《신의 물방울》이 만들어질 수 있는 기초적 환경이 조성되는 데 적잖게 기여하였다는 생각이 든다. 결과적으로 일본경제의 거품이 꺼지면서 일본의 '잃어버린 30년'이 시작되었다.

◇ 일본은 세계에서 소믈리에가 가장 많은 나라이다

일본에서는 특정한 분야에 열중하는 마니아보다 더욱 심취해 있는 사람을 '오타쿠ォタク'라고 하는데, 자기만의 취미에 몰두하며 특정한 분야에서는 전문가를 뛰어넘는 지식을 가지기도 한다. 이러한 오타쿠적 경향은 일본인 특유의 정서와 상당한 연관이 있으며, 관심 분야를 외골수적이며 편집증적이거나 맹목적인 숭배대상으로 삼는 성향이 나타나기도 한다. 일본은 세계에서 와인 소믈리에가 가장 많은 나라인데, 이들 협회 회원의 수가 약 7,000명에 이르며 일본 와인시장에 대단한 영향력을 행사한다고 알려지고 있다. 이런 현상은 230곳에 이르는 도쿄의 미쉐린 스타 식당Michelin starred restaurants 등에서 소믈리에에 대한 수요가 많은 점도 있겠지만, 특정한 분야로 끝

없이 파고드는 일본의 국민적 정서와도 무관치 않으며 이와 같은 정서와 환경이 《신의 물방울》이 태어나는 토대의 일부분을 제공했다는 것이 필자의 생각이다.

◇ 일본인들의 프랑스 사랑

메이지 유신明治維新은 19세기 중엽 메이지 왕明治王 때 막번체제幕藩體制를 무너뜨리고 왕정복고를 통해 근대국가로 변모한 일본의 변혁과정을 일컫는다. 이 변혁에서 서양의 기술과 기기만이 아니라 문화와 풍속까지 수용하여 낡은 폐습을 타파해야 한다는 서양 문명에 대한 수용 논리인 문명개화론이 핵심적 사상 중의 하나였으며, '아시아를 벗어나서 유럽으로 들어가자'는 탈아입구론脫亞入歐論으로 구체화되었다. 즉 서구화가 바로 근대화라는 인식에 기초하여, 서양의 문화와 풍속까지도 전면적으로 수용해야 한다는 주장이 당시 일본에서는 거부할 수 없는 큰 흐름이었다. 이러한 풍조는 지금까지도 일본의 사회와 문화에 적잖게 잠재되어 있으며, 특히 일본인들은 프랑스를 고상한 선진문화의 표본으로 여기며 고급스러움의 대명사로 떠받든다. 그래서 일본 애니메이션에 등장하는 프랑스인 또는 프랑스와 일본의 혼혈인은 고상한 캐릭터인 경우가 대부분이다. 그리고 프랑스를 직접 방문한 일본인들이 파리에 대한 환상과 현실 간의 괴리를 극복하지 못하여 겪는 극심한 정신적 스트레스로 인한 파리 신드롬Paris syndrome이란 정신질환이 있을 정도이다. 이러한 사실들을 감안하고 《신의 물방울》을 읽으면, 프랑스와 일본의 혼혈인이 대단히 흔하게 등장하고 12사도 중에서 프랑스산 와인의 비율이 절대적으로 높은 이유를 충분히 이해할 수 있다. 실제로 일본의 와인수입액 중에서 프랑스가 차지하는 비중이 56%를 넘어서는데, 단순히 수입량으로는 칠레가 프랑스를 초과하는 점으로 미루어 일본은 프랑스로부터 주로 고가의 와인을 수입한다는 것을 알 수 있다.

《신의 물방울》 속의 와인에 대하여

◇ 12사도 와인

	와인 명칭	빈티지	국가와 지역	유형	추정 가격($)
	12사도 와인의 명세				
1사도	샹볼 뮈지니 프리미어 끄뤼 레자무레즈 도멘 죠르쥬 루미에르 (Chambolle Musigny 1er Cru Les Amoureuses Domaine Georges Roumier)	2001	프랑스 부르고뉴	레드	4,309
2사도	샤토 빨메(Château Palmer)	1999	프랑스 보르도	레드	315
3사도	도멘 뻬고 샤토네프뒤빠쁘 뀌베 다 까뽀 (Domaine Pégaü Châteauneuf-du-Pape Cuvée da Capo)	2000	프랑스 론	레드	609
4사도	샤토 라플레르 뽀므롤 (Château Lafleur Pomerol)	1994	프랑스 보르도	레드	395
5사도	미쉘 꼴랭-드레게 에 피스 슈발리에-몽라세 그랑 끄뤼 (Michel Colin-Deléger et Fils Chevalier-Montrachet 1er Cru)	2000	프랑스 부르고뉴	화이트	448
6사도	루차노 산드로네 바롤로 카누비 보스끼스 (Luciano Sandrone Barolo Cannubi Boschis)	2001	이탈리아 피에몬테	레드	274
7사도	시네 콰 논 디 이노규럴-일레븐 컨페션즈 시라(Sine Qua Non The Inaugural-Eleven Confessions Syrah)	2003	미국 캘리포니아	레드	1,424
8사도	쟈크 셀로스 엑스뀌즈 (Jacques Selosse Exquise)	논빈티지	프랑스 샹파뉴	스파클링	315
9사도	브루넬로 디 몬탈치노 포조 디 소토 (Brunello di Montalcino Poggio di Sotto)	2005	이탈리아 토스카나	레드	296
10사도	로베르 새뤼그 그랑 에세죠 그랑 끄뤼 (Robert Sirugue Grands Échézeaux Grand cru)	2002	프랑스 부르고뉴	레드	750
11사도	페레르 보베-셀레시오 에스뻬시알 (Ferrer Bobet-Seleccio Especial)	2008	스페인 까딸루냐	레드	177
12사도	샤토 디켐 (Château d'Yquem)	1976	프랑스 보르도	화이트	550

* 추정가격은 2021년 3월 현재 홍콩 와인시장의 관세와 판매세를 제외한 미국 달러 가격임. 단, 5사도는 2001년 빈티지 가격이며, 7사도는 판매세를 제외한 미국의 최저가격임. 10사도는 2003년 빈티지 가격이며, 11사도는 판매세 21%를 포함한 스페인의 국내가격임.

《신의 물방울》에 등장하는 12사도는 프랑스 와인이 3분의 2를 차지하고, 이탈리아 와인이 2개 포함되어있다. 그리고 미국과 스페인산 와인이 각각 1개씩 포함되어 12사도를 완성한다. 다음의 표에서 보는 것과 같이 1사도로부터 5사도는 모두 프랑스산이며 그 이후로 이탈리아, 미국과 스페인 와인들이 나타나는데, 이것은 저자인 기바야시 남매가 연재물이 진행되는 과정에 와인의 지역적 쏠림에 대한 여러 비판을 부분적으로 수용한 결과일 수도 있다는 추측이 가능하다.

그러나 이러한 정도의 조정으로 12사도 와인의 지역적 편향이 대폭 개선되었다고 보기는 어렵다. 보르도, 부르고뉴, 론과 샹파뉴를 제외한 프랑스 와인지역들은 배제되었으며, 환상적 와인을 생산하는 여러 유럽국가들과 호주, 뉴질랜드와 남아프리카공화국 등도 제외되었다. 일본인들의 각별한 유럽 사랑, 특히 프랑스 사랑을 《신의 물방울》이 여과 없이 드러내고 있다.

◇ 《신의 물방울》은 훌륭한 와인 입문서인가?

기바야시 남매가 《신의 물방울》에서 와인에 대한 표현은 언제나 대단히 환상적이며 문학적이다. 예를 들어보자. 다음은 5권에서 기억상실증에 걸린 한 미술가 여인이 부르고뉴 샹볼 뮈지니의 삐노 누아 와인을 마시고 난 뒤의 느낌을 표현한 문장이다.

"아까 마신 와인이 꽃이 흐드러지게 핀 계곡에 소리를 내며 떨어지는 힘차고 작은 폭포라면, 이 와인은 보다 풍요로운 시냇물. 반짝반짝 수면이 빛나고 있고 많은 붉은 꽃들이 거기에 비치고 있어요. 손으로 물을 떠보면 너무나 맑고, 장미향기와 신선한 딸기의 안타까운 달콤새콤함이 사방에서 다가와요."

기바야시 남매는 항상 이와 같이 빼어난 서정성과 풍부한 상상력을 바탕으로 와인을 평가한다. 와인을 마시면 그림이 보이고 음악이 들리며 눈앞에 풍경이 펼쳐진다는 것이 그들의 와인 세계이다. 그러나 문학성과 상상력이 부족하여 와인을 마실 때 그림이나 풍경의 환상이 나타나지 않고 음악이 들리는 현상도 경험하지 못하는 필자와 같은 사람들은 아로마와 부케, 구조, 질감, 강도, 바디, 여운과 마무리 같은 객관적 개념들로 와인에 접근할 수밖에 없다. 그런데 《신의 물방울》에서 이러한 분석적 개념들은 예외 없이 감탄과 환상 뒤에 감춰진다. 우리는 '와인을 홀짝이며 테이스팅 노트에 빼곡히 적혀있는 항목들을 하나하나 짚어가는 일반적인 와인평론가들은 왜 자신들의 문학성과 상상력을 드러내지 않을까?'라는 의문을 가질 필요가 있을 것 같다. 그래서 와인 초보자의 문학적 감수성이 지극히 풍부하든 그렇지 않든지, 《신의 물방울》을 입문서로 추천하고 싶지 않다는 것이 필자의 입장이다. 이것은 감탄과 환상이 어떠한 경우에도 와인에 관한 객관적이며 분석적 평가를 대신할 수 없다고 생각하기 때문이다.

◇ 후속편인 '마리아주マリアージュ'에 관하여

12사도를 모두 통섭하는 절정의 와인인 '신의 물방울'이 끝내 모습을 드러내지 않고 연재물은 끝을 맺었다. 그래서 기바야시 남매는 최종적인 메시아 와인을 찾아가는 '마리아주'라는 이름의 후속편을 출간하고 있으며, 언제 완결이 될지는 알 수가 없다. 본디 '마리아주mariage'는 단순히 '결혼'과 '결합'을 뜻하는 프랑스어이다. 그런데 이 단어가 우리나라와 일본에서는 '와인과 음식의 조화'라는 특별한 의미로 쓰이고 있지만, 프랑스를 비롯한 대부분의 나라에서 마리아주는 '결합'이나 '배합'을 뜻하는 여러 단어 중의 하나일 따름이다. 예를 들어 영어의 패어링pairing과 매칭matching, 불어의 꽁비네종combinaison과 꾸쁘라쥬couplage 등과 같은 의미일 뿐이다.

《신의 물방울》의 후속작인 '마리아주'에서는 특정한 요리에 가장 잘 어울리는 와인을 찾는 형식으로 '신의 물방울'을 찾아가는 킨자키 유타카와 토미네 잇세의 경쟁이 이어진다. 앞의 6장에서 설명한 것과 같이 원칙적으로 음식과 와인의 매칭은 지극히 주관적이며 개인적인 관심사이다. 그래서 어느 음식에 가장 잘 어울리는 와인을 명백하게 객관적으로 결정할 수 있다는 사고는 파시스트fascist적 논리일 가능성이 높다. 누군가 필자에게 《신의 물방울》의 후속편인 마리아주를 읽어보고 싶은가?'라고 묻는다면, 대답은 분명히 '아니다'이다.

와인과 사건

현재 세계 전체적으로 와인의 연간 총생산량은 거의 3억 헥토리터에 달하며, 와인의 연간 교역 액수는 700억 달러 이상이다. 따라서 와인과 관련된 사건이나 사고는 사람들에게 높은 관심의 대상이 된다. 이러한 돌발적 상황은 와인산업에 바람직한 결과를 낳는 경우도 있으나, 치명적 타격을 주는 경우도 있다. 즉 와인을 만드는 과정에서 발생한 예상치 못한 실패나 실수가 오히려 새로운 스타일의 와인의 탄생으로 이어진 사례들이 있는가 하면, 신뢰로 구축된 와인산업의 바탕을 뒤흔드는 와인의 위조와 조작 사건들도 심심찮게 발생하고 있다. 또한 예상하지 못한 자연재해가 일부 지역의 포도 재배와 와인 제조를 망치는 일들은 해마다 거의 거르지 않고 발생하는 다반사이다. 그중에서 포도재배로부터 와인의 양조와 숙성에 긴 시간이 소요되는 와인산업의 특수성 때문에 어떤 종류의 재해보다 심각한 타격을 줄 수 있는 지진이 세계 곳곳에서 심심치 않게 발생하고 있다.

아름다운 실패

◇ 세런디피티 serendipity

이 용어는 우연하게 중대한 발견이나 발명이 이루어지는 것을 의미하며, 특히 과학연구의 분야에서 실험 도중에 실패에 의해 예상치 못하고 우연히 얻은 대단한 결과물을 뜻한다. 독일의 실험물리학자이며 1901년에 역사상 최초의 노벨 물리학상을 수상한 뢴트겐Wilhelm Röntgen(1845~1923)은 실험과정에서 우연히 불투명체를 통과하는 빛인 엑스레이x-ray를 발견하였다. 그리고 1945년 노벨 생리학·의학상 수상자인 영국의 미생물학자 플레밍Alexander Fleming(1881~1955)은 세균 배양기에 우연히 발생한 푸른곰팡이penicillium 주위에 세균이 자라지 못하는 것을 보고, 2차 세계대전 동안 수많은 사람의 목숨을 구한 페니실린penicillin이라는 항생물질을 추출할 수 있었다. 또한 미국의 유기화학자 캐러더스Wallace Hume Carothers(1896~1937)는 예상치 못한 실험의 결과물로 나일론nylon을 발명하였으며, 미국 3M사의 연구원들이 강력접착제를 개발하는 실험에서 실패작으로 탄생한 것이 포스트잇post-it이다. 그리고 미국의 제약회사 화이자Pfizer에서 개발하던 협심증 치료제의 부작용을 살려서 만든 약품이 비아그라viagra인데, 이것은 힘없는 남자들에게 과거의 영광을 회복할 기회를 주는 비약祕藥이 되었다.

◇ 와인세계의 세런디피티

와인의 세계에도 세런디피티가 있는데, 예를 들어 팔리지 못해 배에 실려서 긴 항해 동안 끊임없는 진동과 열대의 열기에 노출되어 섬으로 되돌아온 와인이 세계 3대 강화와인의 하나인 마데이라Madeira의 기원이다. 그리고 귀부와인과 아이스와인도 수확시기를 놓쳐서 병들고 얼어버린 포도로부터 우연히 얻게 된 와인세계의 보물들이다. 그런데 20세기 후반에도 예상하지 못한 실수에 의해 탄생한 와인이 있는데, 이것이 바로 화이트 진판델이다.

◇ 실수로 태어난 화이트 진판델white zinfandel

스위트한 핑크빛 와인인 화이트 진판델은 1975년에 캘리포니아 나파 밸리의 셔터홈 패밀리 바인야드Sutter Home Family Vineyards 와이너리의 공동소유주이며 양조기술자인 트린체로Bob Trinchero(1936~)에 의해 우연히 세상에 태어났다. 그는 진판델로 색이 진하고 농축된 레드와인을 만들기 위해 세니에saignée(영어로는 bleeding) 방법을 사용하였는데, 앞의 3장에서는 로제를 만드는 이 방법을 적출법으로 번역해서 소개하였다. 이 양조법은 발효가 시작되기 전에 레드와인의 색과 타닌을 더 강하게 만들기 위해 껍질째 으깬 포도즙에서 주스의 일부를 분리시키는 것인데, 분리한 분홍색 주스는 별도의 발효과정을 거쳐서 로제 와인으로 만들어진다.

셔터 홈 와이너리도 1972년부터 레드와인을 만드는 과정에서 나온 부산물인 분홍색 주스로 드라이한 로제를 만들어 판매하였는데, 호평을 받은 레드와인과는 달리 로제의 판매는 그리 신통치 못했다. 그런데 1975년에 별도로 적출한 주스의 발효가 멈춰버리는 돌발적 사태가 발생하였는데, 레드와인을 만들기에 여념이 없는 트린체로는 발효를 다시 시작하려는 시도가

셔터 홈의 화이트 진판델. 이 와인은 2018년 기준으로 3억 달러로 추산되는 화이트 진판델 시장에서 시장점유율이 29.1%에 달한다.

무위로 돌아가자 잔류당이 2% 정도인 로제를 그대로 병입하여 판매하는 즉흥적 결정을 내린다. 그런데 약간 스위트해진 분홍빛 로제의 미묘한 변화는 소비자들로부터 폭발적 호응을 이끌었는데, 1972년에 200상자로 시작한 셔터 홈 와이너리의 화이트 진판델 판매량이 매년 폭증하였으며 지금은 안정적으로 연간 약 450만 상자를 유지하고 있다.

와인의 위조와 조작 사건

◇ 와인 사기의 유형과 규모

와인은 마셔본 이후에야 질적인 판단이 가능한 재화이다. 그러므로 와인산업은 제조자가 자신의 평판을 지키려는 세심하고도 충직한 노력과 소비자의 축적된 신뢰를 바탕으로 유지되고 발전한다. 그런데 와인의 조작과 위조는 생산자와 소비자 사이의 신뢰관계를 파괴할 뿐만 아니라, 와인의 생산지역과 관련 국가의 평판을 심각히 무너뜨리기도 한다. 와인과 관련된 사기의 유형은 대체로 3가지 유형으로 구분된다. 첫 번째는 가장 흔히 볼 수 있는 유형으로, 값싼 와인이나 주스에 색과 향을 보정하

기 위해 해로운 화학물질이나 감미료를 첨가하여 가짜 와인을 만드는 것이다. 둘째는 값싼 와인에 더 비싼 와인의 레이블을 가짜로 부착하는 형태이며, 셋째는 투자와인investment wine과 관련된 유형으로 와이너리나 상인이 투자자에게 과도하게 높은 가격으로 와인을 판매하는 것이다. 미국의 와인 잡지사인 와인 스펙테이터Wine Spectator는 세계의 와인 유통시장의 전체 거래량 중에서 약 5%를 위조품이나 가짜로 추산하고 있다. 그러면 이제 와인시장에 큰 파장을 일으킨 대표적인 조작과 위조 사건들을 알아보기로 하자.

◇ 1985년 오스트리아의 디에틸렌 글리콜diethylene glycol(DEG) 와인 스캔들

오스트리아의 여러 와이너리가 1985년에 늦수확 와인의 단맛과 바디를 높이기 위해 부동액의 주요 성분이며 독성물질인 DEG를 불법적으로 사용한 사건이 발생하였다. 이 중에서 주도적 역할을 한 그릴Grill 와이너리는 730만 갤런에 달하는 가짜 와인을 만들었으며 150만 갤런의 와인에 DEG를 첨가하였다. 이 와인의 대부분은 독일로 수출되었으며, 그중 일부는 독일에서 병입되어 독일의 고급등급인 QmP 와인으로 판매되기도 하였다. 이 독성물질을 사용하여 와인의 맛과 색을 향상시킬 수 있다는 발상은 화학적 지식이 부족한 양조업자들보다는 전문적인 화학자들이 만들고 개입했을 가능성이 높았다는 점에서 보다 심각한 문제로 인식되었다.

이 비리는 와인의 품질을 관리하는 독일의 와인 연구소에 의해 발각되어, 즉시 전 세계에서 톱뉴스가 되었다. 이 아이디어의 제안자는 화학자이며 그릴 와이너리의 경영자인 나드라스키Otto Nadrasky Sr.였는데, 그를 비롯하여 이 방법을 암암리에 사용하였던 수십 명의 와인 생산자와 딜러가 체포되었다. 그리고 그릴 와이너리의 소유주인 그릴Karl Grill은 유죄판결을 받은 후에 자살로 생을 마감하였다. 이 사건으로 오스트리아의 와인 수출이 완전히 붕괴되었고, 독일 와인의 평판에도 치명적인 악영향을 미쳤다. 오스트리아의 와인산업이 사건 이전의 명성을 회복하는 데는 15년이라는 인고의 세월이 필요했다.

◇ 이탈리아의 와인 스캔들

이탈리아는 세계 제일의 와인생산국인 동시에, 와인 스캔들도 거의 가장 자주 발생하는 나라이기도 하다. 1968년에 주로 독일로 수출하던 끼안티, 람브루스코와 발폴리첼라와 같은 대중적인 레드와인을 가짜로 만든 사건이 있었다. 이 와인들은 설탕과 물에 소의 피와 진흙으로 바디와 향을 만들고, 분말 석고로 와인의 광도를 높였다. 200명 이상의 사기꾼들이 이 사건에 가담하였으며, 이 중의 일부는 상한 무화과와 바나나의 즙을 써서 당도를 높이기도 하였다. 그리고 1985년과 1986년에 걸쳐서 '메탄올 스캔들methanol scandal'이란 수치스런 일이 터지기도 했는데, 이탈리아에서 절대적으로 많이 생산되는 바르베라 레드와인의 알코올 도수를 높이기 위해 치명적 독극물인 메탄올methanol을 첨가한 사건이었다.

2008년에는 '브루넬로폴리Brunellopoli'라고 불리는 스캔들이 발각되었는데, 베로나 지역에서 매년 개최되는 와인경연대회 겸 전시회인 '비니탈리Vinitaly'에 선보인 2003년 빈티지의 브루넬로 디 몬탈치노를 조작한 사건이다. 이 와인은 산지오베제 품종의 지역 내 별칭인 브루넬로Brunello로 만들어야 함에도 불구하고, 남부지역에서 가져온 메를로와 까베르네 소비뇽을 섞었다. 이 사건은 반피Banfi와 같은 이탈리아의 유명 와인제조업체들까지 관련된 혐의가 있어서 더욱 큰 충격을 주었으나, 증거불충분으로 소수의 사람들만 형사처벌을 받았다. 2008년에는 일부의 이탈리아 와인에 황산sulfuric acid과 염산hydrochloric acid이 들어있던 것이 드러난 사건도 있었다. 또한 2019년에는 이탈리아 남부의 아브루쪼Abruzzo, 푸이아Puglia, 캄파니아Campania와 라지오Lazio 지방의 62개 와이너리가 값싼 스페인 와인을 DOC와 IGT 와인으로 속여서 판매하고, 풍미를 조작하기 위해 설탕과 불법적인 첨가물을 사용하였다는 혐의를 받는 사건이 발생하기도 하였다.

◇ 중국의 와인 위조

중국에서 와인을 비롯한 주류의 위조는 사건이라기보다는 시장에서 일상화된 현상이라고 보아도 틀리지 않을 듯하다. 2002년에 중국 남부의 대도시 광저우广州의 한 호텔에서만 매년 4만 병 정도의 샤토 라피트-로스차일드Château Lafit-Rothschild를 판매했다는데, 프랑스 보르도의 프리미엄급인 이 와인의 중국 내 연간 총공급량은 당시에 5만 병 정도에 불과했다. 그러므로 이것은 중국의 유통시장에서 거래되는 대부분의 라피트-로스차일드가 위조품이었다는 것을 의미한다. 지금도 중국 각지에서 고급와인의 위조품이 폭넓고 일상적으로 만들어지고 있다고 보아도 거의 틀림이 없다. 가짜를 만드는 방법은 매우 간단한데, 저가 와인의 코르크와 레이블을 고급와인의 것으로 교체하면 된다. 필자도 2014년에 중국의 한 와인숍에서 보르도의 2등급 그랑크뤼 와인인 샤토 뒤크뤼보까이유Château Ducru-Beaucaillou의 위조품을 직접 본 적이 있다. 이 와인의 병은 장기보존이 가능하도록 두께가 매우 두꺼운데, 위조품의 병은 그렇지 않았고 가격도 정상적 수준의 절반 정도에 불과하였다. 중국의 와인 위조는 그 자체보다 타국의 경제적 가치를 보호하고 존중하는 데 지극히 무관심한 중국 정부의 미온적 대처와 암묵적 방치가 더 심각한 문제이다.

◇ 와인 위조품의 구매를 가급적 피하는 방법

와인은 코르크를 열어서 맛을 보기 전에는 가짜를 구별하기 힘든 특성이 있다. 더욱이 정교하게 만들어진 위조품은 마셔보고도 판별이 어려운 경우가 있다. 그러면 어떻게 하면 와인 위조품의 구매를 피할 수 있을까?

- 첫째, 와인병의 외형을 살펴볼 필요가 있다. 그런데 레이블의 인쇄상태를 살피는 것은 도움이 되기 어려운데, 최근에는 대부분 모조품의 레이블은 정교하게 인쇄된다. 이보다는 병의 모양을 살피는 것이 조금은 더 효과적이다. 대체로 프리미엄급 와인은 장기보존을 위해 두꺼운 병을 쓰는 경우가 많다. 그런데 모조품을 만드는 사람이 높은 비용을 치르며 두툼하고 무거운 와인병을 만들지 않을 가능성이 꽤 높기 때문에, 이 방법이 약간은 효과가 있다.

- 둘째, 정상적인 가격보다 비정상적으로 낮은 가격의 와인은 구매하지 않는 것이 좋다. 가짜로 소비자를 유혹하는 가장 효과적인 전략이 눈에 띄게 저렴한 가격이다.

- 셋째, 와인을 구매하는 장소나 국가를 한정하는 것이 필요하다. 특히 가격이 높은 와인의 구매는 가급적 신뢰도가 높은 판매장을 이용하는 방법이 바람직하다. 그리고 무엇보다 와인을 비롯하여 어떤 상품이더라도 가짜가 흔하게 유통되는 나라에서는 아예 와인을 구입

하지 않는 것이 현명하다. 더욱이 이런 국가에서는 '면세점은 괜찮겠지'라는 기대도 미련 없이 버려야 한다.

지진과 와인

◇ 지진earthquake이 와인산업에 미치는 영향

모든 농작물은 자연재해에 노출되어 있으며, 재해가 닥치면 크건 작건 피해를 입게 된다. 자연재해는 폭풍, 서리, 우박, 무더위, 지진과 산불 등의 여러 형태로 발생한다. 이 중에서 지진은 자주 일어나지 않고 예측도 거의 불가능하지만, 발생하면 여타의 재해와는 비교되지 않을 정도로 피해 규모가 커질 수 있다. 지진은 어떠한 농업과 제조업보다 와인산업에 훨씬 더 치명적인 피해를 끼칠 위험성이 있는데, 이것은 와인 산업의 고유한 특성 때문이다. 와인의 양조와 숙성에 오랜 기간이 소요되므로, 지진은 생산시설을 비롯하여 발효용 탱크와 오크통 뿐만 아니라 숙성과 보관 중인 와인병을 파괴하여 여러 해의 와인을 동시에 손상시킬 수도 있다. 또한 깨지지 않은 와인도 레이블이 얼룩지거나 오랫동안 와인병 밑에 가라앉았던 앙금이 흔들려서 손상될 수 있으며, 전기가 끊어져서 셀러에 보관 중인 와인이 극단적인 추위나 더위에 노출될 수도 있다. 이뿐만 아니라 시음실tasting room과 희귀와인 컬렉션 등이 부서지는 귀중한 역사적 자료의 손실도 발생할 수 있다.

그리고 세계의 유명 와인지역들이 지진대seismic belt 가까이에 위치하고 있는데, 이것은 태고로부터 지진과 화산활동이 포도의 재배에 적합한 토양이 형성되는 데 크게 기여했기 때문이다. 북미와 남미 대륙의 대부분 와인지역과 뉴질랜드는 불의 고리Ring of Fire라고도 불리는 환태평양 지진대Circum-Pacific seismic belt에 위치하며, 유럽의 와인지역들은 알프스-히말라야 지진대Alpide belt의 가까이에 자리하고 있다. 이제 지진이 와인산업에 막대한 손실을 초래했던 몇몇 역사적 사건에 대해 알아보기로 하자.

◇ 1906년 샌프란시스코 대지진1906 San Francisco earthquake

　지난 2014년 4월에 나파 밸리와 소노마 카운티에 진도 6.0의 지진이 발생하여, 와이너리들은 8,300만 달러로 추산되는 피해를 입었다. 사망자는 없었으나, 수백 명의 부상자가 발생하였다. 불의 고리에 위치한 캘리포니아에서는 이 같은 지진이 심심찮게 일어나는데, 그중에서도 피해 규모가 가장 컸던 것은 1906년 4월 18일에 샌프란시스코에서 발생한 진도 7.8의 대지진이다. 이 재앙으로 28,000채 이상의 건물이 파괴되었고 약 3,000명의 사망자가 발생하였으며, 도시의 80%가 파괴되고 절반의 주택이 무너진 미국 역사상 최악의 자연재해 중 하나로 기록되고 있다. 나파 밸리와 소노마 카운티가 와인의 중심지인 지금과는 달리 당시에는 육상과 해상교통이 발달한 샌프란시스코가 와인의 생산과 운송의 중심지였으며, 캘리포니아 와인협회California Wine Association(CWA)가 지역의 와인 생산과 유통을 거의 독점하고 있었다.

지진이 발생한 다음 날 발행된 신시내티 포스트의 헤드라인. '3,000명 사망, 피해액 3억 달러, 샌프란시스코는 지워졌다'는 내용이다. 당시의 피해액은 현재가치로 약 77억 달러에 달한다.

CWA는 지진으로 대략 1,000만 갤런의 와인이 사라졌다고 추산하였는데, 당시 이 피해의 경제적 가치는 350만 달러였으며 현재가치로는 대략 9천만 달러에 달한다. 이 재해는 와인의 생산과 유통시설을 한 지역에 집중해서 모아두는 것의 치명적 위험에 대한 쓰라린 교훈을 주었으며, 이를 계기로 와인의 생산과 저장시설이 포도밭 가까이에 흩어져 위치하는 현대적 모습이 갖추어졌다. 지진이 초래한 피해를 극복하는 데는 오랜 시간이 소요되었지만, 이 파국적 사건은 결과적으로 캘리포니아의 와인산업을 현재의 모습으로 정착시키고 시설을 현대화하여 세계적 수준으로 도약하게 하는 계기를 제공하였다. 지진 이후에 샌프란시스코는 옛 모습을 되찾아서, 1915년에는 만국박람회를 개최하였다.

◇ 뉴질랜드의 2016년 케이코우라Kaikoura 지진

1855년 1월 23일에 북섬과 남섬 사이의 쿡 해협Cook Strait에서 발생한 진도 8.2~8.3으로 추정되는 와이라라파 지진Wairarapa earthquake은 뉴질랜드에 유럽인들이 정착한 이래 현재까지 가장 강력했다는 기록을 가지고 있다. 그런데 2016년 11월 13일에 1855년 지진 이후로 가장 강한 진도 7.8의 케이코우라 지진이 발생하였다. 이 지진으로 인명피해는 사망자 2명과 부상자 60명에 그쳤으나, 도로, 철도, 교량, 항만과 공공건물 등의 다양한 사회간접자본이 파괴되고 손해보험청구금액이 18억 뉴질랜드달러에 달하였다. 케이코우라는 와인생산지역인 노스 캔터버리North Canterbury와 말보로Marlborough의 거의 중간에 위치하는 해변마을이어서, 이 지진은 와인산업에도 막대한 손실을 끼쳤다. 500만 병 분량 이상의 와인이 파괴되었으며, 뉴질랜드 와인생산의 75% 이상을 차지하는 말보로 지역은 연생산량의 2%와 숙성용 탱크의 20%가 파손되는 피해를 입었다. 이러한 결과는 겉으로 밝혀진 것이며, 이 지진이 초래한 손실은 포도의 재배와 와인의 제조에 긴 시간이 소요되는 와인산업의 특성으로 미루어 앞으로도 계속 드러날 수 있다.

◇ 2010년 칠레 지진2010 Chile earthquake

2010년 2월 27일에 칠레 중부의 마울레Maule 지방을 진원지로 하여 북쪽으로는 발빠라이소Valparaíso로부터 남쪽으로는 아라우까니아Araucanía까지 칠레의 6개 지방을 뒤흔든 진도 8.8의 대지진이 발생하였다. 이것은 1960년 5월 22일에 산티아고에서 남쪽으로 570㎞ 떨어진 곳에서 발생하여 인류역사상 최강으로 기록된 진도 9.4~9.6의 발디비아 지진Valdivia earthquake 이래 가장 강력한 지진이었다.

마울레 지진으로 무너진 '성모수태 기념 알또 리오 콘도미니엄(Alto Río condominium in Concepción)'. B. Gencturk *et al.*, The Maule(Chile) Earthquake of February 27, 2010 : Consequence Assessment and Case Studies, *MAE Center Report No. 10-04*, Mid-America Earthquake Center, p. 70 참조.

2010년 지진으로 37만 채의 주택이 파괴되었고, 550명의 사망자 또는 실종자가 발생하였다. 그리고 이 지진은 칠레의 대표적 와인지역인 센뜨랄 계곡Valle Centrall에서 발생하여, 1억 병 이상의 와인이 파괴되었으며 경제적 손실이 거의 3억 달러에 달하였다. 이 피해 규모는 2009년 와인 총생산량의 12.9% 정도에 해당하며, 숙성이나 보관중인 와인 전체의 20%가 사라졌다. 이 지진은 와인의 생산기반을 거의 완벽하게 붕괴시켜서, 와인의 생산시설에도 내진설계가 필수적이라는 값비싼 교훈을 주었다. 이 재해 이후에도 2019년 말까지 칠레에는 진도 6 이상의 지진이 16회나 발생하여서, 칠레의 와인산업은 지진과 때어놓고 생각할 수 없는 끈질긴 악연을 이어오고 있다.

부록

프랑스의
AOC 리스트(총 341개)

※ 괄호 속 수치는 지정연도이며, N은 연도를 모르는 경우임.

와인 지역	AOC
알자스(3)	Alsace(1945), Alsace Grand Cru(1975), Crémant d'Alsace(1976)
보졸레(14)	Beaujolais, Beaujolais Blanc & Beaujolais Rosé, Beaujolais–Villages(이상 1937), Brouilly(1938), Chénas(1936), Chiroubles(1936), Côte de Brouilly(1938), Cru Beaujolais, Fleurie(1936), Juliénas(1938), Morgon, Moulin a vent(이상 1936), Régnié(1988), Saint–Amour(1946)
보르도(49)	Barsac, Blaye, Bordeaux, Bordeaux clairet, Bordeaux Côtes de Francs, Bordeaux Haut–Benauge, Bordeaux moelleux, Bordeaux rosé, Bordeaux sec(이상 1936), Bordeaux supérieur(1943), Cadillac(1973), Canon Fronsac(1939), Cérons(1936), Côtes de Blaye(1995), Côtes de Bordeaux Saint–Macaire(1937), Côtes de Bourg(1936), Côtes de Castillon(1989), Crémant de Bordeaux(1990), Entre–Deux–Mers, Entre–Deux–Mers–Haut–Benauge, Fronsac, Graves, Graves de Vayres, Graves Supérieures(이상 1937), Haut–Médoc, Lalande–de–Pomerol(이상 1936), Listrac–Médoc(1957), Loupiac, Lussac–Saint–Émilion, Margaux, Médoc, Montagne Saint–Émilion(이상 1936), Moulis(Moulis–en–Médoc)(1938), Néac, Pauillac(이상 1936), Pessac–Léognan(1987), Pomerol(1936), Premieres Côtes de Blaye(1994), Premieres Côtes de Bordeaux(1937), Puisseguin Saint–Émilion, Saint–Émilion, Saint–Émilion Grand Cru, Saint–Estephe, Saint–Georges Saint–Émilion, Saint–Julien, Sainte–Croix–du–Mont Bordeaux(이상 1936), Sainte–Foy–Bordeaux(1937), Sainte–Croix–du–Mont(1936), Sainte–Foy–Bordeaux(1937), Sauternes(1936)
부르고뉴(104)	Aloxe–Corton(1938), Auxey–Duresses(1970), Bâtard–Montrachet(1937), Beaune(1936), Bienvenues–Bâtard–Montrachet(1937), Blagny(1970), Bonnes–Mares(1936), Bourgogne, Bourgogne aligoté, Bourgogne clairet(이상 1937), Bourgogne clairet Côte chalonnaise, Bourgogne Coulanges–la–Vineuse, Bourgogne Côte Saint–Jacques, Bourgogne Coulanges–la–Vineuse, Bourgogne Côtes d'Auxerre, Bourgogne Côtes du Couchois, Bourgogne Epineuil, Bourgogne grand ordinaire(이상 N), Bourgogne Hautes–côtes de Beaune,

와인 지역	AOC
부르고뉴(104)	Bourgogne Hautes–côtes de Nuits(이상 1937), Bourgogne La Chapelle Notre–Dame, Bourgogne le Chapitre, Bourgogne Montrecul, Bourgogne mousseux, Bourgogne ordinaire(이상 N), Bourgogne Passe–tout–grains(1937), Bourgogne Vézelay(N), Bourgogne rosé(1937), Bouzeron(1998), Chablis, Chablis Grand Cru, Chablis Premier Cru Burgundy(이상 1938), Chambertin, Chambertin–Clos–de–Beze(1937), Chambolle–Musigny(1936), Chapelle–Chambertin, Charlemagne, Charmes–Chambertin(이상 1937), Chassagne–Montrachet(1970), Chevalier–Montrachet(1937), Chorey–les–Beaune(1970), Clos des Lambrays(1981), Clos de la Roche(1936), Clos de Tart(1939), Clos de Vougeot(1937), Clos Saint–Denis(1936), Corton, Corton–Charlemagne(이상 1937), Côte de Beaune, Côte de Beaune–Villages(이상 1970), Côte de Nuits–villages(1964), Crémant de Bourgogne(1975), Criots–Bâtard–Montrachet, Échezeaux(이상 1937), Fixin, Gevrey–Chambertin(이상 1936), Givry(1946), Grands Échezeaux(1936), Griotte–Chambertin(1937), Irancy(1999), Ladoix(1970), La Grande Rue(1936), La Romanée, La Tâche(이상 1936), Latricieres–Chambertin, Mâcon, Mâcon supérieur, Mâcon–villages(이상 1937), Maranges(1989), Marsannay(1987), Mazis–Chambertin, Mazoyeres–Chambertin(이상 1937), Mercurey(1936), Meursault(1970), Montagny(1936), Monthelie(1970), Montrachet(1937), Morey–Saint–Denis(1936), Petit Chablis(1944), Pommard, Pouilly–Fuissé(이상 1936), Pouilly–Loché, Pouilly–Vinzelles(이상 1940), Puligny–Montrachet(1970), Musigny(1936), Nuits–Saint–Georges(1972), Pernand–Vergelesses(1970), Richebourg(1936), Romanée–Conti, Romanée–Saint–Vivant(이상 1936), Ruchottes–Chambertin(1937), Rully(1939), Saint–Aubin(1970), Saint–Bris(2003), Saint–Romain(1970), Saint–Véran(1971), Santenay, Savigny–les–Beaune(이상 1970), Tonnerre(2006), Viré–Clessé(1999), Volnay, Volnay Santenots(이상 1937), Vosne–Romanée, Vougeot(이상 1936)
상파뉴(3)	Champagne(1936), Coteaux Champenois(1974), Rosé des Riceys(1971)
코르시카(3)	Ajaccio Corsica(1984), Corse(Vin de Corse)(1976), Patrimonio(1984)
쥐라(5)	Arbois, Château–Chalon(이상 1936), Côtes du Jura(1937) Crémant du Jura(1995), L'Étoile(1937)
랑그독–루시옹 (27)	Banyuls, Banyuls Grand Cru(이상 1972), Blanquette de Limoux(1981), Cabardes(1999), Clairette de Bellegarde, Clairette du Languedoc(이상 1949), Collioure(1971), Corbieres, Coteaux du Languedoc(이상 1985), Côtes du Roussillon, Côtes du Roussillon Villages(이상 1977), Crémant de Limoux(1990), Faugeres(1982), Fitou(1948), Frontignan(1936), Grand Roussillon(1972), Limoux(1981), Maury((1972), Minervois(1985), Minervois–La Liviniere(1999), Muscat de Frontignan(1936), Muscat de Lunel(1943), Muscat de Mireval(1959), Muscat de Rivesaltes(1972), Muscat de Saint–Jean de Minervois(1949), Rivesaltes(1997), Saint–Chinian(1982)
루아르(56)	Anjou(1936), Anjou–Coteaux de la Loire(1946), Anjou–Gamay(1936), Anjou mousseux(1938), Anjou Villages(1991), Anjou Villages Brissac(1998),

와인 지역	AOC
루아르(56)	Bonnezeaux(1951), Bourgueil(1937), Cabernet d'Anjou(1964), Cabernet de Saumur1964), Chaume(2003), Cheverny(1993), Chinon(1937), Côte Roannaise(1994), Coteaux de l'Aubance(1950), Coteaux du Giennois(1998), Coteaux du Layon(1950), Coteaux du Loir(1948), Coteaux de Saumur(1948), Coteaux du Vendômois(2001), Côtes du Forez(2000), Cour-Cheverny(1993), Crémant de Loire(1975), Haut-Poitou(2011), Jasnieres(1937), Menetou-Salon(1959), Montlouis(1938), Muscadet(1937), Muscadet-Coteaux de la Loire(1936), Muscadet-Côtes de Grandlieu(1994), Muscadet-Sevre et Maine(1936), Orléans, Orléans-Cléry(이상 2006), Pouilly-Fumé, Pouilly-sur-Loire(이상 1937), Quarts de Chaume(1954), Quincy(1936), Reuilly(1937), Rosé d'Anjou(1936), Rosé de Loire(1974), Sancerre(1936), Saint-Nicolas-de-Bourgueil(1937), Saint-Pourçain(2009), Saumur, Saumur-Champigny(이상 1936), Saumur mousseux(1976), Savennières, Savennières-Coulée-de-Serrant, Savennières-Roche-aux-Moines(이상 1952), Touraine, Touraine-Amboise, Touraine-Azay-le-Rideau, Touraine-Mesland(이상 1939), Touraine Noble Joué(2001), Valençay(2004), Vouvray(1936)
프로방스(9)	Bandol, Bellet(이상 1941), Cassis(1936), Coteaux d'Aix-en-Provence(1985), Coteaux de Pierrevert(1998), Coteaux Varois(1993), Côtes de Provence(1977), Les Baux-de-Provence(1995), Palette(1948)
론(27)	Beaumes de Venise(2005), Château-Grillet, Châteauneuf-du-Pape(이상 1936), Châtillon-en-Diois(1975), Clairette de Die(1993), Condrieu(1940), Cornas(1938), Costières de Nîmes(1986), Côte-Rôtie(1940), Coteaux de Die(1993), Coteaux du Tricastin(1973), Côtes du Luberon(1988), Côtes du Rhône(1937), Côtes du Rhône Villages(1966), Côtes du Ventoux(1973), Côtes du Vivarais(1999), Crémant de Die(1993), Crozes-Hermitage(1937), Gigondas(1971), Hermitage(1937), Lirac(1947), Muscat de Beaumes-de-Venise(1945), Saint-Joseph(1956), Saint-Péray, Tavel(이상 1936), Vacqueyras(1990), Vinsobres(2006)
사브와(4)	Crépy(1948), Roussette de Savoie(1973), Seyssel(1942), Vin de Savoie(1973)
쉬드 웨스트(33) Sud Ouest	Béarn(1975), Bergerac, Bergerac sec, Bergerac rosé(이상 1936), Buzet(1973), Cahors(1971), Coteaux du Quercy(2011), Côtes du Marmandais(1990), Fronton(1975), Gaillac(1970), Gaillac Premieres Côtess(1970), Haut-Montravel(1937), Irouléguy(1970), Jurançon(1936), Madiran(1948), Marcillac(1990), Monbazillac(1936), Montravel(1937), Pacherenc du Vic-Bilh, Pacherenc du Vic-Bilh Sec(이상 1948), Côtes de Bergerac, Côtes de Bergerac Blanc(이상 1936), Côtes de Duras(1937), Côtes de Millau(2011), Côtes de Montravel(1937), Pécharmant(1946), Rosette(1946), Saint-Mont, Saint-Sardos(이상 2011), Saussignac(1982), Tursan, Vins d'Entraygues et du Fel, Vins d'Estaing(이상 2011)
기타(6)	Blanquette méthode ancestrale(Languedoc 1981), Côtes de la Malepere(Languedoc 2007), Bugey(Bugey 2009), Roussette du Bugey(Bugey 2009), Coteaux du Lyonnais(Lyonnais 1984), Côtes de Toul(Lorraine 1998)

02

1885년 보르도 와인 공식등급
(Classification officielle des vins de Bordeaux de 1855)

레드와인 등급Classification officielle des rouges de Bordeaux de 1855

◇ 1등급Premiers crus(5)

- Château Margaux, Margaux
- Château Lature, Pauillac
- Château Lafite Rothschild, Pauillac

- Château Mouton Rothschild, Pauillac
- Château Haut-Brion, Pessac-Léognan

◇ 2등급Deuxièmes crus(14)

- Château Brane-Cantenac, Margaux
- Château Durfort-Vivens, Margaux
- Château Lascombes, Margaux
- Château Rauzan-Gassies, Margaux
- Château Rauzan-Ségla, Margaux
- Château Pichon-Longueville, Pauillac
- Château Pichon Longueville Comtesse de Lalande, Pauillac
- Château Cos d'Estournel, Saint-Estèphe

- Château Montrose, Saint-Estèphe
- Château Ducru-Beaucaillou, Saint-Julien
- Château Gruaud Larose, Saint-Julien
- Château Léoville Barton, Saint-Julien
- Château Léoville Las Cases, Saint-Julien
- Château Léoville Poyferré, Saint-Julien

부록 463

◇ **3등급**Troisièmes crus**(14)**

- Château La Lagune, Haut-Médoc
- Château Boyd-Centenac, Margaux
- Château Cantenac Brown, Margaux
- Château Desmirail, Margaux
- Château Ferrière, Margaux
- Château Giscours, Margaux
- Château d'Issan, Margaux
- Château Kirwan, Margaux
- Château Malescot St. Exupéry, Margaux
- Château Marquis d'Alesme Becker, Margaux
- Château Palmer, Margaux
- Château Calon-Ségur, Saint-Estèphe
- Château Lagrange, Saint-Julien
- Château Langoa Barton, Saint-Julien

◇ **4등급**Quatrièmes crue**(10)**

- Château La Tour Carnet, Haut-Médoc
- Château Marquis de Terme, Margaux
- Château Pouget, Margaux
- Château Prieuré-Lichine, Margaux
- Château Duhart-Milon, Pauillac
- Château Lafon-Rochet, Saint-Estèphe
- Château Beychevelle, Saint-Julien
- Château Branaire-Ducru, Saint-Julien
- Château Saint-Pierre, Saint-Julien
- Château Talbot, Saint-Julien

◇ **5등급**Cinquièmes crus**(18)**

- Château Belgrave, Haut-Médoc
- Château Camensac, Haut-Médoc
- Château Cantemerle, Haut-Médoc
- Château Dauzac, Margaux
- Château du Tertre, Margaux
- Château d'Armailhac, Pauillac
- Château Batailley, Pauillac
- Château Clerc Milon, Pauillac
- Château Croizet-Bages, Pauillac
- Château Grand-Puy Ducasse, Pauillac
- Château Grand-Puy-Lacoste, Pauillac
- Château Haut-Bages Libéral, Pauillac
- Château Haut-Batailley, Pauillac
- Château Lynch-Bages, Pauillac
- Château Lynch-Moussas, Pauillac
- Château Pédesclaux, Pauillac
- Château Pontet-Canet, Pauillac
- Château Cos Labory, Saint-Estèphe

화이트와인 등급Classification officielle des blancs de Bordeaux de 1855

◇ **특등급**Premier cru supérieur(1)

• Château d'Yquem, Sauternes

◇ **1등급**Premiers crus(11)

• Château Climens, Barsac

• Château Coutet, Barsac

• Château Guiraud, Sauternes

• Clos Haut-Peyraguey, Sauternes

• Château Lafaurie-Peyraguey, Sauternes

• Château La Tour Blanche, Sauternes

• Château Rabaud-Promis, Sauternes

• Château de Rayne-Vigneau, Sauternes

• Château Rieussec, Sauternes

• Château Sigalas-Rabaud, Sauternes

• Château Suduiraut, Sauternes

◇ **2등급**Deuxièmes crus(15)

• Château Broustet, Barsac

• Château Caillou, Barsac

• Château Doisy Daëne, Barsac

• Château Doisy-Dubroca, Barsac

• Château Doisy-Védrines, Barsac

• Château de Myrat, Sauternes

• Château Nairac, Barsac

• Château Suau, Barsac

• Château d'Arche, Sauternes

• Château Filhot, Sauternes

• Château Lamothe, Sauternes

• Château Lamothe Guignard, Sauternes

• Château de Malle, Sauternes

• Château Romer, Sauternes

• Château Romer du Hayot, Sauternes

03

그라브 크뤼 끌라세
(Crus classé of Graves wine)

와인	지역(Commune)	와인의 유형
Château Bouscaut	Cadaujac	red, white
Château Carbonnieux	Léognan	red, white
Domaine de Chevalier	Léognan	red, white
Château Couhins	Villenave–d'Ornon	white
Château Couhins–Lurton	Villenave–d'Ornon	white
Château de Fieuzal	Léognan	red
Château Haut–Bailly	Léognan	red
Château Haut–Brion	Pessac	red
Château Latour–Martillac	Martillac	red, white
Château Laville Haut–Brion	Talence	white
Château Malartic–Lagravière	Léognan	red, white
Château La Mission Haut–Brion	Pessac	red
Château Olivier	Léognan	red, white
Château Pape Clément	Pessac	red
Château Smith Haut Lafitte	Martillac	red
Château La Tour Haut–Brion	Talence	red

◆ **04**

셍떼밀리옹의 그랑 크뤼 끌라세
(Saint-Émilion grands crus classés)

◇ Premier Grand Cru Classé A(4)

- Château Angélus
- Château Ausone
- Château Cheval Blanc
- Château Pavie

◇ Premier Grand Cru Classé B(14)

- Château Beau-SéjourHéritiers Duffau-Lagarrosse
- Château Beau-Séjour-Bécot
- Château Bél Air-Monange
- Château Canon
- Château Canon la Gaffelière
- Château Figeac
- Clos Fourtet
- Château la Gaffelière
- Château Larcis Ducasse
- La Mondotte
- Château Pavie Macquin
- Château Troplong Mondot
- Château Trottevieille
- Château Valandraud

◇ Grands crus classé(64)

- Château l'Arrosée
- Château Balestard la Tonnelle
- Château Barde-Haut
- Château Bellefont-Belcier
- Château Bellevue
- Château Berliquet
- Château Cadet-Bon
- Château Cap de Mourlin
- Château le Chatelet
- Château Chauvin

- Château Clos de Sarpe
- Château la Clotte
- Château la Commanderie
- Château Corbin
- Château Côte de Baleau
- Château la Couspaude
- Château Dassault
- Château Destieux
- Château la Dominique
- Château Faugères
- Château Faurie de Souchard
- Château de Ferrand
- Château Fleur Cardinale
- Château La Fleur Morange Mathilde
- Château Fombrauge
- Château Fonplégade
- Château Fonroque
- Château Franc Mayne
- Château Grand Corbin
- Château Grand Corbin-Despagne
- Château Grand Mayne
- Château les Grandes Murailles
- Château Grand-Pontet
- Château Guadet
- Château Haut Sarpe
- Clos des Jacobins
- Couvent des Jacobins

- Château Jean Faure
- Château Laniote
- Château Larmande
- Château Laroque
- Château Laroze
- Clos la Madeleine
- Château la Marzelle
- Château Monbousquet
- Château Moulin du Cadet
- Clos de l'Oratoire
- Château Pavie Decesse
- Château Peby Faugères
- Château Petit Faurie de Soutard
- Château de Pressac
- Château le Prieuré
- Château Quinault l'Enclos
- Château Ripeau
- Château Rochebelle
- Château Saint-Georges-Cote-Pavie
- Clos Saint-Martin
- Château Sansonnet
- Château la Serre
- Château Soutard
- Château Tertre Daugay
- Château la Tour Figeac
- Château Villemaurine
- Château Yon-Fig

05

유일멀리건(Mary Ewing-Mulligan)의 뽀므롤 비공식 와인등급

◇ **Class One**

- Château Pétrus
- Château Lafleur

◇ **Class Two**

- Vieux Château Certan
- Château Latour à Pomerol
- Château Clos l'Église
- Château Nenin
- Château La Fleur-Pétrus
- Château Clinet
- Château L'Évangile
- Château La Fleur-de-Gay
- Château Certan de May
- Château L'Église-Clinet
- Château La Conseillante
- Château Trotanoy

◇ **Class Three**

- Château Bon-Pasteur
- Château la Croix-de-Gay
- Château Hosanna
- Château le Gay
- Château La Grave-à-Pomerol
- Château Gazin
- Château Rouget
- Château La Croix du Casse
- Château Feytit-Clinet
- Château Petit-Village

06

비노 데 빠고(Vinos de Pago) 리스트

지역	와인 명칭	세부지역	지정
Castilla–La Mancha	Dominio de Valdepusa(Marques de Griñón)	Toledo	2003
	Finca Élez (Manuel Manzaneque)	Albacete	2003
	Guijoso	Albacete	2004
	Dehesa del Carrizal	Ciudad Real	2006
	Campo de la Guardia	Toledo	2009
	Pago Florentino	Ciudad Real	2009
	Casa del Blanco	Ciudad Real	2010
	Pago Calzadilla	Huete	2011
	El Pago de Vallegarcia	Ciudad Real	2019
	Pago Los Cerrillos	Ciudad Real	2019
Navarra	Arínzano	Navarra	2007
	Prado de Irache	Navarra	2008
	Otazu	Navarra	2008
	La Finca Bolandín	Ablitas	2014
Valencia	El Terrerazo	Utiel–Requena	2010
	Pago de Los Balagueses	Utiel–Requena	2011
	Pago de Chozas Carrascal	San Antonio de Requena	2012
	Vera de Estenas	Utiel	2013
Aragon	Pago Aylés	Ayles	2010
La Mancha	Pago de la Jaraba	Cuenca	2019

독일의 와인지역(2020년 현재)

안바우게비트Anbaugebiet(13)		
안바우게비트	베라이히(Bereich)	그로스라게(Groß lage)
Ahr	Walporzheim/Ahrtal	Klosterberg
Baden	Badische Bergstraße	Hohenberg, Mannaberg, Rittersberg, Stiftsberg
	Bodensee	Sonnenufer
	Breisgau	Burg Lichteneck, Burg Zähringen, Schutterlindenberg
	Kaiserstuhl	Vulkanfelsen
	Kraichgau	
	Markgräflerland	Attilafelsen, Burg Neuenfels, Lorettoberg, Vogtei Rötteln
	Ortenau	Fürsteneck, Schloss Rodeck
	Tauberfranken	Tauberklinge
	Tuniberg	
Franconia	Maindreieck	Burg, Engelsberg, Ewig Leben, Hofrat, Honigberg, Kirchberg, Marienberg, Markgraf Babenberg, Oelspiel, Ravensburg, Rosstal, Teufelstor
	Mainviereck	Heiligenthal, Reuschberg
	Steigerwald	Burgweg–Franken, Herrenberg, Kapellenberg, Schild, Schlossberg, Schlosstück
Hessische Bergstraße	Starkenburg	Rott, Schlossberg, Wolfsmagen
	Umstadt	
Mittelrhein	Loreley	Burg Hammerstein, Burg Rheinfels, Gedeonseck, Schloss Herrenberg, Lahntal, Loreleyfelsen, Marksburg, Schloss Reichenstein, Schloss Schönburg, Schloss Stahleck
	Siebengebirge	Petersberg

안바우게비트	베라이히(Bereich)	그로스라게(Großlage)
Mosel	Bernkastel	Badstube, Kurfürstlay, Michelsberg, Münzlay, Nacktarsch, Probstberg, St. Michael, Schwarzlay, Vom Heissen Stein
	Burg Cochem	Goldbäumchen, Gradschaft, Rosenhang, Schwarze Katz, Weinhex
	Moseltor	Schloss Bübinger
	Obermosel	Gipfel, Königsberg
	Ruwertal	Römerlay
	Saar	Scharzberg
Nahe	Nahetal	Burgweg–Nahe, Kronenberg, Paradiesgarten, Pfarrgarten, Rosengarten, Schlosskapelle, Sonnenborn
Palatinate	Mittelhaardt–Deutsche Weinstraße	Feuerberg, Gradenstück, Hochmess, Hofstück, Höllenpfad, Honigsäckel, Kobnert, Mariengarten, Meerspinne, Pfaffengrund, Rebstöckel, Rosenbühl, Schenkenböhl, Schnepfenflug an der Weinstraße, Schnepfenflug vom Zellertal, Schwarzerde
	Südliche Weinstraße	Bischofskreuz, Guttenberg, Herrlich, Kloster Liebrauenberg, Königsgarten, Mandelhöhe, Ordensgut, Schloss Ludwigshöhe, Trappenberg
Rheingau	Johannisberg	Burgweg–Rheingau, Daubhaus, Deutelsberg, Erntebringer, Gottesthal, Heiligenstock, Honigberg, Mehrhölzchen, Steil, Steinmächer
Rheinhessen	Bingen	Abtey, Adelberg, Kaiserpfalz, Kurfüstenstück, Rheingrafenstein, Sankt Rochuskapelle
	Nierstein	Auflangen, Domherr, Güldenmorgen, Gutes Domtal, Krötenbrunnen, Petersberg, Rehbach, Rheinblick, Sankt Alban, Spiegelberg, Vogelsgärten
	Wonnegau	Bergkloster, Burg Rodenstein, Domblick, Gotteshilfe, Liebfrauenmorgen, Pilgerpfad, Sybillinenstein
Saale–Unstrut	Schlossneuenburg	Blütengrund, Göttersitz, Kelterberg, Schweigenberg
	Thüringen	Mark Brandenburg
Saxony	Dresden	Elbhänge, Lössnitz
	Elstertal	
	Meissen	Schloss–Weinberg, Spaargebirge
Württembe	Bayerischer Bodensee	Lindauer Seegarten

안바우게비트	베라이히(Bereich)	그로스라게(Großlage)
Württembe	Kocher–Jagst–Tauber	Kocherberg, Tauberberg
	Oberer Neckar	
	Remstal–Stuttgart	Hohenneuffen, Kopf, Sonnenbühl, Wartbühl, Weinsteige
	Württembergisch Bodensee	
	Württembergisch Unterland	Heuchelberg, Kirchenweinberg, Lindelberg, Salzberg, Schalkstein, Schozachtal, Staufenberg, Stromberg, Wunnenstein

란트바인 지역Landwein regions(20)

안바우게비트	란트바인 지역
Ahr	Ahrtaler
Baden	Südadischer, Unterbadischer, Taubertäler
Franconia	Fränkischer, Regensburger
Hessische Bergstraße	Starkenburger
Mittelrhein	Rheinburgen
Mosel	Landwein der Mosel, Saarländischer, Landwein der Ruwer
Nahe	Nahegauer
Palatinate	Pfälzer
Rheingau	Altrheingauer
Rheinhessen	Rheinischer
Saale–Unstrut	Mitteldeutscher
Saxony	Sächsischer
Württemberg	Bayerischer Bodensee, Schwäbischer
	Mecklenburger

타펠바인 지역Tafelwein regions(4)

지역	세부지역(sub regions)
Rhein–Mosel	Rhein, Mosel, Saar
Bayern	Main, Donau, Lindau
Neckar Oberrhein	Burgengau, Römertor
Stargarder Land	

찾아보기

마

아

와인 뽀개기

초판 1쇄   2021년 05월 21일

지은이   이시영
그림   김호연 서현애 이혜령
발행인   김재홍
총괄 · 기획   전재진
디자인   이근택 김다윤
교정 · 교열   전재진 박순옥
마케팅   이연실

발행처   도서출판지식공감
등록번호   제2019-000164호
주소   서울특별시 영등포구 경인로82길 3-4 센터플러스 1117호(문래동1가)
전화   02-3141-2700
팩스   02-322-3089
홈페이지   www.bookdaum.com
이메일   bookon@daum.net

가격   27,000원
ISBN   979-11-5622-595-9 03380